应用型高等教育"十四五"经管类规划教材
安徽省高等学校省级一流教材

财务会计

（第二版）

郭彪　李海燕　李梦旭　主　编
刘红娟　王　磊　王　玮　副主编

Financial Accounting

- ▶ 思政导入
- ▶ 岗课结合
- ▶ 实务突出
- ▶ 财税同步
- ▶ 证赛融通
- ▶ 资源丰富

上海财经大学出版社

图书在版编目(CIP)数据

财务会计/郭彪,李海燕,李梦旭主编. —2 版. —上海:上海财经大学出版社,2023.6
(应用型高等教育"十四五"经管类规划教材)
ISBN 978-7-5642-4177-3/F·4177

Ⅰ.①财… Ⅱ.①郭… ②李… ③李… Ⅲ.①财务会计-高等学校-教材 Ⅳ.①F234.4

中国国家版本馆 CIP 数据核字(2023)第 073217 号

□ 责任编辑　台啸天
□ 书籍设计　张克瑶

财 务 会 计

(第二版)

郭　彪　李海燕　李梦旭　主　编
刘红娟　王　磊　王　玮　副主编

上海财经大学出版社出版发行
(上海市中山北一路 369 号　邮编 200083)
网　　址:http://www.sufep.com
电子邮箱:webmaster@sufep.com
全国新华书店经销
上海新文印刷厂有限公司印刷装订
2023 年 6 月第 2 版　2023 年 6 月第 1 次印刷

787mm×1092mm　1/16　23.5 印张　602 千字
印数:6 001—9 000　定价:58.00 元

前 言

财务会计这门课程是财会类相关专业的一门专业核心课程。其主要任务是使学生掌握从事会计核算、会计事务管理工作和其他经济管理工作所必需的基本理论、基本知识和基本技能；熟悉我国账务处理程序的基本模式；能够较为熟练地处理各种经济业务，为各类企业提供服务，初步形成解决实际问题的能力；为增强适应职业变化的能力和继续学习的能力奠定一定的基础。它是现代企业会计的一个重要组成部分，是将会计的基本理论、基本方法与企业经济业务活动相结合而形成的一门学科。财务会计已成为高等院校财税、会计学等经济管理专业的主干课程。

党的二十大报告中鲜明指出：要推进文化自信自强，铸就社会主义文化新辉煌。基于此，本书根据最新的企业会计准则，结合国家职业标准和高等院校培养应用型人才的职业教育目标，以编制财务报表为出发点，全面、系统地阐述会计学的基本理论，详尽地介绍了会计科目及其会计处理方法。与此同时，本书在会计理论与实务的介绍过程中，强调文化自信，树立高尚的会计职业道德。

本书以编制财务报表为主线，从具体会计岗位角度对会计理论与实务进行讲解。本书共15章，分别为会计职业能力认知、出纳岗位、往来核算岗位、存货核算岗位、固定资产核算岗位、无形资产核算岗位、税务核算岗位、债务资金核算岗位、权益资金核算岗位、损益核算岗位、房地产投资业务核算岗位、证券投资业务核算岗位、职工薪酬核算岗位、财务报表和会计调整。

本教材的编写吸收了以往优秀财务会计教材的精华，具有以下特点。

(1)内容与形式新颖。本教材的内容与最新颁布的企业会计准则及其实施细则相吻合，有助于学生掌握会计等方面法律法规的最新变化。本书形式新颖，各章中加入了小知识、小案例等，增加趣味性。与此同时，教材打破传统教材只介绍会计理论，不涉及税种的方式，尽可能地将财务知识与税法知识结合在一起，便于学生直接应用。

(2)教学内容编排合理。本书以编制财务报表为目标，从财务会计的基本理论入手，阐述了资产、负债、所有者权益、收入、费用和利润的基本知识以及会计处理方法，清晰明了、循序渐进、条理性强。

(3)为方便学生的学习，每章都附有学习目标、小结、各种与职称考试相匹配的练习题，注重培养学生的实际动手能力，提高其学习的积极性和主动性。

(4)深化课程思政。学生不仅要掌握会计理论与实务，更要有良好的职业操守。因此，本教材从学习目标到思政案例导入，到书本内容，都融入思政元素。

本教材可供经管类相关专业的本科及高职院校教学使用，也适合企业的财会人员及财政、税务、审计等部门的专业人员学习使用。

本教材在程娟教授的指导下，由安徽新华学院青年教师郭彪、李海燕和李梦旭主编，刘红娟、王磊和王玮担任副主编。同时，学院财务会计课程组的同事也为本教材做出了贡献。具体分工如下：程娟教授指导制定本教材的框架，郭彪编写了第1~6章，王磊编写了第7章，王文一编写了第8章，王玮编写了第9~10章，刘红娟编写了第11~13章，李海燕编写了第14章，李梦旭编写了第15章。郭彪负责对全书进行审核与校正。此外，赵润华、范佩霞、黄斯斯、夏敏、穆晓彤、陈伟、叶香玉、罗群群、刘雯杨和刘润辰等也对本教材做出了贡献。

本教材是作者在多年教学讲稿的基础上，经过修改、完善而成的。在写作过程中，作者参阅了大量的专著、教材和网络资源。在此，谨向所有参考文献中提到的作者表示诚挚的感谢。同时，安徽峰蓝会计咨询有限公司为本书提供了案例企业的数据；上海财经大学出版社为本教材出版提供了积极的帮助，在此一并致谢。本教材是安徽省省级质量工程一流教材建设项目(2021yljc061)、安徽省省级质量工程课程思政示范课程《初级会计实务》(2021kcszsfkc185)、安徽省省级质量工程重大教学改革研究项目：地方应用型本科高校"金课"建设的价值逻辑与路径选择研究(2020jyxm0805)；高校学科(专业)拔尖人才学术资助项目(gxbjZD2021017)；安徽省省级质量工程审计学新建专业质量提升项目(2022xjzlts013)的成果。

需要说明的是，本教材中所有例题及习题中涉及的企业、单位和个人名称完全是虚构的，如有雷同，纯属巧合。

由于作者水平有限，加上我国企业会计准则正处于不断改革和完善中，书中难免存在不足之处，恳请各位专家、同行和读者不吝指正。

编 者

2023年4月20日

目 录

第一章 会计职业能力认知 1
　学习目标 1
　思政案例导入 1
　第一节　财务会计特征与目标 2
　第二节　财务会计基本假设与会计确认基础 4
　第三节　会计信息质量要求 8
　第四节　会计要素确认 10
　第五节　会计计量与报告 16
　第六节　会计职业与会计规范 18
　　本章小结 22
　　课后练习 23

第二章 出纳岗位 26
　学习目标 26
　思政案例导入 26
　第一节　库存现金 27
　第二节　银行存款 31
　第三节　其他货币资金 40
　　本章小结 44
　　课后练习 44

第三章 往来核算岗位 48
　学习目标 48
　思政案例导入 48
　第一节　往来债权核算 49
　第二节　往来债务核算 63
　　本章小结 65
　　课后练习 66

第四章　存货核算岗位 …… 69

学习目标 …… 69

思政案例导入 …… 69

第一节　存货概述 …… 70

第二节　原材料——按实际成本记录 …… 73

第三节　原材料——按计划成本记录 …… 80

第四节　库存商品 …… 86

第五节　委托加工物资 …… 90

第六节　周转材料 …… 91

第七节　存货清查 …… 96

第八节　存货的期末计量 …… 98

本章小结 …… 104

课后练习 …… 105

第五章　固定资产核算岗位 …… 109

学习目标 …… 109

思政案例导入 …… 109

第一节　固定资产概述 …… 110

第二节　固定资产的初始计量 …… 112

第三节　固定资产折旧与减值 …… 121

第四节　固定资产的后续支出 …… 127

第五节　固定资产的处置 …… 130

第六节　固定资产综合实例 …… 133

本章小结 …… 134

课后练习 …… 134

第六章　无形资产核算岗位 …… 138

学习目标 …… 138

思政案例导入 …… 138

第一节　无形资产概述 …… 139

第二节　无形资产的初始计量 …… 140

第三节　无形资产的摊销和减值 …… 142

第四节　无形资产的处置与出租 …… 143

本章小结 …… 145

课后练习 ……………………………………………………………………………… 145

第七章　房地产投资业务核算岗位 …………………………………………………… 151

　　学习目标 ……………………………………………………………………………… 151

　　思政案例导入 ………………………………………………………………………… 151

　　第一节　投资性房地产概述 ………………………………………………………… 152

　　第二节　投资性房地产的初始计量 ………………………………………………… 154

　　第三节　投资性房地产的后续计量 ………………………………………………… 156

　　第四节　与投资性房地产有关的后续支出 ………………………………………… 158

　　第五节　房地产用途转换的会计处理 ……………………………………………… 159

　　第六节　投资性房地产的处置 ……………………………………………………… 163

　　第七节　投资性房地产综合实例 …………………………………………………… 166

　　　本章小结 …………………………………………………………………………… 167

　　　课后练习 …………………………………………………………………………… 167

第八章　证券投资业务核算岗位 ………………………………………………………… 172

　　学习目标 ……………………………………………………………………………… 172

　　思政案例导入 ………………………………………………………………………… 172

　　第一节　金融资产概述 ……………………………………………………………… 173

　　第二节　以公允价值计量且其变动计入当期损益的金融资产 …………………… 173

　　第三节　以摊余成本计量的金融资产 ……………………………………………… 176

　　第四节　以公允价值计量且其变动计入其他综合收益的金融资产 ……………… 180

　　第五节　长期股权投资 ……………………………………………………………… 185

　　　本章小结 …………………………………………………………………………… 196

　　　课后练习 …………………………………………………………………………… 196

第九章　职工薪酬核算岗位 ……………………………………………………………… 207

　　学习目标 ……………………………………………………………………………… 207

　　思政案例导入 ………………………………………………………………………… 207

　　第一节　职工薪酬概述 ……………………………………………………………… 208

　　第二节　短期职工薪酬核算 ………………………………………………………… 208

　　　本章小结 …………………………………………………………………………… 211

　　　课后练习 …………………………………………………………………………… 211

第十章 税务核算岗位 ... 214

学习目标 ... 214

思政案例导入 ... 214

第一节 应交增值税 ... 215

第二节 应交消费税 ... 217

第三节 应交房产税、土地增值税、城市维护建设税等 ... 219

本章小结 ... 220

课后练习 ... 220

第十一章 债务资金核算岗位 ... 222

学习目标 ... 222

思政案例导入 ... 222

第一节 短期借款 ... 223

第二节 长期借款 ... 223

第三节 应付债券 ... 225

第四节 长期应付款 ... 228

第五节 借款费用 ... 230

本章小结 ... 235

课后练习 ... 235

第十二章 权益资金核算岗位 ... 240

学习目标 ... 240

思政案例导入 ... 240

第一节 实收资本 ... 244

第二节 资本公积与其他综合收益 ... 244

第三节 留存收益 ... 247

本章小结 ... 249

课后练习 ... 250

第十三章 损益核算岗位 ... 254

学习目标 ... 254

思政案例导入 ... 254

第一节 收入 ... 255

第二节 费用 ... 271

第三节　利润 ·· 276
　　　本章小结 ·· 283
　　　课后练习 ·· 283

第十四章　财务报表 ·· 298
　学习目标 ·· 298
　思政案例导入 ··· 298
　第一节　财务会计报告概述 ·· 299
　第二节　资产负债表 ··· 303
　第三节　利润表 ·· 308
　第四节　现金流量表 ··· 311
　第五节　所有者权益变动表 ·· 329
　第六节　附注 ··· 332
　　本章小结 ·· 333
　　课后练习 ·· 334

第十五章　会计调整 ·· 342
　学习目标 ·· 342
　思政案例导入 ··· 342
　第一节　会计政策及其变更 ·· 344
　第二节　会计估计及其变更 ·· 349
　第三节　前期差错及其更正 ·· 351
　第四节　资产负债表日后事项 ··· 354
　　本章小结 ·· 357
　　课后练习 ·· 358

附录一　复利现值系数表 ··· 362

附录二　年金现值系数表 ··· 364

参考文献 ·· 366

第一章 会计职业能力认知

学习目标

○ **知识目标**
1. 掌握财务会计目标与会计特征；
2. 掌握会计核算的基本前提；
3. 掌握财务会计信息的质量要求；
4. 掌握会计要素的确认条件；
5. 掌握会计计量属性及其应用范围。

○ **能力目标**
1. 对经济业务所涉及的会计科目进行确认的能力；
2. 利用会计信息质量要求理解会计准则的能力。

○ **素质目标**
恪守会计职业操守

思政案例导入

瑞幸咖啡财务造假事件

2007年11月，原神州优车的COO钱治亚摇身一变，成为瑞幸咖啡的董事长，由他一手创建的瑞幸咖啡2019年5月成功在美国纳斯达克上市，截至当年12月底，瑞幸咖啡在全国的零售店数量高达两万多家，客户数量也超过一千六百多万人。但是，这样一个被称为"神话"的咖啡品牌却在2020年1月初被无情地曝出企业存在财务舞弊情况，浑水公司作为一个做空机构长期对瑞幸咖啡展开暗中查访，并出具了长达89页的做空报告，指出瑞幸咖啡存在财务造假、夸大订单量和售价、营造了盈利的假象等情况，同年4月，瑞幸自曝COO及其团队财务舞弊。2020年6月瑞幸咖啡宣布退市并面临多起集体诉讼，同年9月22日，瑞幸咖啡受到了罚款6 100万元的处分，瑞幸咖啡的财务欺诈丑闻被称为是"重大道德事件"。

透过瑞幸咖啡22亿元财务造假事件，我们都能看到会计人员蔑视法律链而走险，最终使企业面临前所未有的危机。当今经济发展的轨迹，日益呈现出知识经济时代的综合竞争能力，知识和信息的价值在于它们能够极大地提高社会的创造力和整体效率。在经营环境日益复杂多样化形势下,企业想要持久发展,对会计等财务人员的战略风控管理能力,尤其是职业操守等方面的综合素养和能力提出了更高的要求。伴随着人工智能的发展和会计职能的不断延伸,会计人员不能仅局限于做账,而是要不断根据会计信息参与到决策管理当中,这是行业大势所趋。

第一节 财务会计特征与目标

一、财务会计的定义和特征

财务会计的产生历史比较悠久,自从帕乔利复式记账法产生以来,具有600多年的发展过程。财务会计是现代企业会计的分支之一,它与管理会计相对称,是传统会计的继承和发展。财务会计又称对外报告会计,其基本职能是按照公认会计原则的要求,通过确认、计量、记录和报告等一定的程序和方法,将企业生产经营过程中大量的、日常的业务数据,经过记录、分类和汇总,定期编制通用的财务报表,为投资者、债权人及其他各方面的信息使用者提供有关整个企业的财务状况、经营成果和现金流量的信息。

财务会计的主要特征可以概括为以下几个方面。

1. 财务会计以向外部信息使用者提供财务信息为主要目标

财务会计的目标主要是通过确认、计量、记录和报告对不参与企业经营管理的投资者、债权人、政府部门和社会公众提供会计信息。从信息的性质看,主要是反映企业整体情况,并着重历史信息。从信息的使用者看,主要是外部使用者,包括投资人、债权人、社会公众和政府部门等。从信息的用途看,主要是利用信息了解企业的财务状况和经营成果。

2. 财务会计以财务报告为工作核心

财务信息的主要载体是反映企业整体的财务状况、经营业绩和现金流量变化情况的财务报告。因此,财务报告是会计工作的核心,会计报表是财务报告的重要组成部分。现代财务会计所编制的会计报表是以公认会计原则为指导而编制的通用会计报表。企业外部会计信息使用者众多,其决策各不相同,对企业会计信息的要求也不尽相同,但是财务会计不可能针对某个具体外部信息使用者的决策需求来提供财务报表,而是根据各个利益集团和个人的共同需要综合提供一套财务报告,即定期编制通用的财务报告,以满足所有外部会计信息使用者的共同决策需要。

3. 财务会计以传统会计模式作为数据处理和信息加工的基本方法

为了编制会计报表,财务会计还要运用较为成熟的传统会计模式作为处理和加工信息的方法。财务会计所采用的程序和方法是描述性的,主要是针对会计主体已经发生的一切经济活动进行连续、系统、全面、综合的确认、计量、记录与报告。

4. 财务会计以公认会计原则为指导

公认会计原则是指导财务会计工作的基本原理和准则,是组织会计活动、处理会计业务的规范。在我国,公认会计原则是由1项基本准则和38项具体准则以及应用指南和企业会计准则解释公告所组成的会计准则体系,这是我国财务会计必须遵循的规范。

二、财务会计目标的主要理论

财务会计目标是财务会计活动所要达到的目的,即会计为什么要提供会计信息、要为哪些人服务和提供哪些会计信息。由于财务会计主要以财务报告的形式提供信息,因此,财务会计目标也称为财务会计报告目标。

财务会计目标是财务会计基本理论的重要组成部分,是财务会计理论体系的基础,整个财务会计理论体系和会计实务都是建立在财务会计目标的基础之上。纵观会计理论界对会计目标的研究,归纳起来主要有两大观点,即"受托责任观"和"决策有用观"。

1. 受托责任观

这种观点认为,财务会计目标就是以适当的方式有效反映受托人的受托责任及其履行情况,即财务会计应向委托人报告受托人的经营活动及其成果,并以反映经营业绩及其评价为中心。其理由是:由于资源所有权和经营权的分离,资源的受托者(经营者)负有对资源的委托者(所有者)解释、说明其活动及结果的义务。因此,受托责任观的核心是资源的受托者向资源的委托者报告资源受托管理的情况,强调财务会计信息的可靠性;采用历史成本计量属性;会计信息侧重于过去,以保证会计信息的可验证性;重视利润表项目的确认与计量,目的在于评价经营者的经营业绩。

2. 决策有用观

这种观点认为,财务会计的目标就是向会计信息的使用者提供对其决策有用的信息,即会计应当为现时的和潜在的投资者、信贷者和其他信息使用者提供有利于其投资和信贷决策及其他决策的信息。其理由是:随着资本市场的不断发展与完善,所有者(委托人)与经营者(受托人)的委托与受托关系变得模糊,作为委托人的所有者更加关注资本市场的可能风险与报酬以及所投资企业的可能风险与报酬。因此,决策有用观的核心是向信息使用者提供有助于经济决策的信息,强调会计信息的相关性;主张各种计量属性并存择优(历史成本、重置成本、可变现净值、未来现金流量的现值等);重视资产负债表项目的确认与计量;提供的会计信息在关注过去的同时,更倾向于未来,其目的在于帮助投资者做出正确的投资决策。

3. 受托责任观和决策有用观的关系

决策有用观和受托责任观是互有关联的会计目标,受托责任是实质,决策有用是形式。受托责任是会计产生和发展的根本动因,决策有用是会计发展的必然;决策有用观是受托责任观的自然延续,其本质是一致的。因此,决策有用观不是对受托责任观的否定,而是受托责任发展到一个特定历史横切面上的特例。

三、企业外界对财务会计信息的需要

在市场经济条件下,企业外界需要利用财务会计信息进行决策的,至少有以下几个方面的关系人,包括投资者、债权人、政府及其有关部门和社会公众等。

1. 投资者

投资者既包括现有投资者和潜在投资者。在经营权与所有权相分离的情况下,企业所有者需要利用财务会计信息进行重要的决策。投资者需要利用会计信息评价企业的财务状况、管理当局的经营业绩和利润分配政策等,判断管理当局是否按既定的经营目标使用资金;分析企业所处行业的市场前景、本企业的发展潜力和面临的风险,做出维持现有投资、追加投资或转让投资的决策。保护投资者的利益、服务于投资者的信息需要是财务报告编制的首要出发点。

2. 债权人

企业的资金来源除了投资者投入的资本外,通常还有向银行等金融机构贷入的款项或者向供应商等赊购货物所形成的应付款项。贷给企业资金者,即为企业的债权人。贷款人、供应

商等债权人通常关心企业的偿债能力和财务风险,需要信息来评估企业能否如期支付贷款本金及其利息,能否如期支付所欠货款等。

3. 政府及其有关部门

政府及其有关部门既是市场经济主体,又是经济管理和监管部门。它们通常关心经济资源分配的公平、合理,市场经济秩序的公正、有序,宏观决策所依据信息的真实可靠等,因此,需要信息来监管企业的各项活动(尤其是经济活动)、制定税收政策、进行税收征管和国民经济统计等。有关政府部门,如税务机关要通过会计信息了解企业所承担的义务情况。对我国的国有企业来说,企业还有义务向有关政府管理部门提供进行宏观调控所需要的会计信息。

4. 社会公众

企业的生产经营活动还与社会公众密切相关。例如,企业可能以多种方式对当地经济做出贡献,包括增加就业、刺激消费与提供社区服务等。企业的职工与工会、企业的顾客等也需要了解企业的相关情况。因此,在财务报告中提供有关企业发展前景、经营效益及其效率等方面的信息,可以满足社会公众的信息需要。

四、我国财务会计目标

我国《企业会计准则——基本准则》第四条指出:"财务会计报告的目标是向财务报告使用者提供与企业财务状况、经营成果和现金流量等有关的会计信息,反映企业管理层受托责任履行情况,有助于财务报告使用者做出经济决策。"

财务报告目标要求满足投资者等财务报告使用者决策的需要,体现为财务报告的决策有用观,财务报告目标要求反映企业管理层受托责任的履行情况,体现为财务报告的受托责任观。财务报告的决策有用观和其受托责任观是统一的,投资者出资委托企业管理层经营,希望获得更多的投资回报,实现股东财富的最大化,从而进行可持续投资;企业管理层接受投资者的委托从事生产经营活动,努力实现资产安全完整,保值增值,防范风险,促进企业可持续发展,就能够更好地持续履行受托责任,以为投资者提供回报,为社会创造价值,从而构成企业经营者的目标。由此可见,财务报告的决策有用观和受托责任观是有机统一的。

第二节 财务会计基本假设与会计确认基础

一、财务会计基本假设

财务会计基本假设又称财务会计核算的基本前提,它是企业财务会计工作的必要前提或先决条件,离开了这些条件,就不能有效地开展会计工作。财务会计的基本假设也是财务会计的理论基础,离开这些前提条件,就不能构建财务会计的理论体系。财务会计的基本假设是从会计实践中抽象出来的,其最终目的是保证会计信息的有用性。

具体来讲,会计基本假设是企业财务会计确认、计量和报告的前提,是对会计核算所处的空间、时间环境所做的合理设定。财务会计基本假设包括会计主体假设,持续经营假设,会计分期假设和货币计量假设。

1. 会计主体假设

会计主体是指企业会计确认、计量和报告的空间范围,具体指会计工作为其服务的特定单位或组织。会计主体假设是指会计核算应当以企业已经发生的各项交易或事项为对象,记录和反映企业本身的各项生产活动。也就是说,为了向财务报告的使用者反映企业的财务状况、经营成果和现金流量,提供与其决策有用的信息,会计核算和财务报告的编制应当集中反映特定对象的活动,并将其与其他经济实体区别开来,才能实现财务报告的目标。

在会计主体假设下,企业应当对其本身发生的交易或者事项进行会计确认、计量和报告,反映企业本身所从事的各项生产经营活动。明确界定会计主体是开展会计确认、计量和报告工作的重要前提。

会计主体与法律主体不同。一般来说,法律主体都是会计主体,但会计主体不一定是法律主体。判断一个主体是不是会计主体的标准有三个方面:其一是该主体是否独立核算,自负盈亏;其二是该主体是否有一定的经济资源;其三是该主体是否有独立的经营权和决策权。而法律主体要视其是否具有法人资格。实际工作中,一个主体如果具有法人资格,则是一个法律主体,其必然要求独立核算,必然需要会计人员对其经济活动进行会计核算和监督,也就是一个会计主体。而作为某一个公司下属的一个经营部或一个部门,其如果需要进行独立核算,那么它是一个会计主体,但因其可能不具备法人资格,因而它不是一个法律主体。同样地,对一个由多个具有法人资格的企业所组成的集团公司来说,需要编制该集团公司的合并会计报表,它是一个会计主体,但通常该集团公司不是一个法律主体。独资、合伙形式的企业都可以作为会计主体,但都不是法人。

2. 持续经营假设

持续经营是指会计主体的生产经营活动将无限期地延续下去,在可以预见的未来不会因破产、清算、解散等而不复存在。持续经营假设是指会计核算应当以企业持续、正常的生产经营活动为前提,而不考虑企业是否破产清算等,在此前提下选择会计程序及会计处理方法,进行会计核算。尽管客观上企业会由于市场经济的竞争而面临被淘汰的危险,但只有假定作为会计主体的企业是持续、正常经营的,会计原则和会计程序及方法才有可能建立在非清算的基础之上,不采用破产清算的一套处理方法,这样才能保持会计信息处理的一致性和稳定性。持续经营假设明确了会计工作的时间范围。

在持续经营的前提下,财务会计确认、计量和报告应当以持续经营为前提。只有以企业正常经营为前提,取得固定资产时才可以按历史成本计价;企业所负担的债务才可以按照原先规定的条件偿还,企业在会计核算中所使用的会计处理方法才得以保持不变,企业的会计记录和会计报表所披露的信息才能真实可靠。如某企业购入一台设备,预计使用寿命20年,考虑到这个企业会持续生产经营下去,我们就可以假设企业的固定资产在持续的生产经营期内为企业带来经营效益,并服务于生产过程,而且还不断地为企业生产产品,直至固定资产的寿命使用结束。为此,这条生产线就可以按照历史成本来确定固定资产原值,然后按照一定的折旧方法计提折旧。将历史成本分摊到预计使用寿命期间所生产的相关产品的成本中去。

当然,在市场经济环境下,任何企业都存在破产、清算的风险,也就是说,企业不能持续经营的可能性总是存在的。因此,需要企业定期对其持续经营的基本前提做出分析和判断。如果可以判断企业不能持续经营,就应当改变会计核算的原则和方法,会计处理要采用所谓清算基础,并在企业财务报告中做相应披露。如果一个企业在不能持续经营时还假定企业能够持续经营,并仍按持续经营的基本假设选择会计核算的原则和方法,就不能客观地反映企业的财务状况、经营成果和现金流量,误导财务报告的使用者进行经济决策。

3. 会计分期假设

会计分期又称会计期间,是指将一个会计主体持续经营的生产经营活动人为地划分为若干个连续的、长短相等的会计期间,以便分期结算账目和编制会计报告。会计分期假设是指将会计主体持续不断的经营活动人为地划分为时间长度相等的期间。因为会计的目标是为决策者提供信息支持,这就要求为阶段性的决策者提供阶段性的会计信息。

根据持续经营假设,一个企业将按当前的规模和状态持续经营下去。要想最终确定企业的生产经营成果,只能等到企业在若干年后歇业时核算一次盈亏。但是,无论是企业的生产经营决策还是投资者、债权人等的决策都需要及时的信息,不能等到歇业时。因此,就必须将企业持续经营的生产经营活动期间划分为若干连续的、长短相同的期间,分期确认、计量和报告企业的财务状况、经营成果和现金流量。而且由于会计分期,才产生了当期与以前期间、以后期间的差别,出现了权责发生制和收付实现制的区别,才使不同类型的会计主体有了记账的基准,进而出现了应收、应付、折旧和摊销等会计处理方法。

在会计分期假设下,企业应当划分会计期间,分期结算账目和编制财务会计报告,从而为决策者提供阶段性的会计信息。会计期间分为年度和中期。其中,会计年度可以是日历年度,也可以以某日为开始的365天的期间作为一个会计年度。例如,有的企业以本年的7月1日至下年的6月30日为一个会计年度,有的企业以本年的4月1日至下年的3月31日为一个会计年度。我国以日历年度为一个会计年度,即从每年1月1日至12月31日为一个会计年度。中期是指短于一个完整的会计年度的报告期间,如季度和月份。

4. 货币计量假设

会计提供信息要以货币为主要计量的尺度。货币计量是指会计主体在会计核算过程中采用货币作为统一的计量单位,记录、计量和报告会计主体的生产经营活动。货币计量假设是指会计主体在会计核算过程中采用货币作为计量单位,记录、反映会计主体的财务状况、经营成果和现金流量。货币计量假设包括两个层次,一个是货币计量单位,另一个是货币的币值稳定与否。

在会计的确认、计量和报告过程中选择货币作为基础进行计量,是由货币本身的属性决定的。货币是商品一般等价物,是衡量一般商品价值的共同尺度,具有价值尺度、流通手段、贮藏手段和支付手段等特点。其他计量单位,如重量、长度、容积、台和件等,都只能从一个侧面反映企业的生产经营情况,无法在量上进行汇总和比较,不便于会计计量和经营管理。因此,为全面反映企业的生产经营活动和有关交易、事项,会计确认、计量和报告选择货币作为计量单位。但是,统一采用货币计量也存在缺陷,例如,某些影响企业财务状况和经营成果的因素,如企业经营战略、研发能力、市场竞争力等,往往难以用货币来计量,但这些信息对于使用者做决策也很重要。为此,企业可以在财务报告中补充披露有关非财务信息来弥补上述缺陷。

货币计量假设以货币价值不变,币值稳定为前提。因为只有在币值稳定或相对稳定的情况下,不同时点的资产价值才具有可比性、同一期间的收入和费用才能进行比较,才能计算确定其经营成果,会计核算提供的会计信息才能真实反映企业的经营状况。在通货膨胀率不断上升的今天,货币计量这一假设受到了挑战,由此出现了通货膨胀会计。但货币计量仍然是会计核算的基本假设。

企业进行会计核算,除了应明确以货币作为主要计量尺度之外,还需要具体确定记账本位币,即按何种统一的货币来反映企业的财务状况与经营成果。在企业的经济业务涉及多种货币的情况下,需要确定某一种货币为记账本位币;涉及非记账本位币的业务,需要采用某种汇率折算为记账本位币后登记入账。按照企业会计准则的规定,在我国境内的企业应以人民币作为记账本位币。企业平时经营业务以外币为主的企业,可以采用某种外币作为记账本位币,但是年末编制财务报表时,必须将外币折算为人民币来反映。

上述会计核算的四项基本假设,具有相互依存、相互补充的关系。会计主体确立了会计核算的空间范围,持续经营和会计分期确立了会计核算的时间范围,货币计量则为会计核算提供了必要手段。没有会计主体,持续经营就失去意义;没有持续经营,就不会有会计分期;没有货币计量,就不会有现代会计。

二、会计确认基础

1. 权责发生制

在会计主体的经济活动中,经济业务的发生和货币的收支不是完全一致的,即存在着现金流动与经济活动的分离。由此而产生两个确认和记录会计要素的标准,一个标准是根据货币收支是否形成来作为收入确认、费用确认和记录的依据,称为收付实现制;另一个标准是以取得收款权利或付款责任作为记录收入或费用的依据,称为权责发生制。

权责发生制以权利和责任的发生来决定收入和费用归属期的一项原则。指凡是在本期内已经收到和已经发生或应当负担的一切费用,不论其款项是否收到或付出,都作为本期的收入或费用处理;反之,凡不属于本期的收入和费用,即使款项在本期收到或付出,也不应作为本期的收入和费用处理。

权责发生制属于会计要素确认计量方面的要求,它解决收入和费用何时予以确认及确认多少的问题。

实际上,权责发生制下确认收入的标准在于:收入的赚取过程是否完成,收取货款的权利是否获得,而不在于款项是否收取。同理,权责发生制下确认费用的标准在于:是否受益,是否形成付款的责任,而不在于款项是否支付。因此,权责发生制是一种以是否取得收款权利和是否形成付款责任为标准来确认收入和费用。它更能合理地反映企业不同期间的经营业绩。但是,需要强调的是使用权责发生制计算的利润与当期现金净流量是脱节的,会计信息的使用者应特别关注权责发生制的负面影响。

我国《企业会计准则——基本准则》第九条中规定"企业应当以权责发生制为基础进行会计确认、计量与报告",直接明确了权责发生制的企业会计基础地位。权责发生制是依据持续经营和会计分期两个基本前提来正确划分不同会计期间资产、负债、收入和费用等会计要素的归属。并运用一些诸如应收、应付、预提和待摊等项目来记录由此形成的资产和负债等会计要素。企业经营不是一次而是多次,而其损益的记录又要分期进行,每期的损益计算理应反映所有属于本期的真实经营业绩,收付实现制显然不能完全做到这一点。因此,权责发生制能更加准确地反映特定会计期间实际的财务状况和经营业绩。

2. 收付实现制

收付实现制又称现金制或实收实付制,是以款项的实际收付为标准来处理经济业务,确定本期收入和费用、计算本期盈亏的会计处理基础。在现金收付制的基础上,凡在本期实际付出的款项,不论其应否在本期收入中获得补偿,均应作为本期费用处理;凡在本期实际收到的现款,不论其是否属于本期均应作为本期收入处理。反之,凡本期还没有以现款收到的收入和没有用现款支付的费用,即使它归属于本期,也不作为本期的收入和费用处理。

第三节　会计信息质量要求

财务会计目标解决了信息使用者需要什么样的信息这一问题,在总体上规范了信息的需求量。但是合乎需要的信息还必须达到一定的质量要求,只有具备高质量的会计信息,才能有效地实现财务会计的目标。会计信息质量要求是对企业财务报告提供高质量会计信息的基本规范,是使财务报告中所提供的会计信息对投资者等使用者的决策有用应具备的质量特征。会计信息的质量和财务会计的目标是密切相关的,目标决定会计信息的质量要求,而具备应有的质量要求的信息才能促使目标的实现。

根据我国《企业会计准则——基本准则》的规定,会计信息质量要求包括以下八项:可靠性、相关性、可理解性、可比性、实质重于形式、重要性、谨慎性和及时性。

1. 可靠性

可靠性要求企业应当以实际发生的交易或者事项为依据进行会计确认、计量和报告,如实反映符合确认和计量要求的各项会计要素及其他相关信息,保证会计信息真实可靠,内容完整。可靠性是高质量会计信息的重要基础和关键所在,如果企业以虚假的经济业务进行确认、计量和报告,属于违法行为,不仅会严重损害会计信息的质量,而且会误导投资者,干扰资本市场,导致会计秩序混乱。

2. 相关性

相关性是指会计信息与决策相关,是服务于投资者经济决策、面向未来的质量要求。相关性要求企业提供会计信息应当与财务会计报告使用者的经济决策需要相关,有助于财务会计报告的使用者对企业过去、现在或者未来的情况做出评价或者预测。

会计信息是否有用,是否具有价值,关键是看其与使用者的决策需要是否相关,是否有助于决策或者提高决策水平。相关的会计信息应当能够有助于使用者评价企业过去的决策,证实或者修正过去的有关预测,具有反馈价值;相关的会计信息还应当具有预测价值,有助于使用者根据财务报告所提供的会计信息预测企业未来的财务状况、经营成果和现金流量。

会计信息质量的相关性要求是以可靠性为基础的,两者之间并不矛盾,不应将两者对立起来。也就是说,会计信息在可靠性的前提下,尽可能地做到相关性,以满足投资者等财务报告使用者的决策需要。

3. 可理解性

可理解性要求企业提供的会计信息应当清晰明了,便于财务会计报告的使用者理解和使用。清晰明了有助于对报表的理解,这是衡量报表质量和是否有利于决策者使用的一个标准。如果生成的会计信息不能清晰明了地反映企业的财务状况、经营成果和现金流量,就会影响会计信息的有用性。

企业编制财务报告、提供会计信息的目的在于使用。使用者应能够了解会计信息的内涵,弄懂会计信息的内容,这就要求财务报告所提供的会计信息应当清晰明了,易于理解。只有这样,才能提高会计信息的有用性。实现财务报告的目标,满足向使用者提供决策有用信息的要求。鉴于会计信息是一种专业性较强的信息产品,因此,在强调会计信息的可理解性要求的同时,还应假定使用者具有一定的有关企业生产经营活动和会计方面的知识,并且愿意付出努力去研究这些信息。

4. 可比性

企业提供的会计信息应当具有可比性。可比性主要包括两层含义：第一，同一企业不同时期可比。为了便于会计信息的使用者了解企业的财务状况、经营成果和现金流量的变化趋势，比较企业在不同时期的财务报告信息，全面客观地评价企业过去、预测未来，从而做出决策。可比性要求同一企业在不同时期发生的相同或者相似的交易或者事项，应当采用一致的会计政策，不得随意变更。如企业所选择的会计政策、会计方法等已不再适合企业的实际情况，确有必要变更，应当在财务报告的附注中说明；第二，不同企业相同会计期间可比。为了便于会计信息的使用者了解企业的财务状况、经营成果和现金流量的变化趋势，可比性还要求不同企业发生的相同或者相似的交易或者事项，应当采用规定的会计政策、确保会计信息口径一致、相互可比，从而有利于会计信息的使用者进行企业间的分析比较，提高企业会计信息的有用性。

5. 实质重于形式

实质重用于形式要求企业应当按照交易或者事项的经济实质进行会计确认、计量和报告，不应仅以交易或者事项的法律形式为依据。企业发生的交易或事项在多数情况下，其经济实质与法律形式是一致的。但在有些情况下，随着市场经济的发展，经济现象及其表现形式日趋复杂化和多样化，某些交易或事项的实质往往存在着与其法律形式不一致的情形。例如，企业按照销售合同销售商品但又签订了售后回购协议，虽然从法律形式上看实现了收入，但如果企业没有将商品所有权上的主要风险和报酬转移给购货方，没有满足收入确认的各项条件，即使签订了商品销售合同或者已将商品交付给购货方，也不应当确认销售收入。

6. 重要性

重要性要求企业提供的会计信息应当反映与企业的财务状况、经营成果和现金流量等有关的所有重要交易或者事项。在实务中，如果会计信息的省略或错报会影响投资者等财务报告的使用者据此做出决策的，该信息就具有重要性。至于哪些项目应视为重要性项目，取决于企业本身的规模以及会计人员的职业判断，一般企业应当根据所处环境和实际情况，从项目的性质和金额大小两方面加以判断。

7. 谨慎性

谨慎性又称稳健性，在西方国家也称为保守性。谨慎性要求企业对交易或者事项进行会计确认、计量和报告应当保持应有的谨慎，不应高估资产或者收益、低估负债或者费用。

在市场经济环境下，企业的生产经营活动面临着许多风险和不确定性，如应收款项的可回收性、固定资产的使用寿命、无形资产的使用寿命和售出存货可能发生的退货或返修等。会计信息质量的谨慎性要求，需要企业在面临不确定性因素的情况下做出职业判断时，应当保持应有的谨慎，充分估计到各种风险和损失，既不高估资产或者收益，也不低估负债或者费用。例如，要求企业对可能发生的资产减值损失计提资产减值准备、对售出资产可能发生的保修义务等确认预计负债等，就体现了会计信息质量的谨慎性要求。

谨慎性的应用不允许企业计提秘密准备，如果企业故意低估资产或者高估收益，或者故意高估负债或者费用，将不符合会计信息的可靠性和相关性要求，损害会计信息的质量，扭曲企业实际的财务状况和经营成果，从而对使用者的决策产生误导，这是会计准则所不允许的。

8. 及时性

及时性要求企业对于已经发生的交易或者事项，应当及时进行会计确认、计量和报告，不得提前或者延后。在会计确认、计量和报告过程中贯彻及时性，一是要求及时收集会计信息，即在经济交易或事项发生后,及时收集整理各种原始凭证;二是要求及时处理会计信息,并编制财务报告;三是要求及时传递会计信息,按照国家规定的有关时限,及时地将编制的财务报告传递给财务报告的使用者,便于其及时使用和决策。月度财务报告应于当月终了后的6天内(节假日顺延,下同)对外提供;季度财务报告应于季度终了后的15天内对外提供;半年度财务报告应于年度中期结束后的60天内对外提供;年度财务报告应于年度终了后的4个月内对外提供。

综上可见,会计信息的质量要求之间存在一定的相互关联,而且具有一定的层次性,其中可靠性和相关性是会计信息的主要质量特征,一般情况下,会计信息的相关性越大,可靠性越强,会计信息就越有用。

第四节 会计要素确认

会计要素又称财务报告要素,是指按照交易或者事项的经济特征所做的基本分类,分为反映企业财务状况的会计要素和反映企业经营成果的会计要素。它既是会计确认和计量的依据,也是确定财务报表结构和内容的基础。

在会计理论中,确认是指将经济活动产生的信息,以会计要素的形式正式列入会计系统的过程。一项已确认的会计要素必须同时以文字和数字加以描述。会计确认解决的问题是,经济活动产生的信息能否进入会计系统,以"什么"列入会计系统,要在何时列入会计系统。在实务中,会计确认有初始确认和再确认之分。实际上,确认主要解决某项经济业务"是什么,是否应当在会计上反映"的问题。计量主要解决已经确认项目的金额问题,计量的过程就是对符合财务报告要素定义的项目予以货币量化的过程。报告是以日常核算资料为主要依据,总括反映企业在一定时期内的经济活动情况和经营成果的报告文件。也就是日常所说的资产负债表、利润表和现金流量表等。

我国企业会计要素按照其性质分为资产、负债、所有者权益、收入、费用和利润,其中,资产、负债和所有者权益要素侧重于反映企业的财务状况,是静态要素。收入、费用和利润要素侧重于反映企业的经营成果,是动态要素。会计要素的界定和分类可以使财务会计系统更加科学严密,并可为会计信息的使用者提供更加有用的信息。

财务状况要素是反映企业在某一时刻经营资金的来源和分布情况的各项要素。一般通过资产负债表反映。财务状况要素由资产、负债和所有者权益三个要素所构成。

一、资产

1. 资产的含义

资产是指企业过去的交易或者事项形成的,由企业拥有或者控制的,预期会给企业带来经济利益的资源。根据这一定义,资产具有以下特征。

(1)资产是由企业过去的交易或者事项形成的

企业过去的交易或者事项包括购买、生产、建造行为或其他交易或者事项。也就是说,资产必须是现实资产,而不是预期的资产,是由于过去已经发生的交易或事项所产生的结果,至于未来交易或事项以及未发生的交易或事项可能产生的结果,则不属于现在的资产,不得作为资产确认。甲企业和乙供应商签订了一份购买原材料的合同,合同尚未履行,即购买行为尚未发生,因此该批原材料不符合资产的定义,甲企业不能因此而确认是存货资产。

(2) 资产应为企业拥有或控制的资源

资产作为一项资源,必须由企业拥有或者控制。由企业拥有或者控制是指企业享有某项资源的所有权,或者虽然不享有某项资源的所有权,但该资源能被企业所控制。

企业享有资产的所有权,通常表明企业能够排他性地从资产中获取经济利益。但是有些情况下,资产虽然不为企业所拥有,即企业并不享有其所有权,但是企业控制了这些资产,这同样表明企业能够从该资产中获取经济利益,按照实质重于形式的要求符合会计上对资产的定义。反之,如果企业既不拥有也不控制资产所能带来的经济利益,那么就不能将其作为企业的资产予以确认。如某企业以融资租赁方式租入一项固定资产,尽管企业并不拥有其所有权,但是如果租赁合同规定的租赁期相当长,接近于该资产的使用寿命,则表明企业控制了该资产的使用及其所能带来的经济利益,因此,应当将其作为企业的资产予以确认、计量和报告。

(3) 资产预期会给企业带来经济利益

预期会给企业带来经济利益,是指直接或者间接导致现金和现金等价物流入企业的潜力。这种潜力可以来自企业的日常生产经营活动,也可以是非日常生产经营活动;带来的经济利益可以是现金或者现金等价物,或者是可以转化为现金等价物的其他资产,或者表现为减少现金或者现金等价物流出。

资产预期能为企业带来经济利益是资产的重要特征。如果某一项目预期不能给企业带来经济利益,那么就不能将其确认为企业的资产。前期已经确认为资产的项目,如果不能再为企业带来经济利益的,也不能再确认为企业的资产。

2. 资产的确认条件

将一项资源确认为资产,首先应当符合资产的定义。除此之外,还需要同时满足资产确认的两个条件。

(1) 与该资源有关的经济利益很可能流入企业

与该资源有关的经济利益很可能流入企业是指资产的确认应当与经济利益流入的不确定性程度的判断结合起来,即5%及以下为极小可能,大于5%且小于等于50%为可能,大于50%且小于等于95%为很可能,95%以上为基本确定。根据资产的定义,能够带来经济利益是资产的一个本质特征,但是与资源有关的经济利益能否流入企业或者能够流入多少,实际上带有不确定性。如果根据编制财务报表时所取得的证据,与该资源有关的经济利益很可能流入企业,那么就应当将其作为资产予以确认。如A企业赊销一批商品给B客户,形成了对该客户的应收账款,但与该商品有关的风险和报酬已经转移给了B客户。由于A企业最终收到款项与销售实现之间有时间差,而且收款又在未来期间,因此带有一定的不确定性,如果企业在销售时判断未来很可能收到款项或者能够确定收到款项,A企业就应当在销售实现时点将该应收账款确认为一项资产。反之,对于所形成的应收账款,如果A企业判断很可能部分或者全部无法收回,则表明该部分或者全部应收账款已经不符合资产的确认条件,企业应当对该应收账款计提一项坏账准备,减少资产的价值。

(2) 该资源的成本或者价值能够可靠地计量

可计量性是所有会计要素确认的重要前提,资产的确认同样需要符合这一要求。只有当有关资源的成本或者价值能够可靠地计量时,资产才能予以确认。

企业取得的许多资产一般都是发生了实际成本的,比如企业购买或者生产的存货,企业购置的厂房或者设备等,对于这些资产,只要实际发生的购买或者生产成本能够可靠地计量的,就应视为符合了资产的可计量性确认条件。在某些情况下,企业取得的资产没有发生实际成本或者发生的实际成本很小,例如企业持有的某些衍生金融工具形成的资产,对于这些资产,尽管它们没有实际成本或者发生的实际成本很小,但是如果其公允价值能够可靠地计量的,也被认为符合了资产可计量性的确认条件。

因此,关于资产的确认,除了应当符合定义外,上述两个条件缺一不可,只有在同时满足的情况下,才能将其确认为一项资产。如甲企业为一家高科技企业,于2009年度发生研究支出5 000万元。该研究支出尽管能够可靠地计量,但是很难判断其能否为企业带来经济利益或者有关经济利益能否流入企业有很大的不确定性,因此,不能将其作为资产予以确认。又如乙企业是一家咨询服务企业,人力资源丰富,而且这些人力资源都很可能为企业带来经济利益,但是人力资源的成本或者价值往往无法可靠地计量。因此,在现行会计系统中,人力资源通常不被确认为企业的一项资产。

二、负债

1. 负债的含义

负债是指企业过去的交易或者事项形成的、预期会导致经济利益流出企业的现时义务。根据负债的定义,负债具有以下特征。

(1)负债是企业承担的现实义务

负债必须是企业承担的现实义务,它是负债的一个基本标志。现时义务是指企业在现行条件下已承担的义务;未来发生的交易或者事项形成的义务,不属于现实义务,不应当确认为负债。现时义务可以是法定义务,也可以是推定义务。其中法定义务是指具有约束力的合同或者法律、法规规定的义务,通常必须依法执行。例如,企业购买原材料形成应付账款,企业向银行贷入款项形成借款,企业按照税法规定应当交纳的税款等,均属于企业承担的法定义务,需要依法予以偿还。推定义务是指根据企业多年来的习惯做法、公开的承诺或者公开宣布的政策而导致企业将承担的责任,这些责任也使有关各方形成了企业将履行义务解脱责任的合理预期。例如,乙企业多年来制定有一项销售政策,即对于售出商品提供一定期限内的售后保修服务,乙企业将为售出商品提供的保修服务就属于推定义务。

(2)负债的清偿预期会导致经济利益流出企业

负债的清偿预期会导致经济利益流出企业,是负债的又一重要的特征。只有企业在履行义务时会导致经济利益流出企业的,才符合负债的定义;如果不会导致经济利益流出企业的,就不符合负债的定义。在履行现时义务清偿负债时,导致经济利益流出企业的形式是多种多样的。例如,用现金偿还或以实物资产偿还,以提供劳务偿还,部分转移资产、部分提供劳务偿还等。

(3)负债是由企业过去的交易或者事项形成的

企业只有过去发生的交易或者事项才形成负债,企业将在未来发生的承诺、签订的合同等交易或者事项,不形成负债。如某企业已向银行借入款项5 000万元,即属于过去的交易或者事项所形成的负债。企业同时还与银行达成了2个月后借入3 000万元的借款意向书,该交易就不属于过去的交易或者事项,不应形成企业的负债。

2. 负债的确认条件

将一项现实义务确认为负债,必须符合负债的定义,同时还需要满足以下两个条件的,才能作为负债核算,并在资产负债表中反映。

(1)与该义务有关的经济利益很可能流出企业

根据负债的定义,预期会导致经济利益流出企业是负债的一个本质特征。鉴于履行义务所需流出的经济利益带有不确定性,尤其是与推定义务相关的经济利益通常需要依赖于大量的估计,因此,负债的确认应当与经济利益流出的不确定性程度的判断结合起来。如果根据编制财务报表时所取得的证据判断,与现时义务有关的经济利益很可能流出企业,那么就应当将其作为负债予以确认。如某企业涉及的未决诉讼和为销售商品提供质量保证,如果很可能会导致企业的经济利益流出企业的,就应当视为符合负债的确认条件。反之,如果企业虽然承担了现时义务,但是会导致企业经济利益流出的可能性很小的,则不符合负债的确认条件,不应当将其作为负债予以确认。

(2)未来流出的经济利益的金额能够可靠地计量

负债的确认也需要符合可计量性的要求,即对于未来流出的经济利益的金额应当能够可靠地计量。对于与法定义务有关的经济利益流出的金额,通常可以根据合同或者法律规定的金额予以确定。考虑到经济利益的流出一般发生在未来期间,有时未来期间的时间还很长,在这种情况下,有关金额的计量通常需要考虑货币时间价值等因素的影响。对于与推定义务有关的经济利益流出的金额,通常需要较大程度的估计。为此,企业应当根据履行相关义务所需支出的最佳估计数进行估计,并综合考虑有关货币时间价值、风险等因素的影响。

三、所有者权益

1. 所有者权益的含义

所有者权益是指企业资产扣除负债后由所有者享有的剩余权益。公司的所有者权益又称股东权益。所有者权益具体包括实收资本(或股本)、直接计入所有者权益的利得和损失以及留存收益。

所有者投入的资本,是指所有者投入企业的资本部分,它既包括构成企业注册资本或者股本部分的金额,也包括投入资本超过注册资本或者股本部分的金额,即资本溢价或者股本溢价。这部分的投入资本在我国企业会计准则体系中被计入了资本公积,并在资产负债表中的资本公积项目下反映。

直接计入所有者权益的利得和损失,是指不应计入当期损益、会导致所有者权益发生增减变动的、与所有者投入资本或者向所有者分配利润无关的利得或者损失。其中,利得,是指由企业非日常活动所形成的、会导致所有者权益增加的、与所有者投入资本无关的经济利益的流入;损失,是指由企业非日常活动所发生的、会导致所有者权益减少的、与向所有者分配利润无关的经济利益的流出。直接计入所有者权益的利得和损失主要包括可供出售金融资产的公允价值变动额、现金流量套期中套期工具利得或损失属于有效套期部分等。

留存收益是企业历年实现的净利润留存于企业的部分,主要包括计提的盈余公积和未分配的利润。

2. 所有者权益的确认条件

由于所有者权益体现的是所有者在企业中的剩余权益,因此,所有者权益的确认主要依赖于其他会计要素,尤其是资产和负债的确认;所有者权益金额的确定也主要取决于资产和负债的计量。所有者权益项目应当列入资产负债表。例如,企业接受投资者投入的资产,在该资产符合企业资产确认条件时,也相应地符合了所有者权益的确认条件。

经营成果是指企业在一定时期内生产经营活动的结果,具体地说,它是指企业生产经营过程中取得的收入与发生的耗费相比较的差额。经营成果要素一般通过利润表来反映,由收入、费用和利润三个要素构成。

四、收入

1. 收入的含义

收入是指企业在日常活动中形成的、会导致所有者权益增加的、与所有者投入资本无关的经济利益的总流入。收入具有以下特征。

(1)收入是从企业的日常活动中产生,而不是从偶发的交易中产生。日常活动是指企业为完成其经营目标而从事的经常性活动以及与之相关的活动。如工业企业制造和销售产品、商业企业销售商品、保险公司签发保单、咨询公司提供咨询服务、软件企业为客户开发软件、安装公司提供安装服务、商业银行对外贷款、租赁公司出租资产等,均属于企业的日常活动。明确界定日常活动是为了将收入与利得相区分,因为企业非日常活动所形成的经济利益的流入不能确认为收入,而应当计入利得。有些交易或事项也能为企业带来经济利益,但不属于企业的日常经济活动,其流入的经济利益是利得,而不是收入。利得和收入都属于企业的收益,但利得是指收入以外的其他收益,通常从偶发的经济业务中取得,属于那种不经过经营过程就能取得或不曾期望获得的收益,如企业接受捐赠或政府补助取得的资产、因其他企业违约收取的罚款等。因此,收入属于企业主要的、经常性的业务收入,利得属于偶发性的收益。如出售固定资产,因固定资产是为使用而不是为出售而购入的,将固定资产出售并不是企业的经营目标,也不属于企业的日常活动,出售固定资产取得的收益不作为收入核算。

(2)收入应当会导致经济利益的流入,该流入不包括所有者投入的资本。收入应当会导致经济利益的流入,收入可能表现为企业资产的增加,如增加银行存款、应收账款等;也可能表现为企业负债的减少,如以商品或劳务抵偿债务;或者两者兼而有之。如商品销售的货款中一部分用来抵偿债务,将引起负债的减少,另一部分收取现金,将引起资产的增加。但是,企业经济利益的流入有时是由所有者投入资本的增加所导致的,所有者投入资本的增加不应当确认为收入,应当将其直接确认为所有者权益。因此,与收入相关的经济利益的流入应当将所有者投入的资本排除在外。经济利益的流入也不包括为第三方或客户代收的款项,如增值税销项税额、代收利息等。代收的款项,一方面增加企业的资产,一方面增加企业的负债,因此不增加企业的所有者权益,也不属于本企业的经济利益,不能作为本企业的收入。如企业销售商品时代收的增值税,旅行社代客户购买门票、飞机票收取票款等,不能作为企业的收入核算,应作为暂收款记入相关的负债类科目。

(3)收入应当最终会导致所有者权益的增加。与收入相关的经济利益的流入最终应当会导致所有者权益的增加,不会导致所有者权益增加的经济利益的流入不符合收入的定义,不应确认为收入。如某企业向银行借入款项1 000万元,尽管该借款导致了企业经济利益的流入,但是该流入并不会导致所有者权益的增加,反而使企业承担了一项现时义务。因此,企业对于因借入款项所导致的经济利益的增加,不应将其确认为收入,而应当确认一项负债。

但收入扣除相关成本费用后的净额,则可能增加所有者权益,也可能减少所有者权益。这里仅指收入本身导致的所有者权益的增加,而不是指收入扣除相关成本费用后毛利对所有者权益的影响。

2. 收入的确认条件

收入的确认除了应当符合定义外,还应当满足严格的确认条件。收入只有在经济利益很可能流入,从而导致企业资产增加或者负债减少,且经济利益的流入额能够可靠计量时才能予以确认。因此,收入的确认至少应当同时符合下列条件:一是与收入相关的经济利益很可能流入企业;二是经济利益流入企业的结果会导致企业资产的增加或者负债的减少;三是经济利益的流入额能够可靠地计量。

五、费用

1. 费用的含义

费用是指企业在日常活动中发生的、会导致所有者权益减少的、与向所有者分配利润无关的经济利益的总流出。费用具有以下特征。

(1) 费用是企业在日常经营活动中发生的经济利益的流出,而不是从偶发的交易或事项中产生的经济利益的流出。这些日常活动的界定与收入定义中涉及的日常活动相一致。日常活动中所产生的费用通常包括销售成本、职工薪酬、折旧费和无形资产摊销费等。将费用界定为日常活动中所形成的,目的是将其与损失相区分,因企业非日常活动所形成的经济利益的流出不能确认为费用,应当计入损失,如工业企业出售固定资产净损失。

(2) 费用应当会导致经济利益的流出,该流出不包括向所有者分配的利润。费用可能表现为资产的减少,如购买原材料支付现金或者现金等价物的流出、制造产品耗用存货、固定资产和无形资产的消耗等;或债务的增加(最终也会导致资产的减少),如负担长期借款利息,或二者兼而有之。如购买原材料支付部分现金,同时承担债务。企业向所有者分配利润也会导致经济利益的流出,而该经济利益的流出属于所有者权益的抵减项目,因而不应确认为费用,应当将其排除在费用之外。

(3) 费用应当最终会导致所有者权益的减少。与费用相关的经济利益的流出最终应当会导致所有者权益的减少,不会导致所有者权益减少的经济利益的流出不符合费用的定义,不应确认为费用。如某企业用银行存款 500 万元购买工程用物资,该购买行为尽管使企业的经济利益流出了 500 万元,但并不会导致企业所有者权益的减少,而使企业增加了另一项资产。在这种情况下,就不应当将该经济利益的流出确认为费用。又如,某企业用银行存款偿还了一笔短期借款 1 000 万元,该偿付行为尽管也导致了经济利益流出 1 000 万元,但是该流出并没有导致企业所有者权益的减少,而是使企业的负债减少了,所以,不应当将该经济利益的流出作为费用确认。

2. 费用的确认条件

费用的确认除了应当符合定义外,还应当满足严格的确认条件。费用只有在经济利益很可能流出,从而导致企业资产减少或者负债增加,且经济利益的流出额能够可靠计量时才能予以确认。因此,费用的确认至少应当同时符合下列条件:一是与费用相关的经济利益很可能流出企业;二是经济利益流出企业的结果会导致企业资产的减少或者负债的增加;三是经济利益的流出额能够可靠地计量。

六、利润

1. 利润的含义

利润是指企业在一定会计期间的经营成果,反映的是企业的经营业绩情况。利润通常是评价企业管理层业绩的一项重要指标,也是投资者、债权人等做出投资决策、信贷决策等重要参考指标。

利润包括收入减去费用后的净额、直接计入当期利润的利得和损失等。其中,收入减去费用后的净额反映的是企业日常活动的业绩;直接计入当期利润的利得和损失反映的是企业非日常活动的业绩,具体是指应当计入当期损益、会导致所有者权益发生增减变动的、与所有者投入资本或者向所有者分配利润无关的利得或者损失。企业应当严格区分收入和利得、费用和损失之间的区别,以更全面地反映企业的经营业绩。利润可细分为营业利润、利润总额和净利润。

2. 利润的确认条件

利润反映的是收入减去费用、直接计入当期利润的利得减去损失后的净额,因此,利润的确认主要依赖于收入和费用以及利得和损失的确认,其金额的确定也主要取决于收入、费用、利得和损失金额的计量。

第五节 会计计量与报告

一、会计计量

会计计量就是在资产负债表和利润表内确认和列示会计要素而确定其金额的过程。这一过程涉及计量属性的选择。会计计量属性主要包括:

1. 历史成本

历史成本原则又称原始成本或实际成本原则,指对会计要素的记录,应以经济业务发生时的取得成本为标准进行计量计价。按照会计要素的这一计量要求,资产的取得、耗费和转换都应按照取得资产时实际支付的现金或现金等价物的金额,或者按照购置资产时所付出的等价的公允价值进行计量计价和记录;负债的取得和偿还都按取得负债的实际支出进行计量计价和记录。资产减负债所有者权益自然也是历史成本计价的,有别于报表日的重置价值、变现价值和市价。

历史成本的特点:(1)发生的时点是资产取得当时,而没有考虑市场价格变动的影响。(2)是真实交易的价格。(3)在发生之时就是公允价值。在我国目前会计计量中,历史成本一直占主导地位,其所以得到广泛应用,主要有以下优点:①具有客观性,有合法的原始凭证为依据。②具有可验证性,其取得成本较低。③具有可比较性,可通过与实际成本、计划成本、定额成本等相比较,预测成本水平及其变化趋势。但在物价变动较大时,历史成本缺乏可比性和相关性,收入与费用的配比缺乏逻辑统一性,经营业绩和持有收益不能分清,非货币性资产和负债出现低估,难以揭示企业真实的财务状况。

2. 重置成本

重置成本又称现行成本,是指按照当前市场条件,重新取得同样一项资产所需支付的现金或现金等价物的金额。在重置成本计量下,资产按照现在购买相同或者相似资产所需支付的现金或者现金等价物的金额计量;负债按照现在偿付该项债务所需支付的现金或者现金等价物的金额计量。负债的重置成本,是不含折扣金额的。

例 1—1 钟泰有限公司财产清查发现,基本车间盘盈设备一台。经评估,设备重置成本为 100 000 元,估计有七成新。企业对财产价值评估采用重置成本法,但不是按重置成本入账,而是按照重置成本扣除财产折耗价值后的余额入账。因此,该设备记账价值计算如下。

设备入账价值=100 000−100 000×30%=70 000(元)

在重置成本计量下,资产按照现在购买相同或者相似资产所需支付的现金或者现金等价物的金额计量。负债按照现在偿付该项债务所需支付的现金或者现金等价物的金额计量。重置成本的优点:(1)避免在物价上涨时虚计利润。(2)增强了期间收入与费用相配比的可比性和可靠性。(3)反映了企业真实的财务状况,增强了会计信息的有用性。(4)便于区分企业经营收益,有助于正确评价管理当局的业绩。同样,重置成本也存在缺点:(1)由于条件因素的影响,事实上很难存在与原资产完全相同的重置成本。(2)在计算上缺乏足够可信的证据,影响了会计信息的可靠性。(3)仍然不能消除货币购买力变动的影响,也无法以持有资本的形式来解决资本保值问题,不能确保已耗生产能力得到补偿或更新。因此,重置成本主要应用于资产重估和资产盘盈中。

3. 可变现净值

可变现净值又称结算价值,是指在正常生产经营过程中,以预计售价减去进一步加工成本和销售所必需的预计税金、费用后的净值。在可变现净值计量下,资产按照其正常对外销售所能收到现金或者现金等价物的金额,扣减该资产至完工时估计将要发生的成本、估计的销售费用以及相关税费后的金额计量。当然,在运用可变现净值时,一定要注意可变现净值低于估计成本时,才能计提跌价准备。

例1—2 2022年12月31日,钟泰有限公司库存甲材料账面价值(历史成本)为100 000元,市场购买价格为92 000元。该材料用来生产的A产品销售价格为150 000元,估计生产成本为160 000元,材料进一步加工需要发生加工费60 000元,估计销售费用及税金为5 000元。该材料的可变现净值计算如下:

甲材料的可变现净值＝150 000－60 000－5 000＝85 000(元)

在可变现净值计量下,资产按照其正常对外销售所能收到现金或现金等价物的金额扣减该资产至完工时估计将要发生的成本、估计的销售费用以及相关税金后的金额计量。可变现净值仅用于计划未来将销售的资产或未来将清偿的负债,反映了企业预期的变现能力,体现了稳健性原则,但它无法适用于企业所有资产,主要用于资产期末计价。

4. 现值

现值是指未来现金流量按照一定方法折合成的现在时刻的价值。在现值计量下,资产按照预计从其持续使用和最终处置中所产生的未来净现金流入量的折现金额计量。负债按照预计期限内需要偿还的未来净现金流出量的折现金额计量。其中,"资产预计未来现金流量的现值,应当按照资产在持续使用过程中和最终处置时所产生的预计未来现金流量,选择恰当的折现率对其进行折现后的金额加以确定。预计资产未来现金流量的现值,应当综合考虑资产的预计未来现金流量、使用寿命和折现率等因素。"

在现值计量下,资产按照预计从其持续使用和最终处置中所产生的未来净现金流入量的折现金额计量。负债按照预计期限内需要偿还的未来净现金流出量的折现金额计量。这种计量属性虽然考虑了货币的时间价值,与决策的相关性最强,但其未来现金流入量的现值却是难以准确预测,所以又与决策的可靠性最差。

5. 公允价值

公允价值是指熟悉市场情况的双方都能够接受的价格。在公允价值计量下,资产和负债按照在公平交易中,熟悉情况的交易双方自愿平等进行资产交换或者债务清偿的金额计量。在活跃、成熟的市场中,通常把交易价格即市价作为该资产和负债的公允价值看待。

在公允价值计量下,资产和负债按照在公平交易中,熟悉情况的交易双方自愿进行资产交换或者债务清偿的金额计量。公允价值的主要优点是:(1)能提供可靠的会计信息,有利于企业的资本保值。(2)符合会计的配比原则要求。(3)能合理地反映企业的财务状况,从而提高财务信息的相关性。(4)能更真实地反映企业的收益。

会计计量属性尽管包括历史成本、重置成本、可变现净值、现值和公允价值等,但是企业在对会计要素进行计量时,应当严格按照规定选择相应的计量属性。一般情况下,对于会计要素的计量,应当采用历史成本计量属性,例如,企业购入存货、建造厂房、生产产品等,应当以所购入资产发生的实际成本作为资产计量的金额。

鉴于应用重置成本、可变现净值、现值和公允价值等其他计量属性,往往需要依赖于估计,为了使所估计的金额在提高会计信息相关性的同时,又不影响其可靠性,企业会计准则要求企业应当保证根据重置成本、可变现净值、现值、公允价值所确定的会计要素金额能够取得并可靠计量。如果这些金额无法取得或者可靠地计量的,则不允许采用这些计量属性。

在会计账务处理中,会计计量分为初始计量、后续计量和处置三个环节。初始计量是指取得一项资产和负债时,对其入账金额和入账科目等的核算计量;后续计量是对经初始计量后价值变动的资产和负债进行的新起点计量,不仅要对资产和负债的价值变动进行反映,而且要对因价值变动而产生的损益进行反映。处置是指对资产和负债进行终止确认。

二、会计报告

会计报告是对会计要素确认与计量的最终结果体现,是财务会计工作者的最终产品。会计信息使用者主要是通过会计报告了解企业当前的财务状况、经营成果和现金流量等情况,从而预测未来的发展趋势。因此,会计报告是向投资者等会计信息使用者提供决策有用信息的媒介和渠道,是沟通投资者、债权人等使用者与企业管理层之间信息的桥梁和纽带。会计报告在国际上被称为财务报告。

财务会计报告是企业对外提供的反映企业某一特定日期的财务状况和某一会计期间的经营成果、现金流量等会计信息的文件。根据财务报告的定义,财务会计报告具有以下几层含义:一是财务会计报告应当是对外报告,其服务对象主要是投资者、债权人等外部使用者,专门为了内部管理需要的、特定目的的报告不属于财务报告的范畴;二是财务会计报告应当综合反映企业的生产经营状况,包括某一时点的财务状况和某一时期的经营成果与现金流量等信息,以勾画出企业整体和全貌;三是财务会计报告必须形成一个系统的文件,不应是零星的或者不完整的信息。

财务会计报告包括会计报表及其附注、其他应当在财务报告中披露的相关信息和资料。会计报表包括资产负债表、利润表、现金流量表和所有者权益变动表。附注是对资产负债表、利润表、现金流量表和所有者权益变动表等报表中列示项目的文字描述或明细资料,以及对未能在这些报表中列示项目的说明等。报表样式可见第十四章财务报告。

第六节 会计职业与会计规范

一、会计职业

职业是人们为满足社会生产和生活的需要,所从事的具有一定社会职责的专门的业务和工作。人们的任何一种职业活动都不是孤立的,而是社会分工体系的一部分。在职业活动中,必然会发生各种关系,包括从业人员同工作对象之间的关系,同一组织内部从业人员之间的关系等。会计是一项技能性职业,是随着社会经济的发展而发展的,包括会计技术方面的发展、会计职能的变化、会计领域的扩展等。从会计的最初产生到现在,经历了漫长的历史过程。据考证,早在公元前3 600年就已有了反映经济业务的记录,某些会计概念甚至可以追溯到古罗马时代。1494年,意大利的卢卡·帕乔利写出了《算术、几何、比及比例概要》一书。这本专著第一次系统地介绍了"威尼斯簿"记法,并奠定了现代复式簿记的理论基础。它不仅标志着借贷复式记账法的形成,也意味着人类对会计的认识出现了历史性的飞跃。后来,这一记账方法被逐步推广,相继传到德、法、英、美、日和中国,极大地推动了会计职业的发展。从目前看,会计职业主要存在三个领域:企业会计领域、政府及非营利组织会计领域以及公众会计领域。

1. 企业会计领域

企业会计较为复杂,既包括对外会计,如财务会计、税务会计,又包括对内会计,如管理会计、成本会计等。对外会计要遵循相应的会计规范,如财务会计要遵守会计原则,税务会计要遵循税法规定,按规定的格式揭示相关信息等。管理会计为企业管理当局提供相关资料,以利于企业决策,没有统一的格式要求。成本会计介于二者之间,成本会计中的产品成本核算要遵循会计准则的规定,如我国生产企业要求采用制造成本法,而对于企业出于内部管理需要的成本核算,如成本中心的成本核算,企业可以自行确定采用适合企业情况的方法。

(1) 财务会计

财务会计是按企业外部会计信息使用者的需要,把企业视为一个整体,以各国(各地区)的财务会计准则或GAAP为标准,向企业外部的信息使用者提供决策和管理所需要的关于该企业整体及其分部的财务信息和其他经济信息。这里的财务信息是指反映企业财务状况、经营成果和现金流量的信息。企业外部的信息使用者主要是指投资人、债权人、政府有关部门和社会公众等。同时,对于财务报表,应由独立公正的注册会计师对其合法性和公允性做出鉴证。与此同时,企业内部的管理部门也运用财务会计提供的信息进行加工、论证,成为管理会计有用的信息来源,从而也能促进企业经营管理水平和经济效益的提高。由于财务会计主要为企业外部的投资者和债权人等提供信息,所以又称对外报告会计。

(2) 管理会计

管理会计主要根据企业管理部门的特定需要,为企业内部各级管理人员提供有效经营和最优化决策的信息。管理会计与财务会计具有密切联系,管理会计所需要的许多信息来自财务会计系统,而企业财务状况和经营成果的提高,又有赖于管理部门进行正确的经营决策和改善生产经营。从这一点看,财务会计与管理会计是相辅相成的。由于管理会计主要是向企业内部提供信息,所以又被称为对内会计。

(3) 成本会计

成本会计是着重研究成本的计算、控制和预测的理论和方法,为企业经营决策或理财决策和业绩评价提供所需要成本信息的会计系统。成本会计中,有一部分成本核算要遵循企业会计准则,如我国产品制造业在核算产品成本时,要求采用制造成本法。而对于企业成本中心基于业绩考核而核算产品成本,则没有相应的规定,由企业自行确定。

(4) 税务会计

纳税人以税收法规为准绳,运用会计方法,进行税务筹划与纳税申报的一种工作。从广义上说,税务会计是财务会计和管理会计的延伸。在西方,税务会计已经与财务会计、管理会计并驾齐驱,成为现代西方会计的三大支柱之一。在我国,税务会计长期以来作为财务会计的一部分,仅在会计核算中对企业所涉及的会计科目、账户及其相应的会计信息进行处理。

税务会计的主要目的有两个:一是根据税法规定,确定企业经营活动所涉及的税种的计税依据、计算应纳税款、申报与缴纳税款;二是在不违反税法的前提下进行纳税筹划,使企业的税负最低。上述对企业经营活动的纳税事宜进行筹划,对所涉及的应纳税款、已纳税款及退补税款进行计算与核算,最后编制纳税报告,为税务部门提供企业依法纳税的信息。

2. 政府及非营利组织会计领域

政府和非营利组织会计与企业会计属于会计学的两个不同分支,是对政府部门和各种非营利组织(如学校、医院、科研机构、图书馆、慈善机构、各种基金会等)各种资金的拨入和使用进行确认、计量、记录和报告。其会计程序和方法与企业会计有所不同。在我国,政府和非营利组织会计包括财政总预算会计、行政单位会计和事业单位会计。

3. 公众会计领域

公众会计是那些拿薪水提供专门服务的人,提供的主要服务包括审计、咨询与会计服务等业务。在我国主要指注册会计师行业。注册会计师以会计师事务所名义从事鉴证服务和非鉴证服务。要取得注册会计师资格必须经过严格的专业考试和具备一定的实践经验。通常来说,要成为一名注册会计师须具备四个方面的条件:一是通过资格考试;二是要有一定的审计工作经验;三是要受过一定的专业教育;四是要申请取得经政府机构或职业团体组织发给的注册(特许)会计师执照。取得注册会计师执照后,才能成为职业注册会计师,可以独立从事注册会计师业务。

二、会计规范

会计信息要成为有用信息,应当满足使用者的需要。在现代企业制度下,企业外部存在许多与企业有经济利益关系的组织和个人,他们不直接参与企业的经营管理,但出于直接或间接的利害关系,他们也关注企业的财务状况和经营成果以及现金流量等相关信息,这就是所谓的信息不对称问题。为了保障企业外部相关利益者的利益,就要求财务会计站在"公平、公正"的立场上,客观地反映情况,以保证有关资料的真实、可靠。因此,为了维持经济生活的正常有序运行,需要对财务会计实务加以规范,使各个企业在对外披露会计信息时有一套共同认可的规范基础。一般而言,会计规范分为会计法律规范、会计职业道德规范。

1. 会计法律规范

会计法律规范,是指国家立法机构为管理会计工作而按立法程序制定和颁布的规范性文件的总称。会计法律分为狭义与广义两种:狭义的会计法律是指由立法机构颁发的法律;广义的会计法律不仅指由立法机构颁发的法律,还包括由执法机构(各种政府部门)制定和颁发的会计法规。在实践中,会计法律泛指广义的会计法律。

(1)会计法

《会计法》全称《中华人民共和国会计法》。《会计法》于1985年首次颁布施行。1993年12月,经第八届全国人民代表大会常务委员会第五次会议修订。1999年10月,经第九届全国人民代表大会常务委员会第十二次会议再次修订,由国家主席下令公布,于2000年7月1日起施行。《会计法》是国家的正式法律,具有很强的约束力。国家机关、社会团体、企事业单位、个体工商户和其他组织都必须遵守《会计法》。拟订其他会计法规、制订会计准则和会计制度,办理会计事务,均应以《会计法》为依据。

《会计法》全文共七章、五十二条,除了指出立法目的、规定适用范围、划分会计工作的管理权限,以及国家统一会计制度的制定外,还在会计核算、会计监督、会计机构、会计人员和法律责任等方面,规定了应当达到的要求。现行《会计法》具有如下特点。

《会计法》强调了会计信息的真实、完整,严格禁止虚假信息。它要求各单位所提供的财务会计信息(资料、报告等)必须真实、完整,不得提供虚假的财务会计报告,或以虚假的经济业务或资料进行会计核算。此外,对伪造、变造会计凭证、会计账簿或者编制虚假财务会计报告,构成犯罪的,依法追究刑事责任,还对直接责任人增加了经济处罚办法。

《会计法》突出了单位负责人对会计信息真实性的责任。第四条明确规定,"单位负责人对本单位的会计工作和会计资料的真实性、完整性负责"。从法律制度上理顺单位负责人与会计机构、会计人员对于本单位会计工作和会计资料真实性、完整性所应负的责任。

《会计法》特别关注公司、企业的会计核算。它增加了"公司、企业会计核算的特别规定",强调在资产、负债、所有者权益、收入、费用、成本、利润的确认、计量、记录和报告方面的真实性,利润分配的真实性,不得有违反国家统一的会计制度规定的行为。

《会计法》要求各单位强化会计监督。为保护企事业单位的财产安全,它要求各单位建立、健全内部会计监督制度,并提出了内部会计监督制度的具体要求。

(2) 会计法规

除了《会计法》外,在我国还有各项会计法规对会计行为进行约束。会计法规是由国务院根据有关法律的规定制定,或者根据全国人民大会及其常务委员会的授权制定。我国会计法规规范主要包括《企业财务会计报告条例》《总会计师条例》等有关会计工作的条例。

(3) 企业会计准则

会计准则是处理会计对象的标准,是会计核算(主要是从事确认、计量、记录、报告工作)的规范,也是评价会计工作质量的准绳。在不同的国家,制定会计准则的机构是不同的。如美国的会计准则,是由财务会计准则委员会(FASB)制定,德国则在《商法》中加以规定,英国由"会计准则委员会"(ASB)制定,日本由大藏省制定,我国由财政部制定。

中国企业会计准则体系由基本会计准则、具体会计准则、会计准则应用指南以及企业会计准则解释公告四部分(也即四个层次)组成。

第一层次:企业会计准则——基本准则

基本准则在整个准则体系中起统驭作用,主要规范财务报告目标、会计假设、会计信息质量要求、会计要素的确认与计量以及报告原则等,用来指导具体会计准则的制定以及指导没有具体会计准则规范的交易的处理。

我国的基本准则类似于美国财务会计准则委员会的《财务会计概念公告》和国际会计准则理事会的《编报财务报表的框架》,但区别是我国将其纳入企业会计准则体系,而且具有一定的法律效力。

第二层次:企业会计准则——具体准则

具体准则是根据企业会计基本准则制定的,是对各类经济业务确认、计量、记录和报告的规范。具体包括存货、长期股权投资等38项准则。各项具体准则的规范内容和有关的国际财务报告准则的内容基本一致,这也正是我国会计准则国际趋同的重要体现。

第三层次:企业会计准则——应用指南

应用指南是对具体准则相关条款的细化和对有关重点及难点问题提供操作性规定,它还包括会计科目、主要账务处理等。

第四层次:企业会计准则——解释公告

解释公告主要针对企业会计准则实施中遇到的问题做出解释。它是在"企业会计准则实施问题专家工作组意见"的基础上形成的,主要是为解决专家工作组意见的法律效力问题。

企业会计准则体系所形成的基本准则、具体准则、应用指南和解释公告的四个层次,是相互联系、各有分工。基本准则是纲,在整个准则体系中起统驭作用;具体准则是目,是依据基本准则的要求对有关业务或报告做出的具体规定;应用指南和解释公告是补充,是对具体准则的操作指引。

(4)企业会计制度

会计制度是从事会计工作的具体行为规范。在新中国成立以后的很长一段时期内,财政部主要通过颁布统一的会计制度来规范全国的会计工作。在1993年以前,我国的会计制度按照行业和所有制形式加以制定。改革开放后,由于企业所有制形式的多样化,企业经营方式的多元化,以及新经济业务的不断出现,分行业、分所有制的会计制度已经不再适用,财政部于1992年11月颁布了《企业会计准则》,同时,陆续颁布了13个分行业的会计制度,取代原来的会计制度,形成会计准则与多种会计制度并存的格局。此后,我国的社会经济环境发生了重大变化,为了适应新形势的要求和全球经济一体化的发展趋势,提高会计信息质量,防范和化解金融风险,并与国际会计惯例接轨。财政部于2000年12月颁布《企业会计制度》,自2001年1月1日起在我国境内除金融企业和小企业以外的所有企业实施。2001年11月27日财政部发布《金融企业会计制度》,自2002年1月1日起在上市的金融企业执行,财政部同时鼓励其他股份制金融企业执行该制度。2004年4月27日财政部发布《小企业会计制度》,自2005年1月1日起在小企业范围内执行。

2006年2月15日,财政部发布新的《企业会计准则——基本准则》和38项具体会计准则,同年10月颁布《企业会计准则——应用指南》,新会计准则自2007年1月1日逐渐在上市公司及金融企业范围内施行,并鼓励其他企业执行。执行该38项具体准则的企业不再执行《企业会计制度》和《金融企业会计制度》,并计划在3年内在国有大中型企业执行。

2. 会计职业道德规范

会计职业道德规范是从事会计工作的人员所应该遵守的具有本职业特征的道德准则和行为规范的总称。它是对会计人员的一种主观心理素质的要求,控制和掌握着会计管理行为的方向和合理化程度。会计职业道德规范是一类比较特殊的会计规范,它的强制性较弱,但约束范围却极为广泛。现阶段,我国会计职业道德规范大致包括以下八个方面的内容:爱岗敬业、诚实守信、廉洁自律、客观公正、坚持准则、提高技能、参与管理和强化服务。

本章小结

1. 财务会计目标与会计规范:财务会计目标是向财务报告使用者提供与企业财务状况、经营成果和现金流量等有关的会计信息,反映企业管理层受托责任履行情况,有助于财务报告使用者做出经济决策;会计规范由会计职业道德规范和会计法律规范构成。其中会计职业道德规范是从事会计工作的人员所应该遵守的具有本职业特征的道德准则和行为规范的总称;会计法律规范是国家立法机构为管理会计工作按立法程序制定和颁布的规范性文件的总称。

2. 会计基本假设:会计基本假设是企业会计确认、计量和报告的前提,是对会计核算所处时间、空间和环境等所做的合理设定。会计基本假设包括会计主体、持续经营、会计分期和货币计量等四个假设。会计核算对象的确定、会计政策的选择和会计数据的收集都要以这一系列的基本假设为前提。

3. 会计信息的质量要求：会计信息的质量要求是对企业财务报告提供高质量会计信息的基本规范，是使财务报告中所提供的会计信息对投资者等使用者决策有用应具备的质量特征。会计信息的质量和财务会计的目标是密切相关的，目标决定会计信息的质量要求，而具备应有质量要求的信息才能促使目标的实现。财务报告中所提供的会计信息应当符合可靠性、相关性、可理解性、可比性、实质重于形式、重要性、谨慎性和及时性的质量要求。

4. 会计要素及其确认：会计要素是按照交易或者事项的经济特征所做的基本分类，分为反映企业财务状况的会计要素和反映企业经营成果的会计要素。它既是会计确认和计量的依据，也是确定财务报表结构和内容的基础，包括资产、负债、所有者权益、收入、费用和利润。

5. 会计计量属性：会计计量属性主要包括历史成本、重置成本、可变现净值、现值和公允价值等。企业对会计要素进行计量时，一般应当采用历史成本。按规定采用其他计量属性时，应当确保相关金额能够取得并可靠计量。

课后练习

一、单项选择题

1. 根据资产定义，下列事项中不属于资产特征的是（　　）。
   A. 资产是企业拥有或控制的经济资源
   B. 资产预期会给企业带来未来经济利益
   C. 资产是由企业过去交易或事项形成的
   D. 资产是投资者投入的

2. 下列对会计核算基本前提表述恰当的是（　　）。
   A. 持续经营和会计分期确定了会计核算的空间范围
   B. 一个会计主体必然是一个法律主体
   C. 货币计量为会计核算提供了必要的手段
   D. 会计主体确立了会计核算的时间范围

3. 企业对交易或者事项进行会计确认、计量和报告应当保持应有的谨慎，不应高估资产或者收益、低估负债或者费用，所反映的是会计信息质量要求中的（　　）。
   A. 重要性　　　　　　　　　　B. 实质重于形式
   C. 谨慎性　　　　　　　　　　D. 及时性

4. 确立会计核算空间范围所依据的会计核算基本前提是（　　）。
   A. 会计主体　　　　　　　　　B. 会计分期
   C. 持续经营　　　　　　　　　D. 货币计量

5. 会计信息质量要求中，要求企业前后期间提供相互可比的会计信息的是（　　）。
   A. 可比性　　　　　　　　　　B. 明晰性
   C. 及时性　　　　　　　　　　D. 客观性

6. 下列各项对收入的描述正确的是（　　）。
   A. 在日常活动中形成的，会导致所有者权益增加的、与所有者投入资本无关的经济利益的总流入
   B. 销售商品收入、提供劳务收入和让渡资产使用权收入，包括企业代第三方收取的款项
   C. 销售商品收入、提供劳务收入和计入损益的利得

D. 销售商品收入、直接计入所有者权益的利得和损失以及让渡资产使用权收入

7. 下列项目中,能同时使资产和负债发生变化的是( )。
   A. 赊购商品   B. 支付股票股利
   C. 接受捐赠   D. 收回应收账款

8. 下列经济业务中,能引起公司股东权益总额变动的是( )。
   A. 盈余公积弥补亏损
   B. 股东大会向投资者宣告分配现金股利
   C. 向投资者分配股票股利
   D. 用资本公积金转增股本

9. 企业将融资租入的固定资产作为自有固定资产管理,体现了会计信息质量要求中的( )。
   A. 可比性   B. 及时性
   C. 实质重于形式   D. 谨慎性

10. 下列各项业务中,没有体现谨慎性质量要求的是( )。
    A. 对应收账款计提坏账准备
    B. 固定资产采用双倍余额递减法计提折旧
    C. 对固定资产计提减值准备
    D. 长期股权投资期末采用历史成本法计价

二、多项选择题

1. 会计基本假设包括( )。
   A. 会计主体   B. 持续经营
   C. 会计分期   D. 货币计量
   E. 历史成本

2. 反映企业经营成果的会计要素包括( )。
   A. 收入   B. 费用
   C. 资产   D. 所有者权益
   E. 利润

3. 下列各项中属于资产范围的是( )。
   A. 发出商品   B. 委托加工商品
   C. 经营租出的设备   D. 盘亏存货
   E. 土地使用权

4. 我国财务会计信息质量要求包括的是( )。
   A. 持续经营   B. 实质重于形式
   C. 明晰性   D. 相关性
   E. 可比性

5. 下列说法中正确的有( )。
   A. 不能导致经济利益流入企业的资源不属于资产
   B. 处置无形资产净收益不属于企业收入,而是计入损益的利得
   C. 意外灾害导致的存货净损失不属于企业费用,而是直接计入当期损益的损失

D. 直接计入所有者权益的经济利益不属于企业收入

E. 处置无形资产净收益不属于企业收入,而是直接计入所有者权益的利得

6. 可靠性要求( )。

A. 企业应当以实际发生的交易或事项为依据进行会计确认、计量和报告

B. 如实反映符合确认和计量要求的各项会计要素及其他相关信息

C. 保证会计信息真实可靠、内容完整

D. 企业提供的会计信息应当与财务会计报告使用者的经济需要相关

E. 包括在财务报告中的会计信息应当是中立的、无偏的

7. 下列关于所有者权益的说法中正确的是( )。

A. 所有者权益是指企业资产扣除负债后由所有者享有的剩余权益

B. 直接计入资本公积的利得和损失属于所有者权益

C. 所有者权益金额应单独计量,取决于资产和负债的计量

D. 所有者权益金额应单独计量,不取决于资产和负债的计量

E. 所有者权益项目应当列入利润表

8. 下列关于利润的说法中正确的有( )。

A. 利润项目应当列入利润表

B. 利润指企业一定会计期间的经营成果

C. 利润金额取决于收入和费用的计量,不涉及利得和损失金额的计量

D. 利润反映的是某一时刻的财务状况

E. 直接计入当期利润的利得和损失,指应当计入当期损益、会导致所有者权益发生增减变动的、与所有者投入资本或者向所有者分配利润无关的利得或损失

三、判断题

1. 资产是指能为企业带来经济利益的资源。( )
2. 经营性租赁租入的资产,因其在本企业使用,故属于本企业的资产。( )
3. 法律主体往往是会计主体,会计主体不一定是法律主体。( )
4. 配比原则要求企业在进行会计核算时,收入与其成本、费用应当相互配比,同一会计期间内的各项收入和与其相关的成本、费用应当在该会计期间内确认。( )
5. 分配生产工人的职工薪酬会引起资产和负债同时增加。( )

第二章 出纳岗位

学习目标

○ **知识目标**
1. 明确货币资金的基本内容和有关的基本概念;
2. 了解货币资金在管理与核算过程中应遵循的各项有关规定。

○ **能力目标**
1. 掌握货币资金核算的能力;
2. 对货币资金进行清查的能力。

○ **素质目标**
掌握出纳岗位应遵守的财经法规。

思政案例导入

诚信守法、合法经营的重要性

90后女孩王某于2017年通过公开招聘入职东城区某单位,从事出纳工作。因在工作、生活和网络游戏中结交了大量出手阔绰的朋友,王某养成了及时行乐、恣意挥霍的不良消费观念。在这些不良观念的影响下,她在工作还不满一个月时,就开始想方设法侵吞、骗取公共财物。王某通过假的银行对账单,模仿单位领导的签字,使用现金支票,把公款转移到她个人的银行账户。后来,她连现金支票都懒得用了,直接通过银联转账将单位账户的钱转到自己名下。单位对王某的违法犯罪行为毫无察觉,致使其更加肆无忌惮。

2017年11月至2019年2月,王某在担任出纳的一年零三个月的时间内,利用职务便利,伪造报销申请,骗取、侵吞了单位大额存款达720余万元,用于个人奢侈消费。2019年3月,王某因涉嫌贪污罪被东城区监委留置,同年9月被开除公职。2019年12月,被东城区法院判处有期徒刑12年,并处罚金人民币100万元、追缴违法所得700余万元。

一失足成千古恨。90后的王某,今后将有12年时间在铁窗内度过。漫长的牢狱生活分明在告诫人们:会计人员应该自尊、自爱,自觉遵守国家的财经法规,廉洁自律。切记:手莫伸,伸手必被捉!

货币资金是指企业在生产经营过程中以货币形态存在的资金。可以立即投入流通,用以购买商品或劳务,或用以偿还债务的交换媒介。货币资金是企业资产的重要组成部分,是企业资产中流动性较强的一种资产,并且是唯一能够直接转化为其他任何资产形态的流动性资产,也是能够代表企业现实购买力水平的资产。任何企业要进行生产经营活动都必须拥有货币资金,持有货币资金是进行生产经营活动的基本条件。货币资金从本质上讲属于金融资产范畴,由于其会计处理的特殊性,本章将单独加以阐述。根据货币资金的存放地点及其用途的不同,货币资金分为库存现金、银行存款和其他货币资金。

第一节 库存现金

一、库存现金的性质和特点

现金是可以立即投入流动的交换媒介。它的首要特点是普遍的可接收性,即可以有效地立即用来购买商品、货物、劳务或偿还债务。因此,现金是企业中流动性最强的一种货币性资产,可以随时用其购买所需的物资,支付有关费用,偿还债务,也可以随时存入银行。现金的定义有狭义和广义之分。狭义的现金是指企业的库存现金;广义的现金是指除了库存现金外,还包括银行存款和其他符合现金定义的票证等。本章所指现金的定义是指狭义的现金,即库存现金,包括人民币现金和外币现金。

二、库存现金的内部控制

现金的流动性决定了现金内部控制的必要性。除了个人的道德与法制观念的建立之外,一个企业必须强调它的现金内部控制的重要性,要严格现金内部控制的措施与手段,建立健全现金的内部控制制度,这样才能防止现金的丢失、被盗,以及违法乱纪行为的发生,以保持现金流动的合理性、安全性,提高现金的使用效果与获利能力。现金的内部控制包括如下几个方面内容。

1. 实行职能分开原则。要求库存现金实物的管理与账务的记录应分开进行,不能由一个人兼任。企业库存现金收支与保管应由出纳人员负责。经管现金的出纳人员不得兼管收入、费用、债权、债务等账簿的登记工作以及会计稽核和会计档案保管工作;填写银行结算凭证的有关印鉴,不能集中由出纳人员保管,应实行印鉴分管制度。这样做的目的是便于分清责任,形成一种互相牵制的控制机制,防止挪用现金以及隐藏流入的现金。

2. 现金收付的交易必须有合法的原始凭证。企业收到现金时,要有现金收入的原始凭证,以保证现金收入的来源合法;企业支付现金时,要按规定的授权程序进行,除小额零星支出需用库存现金外,其他应尽可能少用现钞,采用支票付款,同时要有确凿的原始凭证,以保证支付的有效性。对涉及现金收付交易的经济业务要根据原始凭证编制收付款凭证,并要在原始凭证与收付款凭证上盖上"现金收讫"与"现金付讫"印章。

3. 建立收据和发票的领用制度。领用的收据和发票必须登记数量和起讫编号,由领用人员签字;收回收据和发票存根,应由保管人员办理签收手续。对空白收据和发票应定期检查,以防止短缺。

4. 加强监督与检查。对企业的库存现金,除了要求出纳人员应做到日清月结之外,企业的审计部门以及会计部门的领导对现金的管理工作要进行经常性的与突击性的监督和检查,包括现金收入与支出的所有记录。对发现的现金溢余与短缺,必须认真及时地查明原因,并按规定的要求进行处理。

5. 企业的出纳人员应定期进行轮换,不得一人长期从事出纳工作。一个人长期从事一项工作会形成惰性,不利于提高工作效率,同时可能会隐藏工作中的一些问题和不足。出纳工作每日都与资金打交道,时间长了,容易产生麻痹和侥幸心理,增加犯罪的机会和可能。通过人员的及时轮换,不仅可以避免上述情况的出现,而且对工作人员本身也是一种保护,所以及时进行人员的轮换是非常必要的。

三、库存现金管理的有关规定

按照现行制度,国家有关部门对企业使用库存现金有如下规定。

1. 库存现金的使用范围

这里的现金,是指人民币现钞,即企业用现钞从事交易,只能在一定范围内进行。根据国家现金管理制度和结算制度的规定,企业收支的各种款项必须按照国务院颁发的《现金管理暂行条例》的规定办理,在规定的范围内使用现金。允许企业使用现金结算的范围是:(1)职工工资、津贴。(2)个人劳务报酬。(3)根据国家规定颁发给个人的科学技术、文化艺术和体育等各种奖金。(4)各种劳保、福利费用以及国家规定的对个人的其他支出。(5)向个人收购农副产品和其他物资的价款。(6)出差人员必须随身携带的差旅费。(7)零星支出。(8)中国人民银行确定需要支付现金的其他支出。属于上述现金结算范围的支出,企业可以根据需要向银行提取现金支付,不属于上述现金结算范围的款项支付一律通过银行进行转账结算。

2. 库存现金的限额

库存现金限额是指为保证各单位日常零星支出按规定允许留存的现金的最高数额。库存现金的限额,由开户银行根据开户单位的实际需要和距离银行远近等情况核定。其限额一般按照单位3~5天日常零星开支所需的现金确定。远离银行或交通不便的企业,银行最多可以根据企业15天的正常开支需要量来核定库存现金的限额。正常开支需要量不包括企业每月发放工资和不定期差旅费等大额现金支出。库存限额一经核定,要求企业必须严格遵守,不能任意超过,超过限额的现金应及时存入银行;库存现金低于限额时,可以签发现金支票从银行提取现金,补足限额。

3. 库存现金收支的规定

企业应当按照中国人民银行规定的现金管理办法和财政部关于各单位货币资金管理和控制的规定,办理有关现金收支业务。办理现金收支业务时,应当遵守以下几项规定:(1)企业现金收入应于当日送存开户银行。当日送存有困难的,由开户银行确定送存时间。(2)企业支付现金,可以从本企业库存限额中支付或者从开户银行提取,不得从本企业的现钞收入中直接支付(即坐支)。因特殊情况需要坐支现金的,应当事先报开户银行审查批准,由开户银行核定坐支范围和限额。企业应定期向银行报送坐支金额和使用情况。(3)企业从开户银行提取现金,应当写明用途,由本单位财会部门负责人签字盖章,经开户银行审核后,予以支付现金。(4)企业因采购地点不固定、交通不便以及其他特殊情况必须使用现金的,应向开户银行提出申请,经开户银行审核后,予以支付现金。(5)不准用不符合制度的凭证顶替库存现金,即不得"白条顶库";不得谎报用途套取现金;不准用银行账户代其他单位和个人存入或支取现金;不准用单位收入的现金以个人名义存储,不准保留账外公款,不得设置"小金库"等。

银行对于违反以上规定的企业,将按照违规金额的一定比例予以处罚。

4. 现金日记账应做到日清月结,账款相符

每天营业终了之时,结出现金日记账余额并与实际库存核对,发现账实不符,应及时查明原因并予以处理。应注意,不得以不符合财务制度和会计凭证手续的"白条"抵充库存现金。

四、库存现金的会计处理

1. 现金核算的凭证

企业发生现金的收付业务,必须取得或填制原始凭证,作为收付款的书面证明。例如,企业向银行提取现金,要签发现金支票,以支票存根作为提取现金的证明;将现金存入银行,要填写进账单,以银行加盖印章后退回的进账单回单作为存入现金的证明;收进零星小额销售款,应以销售部门开出的发票副本作为收款证明;支付职工差旅费的借款,要取得经有关领导批准的借款单,作为付款的证明,等等。所有这些作为收付款证明的原始凭证,财会部门要进行认真的审核。审核时应注意每笔款项的收支是否符合现金管理制度的规定,是否符合开支标准,是否有批准的计划,原始凭证中规定的项目是否填写齐全,数字是否正确,手续是否完备等。经过审核无误后的原始凭证,即可据以填制收款凭证或付款凭证,办理现金收支业务。出纳人员在收付现金以后,应在记账凭证或原始凭证上加盖"收讫"或"付讫"的戳记表示款项已经收付。经过审核签证后的收、付款凭证,即可据以登记账簿。

收款凭证和付款凭证是用于现金和银行存款收付业务核算的依据。为了避免填制凭证和记账的重复,在实际工作中,对于从银行提取现金,或将现金存入银行时,应按照收付款业务涉及的贷方科目填制记账凭证。例如,从银行提取现金时只填制银行存款付款凭证,作为借记"库存现金"科目和贷记"银行存款"科目的依据,不再填制现金收款凭证;将现金存入银行时,只填制现金付款凭证,作为借记"银行存款"科目和贷记"库存现金"科目的依据,不再填制银行存款收款凭证。

2. 科目设置及账务处理

为了总括地反映和监督企业库存现金的收支结存情况,需要设置"库存现金"科目。该科目借方登记现金收入数,贷方登记现金的付出数,余额在借方,反映库存现金的实有数。库存现金总账科目的登记,可以根据现金收、付款凭证和从银行提取现金时填制的银行存款付款凭证逐笔登记,但是在现金收付款业务较多的情况下,这样登记必然会加大工作量,所以,在实际工作中,一般是把现金收付款凭证按照对方科目进行归类,定期(10 天或半月)填制汇总收付款凭证,据以登记库存现金总账科目。

例 2—1 钟泰有限公司 2022 年 6 月 8 日发生如下现金收支业务:预支经理张欢差旅费 800 元,购买办公用品 400 元,发放职工工资 75 800 元,现金送存银行 1 200 元,职工王强出差回来报销差旅费 500 元,交回多余款项 100 元。现金收、付款及转账凭证编制如下。

借:其他应收款　　　　　　　　　　　　　　　800
　　贷:库存现金　　　　　　　　　　　　　　　　　800
借:管理费用　　　　　　　　　　　　　　　　400
　　贷:库存现金　　　　　　　　　　　　　　　　　400
借:应付职工薪酬　　　　　　　　　　　　　75 800
　　贷:库存现金　　　　　　　　　　　　　　　　75 800
借:银行存款　　　　　　　　　　　　　　　1 200
　　贷:库存现金　　　　　　　　　　　　　　　　1 200

借：管理费用　　　　　　　　　　　　　　　　　　500
　　　　贷：其他应收款　　　　　　　　　　　　　　　　　500
　　借：库存现金　　　　　　　　　　　　　　　　　　100
　　　　贷：其他应收款　　　　　　　　　　　　　　　　　100

3. 库存现金的序时核算

现金的序时核算是指根据现金的收支业务逐日逐笔地记录现金的增减及结存情况。它的方法是设置与登记现金日记账。

现金日记账是核算和监督现金日常收付结存情况的序时账簿。通过它可以全面、连续地了解和掌握企业每日现金的收支动态和库存余额，为日常分析、检查企业的现金收支活动提供资料。

现金日记账一般采用借方、贷方及余额三栏式格式。

现金日记账的收入栏和付出栏，是根据审核签字后的现金收、付款凭证和从银行提取现金时填制的银行存款付款凭证，按照经济业务发生的时间顺序，由出纳人员逐日逐笔地进行登记的。为了简化现金日记账的登记手续，对于同一天发生的相同经济业务，也可以汇总一笔登记。每日终了时，出纳人员应做好以下各项工作：①在现金日记账上结出"本日收入"合计和"本日付出"合计，然后计算出本日余额，记入"结余"栏。②以现金日记账上的本日余额与库存现金的实有额相核对，二者应一致，若不一致，应及时查明原因，进行调整，做到账实相符。③以现金日记账上的本日余额与库存现金的限额相比较，超过限额数，要及时送存银行；不足限额部分，应向银行提取，以保证日常开支的需要。在每月终了时，还应在现金日记账上结出月末余额，并同现金总账科目的月末余额核对相符。

现金日记账的格式也可以采用多栏式现金日记账。在此种格式下，每月月末，要结出与现金科目相对应的各科目发生额的合计数，并据以登记有关各总账科目。由于采用多栏式现金日记账时所涉及的栏目很多，所以对现金的收入和支出一般都分别设置日记账予以核算，即现金收入日记账和现金支出日记账。多栏式现金日记账能够如实反映收入现金的来源和支出现金的用途情况，简化凭证编制手续。现金收入日记账是按照现金收入对方科目设置专栏的。每日终了，为了计算库存现金的结存额、核对账款，需要把现金付出日记账中的本日贷方合计数，过入收入日记账。

有外币现金的企业，应分别按人民币现金、各种外币现金设置"现金日记账"进行序时核算。

五、库存现金的清查

为了保护现金的安全完整，做到账实相符，必须做好现金的清查工作。

现金清查的基本方法是清点库存现金，并将现金实存数与现金日记账上的余额进行核对。实存数是指企业金库内实有的现款额，清查时不能用借条等单据来抵充现金。每日终了应查对库存现金实存数与其账面余额是否相符。

定期或不定期清查时，一般应组成清查小组并负责现金清查工作，清查人员应在出纳人员在场时清点现金，核对账实，并根据清查结果填制"现金盘点报告单"，注明实存数与账面余额。如发现现金账实不符或有其他问题，应查明原因，报告主管负责人或上级领导部门处理。对于预付给职工或内部单位尚未使用的备用金或剩余备用金，应及时催促报销或交回，采用定额备用金制度的企业，一般是在年终时进行一次清理，收回拨付的定额数，下一年度再根据实际需要重新规定定额,拨付现金。

为了防止挪用现金,各部门或车间必须配备备用金负责人进行管理,财会部门应进行抽查。对于现金清查中发现的账实不符,即现金溢缺情况,通过"待处理财产损溢——待处理流动资产损溢"科目进行核算。现金清查中发现短缺的现金,应按短缺的金额,借记"待处理财产损溢——待处理流动资产损溢"科目,贷记"库存现金"科目;现金清查中发现溢余的现金,应按溢余的金额,借记"库存现金"科目,贷记"待处理财产损溢——待处理流动资产损溢"科目,待查明原因后按如下要求进行处理。

(1)如为现金短缺,属于应由责任人赔偿的部分,借记"其他应收款——应收现金短缺款"或"库存现金"等科目,贷记"待处理财产损溢——待处理流动资产损溢"科目;属于应由保险公司赔偿的部分,借记"其他应收款——应收保险赔款"科目,贷记"待处理财产损溢——待处理流动资产损溢"科目;属于无法查明的其他原因,根据管理权限,经批准后作为盘亏损失处理,借记"管理费用"科目,贷记"待处理财产损溢——待处理流动资产损溢"科目。

(2)如为现金溢余,属于应支付给有关人员或单位的,应借记"待处理财产损溢——待处理流动资产损溢"科目,贷记"其他应付款——应付现金溢余"科目;属于无法查明原因的现金溢余,经批准后作为盘盈利得处理,借记"待处理财产损溢——待处理流动资产损溢"科目,贷记"营业外收入——盘盈利得"科目。

例2—2 钟泰有限公司2022年5月31日,在对现金进行清查时,发现短缺80元。

借:待处理财产损溢——待处理流动资产损溢　　80
　　贷:库存现金　　　　　　　　　　　　　　　　　80

上述现金短缺,无法查明原因,转入管理费用。

借:管理费用　　　　　　　　　　　　　　　　　80
　　贷:待处理财产损溢——待处理流动资产损溢　　　80

钟泰有限公司2022年6月30日,在对现金进行清查时,发生溢余150元。

借:库存现金　　　　　　　　　　　　　　　　　150
　　贷:待处理财产损溢——待处理流动资产损溢　　　150

现金溢余原因不明,经批准计入营业外收入。

借:待处理财产损溢——待处理流动资产损溢　　150
　　贷:营业外收入——盘盈利得　　　　　　　　　　150

第二节　银行存款

银行存款就是企业存放在银行或其他金融机构的货币资金。按照国家有关规定,凡是独立核算的单位都必须在当地银行开设账户。企业在银行开设账户以后,除按核定的限额保留库存现金外,超过限额的现金必须存入银行;除了在规定的范围内可以用现金直接支付的款项外,在经营过程中所发生的一切货币收支业务,都必须通过银行存款账户进行结算。

一、银行存款账户

按照国家《支付结算办法》的规定,企业应在银行开立账户,办理存款、取款和转账等结算。企业在银行开立人民币存款账户,必须遵守中国人民银行《银行账户管理办法》的各项规定。

银行存款账户分为基本存款账户、一般存款账户、临时存款账户和专用存款账户。

基本存款账户是企业办理日常结算和现金收付的账户。企业的工资、奖金等现金的支取,只能通过基本存款账户办理;一般存款账户是企业在基本存款账户以外的银行借款转存、与基本存款账户的企业不在同一地点的附属非独立核算单位的账户,企业可以通过本账户办理转账结算和现金缴存,但不能办理现金支取;临时存款账户是企业因临时经营活动需要开立的账户,企业可以通过本账户办理转账结算和根据国家现金管理的规定办理现金收付;专用存款账户是企业因特定用途需要开立的账户。一个企业只能选择一家银行的一个营业机构开立一个基本存款账户,不得在多家银行机构开立基本存款账户;不得在同一家银行的几个分支机构开立一般存款账户。

企业在银行开立账户后,可到开户银行购买各种银行往来使用的凭证(如送款簿、进账单、现金支票、转账支票等),用以办理银行存款的收付款项。

企业除了按规定留存的库存现金以外,所有货币资金都必须存入银行,企业与其他单位之间的一切收付款项,除制度规定可用现金支付的部分以外,都必须通过银行办理转账结算,也就是由银行按照事先规定的结算方式,将款项从付款单位的账户划出,转入收款单位的账户。因此,企业不仅要在银行开立账户,而且账户内必须要有可供支付的存款。

企业通过银行办理支付结算时,应当认真执行国家各项管理办法和结算制度。中国人民银行 1997 年 9 月 19 日颁布的《支付结算办法》规定:单位和个人办理支付结算,不准签发没有资金保证的票据或远期支票,套取银行信用;不准签发、取得和转让没有真实交易和债权债务的票据,套取银行和他人资金;不准无理拒绝付款,任意占用他人资金;不准违反规定开立和使用账户。

二、银行结算方式

根据中国人民银行有关支付结算办法规定,目前企业发生的货币资金收付业务可以采用以下几种方式,通过银行办理转账结算。

1. 支票结算方式

支票是单位或个人签发的,委托办理支票存款业务的银行在见票时无条件支付确定的金额给收款人或者持票人的票据。

支票结算方式适用于同城结算。支票由银行统一印制,支票上印有"现金"字样的为现金支票。支票上印有"转账"字样的为转账支票,转账支票只能用于转账。未印有"现金"或"转账"字样的为普通支票,普通支票可以用于支取现金,也可以用于转账。在普通支票左上角划两条平行线的,为划线支票,划线支票只能用于转账,不得支取现金。

支票的提示付款期限为自出票日起 10 日内,中国人民银行另有规定的除外。超过提示付款期限的,持票人开户银行不予受理,付款人不予付款。转账支票可以根据需要在票据交换区域内背书转让。

存款人领购支票,必须填写"票据和结算凭证领用单"并加盖预留银行印鉴。存款账户结清时,必须将剩余的空白支票全部交回银行注销。

企业财会部门在签发支票之前,出纳人员应该认真查明银行存款的账面结余数额,防止签发超过存款余额的空头支票。签发空头支票,银行除退票外,还按票面金额处以 5% 但不低于 1 000 元的罚款。持票人有权要求出票人赔偿支票金额 2% 的赔偿金。签发支票时,应使用蓝黑墨水或碳素墨水,将支票上的各要素填写齐全,并在支票上加盖其预留的银行印鉴。出票人预留银行的印鉴是银行审核支票付款的依据。银行也可以与出票人约定使用支付密码,作为银行审核支付支票金额的条件。转账支票结算流程如图2—1所示。

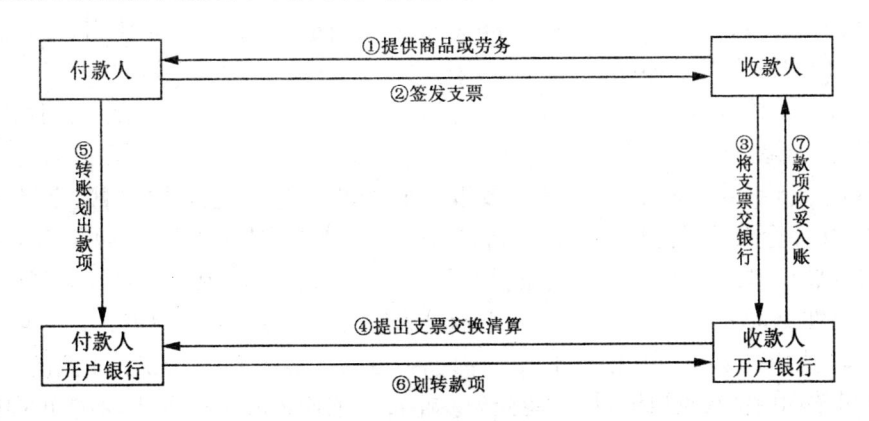

图2—1 支票结算流程

付款人 ①提供商品或劳务 → 收款人
付款人 ②签发支票 → 收款人
付款人 ⑤转账划出款项 ↓ 付款人开户银行
收款人 ③将支票交银行 ↓ 收款人开户银行
付款人开户银行 ④提出支票交换清算 → 收款人开户银行
付款人开户银行 ⑥划转款项 → 收款人开户银行
收款人 ⑦款项收妥入账 ↑

2. 银行汇票结算方式

银行汇票是汇款人将款项交存当地出票银行，由出票银行签发的，由其在见票时，按照实际结算金额无条件支付给收款人或持票人的票据。

银行汇票可以用于转账，填明"现金"字样的银行汇票也可以用于支取现金。银行汇票的付款期限为自出票日起1个月内。超过付款期限提示付款不获付款的，持票人须在票据权利时效内向出票银行做出说明，并提供本人身份证件或单位证明，持银行汇票和解讫通知向出票银行请求付款。银行汇票一律记名，汇款金额起点为500元。银行汇票可以背书转让，但填明"现金"字样的银行汇票不得背书转让。

银行汇票结算方式，便于单位和个人的应急用款和及时采购，使用灵活，持票人既可以将汇票转让给收款单位，也可以通过银行办理分次支付或转汇，银行汇票兑现性强，持票人可以到兑现银行提取现金，避免长途携带现金。而凭票购货，余额自动退回，又可以保证钱货两清，防止不合理的预付款项的发生。银行汇票结算流程如图2—2所示。

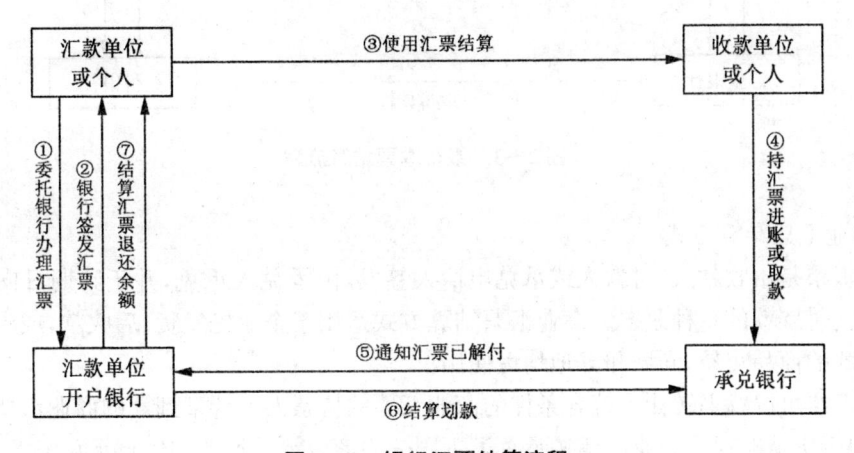

图2—2 银行汇票结算流程

汇款单位或个人 ③使用汇票结算 → 收款单位或个人
汇款单位或个人 ①委托银行办理汇票 ↓ 汇款单位开户银行
汇款单位或个人 ②银行签发汇票 ↑ 汇款单位开户银行
汇款单位或个人 ⑦结算汇票退还余额 ↑ 汇款单位开户银行
收款单位或个人 ④持汇票进账或取款 ↓ 承兑银行
汇款单位开户银行 ⑤通知汇票已解付 ← 承兑银行
汇款单位开户银行 ⑥结算划款 → 承兑银行

3. 银行本票结算方式

银行本票结算方式是指申请人将款项交存银行，由银行签发银行本票给申请人，申请人凭票办理转账结算或支取现金的结算方式。

银行本票分为不定额和定额两种。不定额的银行本票起点金额为100元。定额银行本票面额则分别为500元、1 000元、5 000元和10 000元。同城的商品交易、劳务供应以及其他款项的结算,均可以使用银行本票。

采用银行本票结算方式时,企业应向银行填写"银行本票申请书",详细填明收款单位名称后交存银行。如果需要支取现金,应填明"现金"字样;银行受理银行本票申请书,在收妥款项后,据以签发银行本票并加盖印章。对于支取现金的本票,银行应划去"转账"字样,不定额本票用压数机压印金额后,将银行本票交给申请企业。企业取得银行本票以后,即可向填明的收款单位办理结算。具有"现金"字样的银行本票,可以向银行支取现金。银行本票是银行签发的,承诺自己在见票时无条件支付确定的金额给收款人或者持票人的票据。

银行本票的特点如下:(1)银行本票一律记名,可以背书转让。(2)银行本票的付款期限为1个月,在付款期内银行见票即付,不能挂失。超过付款期限的银行本票,不能再向银行转账或支取现金,但可以由申请的单位到签发本票的银行办理退款手续。(3)遗失的不定额银行本票,在付款期满后1个月,确认未被冒领后可以办理退款手续。

银行本票结算方式的优点在于:银行本票由银行签发,保证兑付,而且见票即付,信誉高,便于购货企业及时购买材料物资,也有利于销售企业迅速收回货款。银行本票的不足之处在于:它不能向银行挂失。使用本票的人要特别注意保管,防止丢失;同时,企业在收到银行本票后,应及时交存银行,切实保证银行本票的安全和正确使用。银行本票结算流程如图2—3所示。

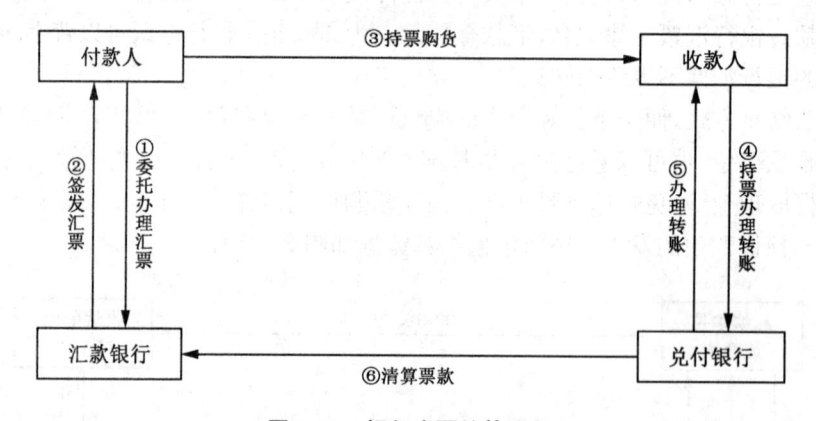

图2—3 银行本票结算流程

4. 商业汇票结算方式

商业汇票是由收款人、付款人或承兑申请人签发,由承兑人承兑,并于到期日向收款人或被背书人支付票款的一种票据。商业汇票结算方式适用于企业先发货、后收款,或者是双方约定延期付款的商品交易,同城和异地均可使用。

商业汇票可以背书转让。符合条件的商业汇票的持票人可持未到期的商业汇票连同贴现凭证,向银行申请贴现。商业汇票按承兑人不同分为商业承兑汇票和银行承兑汇票两种。

(1)商业承兑汇票

商业承兑汇票是由银行以外的付款人承兑。商业承兑汇票按交易双方约定,由销货企业或购货企业签发,但由购货企业承兑。承兑时,购货企业应在汇票正面记载"承兑"字样和承兑日期并签章。承兑不得附有条件,否则视为拒绝承兑。汇票到期时,购货企业的开户银行凭票将票款划给销售企业或贴现银行。销售企业应在提示付款期限内通过开户银行委托收款或直接向付款人提示付款。对异地委托收款的,销售企业可匡算邮程,提前通过开户银行委托收款。汇票到期时,如果购货企业的存款不足以支付票款,开户银行应将汇票退还销售企业,银行不负责付款,由购销双方自行处理。同时,银行对付款人按照签发空头支票的有关罚款规定,处以罚金。商业承兑汇票结算流程如图2—4所示。

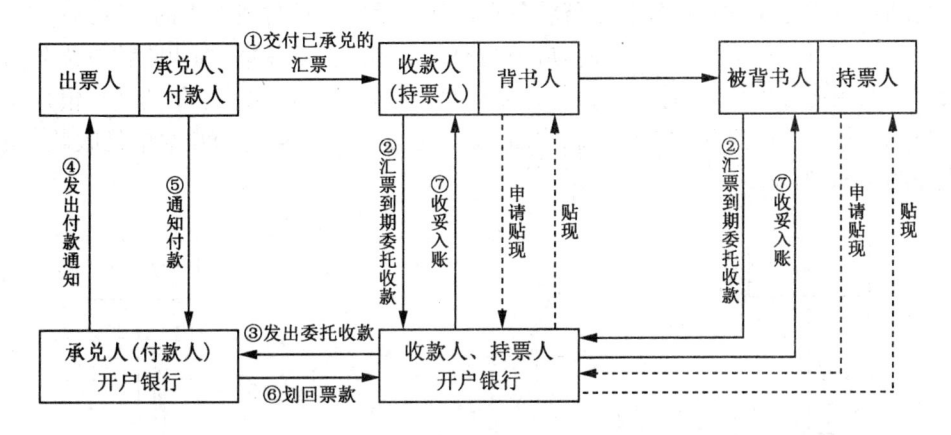

图 2—4 商业承兑汇票结算流程

(2)银行承兑汇票

银行承兑汇票由银行承兑,由在承兑银行开立存款账户的存款人签发。承兑银行按票面金额向出票人收取万分之五的手续费。

购货企业应于汇票到期前将票款足额交存其开户银行,以备由承兑银行在汇票到期日或到期日后的见票当日支付货款。销售企业应在汇票到期时将汇票连同进账单送交开户银行以便转账收款。承兑银行凭汇票将承兑款项无条件转给销售企业,如果购货企业于汇票到期日未能足额交存票款时,承兑银行除凭票向持票人无条件付款外,对出票人尚未支付的汇票金额按照每天万分之五计收罚息。银行承兑汇票结算流程如图2—5所示。

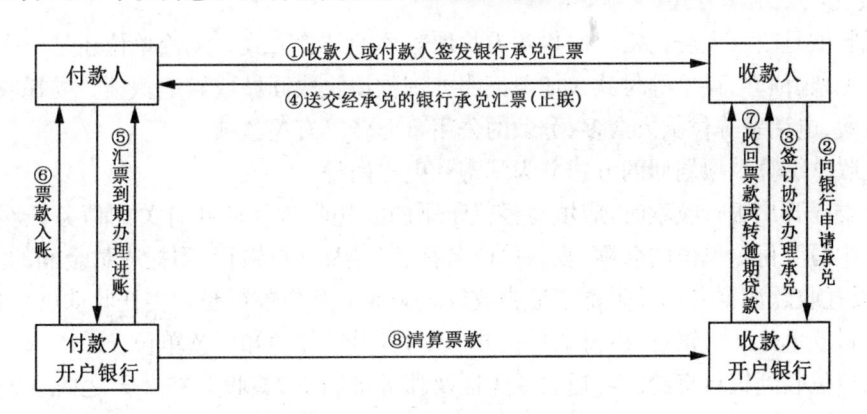

图 2—5 银行承兑汇票结算流程

采用商业汇票结算方式,可以使企业之间的债权债务关系表现为外在的票据,使商业信用票据化,加强约束力,有利于维护和发展社会主义市场经济。对于购货企业来说,由于可以延期付款,可以在资金暂时不足的情况下及时购进材料物资,保证生产经营顺利进行。对于销货企业来说，可以疏通商品渠道，扩大销售，促进生产。汇票经过承兑，信用较高，可以按期收回货款，防止拖欠，在急需资金时，还可以向银行申请贴现，融通资金，比较灵活。销货企业应根据购货企业的资金和信用情况不同，选用商业承兑汇票或银行承兑汇票；购货企业应加强资金的计划管理，调度好货币资金，在汇票到期以前，将票款送存开户银行，保证按期承付。

5. 汇兑结算方式

汇兑结算方式是付款单位委托银行将款项汇往外地收款单位或个人的一种结算方式。采用这种结算方式，付款单位汇出款项时，应填写银行印制的汇款凭证，列明收款单位名称、汇款金额及汇款的用途等项目，送达开户银行。委托银行将款项汇往收款单位的开户银行，收款单位的开户银行将汇款收进收款单位存款户后，转送汇款凭证一联通知收款单位收款。汇兑结算流程如图 2—6 所示。

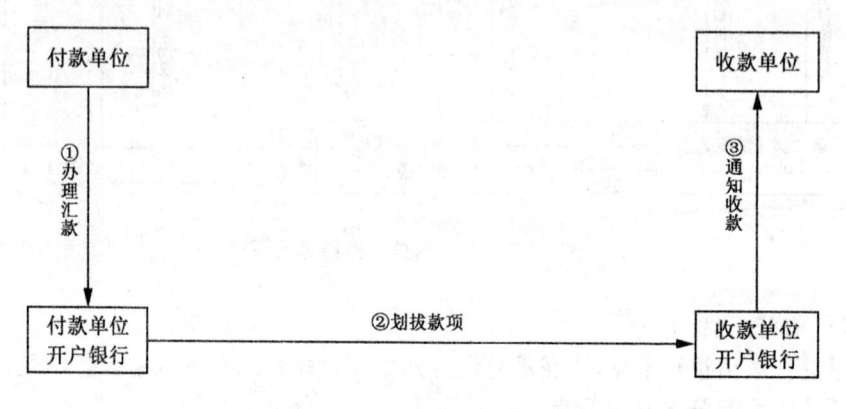

图 2—6 汇兑结算流程

汇兑分为信汇和电汇两种，由汇款人根据对汇款时间的要求选择使用。这种结算方式划拨款项简便，比较灵活，适用面广，可用于各种资金调拨，清理旧欠，结算货款等。信汇款项可以转账，也可以支取现金，而且没有金额起点的限制，用于资金往来十分方便。

6. 委托收款结算方式

委托收款是收款人委托银行向付款人收取款项的结算方式。无论单位还是个人都可凭已承兑商业汇票、债券、存单等付款人债务证明办理款项收取同城或异地款项。委托收款还适用于收取电费、电话费等付款人众多、分散的公用事业费等有关款项。

委托收款结算款项划回的方式分为邮寄和电报两种。

企业委托开户银行收款时，应填写银行印刷的委托收款凭证和有关的债务证明。在委托收款凭证中写明付款单位的名称、收款单位名称、账号及开户银行、委托收款金额的大小写、款项内容、委托收款凭据名称及附寄单证张数等。企业的开户银行受理委托收款后，将委托收款凭证寄交付款单位开户银行，由付款单位开户银行审核，并通知付款单位。

付款单位收到银行交给的委托收款凭证及债务证明，应签收并在 3 天之内审查债务证明是否真实，是不是本单位的债务，确认之后通知银行付款。

付款单位应在收到委托收款的通知次日起 3 日内，主动通知银行是否付款。如果不通知银行，银行视同企业同意付款并在第 4 日，从单位账户中付出此笔委托收款款项。

付款人在 3 日内审查有关债务证明后，认为债务证明或与此有关的事项符合拒绝付款的规定，应出具拒绝付款理由书和委托收款凭证第五联及持有的债务证明，向银行提出拒绝付款。委托收款结算流程与托收承付结算流程图非常相似,可见图2—7。

7. 托收承付结算方式

托收承付是根据购销合同由收款人发货后委托银行向异地付款人收取款项,由付款人向银行承认付款的结算方式。使用托收承付结算方式的收款单位和付款单位,必须是国有企业、供销合作社以及经营管理较好,并经开户银行审查同意的城乡集体所有制工业企业。办理托收承付结算的款项,必须是商品交易,以及因商品交易而产生的劳务供应的款项。代销、寄销、赊销商品的款项,不得办理托收承付结算。托收承付结算每笔的金额起点为10 000元;新华书店系统每笔金额起点为1 000元。

托收承付结算方式的结算过程,包括托收和承付两个阶段。托收承付结算流程如图2—7所示。

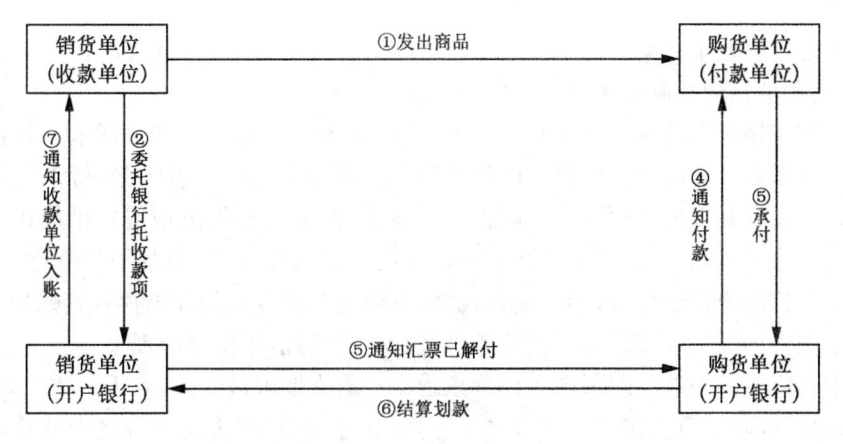

图2—7 托收承付结算流程

托收是指销货单位(收款单位)委托开户银行收取结算款项的行为。在托收阶段,销货单位根据合同发货,取得发运证件后,填制托收承付结算凭证。托收承付结算凭证一式数联,连同发票、托运单和代垫运费等单据,一并送交开户银行办理托收手续。

承付是指购货单位(付款单位)在承付期内,向银行承认付款的行为。在承付阶段,购货单位开户银行将托收承付结算凭证及所附单、证,送交购货单位通知承付货款。购货单位根据经济合同核对单、证或验货后,在规定的承付期内,向银行承认付款,银行则据以划转款项。划转托收款项的方式分为邮寄划回(简称邮划)和电报划回(简称电划)两种,由销货单位根据不同情况选择使用。收款单位办理托收承付,必须具有商品发出的证件或其他证明。

购货单位承付货款有验单承付和验货承付两种方式。验单承付是根据银行转来的托收承付结算凭证及其他单证,与经济合同核对无误后,承付货款。验货承付是指在收到收款单位商品,验收无误后,才承付货款。

无论采用验单承付或验货承付,购货单位都必须在承付期内承付,验单承付期为3天,从购货单位开户银行发出通知的次日算起。在承付期内,如未向银行表示拒绝付款,银行即作为默认承付,于期满的次日由购货单位的账户将款项转出。验单承付期为10天,即从银行向购货单位发出承付通知的次日起10天内,购货单位如果既没有将提货通知送交银行,又未将货物尚未到达的情况告知银行,银行即视为已经验货同意付款,并于10天期满的次日办理划拨,这样可以防止购货单位故意拖延付款。

在承付期满时，如果购货单位资金不足，不足支付的部分作为延期付款处理，并支付一定的赔偿金。延期支付金额连同赔偿金由银行按照规定的扣款顺序划转给销货单位。如果购货单位经过验单或验货，发现销货单位托收款项计算有错误，或者商品品种、质量、规格、数量与合同规定不符时，购货单位在承付期内有权全部或部分拒付货款。拒付货款需要填写"拒付理由书"交银行办理，但拒付后的商品必须妥善代管，不能短少或损坏。

购货单位的开户银行，按照销货单位制定的邮划或电划方式，将托收款项划转到销货单位的开户银行。销货单位的开户银行收到划转来的托收款项，记入销货单位的账户，并通知销货单位。托收承付结算方式适用于订有合同的商品交易和劳务供应的款项结算。采用这种结算方式，可以促使销货单位按照合同规定发货，购货单位按合同规定付款，从而维护购销双方的正当权益。

8. 信用卡

信用卡是指商业银行向个人和单位发行的，凭以向特约单位购物、消费和向银行存取现金，且具有消费信用的特制载体卡片。

信用卡按使用对象分为单位卡和个人卡；按信誉等级分为金卡和普通卡。凡在中国境内金融机构开立基本存款账户的单位可申领单位卡。单位卡可申领若干张，持卡人资格由申领单位法定代表人或其委托的代理人书面指定和注销，持卡人不得出租或转借信用卡。单位卡账户的资金一律从其基本存款账户转账存入，在使用过程中，需要向其账户续存资金的，也一律从其基本存款账户转账存入，不得交存现金，不得将销货收入的款项存入其账户。单位卡一律不得用于10万元以上的商品交易、劳务供应款项的结算，不得支取现金。

信用卡在规定的限额和期限内允许善意透支。透支期限最长为60天。透支利息，自签单日或银行记账日起15日内按日息万分之五计算，超过15日按日息万分之十计算，超过30日或透支金额超过规定限额的，按日息万分之十五计算。透支计算不分段，按最后期限或者最高透支额的最高利率档次计息。超过规定限额或规定期限，并且经发卡银行催收无效的透支行为称为恶意透支，持卡人使用信用卡不得发生恶意透支。严禁将单位的款项存入个人卡账户中。

单位或个人申领信用卡，应按规定填制申请表，连同有关资料一并送交发卡银行。符合条件并按银行要求交存一定金额的备用金后，银行为申领人开立信用卡存款账户，并发给信用卡。

9. 信用证

信用证结算方式是国际结算的一种主要方式。经中国人民银行批准经营结算业务的商业银行总行以及经商业银行总行批准开办信用证结算业务的分支机构，也可以办理国内企业之间商品交易的信用证结算业务。

采用信用证结算方式的收款单位收到信用证后，即备货装运，签发有关发票账单，连同运输单据和信用证，送交银行，根据退还的信用证等有关凭证编制收款凭证；付款单位在接到开证行的通知时，根据付款的有关单据编制付款凭证。

总结：商业汇票需要通过"应收票据"和"应付票据"科目核算。银行本票、银行汇票、信用证和信用卡需要通过"其他货币资金"科目核算。支票和汇兑需要通过"银行存款"科目核算。委托收款和托收承付需要通过"应收账款"科目核算。

三、银行存款的账务处理

1. 银行存款收、付业务凭证

企业在生产经营活动中,经常与开户银行发生银行存款的收付业务。这些业务,总的来说分为两类:一是企业将现金存入银行或从银行提取现金,二是通过银行转账结算收付银行存款。企业办理银行存款的各种收付业务,都必须填制或取得银行规定的结算凭证。作为收、付款项的书面证明,经会计主管人员审核签证后,据以填制银行存款的收款凭证或付款凭证进行银行存款收付的核算。为了避免记账凭证的重复编制,凡从银行提取现金或将现金存入银行时,企业只编制付款凭证。如将现金存入银行时,只填制现金付款凭证,作为借记"库存现金"科目、贷记"银行存款"科目的依据。银行存款收、付凭证的格式与现金收、付凭证相同。银行结算凭证的格式和填制手续,因结算方式不同而各有差异。

2. 银行存款的总分类核算

银行存款的总分类核算是为了总括地反映和监督企业在银行开立结算账户的收支结存情况,为此,应设置"银行存款"科目。这是一个资产类科目,用来核算企业存入银行的各种存款。企业存入其他金融机构的存款,也在本科目核算。企业的外埠存款、银行本票存款、银行汇票存款等在"其他货币资金"科目核算,不在本科目核算。"银行存款"科目可以根据银行存款的收款凭证和付款凭证登记。为了减少登记的工作量,在实际工作中,一般都是把各自的收付款凭证按照对方科目进行归类。定期(10天或半月)填制汇总收付款凭证,据以登记银行存款总账科目。企业收入银行存款时,借记"银行存款"科目,贷记有关科目,如"库存现金""应收账款"等科目;企业提取现金或支出存款时,借记"库存现金""应付账款"等科目,贷记"银行存款"科目。

例2—3 钟泰有限公司2022年6月2日发生如下收入银行存款业务:销售商品收到销售货款67 800元,增值税专用发票标明税款7 800元;货款已存入银行。

银行存款收款凭证编制如下。

```
借:银行存款                                67 800
  贷:主营业务收入                          60 000
     应交税费——应交增值税(销项税额)      7 800
```

钟泰有限公司2022年6月2日发生如下支付银行存款业务:采购生产用材料,支付银行存款45 200元,增值税专用发票标明税款5 200元;购买不需要安装的机床设备,支付银行存款33 900元,增值税专用发票标明税款3 900元,设备已交付使用。

银行存款付款凭证编制如下。

```
借:在途物资                                40 000
    应交税费——应交增值税(进项税额)        5 200
  贷:银行存款                              45 200
借:固定资产                                30 000
    应交税费——应交增值税(进项税额)        3 900
  贷:银行存款                              33 900
```

3. 银行存款的序时核算

银行存款的序时核算是指根据银行存款的收支业务逐日逐笔地记录银行存款的增减及结存情况。它的方法是设置与登记银行存款日记账。

银行存款日记账是核算和监督银行存款日常收付结存情况的序时账簿。通过它,可以全面、连续地了解和掌握企业每日银行存款的收支动态和余额,为日常分析、检查企业的银行存款收支活动提供资料。

银行存款日记账由企业的出纳员根据银行存款的收款凭证和付款凭证,按照经济业务发生的先后,逐日逐笔地序时登记入账,也可以每日将收款、付款凭证按对应账户分类汇总后一次登记。银行存款日记账的登记,也应做到日清月结,以便随时掌握银行存款的收付动态和余额。银行存款日记账一般采用收入、付出及结余三栏式格式。

4. 银行存款核对

企业每月至少应将银行日记账与银行对账单核对一次,以检查银行存款收付及结存情况。企业进行账单核对时,往往出现银行存款日记账余额与银行对账单同日余额不符的情况。究其原因主要有三:一是计算错误;二是记账错漏;三是未达账项。

计算错误是企业或银行对银行存款结存额的计算发生运算错误;记账错漏是指企业或银行对存款的收入、支出的错记或漏记;未达账项是指银行和企业对同一笔款项收付业务因记账时间不同,而发生的一方已经入账,另一方尚未入账的款项。未达账项不外乎四种情况。

(1)企业已经收款入账,银行尚未收款入账的款项。

(2)企业已经付款入账,银行尚未付款入账的款项。

(3)银行已经收款入账,企业尚未收款入账的款项。

(4)银行已经付款入账,企业尚未付款入账的款项。

银行存款日记账余额与银行对账单余额不符,必须查明原因。在会计实务中,银行存款调节后余额平衡关系是做出这一判断的主要依据。如果调解后余额一致,表明账户内结存额计算无误。如果调节后余额仍不一致,表明账户内结存额计算一定有误,应立即查明错误所在。属于银行方面的原因,应及时通知银行更正;属于本单位原因,应按错账更正办法进行更正。在编制银行存款余额调节表时,一般将所有未核对一致的项目均视为未达账项,对于出现的各种未达账项,应进行认真审核,确属未达账项的,应督促有关人员办理结算手续或记账手续;属于记账错漏的,应予以及时更正。

银行存款余额调节表有多种编制方法,会计实务中一般采用"补记式"余额调解法。其基本原理是:假设未达账项全部入账,银行存款日记账及银行对账单的余额应相等。其编制方法是:在双方现有余额基础上,各自加上对方已收、本方未收账项,减去对方已付、本方未付账项,计算调节双方应有余额。

第三节 其他货币资金

一、其他货币资金的性质与范围

其他货币资金是指除库存现金、银行存款以外的其他各种货币资金。其他货币资金同库存现金和银行存款一样,是企业可以作为支付手段的货币。但其他货币资金同库存现金和银行存款相比有其特殊的存在形式和支付方式,在管理上也有别于库存现金和银行存款,因此应单独进行会计核算。

其他货币资金主要包括外埠存款、银行汇票存款、银行本票存款、信用证保证金存款、信用卡存款、存出投资款等,这些资金在会计核算上统称为"其他货币资金"。其中,外埠存款是指到外地进行临时或零星采购时,汇往采购地银行并在采购地银行开立采购专户的款项;银行汇票存款是指企业为取得银行汇票,按规定用于银行汇票结算而存入银行的款项;银行本票存款是指企业为取得银行本票,按规定用于银行本票结算而存入银行的款项;信用卡存款是指企业为取得信用卡以办理信用卡结算而按规定存入银行的款项;信用证保证金存款是指企业为取得信用证按规定存入银行的款项;存出投资款是指企业已存入证券公司但尚未进行短期投资的款项。

二、其他货币资金的会计处理

1. 外埠存款

外埠存款是指企业到外地进行临时或零星采购时,汇往采购地银行开立采购专户的款项。企业汇出款项时,须填写汇款委托书,加盖"采购资金"字样。汇入银行对汇入的采购款项,以汇款单位名义开立采购账户。采购资金存款不计利息,除采购员差旅费可以支取少量现金外,一律转账。采购专户只付不收,付完结束账户。

企业将款项委托当地银行汇往采购地开立的专户时,根据汇出款项凭证,编制付款凭证,进行账务处理,借记"其他货币资金——外埠存款"科目,贷记"银行存款"科目。

外出采购人员报销用外埠存款支付材料的采购货款等款项时,企业应根据供应单位发票账单等报销凭证,编制付款凭证,借记"在途物资""应交税费——应交增值税(进项税额)"等科目,贷记"其他货币资金——外埠存款"科目。采购员完成采购任务,将多余的外埠存款转回当地银行时,应根据银行的收款通知,编制收款凭证。

例2—4 钟泰有限公司2022年6月2日因零星采购需要,将款项60 000元汇往南京并开立采购专户,会计部门应根据银行转来的回单联,填制记账凭证。

借:其他货币资金——外埠存款　　　　　　　　　　　　60 000
　　贷:银行存款　　　　　　　　　　　　　　　　　　　　　60 000

2022年6月12日会计部门收到采购员寄来的采购材料发票等凭证,货物价款56 500元,其中应交增值税6 500元。

借:在途物资　　　　　　　　　　　　　　　　　　　　50 000
　　应交税费——应交增值税(进项税额)　　　　　　　　6 500
　　贷:其他货币资金——外埠存款　　　　　　　　　　　　56 500

2022年6月15日,外地采购业务结束,采购员将剩余采购资金3 500元,转回本地银行,会计部门根据银行转来的收款通知填制记账凭证。

借:银行存款　　　　　　　　　　　　　　　　　　　　3 500
　　贷:其他货币资金——外埠存款　　　　　　　　　　　　3 500

2. 银行汇票存款

银行汇票存款是指企业为取得银行汇票,按照规定存入银行的款项。企业向银行提交"银行汇票委托书"并将款项交存开户银行,取得汇票后,根据银行盖章的委托书的存根联,编制付款凭证,借记"其他货币资金——银行汇票"科目,贷记"银行存款"科目。

企业使用银行汇票支付款项后,应根据发票账单及开户行转来的银行汇票有关副联等凭证,经核对无误后编制会计分录,借记"在途物资""应交税费——应交增值税(进项税额)"等科目,贷记"其他货币资金——银行汇票"科目。银行汇票使用完毕,应转销"其他货币资金——银行汇票"账户。如实际采购支付后银行汇票有余额,多余部分应借记"银行存款"科目,贷记

"其他货币资金——银行汇票"科目。汇票因超过付款期限或其他原因未曾使用而退还款项时,应借记"银行存款"科目,贷记"其他货币资金——银行汇票"科目。

例 2—5 2022 年 3 月 16 日,钟泰有限公司向银行提交"银行汇票委托书",并交存款项 25 000 元,银行受理后签发银行汇票和解讫通知,根据"银行汇票委托书"存根联记账。

借:其他货币资金——银行汇票　　　　　　　　　　25 000
　　贷:银行存款　　　　　　　　　　　　　　　　　　　　25 000

2022 年 3 月 17 日,钟泰有限公司用银行签发的银行汇票支付采购材料货款 22 600 元,其中应交增值税 2 600 元,企业记账的原始凭证是银行转来的银行汇票第四联及所附的发货票账单等凭证。

借:在途物资　　　　　　　　　　　　　　　　　　20 000
　　应交税费——应交增值税(进项税额)　　　　　　 2 600
　　贷:其他货币资金——银行汇票　　　　　　　　　　　22 600

2022 年 3 月 20 日,钟泰有限公司收到银行退回的多余款收账通知。

借:银行存款　　　　　　　　　　　　　　　　　　 2 400
　　贷:其他货币资金——银行汇票　　　　　　　　　　　 2 400

3. 银行本票存款

银行本票存款是指企业为取得银行本票,按照规定存入银行的款项。企业向银行提交"银行本票申请书"并将款项交存银行,取得银行本票时,应根据银行盖章后改回的申请书的存根联,编制付款凭证,借记"其他货币资金——银行本票"科目,贷记"银行存款"科目。企业用银行本票支付购货款等款项后,应根据发票账单等有关凭证,借记"在途物资""应交税费——应交增值税(进项税额)"等科目,贷记"其他货币资金——银行本票"科目。如企业因本票超过付款期等原因未曾使用而要求银行退款时,应填制进账单一式二联,连同本票一并交给银行,然后根据银行收回本票时盖章后返回的一联进账单,借记"银行存款"科目,贷记"其他货币资金——银行本票"科目。

例 2—6 2022 年 7 月 1 日,钟泰有限公司申请办理银行本票,将银行存款 50 000 元转入银行本票存款。

借:其他货币资金——银行本票　　　　　　　　　　50 000
　　贷:银行存款　　　　　　　　　　　　　　　　　　　　50 000

2022 年 7 月 11 日,钟泰有限公司收到收款单位发票等单据,采购材料付款 38 420 元。其中,材料价款 34 000 元,增值税 4 420 元。材料已验收入库。

借:原材料　　　　　　　　　　　　　　　　　　　34 000
　　应交税费——应交增值税(进项税额)　　　　　　 4 420
　　贷:其他货币资金——银行本票　　　　　　　　　　　38 420

2022 年 7 月 15 日,钟泰有限公司收到收款单位退回的银行本票余款,存入银行。

借:银行存款　　　　　　　　　　　　　　　　　　11 580
　　贷:其他货币资金——银行本票　　　　　　　　　　　11 580

4. 信用证保证金存款

信用证存款是指采用信用证结算方式的企业为开具信用证而存入银行信用证保证金专户的款项。企业向银行申请开出信用证用于支付供货单位的购货款项时,根据开户银行盖章后返回的"信用证委托书"回单,借记"其他货币资金——信用证存款"科目,贷记"银行存款"科目。企业收到供货单位信用证结算凭证及所附发票账单,经核对无误后进行会计处理,借记"在途物资""应交税费——应交增值税(进项税额)"等科目,贷记"其他货币资金——信用证存款"科目。如果企业收到未用完的信用证存款余款,应借记"银行存款"科目,贷记"其他货币资金——信用证存款"科目。

例 2—7 2022 年 8 月 11 日,钟泰有限公司申请开证并向银行缴纳信用保证金 30 000 元。

借:其他货币资金——信用证保证金　　　　　　　　　　　　30 000
　　贷:银行存款　　　　　　　　　　　　　　　　　　　　　　30 000

2022 年 8 月 17 日,钟泰有限公司收到开证行交来的信用证来单通知书及有关购货凭证等,以信用证方式采购的材料已到并验收入库,货款全部支付。货款总计 144 640 元,其中材料价款 128 000 元,增值税 16 640 元。

借:原材料　　　　　　　　　　　　　　　　　　　　　　　128 000
　　应交税费——应交增值税(进项税额)　　　　　　　　　　 16 640
　　贷:其他货币资金——信用证保证金　　　　　　　　　　　 30 000
　　　　银行存款　　　　　　　　　　　　　　　　　　　　　114 640

5. 信用卡存款

信用卡存款是指企业为取得信用卡而存入银行信用卡专户的款项。企业申领信用卡,按照有关规定填制申请表,并按银行的要求交存备用金,银行开立信用卡存款账户,发给信用卡。企业根据银行盖章后返回的交存备用金的进账单的一联,借记"其他货币资金——信用卡存款"科目,贷记"银行存款"科目。企业收到开户银行转来的信用卡存款的付款凭证及所附发票账单,经核对无误后进行会计处理,借记"管理费用"等科目,贷记"其他货币资金——信用卡存款"科目。

例 2—8 2022 年 5 月 1 日,钟泰有限公司将银行存款 50 000 元转入信用卡。

借:其他货币资金——信用卡存款　　　　　　　　　　　　　50 000
　　贷:银行存款　　　　　　　　　　　　　　　　　　　　　 50 000

2022 年 5 月 11 日,钟泰有限公司以信用卡支付业务招待费 1 500 元。

借:管理费用　　　　　　　　　　　　　　　　　　　　　　　1 500
　　贷:其他货币资金——信用卡存款　　　　　　　　　　　　　1 500

2022 年 5 月 15 日,钟泰有限公司收到信用卡存款的利息 60 元。

借:其他货币资金——信用卡存款　　　　　　　　　　　　　　　 60
　　贷:财务费用　　　　　　　　　　　　　　　　　　　　　　　 60

6. 存出投资款

存出投资款是指企业已存入证券公司但尚未进行短期投资的现金。企业向证券公司划出资金时,应按实际划出的金额,借记"其他货币资金——存出投资款"科目,贷记"银行存款"科目;购买股票、债券等时,按实际发生的金额,借记"交易性金融资产"科目,贷记"其他货币资金——存出投资款"科目。

例 2—9 2022 年 9 月 1 日,钟泰有限公司将银行存款 600 000 元划入某证券公司准备进行股票投资。

借:其他货币资金——存出投资款　　　　　　　　　　　　　600 000
　　贷:银行存款　　　　　　　　　　　　　　　　　　　　 600 000

2022 年 10 月 11 日,钟泰有限公司将存入证券公司的款项用于购买股票并已成交,购买股票的成本为200 000元(不考虑相关税费),作为交易性金融资产进行管理。

  借:交易性金融资产   200 000
   贷:其他货币资金——存出投资款   200 000

为了总括反映企业货币资金的基本情况,资产负债表上一般只列示"货币资金"项目,而不再按货币资金的组成项目单独列示或披露。

本章小结

1. 货币资金是指企业在生产经营过程中,以货币形态存在的资产。货币资金按其存放地点和用途,可分为库存现金、银行存款和其他货币资金。它是流动资产中流动性最强的资产,具有普遍的可接受性。企业的许多经营活动都离不开货币资金的收付。因而,拥有一定数量的货币资金是企业进行生产经营活动的前提条件。

2. 货币资金是流动性最强的资产,必须加强管理。现金的管理包括严格控制现金的使用范围、保持库存现金的限额、不得坐支现金等;银行存款的管理包括账户的管理和银行结算纪律,货币资金的管理和控制应遵循的原则是:严格职责分工、实行交易分开、实施内部稽核及实施定期轮岗制度。

3. 库存现金的账务处理主要包括两个部分:一是通过"库存现金"总分类账进行总括核算,以反映和监督库存现金的收支与结存的总括情况。二是设置"现金日记账"。为了提供全面、系统、连续和详细的有关现金收支业务及结余情况,在进行总分类核算的同时还必须按照现金业务发生的时间先后顺序逐笔序时登记,以加强对现金的管理,随时掌握现金收付的动态和库存余额,保证现金的安全。

银行存款的账务处理主要包括两个部分:一是通过"银行存款"总分类账进行总括核算,以反映和监督银行存款的收支与结存的总括情况。二是设置"银行存款日记账"。为了提供全面、系统、连续和详细的有关银行存款增减及结余情况,在进行总分类核算的同时还必须按照银行存款业务发生的时间先后顺序逐笔序时登记,以加强对银行存款的管理。"银行存款日记账"应定期与"银行对账单"核对,至少每月核对一次。

由于存放地点和用途不同,会计上对其他货币资金通常是设置"其他货币资金"总账科目进行单独核算,并按照外埠存款、银行汇票存款、银行本票存款、信用证保证金存款、信用卡存款和存出投资款等设置明细科目,进行明细分类核算。

课后练习

一、单项选择题

1. 我国会计核算中的货币资金指的是( )。
 A. 库存现金   B. 银行存款
 C. 有价证券   D. 库存现金 银行存款 其他货币资金

2. 不包括在现金使用范围内的业务是( )。
 A. 结算起点以下的零星支出   B. 向个人收购农副产品
 C. 支付职工福利费   D. 支付银行借款利息

3. 企业对银行本票存款进行核算所采用的科目是( )。

A. 现金 B. 银行存款
C. 其他应收款 D. 其他货币资金
4. 企业一般不得从本单位的现金收入中直接支付现金,因特殊情况需要支付现金的,应事先报经(　　)审查批准。
A. 本企业财务机构负责人 B. 上级主管部门
C. 开户银行 D. 财税部门
5. 企业将款项汇往外地开立采购专用账户时,应借记的会计科目是(　　)。
A. 委托收款 B. 物资采购
C. 应收账款 D. 其他货币资金
6. 在企业的现金清查中,经检查仍无法查明原因的现金短款,经批准后应计入(　　)。
A. 财务费用 B. 销售费用
C. 管理费用 D. 营业外支出
7. 有一张3 000元的托收承付第四联凭证月末未从银行取回。在编制银行存款余额调节表时应(　　)。
A. 在"银行对账单余额"项下,加:3 000元
B. 在"银行对账单余额"项下,减:3 000元
C. 在"企业存款日记账余额"项下,加:3 000元
D. 在"企业存款日记账余额"项下,减:3 000元
8. 企业在银行开立的账户中,可以办理提现业务以发放工资的是(　　)。
A. 专用存款账户 B. 基本存款账户
C. 临时存款账户 D. 一般存款账户
9. 下列各项不属于其他货币资金的是(　　)。
A. 银行本票存款 B. 存出投资款
C. 信用卡存款 D. 有价证券

二、多项选择题
1. 根据现金管理规定,下列各项允许使用现金的是(　　)。
A. 向个人收购农副产品支付的价款 B. 出差人员随身携带的差旅费
C. 支付给职工的工资及各项福利费用 D. 采购原材料支付的价款
E. 按照国家规定发给个人的科技进步奖
2. 下列经济业务中,不符合银行结算纪律要求的是(　　)。
A. 暂时将账户借给其他企业使用
B. 签发没有资金保证的远期支票
C. 支票必须由指定人员签发
D. 根据业务需要开设多个基本存款账户
E. 根据企业银行存款账户资金多少,决定是否支付销售方货款
3. 会导致企业银行存款日记账余额大于银行存款的是(　　)。
A. 企业已经收款入账,银行尚未收款入账的款项
B. 企业已经付款入账,银行尚未付款入账的款项
C. 银行已经收款入账,企业尚未收款入账的款项

D. 银行已经付款入账,企业尚未付款入账的款项
E. 企业、银行收付款同时入账

4. 下列事项中,不符合银行结算纪律的是(   )。
A. 考虑企业的未来现金收入,签发了一张远期支票
B. 在不影响企业自身业务的情况下,将账户暂时借给他人使用
C. 根据自身业务需要,企业可开立多个基本存款账户
D. 支票必须由指定人员签发,其他人员一律不准签发
E. 企业是否付款由其自主决定,不用考虑账户是否有足够的资金

5. 现金溢缺的会计核算涉及的科目有(   )。
A. 待处理财产损溢　　　　　　B. 管理费用
C. 其他应收款　　　　　　　　D. 营业外收入
E. 营业外支出

6. 下列项目应包括在资产负债表"货币资金"项目中的是(   )。
A. 银行汇票存款　　　　　　　B. 信用证保证金存款
C. 库存现金　　　　　　　　　D. 在途货币资金
E. 存出投资款

7. 企业应当在附注中披露与外币折算有关的信息包括(   )。
A. 企业及其境外经营选定的记账本位币及选定的原因
B. 采用近似汇率的,近似汇率的确定方法
C. 记账本位币发生变更的,说明变更理由
D. 处置境外经营对外币财务报表折算差额的影响
E. 计入当期损益的汇兑差额

8. 其他货币资金包括(   )。
A. 银行存款　　　　　　　　　B. 外埠存款
C. 备用金　　　　　　　　　　D. 存出投资款
E. 信用卡存款

三、判断题

1. 企业以现金支付职工奖金 50 000 元。（　）
2. 出纳人员监管会计稽核工作。（　）
3. 现金清查时发现现金溢余,将溢余金额计入"待处理财产损溢"科目,后经进一步核查,无法查明原因,经批准后,冲减当期管理费用。（　）
4. 企业到外地进行零星或临时采购,汇往采购地银行开立采购专户的款项,应借记"其他货币资金——外埠存款"科目,贷记"银行存款"科目。（　）
5. 银行存款余额调节表是用来核对账目的,不能用来作为记账的凭证。（　）
6. 将现金存入银行或从银行提取现金可以编制付款凭证,也可编制收款凭证。（　）
7. 企业以其出纳员的名义在银行开立了账户,存入单位资金。（　）
8. 企业内部各部门周转使用的备用金,应在"其他应收款"科目核算,或单独设置"备用金"科目核算。（　）
9. 银行汇票存款结算后的余额只能从收款单位收取,不能从银行转回。（　）

10. 外币业务主要包括企业买入或者卖出以外币计价的商品或者劳务;企业借入或者借出外币资金;企业承担或清偿以外币计价的债务等。   (   )

四、会计业务题

1. 某企业 2022 年 4 月发生经济业务如下。

(1)4 月 2 日,出纳员开出现金支票 3 000 元,补充库存现金。

(2)4 月 4 日,财审部报销办公用品款,以现金支付 160 元。

(3)4 月 7 日,李某出差预借差旅费 1 000 元,以现金支付。

(4)4 月 9 日,对现金进行清查,发现现金短款 200 元。期末无法查明原因,经批准计入当期费用。

(5)4 月 17 日,由当地银行汇往 B 市某银行临时采购货款 40 000 元。

(6)4 月 18 日,李某出差回来,报销差旅费 850 元。

(7)4 月 20 日,在 B 市购买原材料,增值税专用发票注明价款 30 000 元,增值税额 3 900 元,材料尚未运到。转回临时采购账户剩余存款。

要求:根据上述业务编制会计分录。

2. 某公司于 2022 年 3 月末收到某银行转来对账单,对账单余额为 25 000 元,公司在该银行的银行存款余额为 16 000 元。经查,存在下列未达账项。

(1)企业于月末存入银行的转账支票 2 000 元,银行尚未入账。

(2)委托银行代收的销货款 12 000 元,银行已经收到入账,企业尚未收到银行的收款通知。

(3)银行代付本月电话费 4 000 元,企业尚未收到银行的付款通知。

(4)企业于月末开出转账支票 3 000 元,持票人尚未到银行办理转账手续。

要求:根据资料填写下列银行存款余额调节表。

银行存款余额调节表

2022 年 3 月 31 日   单位:元

项目	金额	项目	金额
银行对账单余额	25 000	企业存款日记账余额	16 000
加:企业已收银行未收款项		加:银行已收企业未收款项	
减:企业已付银行未付款项		减:银行已付企业未付款项	
调节后余额		调节后余额	

五、案例分析题

小李刚参加工作,在 A 公司做出纳员工作,遇到过下列情况:

(1)在两次例行的现金清查中,分别发现现金短缺 100 元和现金溢余 50 元。小李弄不明白原因,为保全自己的面子,息事宁人,现金短缺的 100 元他自己补上,现金溢余的 50 元自己收起。

(2)每次编制银行存款余额调节表时,只根据公司银行存款日记账的余额,加或减对账单中企业的未入账款项来确定公司银行存款的实有数,而且每次做完银行存款余额调节表后,立即将未入账的款项登记入账。

要求:分析小李对上述业务的处理是否正确,如果不正确,请给出正确答案。

第三章 往来核算岗位

学习目标

○ 知识目标

1. 掌握应收款项的含义；
2. 掌握应付款项的含义。

○ 能力目标

1. 掌握应收票据、应收账款及其他应收款的账务处理能力；
2. 掌握应付票据、应付账款及其他应付款的账务处理能力；
3. 掌握坏账准备计提的能力。

○ 素质目标

确定合适的坏账比率，正确计提坏账准备。

思政案例导入

票据——中华文明的一个缩影

中国票据历史悠久，在中华文明的发展史中，票据文化不但没有被遗忘，反而在诸文明标识中熠熠生辉，独树一帜。中国票据的历史源远流长，各个历史时期，都出现了不同形式、特色鲜明的票据。票据既是我国经济发展的一个历史实物凭证，又从一个侧面记载和表现着我国经济发展的历史过程和特点，成为研究中国政治、经济、文化、艺术和科技发展的重要实物资料。

周朝时期，商品经济雏形初现，借贷关系开始产生，质剂、傅别和书契等票据雏形应运而生，那时期的票据主要作为借贷契约而存在，发挥的是取款凭证功能。唐朝时期，商品经济进一步繁荣，货币供给不足推动了信用工具的发展，飞钱、书帖等票据相继出现，极大地方便了商品的交易往来。随着印刷术问世，交子、会子开始逐渐被用于市场交易，推动了票据支付功能的发展。清朝前中期的票据已经初步具备了现代意义上票据的基础功能。晚清时期，信用制度进一步完善，钱庄、票号等金融机构大规模出现，这些金融机构在经营过程中大量使用票据，带动了我国传统票据的进一步发展。1897年中国通商银行设立，华资银行开始登上历史舞台，它们在经营过程中仿照西方银行发行新式票据，经营贴现、押汇等业务，推动了我国新式票据的发展。

改革开放后,商品经济开始活跃,商品流通下的支付结算工具匮乏成为当时急需解决的问题。为解决"三角债"问题,商业汇票的支付结算功能重新被提及,各种票据业务被摸索和试点纷纷进行。在发展商业信用的特殊背景下,票据的融资功能开始显现。1984~1990年是我国商业汇票市场发展的起步时期,那时期,中国人民银行相继颁布了《商业汇票承兑贴现暂行办法》《再贴现实行办法》和《银行结算办法》等制度规章,推动了票据市场的发展。2009年10月28日,中国人民银行电子商业汇票系统(ECDS)正式建成运行,我国票据市场由此迈入电子化时代,步入了快速发展阶段。2016年,上海票据交易所成立,票据市场基础设施建成。票交所的成立推动了业务、系统体系建设,加快了业务产品的创新步伐,票付通、贴现通和标准化票据等产品的相继问世,缓解了中小银行以及中小企业的融资困境,票据市场的风险防控水平大幅提升,票据的功能作用进一步得到发挥。

纵观中国票据发展史,票据的发展呈现出与经济、信用、金融相适应的特征。随着商品经济、市场经济、金融体系和信用体系的发展与完善,票据的汇兑、支付、结算、融资、投资、交易和调控等功能不断被挖掘并发挥,票据的全生命周期作用逐步显现,服务实体经济的能力逐渐增强。创新是一个民族、一种文明得以持续发展、生生不息的重要因素之一。五千年华夏文明,是人类历史上唯一从未断流的文明。在这五千多年的文明发展进程中,中华民族创造了博大精深的灿烂文化。

第一节 往来债权核算

一、应收票据

(一)应收票据的特点及其分类

应收票据是指企业持有的还没有到期、尚未兑现的商业票据。从广义上讲,应收票据作为一种债权凭证,应包括企业持有的未到期或未兑现的汇票、本票和支票等,但在我国会计实务中,支票、银行本票及银行汇票均为见票即付的票据,无需将其列为应收票据予以处理。因此在我国,应收票据仅指企业持有的未到期或未兑现的商业汇票。商业汇票是一种由出票人签发的、委托付款人在指定日期无条件支付确定金额给收款人或持票人的票据。商业汇票的付款期限,最长不得超过6个月。符合条件的商业汇票的持票人,可以持未到期的商业汇票连同贴现凭证向银行申请贴现。

商业汇票按承兑人不同,分为商业承兑汇票和银行承兑汇票。商业承兑汇票是指由付款人签发并承兑,或由收款人签发交由付款人承兑的汇票。银行承兑汇票是指在承兑银行开立存款账户的存款人(这里也是出票人)签发,由承兑银行承兑的票据。

商业汇票的持票人在票据到期日可向承兑人收取票据款。商业汇票自承兑日起生效,其到期日是由票据有效期限的长短来决定的。在实务中,票据的期限一般有按月表示和按日表示两种。其中,定日付款的汇票付款期限自出票日起按日计算,定期付款的汇票付款期限自出票日起按月计算。

票据期限按月表示时,票据的期限不考虑各月份实际天数多少,统一按次月对日为整月计算。当签发承兑汇票的为某月月末时,统一以当期月份的最后一日为到期日。如5月2日签发承兑的期限为6个月的商业汇票,其到期日为11月2日;1月31日签发承兑的期限为1个月、2个月、3个月和6个月的商业汇票,其到期日分别为 2 月 28 日(闰年为 2 月 29 日)、3 月 31 日、4 月 30 日和 7 月 31 日。

票据期限按日表示时,票据的期限不考虑月数,统一按票据的实际天数计算。在票据签发承兑日和票据到期日这两天中,只计算其中的一天,即"算头不算尾"或"算尾不算头"。如 3 月 2 日签发承兑的期限为 180 天的商业汇票,其到期日为 8 月 29 日;1 月 31 日(当年 2 月份为 28 天)签发承兑的期限为 30 天、60 天、90 天的商业汇票,其到期日分别为 3 月 2 日、4 月 1 日、5 月 1 日。

按照商业汇票是否带有利息,商业汇票分为带息商业汇票和不带息商业汇票。按照票据是否带有追索权,商业汇票分为带追索权的商业汇票和不带追索权的商业汇票。追索权是指企业在转让应收款项的情况下,接受应收款项转让的一方在应收款项遭受拒付或逾期未付时,向该应收款项转让方索取应收金额的权利。在我国,商业票据可背书转让,持票人可以对背书人、出票人以及票据的其他债务人行使追索权。转让应收款项而产生的被追索的不确定性属于一种或有负债。在我国的会计实务中,就应收票据贴现而言,银行承兑汇票的贴现不会使企业被追索,企业也就不会因汇票贴现而发生或有负债;商业承兑汇票的贴现会使企业有被追索的可能,企业也就会因汇票贴现而产生或有负债。按照我国企业会计准则的规定,符合金融资产终止确认条件的(将金融资产所有权上几乎所有的风险和报酬转移给接收方),应终止确认该金融资产(如银行承兑汇票的贴现);不符合金融资产终止确认条件的(如商业承兑汇票贴现),作为取得短期负债处理(如短期借款)。

(二)应收票据的确认与计量

为了反映和监督应收票据取得、票款收回等经济业务,企业应设置"应收票据"科目,本科目核算企业因销售商品、提供劳务等而收到的商业汇票。借方登记取得的应收票据的票面金额,贷方登记到期收回票款或到期前背书转让和向银行贴现的应收票据的票面金额,期末余额在借方,反映企业尚未收回且未申请贴现的应收票据的票面金额。本科目应按照商业汇票的种类设置明细科目,并设置"应收票据备查簿",逐笔登记每一商业汇票的种类、号数和出票日、票面金额、交易合同号和付款人、承兑人、背书人的姓名或单位名称、到期日、背书转让日、贴现日、贴现率和贴现净额以及收款日和收回金额、退票情况等资料,商业汇票到期结清票款或退票后,应当在备查簿内逐笔注销。

1. 应收票据实体业务核算

企业销售商品、产品或提供劳务收到对方开出、承兑的商业汇票时,按应收票据的票面金额入账,借记"应收票据"科目,按实现的营业收入,贷记"主营业务收入"科目,按专用发票上注明的增值税税额,贷记"应交税费——应交增值税(销项税额)"科目。应收票据到期收回按票面金额,借记"银行存款"科目,贷记"应收票据"科目。商业承兑汇票到期,承兑人违约拒付或无力支付票款,企业收到银行退回的商业承兑汇票、委托收款凭证、未付票款通知书或拒绝付款证明等,借记"应收账款"科目,贷记"应收票据"科目。

例 3—1 钟泰有限公司销售一批产品给 A 企业,货已发出,货款 200 000 元,增值税税额为 26 000 元。按合同约定 3 个月以后付款,A 企业交给钟泰股份有限公司一张不带息 3 个月到期的商业承兑汇票,面额 226 000 元。钟泰有限公司应做如下账务处理。

```
借:应收票据                           226 000
    贷:主营业务收入                            200 000
        应交税费——应交增值税(销项税额)        26 000
```

3个月后,应收票据到期,钟泰有限公司收回款项226 000元,存入银行。

  借:银行存款   226 000
    贷:应收票据   226 000

如果该票据到期,A企业无力偿还票款,钟泰有限公司应将到期票据的票面金额转入"应收账款"科目。

  借:应收账款   226 000
    贷:应收票据   226 000

若企业销售商品、产品或提供劳务收到对方开出、承兑的带息商业汇票,除了在商业汇票取得和到期进行核算外,企业应基于重要性原则判断是否需要进行利息收入的确认。对于不跨期的带息商业汇票,可以不按月确认利息收入;对于跨期的带息商业汇票,应在期末确认从商业汇票取得日至期末的利息收入。

2022年11月1日,钟泰有限公司销售一批产品给A企业,货已发出,货款200 000元,增值税税额为26 000元。按合同约定3个月以后付款,A企业交给钟泰股份有限公司一张带息3个月到期的商业承兑汇票,面额226 000元,票面利率5%。钟泰有限公司应做如下账务处理。

2022年11月1日,取得商业汇票:

  借:应收票据   226 000
    贷:主营业务收入   200 000
      应交税费——应交增值税(销项税额)   26 000

2022年12月31日,确认利息收入(226 000×5%×2/12=1 883)

  借:应收票据   1 883
    贷:财务费用   1 883

2023年2月1日,商业汇票到期,收到款项

  借:银行存款   228 825
    贷:应收票据   227 883
      财务费用   942

2. 应收票据转让业务核算

企业可以将自己持有的商业汇票背书转让,用以购买所需物资或偿还债务。背书是指在票据背面或者粘单上记载有关事项并签章的票据行为。票据被拒绝承兑、拒绝付款或者超过付款提示期限的,不得背书转让。背书转让的,背书人应当承担票据责任。

企业将持有的应收票据背书转让,以取得所需物资时,按应计入取得物资成本的价值,借记"材料采购"或"原材料""库存商品"等科目,按专用发票上注明的增值税税额,借记"应交税费——应交增值税(进项税额)"科目,按应收票据的账面余额,贷记"应收票据"科目,如有差额,借记或贷记"银行存款"等科目。

例3—2 钟泰有限公司采购一批材料,货款总计11 300元(其中材料价款10 000元,增值税1 300元),将票据金额为12 000元的不带息商业承兑汇票背书转让,以支付该批材料的货款,同时收到差额款700元存入银行。

  借:原材料   10 000
    应交税费   1 300
    银行存款   700
    贷:应收票据   12 000

应收票据的背书转让,当不符合金融资产终止确认条件时,会使企业承担因付款方不能到期支付票款的连带责任。此时,转让应收票据实际上具有抵押性质,因此应收票据不能终止确认。因转让应收票据而购入的材料视为负债处理,并通过"应付账款"核算。如上题:

借:原材料　　　　　　　　　　　　　　　　　　　　10 000
　　应交税费　　　　　　　　　　　　　　　　　　　 1 300
　　银行存款　　　　　　　　　　　　　　　　　　　　 700
　　　贷:应付账款　　　　　　　　　　　　　　　　　12 000

当商业汇票到期,付款方有能力支付票款时:

借:应付账款　　　　　　　　　　　　　　　　　　　12 000
　　贷:应收票据　　　　　　　　　　　　　　　　　　12 000

当商业汇票到期,付款方无能力支付票款时:

借:应收账款　　　　　　　　　　　　　　　　　　　12 000
　　贷:应收票据　　　　　　　　　　　　　　　　　　12 000

3. 应收票据金融业务核算

企业可以将持有未到期的商业汇票向银行申请贴现。应收票据贴现是指持票人因急需资金,将未到期的商业汇票背书后转让给银行,银行受理后,扣除按银行的贴现率计算确定的贴现息后,将余额付给贴现企业的业务活动。贴现金额的计算方法如下。

贴现净额(或贴现款)=票据到期值-贴现息

贴现息=票据到期值×贴现率×贴现天数/360

贴现天数是指自贴现日起至票据到期前一日止的实际天数,在贴现日和票据到期日这两天中,只计算其中的一天。在会计实务中,无论商业汇票的到期日按日表示还是按月表示,贴现期一般均按实际贴现天数计算。

在会计上,企业应根据贴现的商业汇票是否带有追索权分别采用不同的方法进行处理。在我国,企业将银行承兑汇票进行贴现基本上不存在票据到期不能收回票款的风险,企业应将银行承兑汇票贴现视为不带追索权的商业汇票贴现业务,按金融资产终止确认的原则处理。而企业将商业承兑汇票贴现,是一种典型的带追索权的票据贴现业务。企业将带有追索权的票据贴现,不符合金融资产终止确认的条件,会计上不应冲销应收票据账户。

企业持未到期的应收票据向银行贴现,应按实际收到的金额(即减去贴现息后的净额),借记"银行存款"科目,按贴现息部分,借记"财务费用"等科目,按商业汇票的票面金额,贷记"应收票据"(适用满足金融资产转移准则规定的金融资产终止确认条件的情形)或"短期借款"科目(适用不满足金融资产转移准则规定的金融资产终止确认条件的情形)。

贴现的商业承兑汇票到期,因承兑人的银行存款账户余额不足的支付,申请贴现的企业收到银行退回的商业承兑汇票时(限适用于贴现企业没有终止确认原票据的情形),按商业汇票的票面金额,借记"短期借款"科目,贷记"银行存款"科目。同时,应按商业汇票的票面金额,借记"应收账款"科目,贷记"应收票据"科目。申请贴现企业的银行存款账户余额不足,银行做逾期贷款处理,同时,应按商业汇票的票面金额,借记"应收账款"科目,贷记"应收票据"科目。

例3-3　钟泰有限公司于2023年2月10日将签发承兑日为1月31日、期限为90天、面值为50 000元、到期日为5月1日的银行承兑汇票到银行申请贴现,银行规定的月贴现利率为6‰。

票据到期值＝50 000(元)

贴现天数＝80(天)

贴现利息＝50 000×6‰×80/30＝800(元)

贴现净额(或贴现款)＝50 000－800＝49 200(元)

借:银行存款　　　　　　　　　　　　　　　　　　　　　　49 200
　　财务费用　　　　　　　　　　　　　　　　　　　　　　　　800
　　　贷:应收票据　　　　　　　　　　　　　　　　　　　　　　　　50 000

例3—4　若例3—3资料中,贴现的汇票为商业承兑汇票,钟泰有限公司应编制会计分录如下。

借:银行存款　　　　　　　　　　　　　　　　　　　　　　49 200
　　财务费用　　　　　　　　　　　　　　　　　　　　　　　　800
　　　贷:短期借款　　　　　　　　　　　　　　　　　　　　　　　50 000

例3—5　以例3—4资料为例,假如票据到期时,票据付款人足额向贴现银行支付票款,则钟泰有限公司应做如下会计分录。

借:短期借款　　　　　　　　　　　　　　　　　　　　　　50 000
　　　贷:应收票据　　　　　　　　　　　　　　　　　　　　　　　　50 000

例3—6　以例3—4资料为例,假如票据到期时,票据付款人无法足额向贴现银行支付票款,钟泰有限公司向贴现银行支付了款项,则钟泰有限公司应做如下会计分录。

借:短期借款　　　　　　　　　　　　　　　　　　　　　　50 000
　　　贷:银行存款　　　　　　　　　　　　　　　　　　　　　　　　50 000
借:应收账款　　　　　　　　　　　　　　　　　　　　　　50 000
　　　贷:应收票据　　　　　　　　　　　　　　　　　　　　　　　　50 000

二、应收账款

(一)应收账款的性质与范围

应收账款是指企业在正常经营活动中,由于销售商品或提供劳务等,而应向购货或接受劳务单位收取的款项,主要包括企业出售商品、材料、提供劳务等应向有关债务人收取的价款及代购货方垫付的运杂费等。

应收账款的确认与收入的确认标准密切相关。按照收入确认标准,企业在销售商品时,如果同时符合五个条件,即确认为收入:企业已将商品所有权上的主要风险和报酬转移给购货方;企业既没有保留通常与所有权相联系的继续管理权,也没有对已售出的商品实施有效控制;收入的金额能够可靠地计量;相关的经济利益很可能流入企业;相关的已发生或将发生的成本能够可靠地计量。由于大多数商品的销售在交易发生时就具备了这些条件,因此,应收账款应于收入实现时确认。

(二)应收账款实体业务核算

1. 应收账款的取得与收回

应收账款是因企业销售商品或提供劳务等产生的债权,应当按照实际发生额记账。其入账价值包括:销售货物或提供劳务的价款、增值税,以及代购货方垫付的运杂费等。在确认应收账款的入账价值时,应当考虑有关的折扣因素。

(1)商业折扣。它是指企业为促进销售而在商品标价上给予的扣除。例如,企业为鼓励买主购买更多的商品而规定购买 10 件以上者给予 10%的折扣,或买主每买 10 件送 1 件;再如,企业为尽快出售一些残次、陈旧、冷背的商品而进行降价销售等。商业折扣一般在交易发生时即已确定,它仅仅是确定实际销售价格的一种手段,不需在买卖双方任何一方的账上反映,因此,在存在商业折扣的情况下,企业应收账款入账金额应按扣除商业折扣以后的实际售价确定。

(2)现金折扣。它是指债权人为鼓励债务人在规定的期限内付款,而向债务人提供的债务扣除。现金折扣通常发生在以赊销方式销售商品及提供劳务的交易中。企业为了鼓励客户提前偿付货款,通常与债务人达成协议,债务人在不同期限内付款可享受不同比例的折扣。现金折扣一般用符号"折扣/付款期限"表示。例如,买方在 10 天内付款可按售价给予 2%的折扣,用符号"2/10"表示;在 20 天内付款按售价给予 1%的折扣,用符号"1/20"表示;在 30 天内付款,则不给折扣,用符号"N/30"表示。

在存在现金折扣的情况下,应收账款入账价值的确定有两种方法:一种是总价法,另一种是净价法。

总价法是将未减去现金折扣前的金额作为应收账款的入账价值。现金折扣只有客户在折扣期内支付货款时,才予以确认。在这种方法下,销售方把给予客户的现金折扣视为融资的理财费用,会计上作为财务费用处理。总价法可以较好地反映企业销售的总过程,但可能会因客户享受现金折扣而高估应收账款和销售收入。例如,期末结账时,有些应收账款还没有超过折扣期限,如果有一部分客户享受现金折扣,则销货企业的应收账款和销售收入就会因入账时按总价确认而虚增。

净价法是将扣减最大现金折扣后的金额作为应收账款的入账价值。这种方法是把客户取得折扣视为正常现象,认为客户一般都会提前付款,而将由于客户超过折扣期限而多收入的金额,视为提供信贷获得的收入,于收到账款时入账,冲减财务费用。净价法可以避免总价法的不足,但在客户没有享受现金折扣而全额付款时,必须再查对原销售总额。期末结账时,对已超过期限尚未收到的应收账款,需按客户未享受的现金折扣进行调整,操作起来比较麻烦。

根据我国《企业会计准则》规定,企业应收账款的入账价值,应按总价法确定。

2. 应收账款的会计处理

应收账款的核算是通过"应收账款"科目进行的,企业销售商品或材料等发生应收款项时,借记"应收账款"科目,贷记"主营业务收入""应交税费——应交增值税(销项税额)""其他业务收入"等科目;收回款项时,借记"银行存款"等科目,贷记"应收账款"科目。

企业代购货单位垫付包装费、运杂费时,借记"应收账款"科目,贷记"银行存款"等科目;收回代垫费用时,借记"银行存款"等科目,贷记"应收账款"科目。

如果企业应收账款改用应收票据结算,在收到承兑的商业汇票时,借记"应收票据"科目,贷记"应收账款"科目。

在没有商业折扣的情况下,应收账款应按应收的全部金额入账。

例 3—7 钟泰有限公司赊销给 B 企业商品一批,货款总计 60 000 元,适用的增值税税率为 13%,代垫运杂费 2 000 元(假设不作为计税基数)。钟泰有限公司应做会计分录如下。

```
借:应收账款                                          69 800
    贷:主营业务收入                                  60 000
        应交税费——应交增值税(销项税额)              7 800
        银行存款                                      2 000
```

收到货款时。
借:银行存款 69 800
　　贷:应收账款 69 800

在有商业折扣的情况下,应收账款和销售收入按扣除商业折扣后的金额入账。

例 3—8 钟泰有限公司赊销商品一批,按价目表的价格计算,货款金额总计 20 000 元,给买方的商业折扣为 10%,适用增值税税率为 13%,代垫运杂费 500 元(假设不作为计税基数)。钟泰有限公司应做会计分录如下。

借:应收账款 20 840
　　贷:主营业务收入 18 000
　　　　应交税费——应交增值税(销项税额) 2 340
　　　　银行存款 500

收到货款时。
借:银行存款 20 840
　　贷:应收账款 20 840

在有现金折扣的情况下,采用总价法核算。

例 3—9 钟泰有限公司赊销一批商品,货款为 200 000 元,规定对价款部分的付款条件为"2/10,N/30",适用的增值税税率为 13%。假设折扣时不考虑增值税,钟泰有限公司应做会计分录如下。

销售业务发生时,根据有关销货发票:
借:应收账款 226 000
　　贷:主营业务收入 200 000
　　　　应交税费——应交增值税(销项税额) 26 000

假如客户于 10 天内付款。
借:银行存款 222 000
　　财务费用 4 000
　　贷:应收账款 226 000

假如客户超过 10 天付款,则无现金折扣。
借:银行存款 226 000
　　贷:应收账款 226 000

(三)应收账款抵借与出售

1. 应收账款抵借与出售业务的核算原则

企业将销售商品、提供劳务所产生的应收账款出售给银行等金融机构,在进行会计核算时,应按照实质重于形式的原则,充分考虑交易的经济实质。对于有明确的证据表明有关交易事项满足销售确认条件,如与应收债权有关的风险和报酬实质上已经发生转移等,应按照出售应收账款处理,并确认相关损益。否则,应作为以应收账款为质押取得借款进行会计处理。

2. 以应收账款为质押取得借款的核算

企业以应收账款抵借方式取得借款时,在抵借合同中主要规定借款限额和借款期限。借款限额是企业可以取得的最高借款额。应收账款中,借款限额以外的部分,主要是为应对销货折扣、销货退回、销货折让等事项,并用以支付部分或全部借款利息。一般情况下,企业在借款限额和借款期限内可随时取得借款。借款限额一般按应收账款金额的一定比率的计算来确定。比率的大小根据赊购方的信誉程度以及借款企业的财务状况等因素确定。一般在30%～80%不等。借款利息一般根据实际取得的借款额按日计算。

应收账款抵借后,不会改变应收账款的所有权,不需要通知赊购方,在会计上也不符合金融资产终止确认的条件。因此不需要冲减应收账款账户。待企业收到应收账款后,再将取得的借款归还,并支付一定的利息。

企业将销售商品、提供劳务所产生的应收账款提供给银行作为其向银行借款质押的,应将从银行等金融机构获得的款项确认为对银行等金融机构的一项负债,作为短期借款等核算。

企业发生的借款利息及向银行等金融机构偿付借入款项的本息时的会计处理,应按有关借款核算的规定进行处理。

会计期末,企业应根据债务单位的情况,合理计提用于质押的应收账款的坏账准备。企业应设置备查簿,详细记录质押的应收债权的账面余额、质押期限及回款情况等。

例3—10 2023年2月5日,钟泰有限公司销售一批商品给D公司,开出的增值税专用发票上注明的销售价款为400 000元,增值税销项税额为52 000元,款项尚未收到。双方约定,D公司应于2023年9月30日付款。2023年4月1日,钟泰有限公司因急需流动资金,经与中国银行协商,以应收D公司货款为质押取得5个月流动资金借款360 000元,年利率为6%,每月末偿付利息。假定不考虑其他因素,钟泰有限公司与应收债权质押有关的账务处理如下。

(1)2月5日销售成立时:

  借:应收账款   452 000

    贷:主营业务收入   400 000

      应交税费——应交增值税(销项税额) 52 000

(2)4月1日取得短期借款时:

  借:银行存款   360 000

    贷:短期借款   360 000

(3)4月30日偿付利息时:

  借:财务费用   1 800

    贷:银行存款   1 800

(4)8月31日偿付短期借款本金及最后一期利息:

  借:财务费用   1 800

    短期借款   360 000

    贷:银行存款   361 800

3. 应收账款出售的核算

不附追索权的应收账款出售的核算:企业将销售商品、提供劳务所产生的应收账款出售给银行等金融机构,根据企业、债务人及银行等金融机构之间的协议,在所售应收账款逾期无法收回时,银行等金融机构不能够向出售应收账款的企业进行追偿的,此时企业应将所售应收账款予以转销,结转计提的相关坏账准备,确认按协议约定预计将发生的销售退回、销售折让、现金折扣等,确认出售损益。

例3—11 2022年3月15日,钟泰有限公司销售一批商品给乙公司,开出的增值税专用发票上注明的销售价款500 000元,增值税销项税额为65 000元,款项尚未收到。双方约定,乙公司应于2022年10月31日付款。2022年6月4日,经与中国银行协商后约定:钟泰公司将应收乙公司的货款出售给中国银行,价款为489 540元;在应收乙公司货款到期无法收回时,中国银行不能向钟泰公司追偿。钟泰公司根据以往经验,预计该批商品将发生的销售退回金额为 22 600 元,其中,增值税销项税额为 2 600 元,成本为 13 000 元,实际发生的销售退回由钟泰公司承担。2022 年 8 月 3 日,钟泰公司收到乙公司退回的商品,价款为 22 600 元。假定不考虑其他因素,钟泰公司与应收账款出售有关的账务处理如下。

(1)3 月 15 日销售成立时。

借:应收账款　　　　　　　　　　　　　　　　　　　　565 000
　　贷:主营业务收入　　　　　　　　　　　　　　　　　　500 000
　　　　应交税费——应交增值税(销项税额)　　　　　　　　65 000

(2)6 月 4 日出售应收账款。

借:银行存款　　　　　　　　　　　　　　　　　　　　489 540
　　营业外支出　　　　　　　　　　　　　　　　　　　　52 860
　　其他应收款　　　　　　　　　　　　　　　　　　　　22 600
　　贷:应收账款　　　　　　　　　　　　　　　　　　　　565 000

(3)2012 年 8 月 3 日收到退回的商品。

借:主营业务收入　　　　　　　　　　　　　　　　　　　20 000
　　应交税费——应交增值税(销项税额)　　　　　　　　　2 600
　　贷:其他应收款　　　　　　　　　　　　　　　　　　　22 600
借:库存商品　　　　　　　　　　　　　　　　　　　　　13 000
　　贷:主营业务成本　　　　　　　　　　　　　　　　　　13 000

附追索权的应收账款出售的核算:企业在出售应收账款的过程中如附有追索权,即在有关应收账款到期无法从债务人处收回时,银行等金融机构有权向出售应收账款的企业追偿,或按照协议约定,企业有义务按照约定金额自银行等金融机构回购部分应收债权,应收账款的坏账风险由售出应收账款的企业负担,则企业应按照以应收账款为质押取得借款的核算原则进行会计处理。

三、预付账款

(一)预付账款的内容

预付账款是指企业按照购货合同规定预付给供应单位的款项。预付账款是企业暂时被供货单位占用的资金。企业预付货款后,有权要求对方按照购货合同的规定发货。预付账款必须以购销双方签订的购货合同为条件,按照规定的程序和方法进行核算。

为了反映和监督预付账款的增减变动情况,企业应设置"预付账款"科目,借方登记预付的款项和补付的款项,贷方登记收到采购货物时按发票金额冲销的预付账款数和因预付货款多余而退回的款项,期末余额一般在借方,反映企业实际预付的款项。

(二)预付账款的核算

预付账款的核算包括预付款项和收回货物两个方面。

根据购货合同的规定向供应单位预付款项时,借记"预付账款"科目,贷记"银行存款"科目。企业收到所购货物时,根据有关发票账单金额,借记"原材料""应交税费——应交增值税(进项税额)"等科目,贷记"预付账款"科目;当预付货款小于采购货物所需支付的款项时,应将不足部分补付,借记"预付账款"科目,贷记"银行存款"科目;当预付货款大于采购货物所需支付的款项时,对收回的多余款项应借记"银行存款"科目,贷记"预付账款"科目。

例 3—12　钟泰有限公司向 E 公司采购材料 1 000 千克,单价 50 元,所需支付的款项总额为 50 000 元。按照合同规定向 E 公司预付货款的 40%,验收货物后补付其余款项。

(1)预付 40% 的货款。

　　借:预付账款　　　　　　　　　　　　　　　　　　　　　20 000
　　　　贷:银行存款　　　　　　　　　　　　　　　　　　　　　　20 000

(2)收到 E 公司发来的 1 000 千克材料,经验收无误,有关发票记载的货款为 50 000 元,增值税税额为 6 500 元。据此以银行存款补付不足款项 36 500 元。

　　借:原材料　　　　　　　　　　　　　　　　　　　　　　50 000
　　　　应交税费——应交增值税(进项税额)　　　　　　　　　　6 500
　　　　贷:预付账款　　　　　　　　　　　　　　　　　　　　　　56 500
　　借:预付账款　　　　　　　　　　　　　　　　　　　　　　36 500
　　　　贷:银行存款　　　　　　　　　　　　　　　　　　　　　　36 500

在会计实务中,预付款项不多的企业,可以不设"预付账款"科目,而直接在"应付账款"科目核算;企业的应付账款业务不多时,也可以通过"预付账款"科目核算应付账款业务。为了便于反映企业对客户的债权债务关系,对同一客户发生购货往来业务,只通过"应付账款"或只通过"预付账款"科目核算。在编制资产负债表时,应当将"应付账款"和"预付账款"科目的借方明细余额合计填入"预付账款"项目,贷方明细余额合计填入"应付账款"项目。

例 3—13　2022 年 12 月 31 日,钟泰有限公司"预付账款"总账科目有借方余额 350 000 元,其中有关明细科目有贷方余额 80 000 元,借方余额 430 000 元;"应付账款"总账科目有贷方余额 400 000 元,其中有关明细科目借方余额 50 000 元,贷方余额 450 000 元。

该公司编制 2012 年资产负债表时,"预付账款"期末数一栏填列的余额为 430 000 与 50 000 元,合计 480 000 元。

四、其他应收款

(一)其他应收款的内容

其他应收款是指除应收票据、应收账款、预付账款以外的其他各种应收、暂付款项。其主要内容包括以下 6 种。

(1)应收的各种赔款、罚款,如因企业财产等遭受意外损失而应向有关保险公司收取的赔款等。

(2)应收的出租包装物租金。

(3)应向职工收取的各种垫付款项,如为职工垫付的水电费,应由职工负担的医药费、房租费等。

(4)备用金,如向企业各有关部门拨出的备用资金。

(5)存出保证金,如租入周转材料包装物支付的押金。

(6)其他各种应收、暂付款项。

(二)其他应收款的核算

企业应设置"其他应收款"科目对其他应收款进行核算。该科目借方登记发生的各种其他应收款,贷方登记企业收到的款项和结转情况,余额一般在借方,表示应收未收的其他应收款项,企业应在"其他应收款"科目下,按债务人设置明细科目,进行明细核算。

备用金的管理办法一般有两种:一是随借随用、用后报销制度,适用于不经常使用备用金的单位和个人；二是定额备用金制度，适用于经常使用备用金的单位和个人。定额备用金制度的特点是对经常使用备用金的部门或车间，分别规定一个备用金定额。按定额拨付现金时，记入"其他应收款"或"备用金"科目的借方和"库存现金"科目的贷方。报销时，财会部门根据报销单据付给现金，补足用掉数额，使备用金仍保持原有的定额数。报销的金额直接记入"库存现金"科目的贷方和有关科目的借方，不需要通过"其他应收款"或"备用金"科目核算。

企业发生备用金以外的其他应收款时，借记"其他应收款"科目，贷记"库存现金""银行存款""营业外收入"等科目；收回备用金以外的其他应收款时，借记"库存现金""银行存款""应付职工薪酬"等科目，贷记"其他应收款"科目。

企业应当定期或者至少于每年年度终了对其他应收款进行检查，预计其可能发生的坏账损失，并计提坏账准备。对于不能收回的其他应收款应查明原因，追究责任。对确实无法收回的，按照企业的管理权限，经股东大会或董事会，或经理（厂长）会议或类似机构批准作为坏账损失，冲减提取的坏账准备。

例3—14 钟泰有限公司为李利垫付应由其个人负担的住院医药费800元，拟从其工资中扣回。

垫支时：
借：其他应收款　　　　　　　　　　　　　　　　800
　　贷：银行存款　　　　　　　　　　　　　　　　　　800

扣款时：
借：应付职工薪酬　　　　　　　　　　　　　　　800
　　贷：其他应收款　　　　　　　　　　　　　　　　　800

例3—15 钟泰有限公司租入周转材料包装物一批，以银行存款向出租方支付押金5 000元。

支付时：
借：其他应收款　　　　　　　　　　　　　　　5 000
　　贷：银行存款　　　　　　　　　　　　　　　　　5 000

收到出租方退还的押金时：
借：银行存款　　　　　　　　　　　　　　　　5 000
　　贷：其他应收款　　　　　　　　　　　　　　　　5 000

例3—16 5月8日，钟泰有限公司职工王祖预借差旅费1 200元，以现金支付。

借：其他应收款　　　　　　　　　　　　　　　1 200
　　贷：库存现金　　　　　　　　　　　　　　　　　1 200

6月16日，王祖出差归来，报销差旅费1 080元，余款交回。

借：管理费用　　　　　　　　　　　　　　　　1 080
　　库存现金　　　　　　　　　　　　　　　　　　120
　　贷：其他应收款　　　　　　　　　　　　　　　　1 200

五、坏账及坏账损失

坏账是指企业无法收回或收回的可能性极小的应收款项。由于发生坏账而产生的损失，称为坏账损失。

(一)坏账损失的确认

企业确认坏账时,应遵循财务报告的目标和会计核算的基本要求,具体分析各应收款项的特性、金额的大小、信用期限、债务人的信誉和当时的经营情况等因素。一般来讲,企业对有确凿证据表明确实无法收回的应收款项,如债务单位已撤销、破产、资不抵债和现金流量严重不足等,根据企业管理权限,经股东大会或董事会,或经理(厂长)办公会或类似机构批准作为坏账损失。一般地,符合下列条件之一即可认为发生了坏账。

(1)债务人被依法宣告破产、撤销,其剩余财产确实不足清偿的应收款项。
(2)债务人死亡或依法被宣告死亡、失踪,其财产或遗产确实不足清偿的应收款项。
(3)债务人遭受重大自然灾害或意外事故,损失巨大,以其财产(包括保险赔偿)确实无法清偿的应收款项。
(4)债务人逾期未履行偿债义务,经法院裁决,确实无法清偿的应收款项。
(5)逾法定年限以上(一般为3年)仍未收回的应收款项。
(6)法定机构批准可核销的应收款项。

企业应当在期末分析各项应收款项的可收回性,并预计可能产生的坏账损失。对预计可能发生的坏账损失,计提坏账准备。企业计提坏账准备的方法由企业自行确定。企业应当制定计提坏账准备的政策,明确计提坏账准备的范围、提取方法、账龄的划分和提取比例,按照法律、行政法规的规定报有关各方备案,并备置于企业所在地。坏账准备计提方法一经确定,不得随意变更。如需变更,应当在会计报表附注中予以说明。

在确定坏账准备的计提比例时,除有确凿证据表明该项应收款项不能收回或收回的可能性不大外,下列各种情况不能全额计提坏账准备。

(1)当年发生的应收款项。
(2)计划对应收款项进行重组。
(3)与关联方发生的应收款项。
(4)其他已逾期,但无确凿证据表明不能收回的应收款项。

应当指出,对已确认为坏账的应收款项,并不意味着企业放弃了其追索权,一旦重新收回,应及时入账。

(二)坏账损失的核算

坏账损失的核算方法有两种:直接转销法和备抵法。我国《企业会计制度》规定,企业只能采用备抵法核算坏账损失。

采用直接转销法时,日常核算中应收款项可能发生的坏账损失不予考虑,不计提坏账准备,只有在实际发生坏账时,才作为损失计入当期损益,同时冲销应收款项。

例3—17 C企业欠钟泰有限公司的账款3 600元已超过3年,屡催无效,断定无法收回,则应对该客户的应收账款做坏账损失处理。钟泰股份有限公司编制会计分录如下。

借:资产减值损失　　　　　　　　　　　　　　　　　　　3 600
　　贷:应收账款　　　　　　　　　　　　　　　　　　　　　　　3 600

如果已冲销的应收账款以后又收回,应编制如下会计分录:

借:应收账款　　　　　　　　　　　　　　　　　　　　　3 600
　　贷:资产减值损失　　　　　　　　　　　　　　　　　　　　　3 600

同时,

借:银行存款　　　　　　　　　　　　　　　　　　　　　3 600

　　　　贷：应收账款　　　　　　　　　　　　　　　　　　　　　　　　　　　3 600

　　备抵法是指根据应收款项可收回的金额按期估计坏账损失,形成坏账准备,当某一应收款项的全部或部分被确认为坏账时,应根据其金额冲减坏账准备,同时转销相应的应收款项金额的一种核算方法。

　　采用备抵法,企业需设置"坏账准备"科目。资产负债表日,企业根据金融工具确认和计量准则确定应收款项发生减值的,按应减记的金额,借记"资产减值损失"科目,贷记"坏账准备"科目。本期应计提的坏账准备大于其账面余额的,按其差额补提;应计提的金额小于其账面余额的差额做相反的会计分录。

　　对于确实无法收回的应收款项,按管理权限报经批准后作为坏账损失,转销应收款项,借记"坏账准备"科目,贷记"应收账款""其他应收款"等科目。

　　已确认并转销的应收款项以后又收回的,应按实际收回的金额,借记"应收账款""其他应收款"等科目,贷记"坏账准备"科目;同时,借记"银行存款"科目,贷记"应收账款""其他应收款"等科目。

　　企业采用备抵法进行坏账核算时,首先应按期估计坏账损失。估计坏账损失的方法有应收款项余额百分比法、账龄分析法、销货百分比法和个别认定法等。

　　1. 应收款项余额百分比法

　　应收款项余额百分比法是根据会计期末应收款项的余额和估计的坏账率,估计坏账损失,计提坏账准备的方法。举例如下。

　　例 3—18　钟泰有限公司从 2020 年开始计提坏账准备。2020 年年末应收账款余额为 1 200 000 元,该公司坏账准备的提取比例为 5‰。则计提的坏账准备为:

　　坏账准备提取额＝1 200 000×5‰＝6 000(元)

　　　　借：资产减值损失　　　　　　　　　　　　　　　　　　　　　　　6 000
　　　　　　贷：坏账准备　　　　　　　　　　　　　　　　　　　　　　　　　6 000

2021 年,公司发现有 3 200 元的应收账款无法收回,按有关规定确认为坏账损失。

　　　　借：坏账准备　　　　　　　　　　　　　　　　　　　　　　　　　3 200
　　　　　　贷：应收账款　　　　　　　　　　　　　　　　　　　　　　　　　3 200

2021 年 12 月 31 日,该公司应收账款余额为 2 500 000 元。按本年年末应收账款余额应保持的坏账准备金额(即坏账准备的余额)为

　　2 500 000×5‰＝12 500(元)

　　年末计提坏账准备前,"坏账准备"科目的贷方余额为

　　6 000－3 200＝2 800(元)

　　本年度应补提的坏账准备金额为

　　12 500－2 800＝9 700(元)

　　有关账务处理如下：

　　　　借：资产减值损失　　　　　　　　　　　　　　　　　　　　　　　9 700
　　　　　　贷：坏账准备　　　　　　　　　　　　　　　　　　　　　　　　　9 700

2022 年 7 月 15 日,接银行通知,公司上年度已冲销的 3 200 元坏账又收回,款项已存入银行。有关账务处理如下：

　　　　借：应收账款　　　　　　　　　　　　　　　　　　　　　　　　　3 200
　　　　　　贷：坏账准备　　　　　　　　　　　　　　　　　　　　　　　　　3 200

借：银行存款　　　　　　　　　　　　　　　　　　　　　　　3 200
　　贷：应收账款　　　　　　　　　　　　　　　　　　　　　　　3 200

2022年12月31日公司应收账款余额为1 800 000元。本年末坏账准备余额应为
1 800 000×5‰＝9 000(元)

至年末，计提坏账准备前的"坏账准备"科目的贷方余额为
12 500＋3 200＝15 700(元)

本年度应冲销多提的坏账准备金额为
15 700－9 000＝6 700(元)

有关账务处理如下：
借：坏账准备　　　　　　　　　　　　　　　　　　　　　　　6 700
　　贷：资产减值损失　　　　　　　　　　　　　　　　　　　　　6 700

2. 账龄分析法

账龄分析法是根据应收款项账龄的长短来估计坏账的方法。账龄指的是顾客所欠账款的时间。采用这种方法，企业利用账龄分析表所提供的信息，确定坏账准备金额。确定的方法按各类账龄分别估计其可能成为坏账的部分。

例3—19　钟泰有限公司2022年12月31日应收账款账龄分析表见表3—1。

表3—1　　　　　　　　　　应收账款账龄分析表　　　　　　　　　金额单位：元

客户名称	余额	未到期	已过期			
			1个月	2个月	3个月	3个月以上
A	110 000	40 000	30 000		20 000	20 000
B	90 000	60 000		20 000	10 000	
C	120 000	20 000	50 000	40 000	10 000	
合计	320 000	120 000	80 000	60 000	40 000	20 000

钟泰有限公司编制的坏账损失估计表见表3—2。

表3—2　　　　　　　　　　坏账损失估计表　　　　　　　　　　金额单位：元

应收账款账龄	应收账款余额	估计损失(%)	估计损失金额
未到期	120 000	0.5	600
过期1个月	80 000	1	800
过期2个月	60 000	2	1 200
过期3个月	40 000	3	1 200
过期3个月以上	20 000	5	1 000
合　计	320 000		4 800

由表3—2看出，该公司2022年12月31日估计的坏账损失为4 800元，所以"坏账准备"科目的账面余额应为4 800元。

假设在估计坏账损失前，"坏账准备"科目有贷方余额2 000元，则该企业还应计提2 800元(4 800－2 000)。有关账务处理如下：

借：资产减值损失　　　　　　　　　　　　　　　　　　　　　　　　　　2 800
　　　　贷：坏账准备　　　　　　　　　　　　　　　　　　　　　　　　　　　　2 800
　　再假设在估计坏账损失前，"坏账准备"科目有贷方余额5 200元，则该企业应冲减400元（5 200－4 800）。有关账务处理如下：
　　借：坏账准备　　　　　　　　　　　　　　　　　　　　　　　　　　　　　　400
　　　　贷：资产减值损失　　　　　　　　　　　　　　　　　　　　　　　　　　　400

3. 销货百分比法

销货百分比法是以赊销金额的一定百分比作为估计坏账的方法。企业可以根据过去的经验和有关资料，估计坏账损失与赊销金额之间的比率，也可用其他更合理的方法进行估计。

例3－20　钟泰有限公司2022年全年赊销金额为800 000元，根据以往资料和经验，估计坏账损失率为1.5%。

年末估计坏账损失为

800 000×1.5%＝12 000（元）

会计分录为

　　借：资产减值损失　　　　　　　　　　　　　　　　　　　　　　　　　　　12 000
　　　　贷：坏账准备　　　　　　　　　　　　　　　　　　　　　　　　　　　　12 000

4. 个别认定法

个别认定法就是根据每一项应收账款的情况来估计坏账损失的方法。

在采用账龄分析法、应收款项余额百分比法等方法的同时，如果某项应收款项的可收回性与其他各项应收款项存在明显的差别（例如，债务单位所处的特定地区等），导致该项应收款项如果按照与其他应收款项同样的方法计提坏账准备，将无法真实地反映其可收回金额的，可对该项应收款项采用个别认定法计提坏账准备。在同一会计期间内运用个别认定法的应收款项，应从用其他方法计提坏账准备的应收款项中剔除。

第二节　往来债务核算

一、应付账款

应付账款是企业在正常经营过程中因购买材料、商品或接受劳务时，未及时付款而产生的债务，一般需要在一年以内偿付，属于流动负债。

应付账款是由于购货时间与支付货款时间的不同而形成的负债。应付账款登记入账的时间，原则上应为所购物品产权转移之日，但实务中，应付账款应在结算凭证（发票）取得时入账，入账金额按发票价格确定。企业确认应付账款时，应借记有关科目，贷记"应付账款"科目；偿付应付账款时，借记"应付账款"科目，贷记"银行存款"等科目。

如果购货时企业有可能利用现金折扣条件得到价格上的优惠，则计量应付账款的入账金额一般有总价法和净价法两种会计处理方法。

由于我国采用总价法处理，故本教材只介绍总价法。总价法的特点是购进的货物和应付账款均按结算凭证中的价格入账。需要注意的是计算现金折扣时一般以商品销售价款作为依据。

例3－21　钟泰有限公司向乙企业赊购材料一批，专用发票上注明材料买价为10 000元，增值税为 1 300 元,共计 11 300 元,材料已验收入库,现金折扣条件为:2/10,n/30。则其有关会计处理如下。

材料验收入库时:
 借:原材料   10 000
   应交税费——应交增值税(进项税额)   1 300
   贷:应付账款——乙企业   11 300

如果 10 天内付款,获得现金折扣:
 借:应付账款——乙企业   11 300
   贷:银行存款   11 100
    财务费用   200

如果 10 天以后付款,丧失现金折扣:
 借:应付账款——乙企业   11 300
   贷:银行存款   11 300

总价法的长处在于符合稳健性要求,这是因为它使资产负债表上反映的负债金额较高,而且如果购货企业在折扣期内付款,则获得的现金折扣可冲减财务费用,结果使企业得到一定的理财收益。

二、应付票据

应付票据是由出票人出票、委托付款人在指定日期无条件支付特定的金额给收款人或者持票人的票据。应付票据通常是由于赊购商品、材料而形成的,设置"应付票据"科目专门核算。

1. 票据签发时的账务处理

企业开出商业汇票或以承兑商业汇票抵付货款、应付账款时,借记"材料采购""库存商品""应付账款"和"应交税费——应交增值税(进项税额)"等,贷记"应付票据"。企业向银行申请承兑汇票支付的手续费,应计入财务费用。

2. 商业汇票到期的账务处理

当商业汇票到期时,可能会出现有能力支付票据款和无力支付票据款两种情况。

(1)有能力支付票据款。企业支付票据款时,借记"应付票据",贷记"银行存款"。(2)无力支付票据款。按应付票据票面价值,借记"应付票据",贷记"应付账款"(商业承兑汇票)或"短期借款"(银行承兑汇票)。

例 3—22 钟泰有限公司 2022 年 11 月 1 日购入价值为 60 000 元的商品,增值税为 7 800 元,同时出具一张期限为三个月的银行承兑汇票一张。企业应做如下会计处理。

(1)2022 年 11 月 1 日购入商品时。
 借:库存商品   60 000
   应交税费——应交增值税(进项税额)   7 800
   贷:应付票据   67 800

(2)2023 年 2 月 1 日到期付款时。
 借:应付票据   67 800
   贷:银行存款   67 800

(4)2023 年 2 月 1 日票据到期无力付款时。

借：应付票据　　　　　　　　　　　　　　　　　　　　　　67 800
　　贷：短期借款　　　　　　　　　　　　　　　　　　　　　　67 800

三、预收账款

预收账款是企业按照合同规定向购货（或接受劳务）单位预先收取的款项。预收账款是企业的一项负债。企业应根据合同规定，在收款后的一年内向购货单位交付商品或提供劳务后，才能实现收入和解除债务。

对于预收账款，应设置"预收账款"科目进行核算。收到预收账款时，应借记"银行存款"，贷记"预收账款"；销售货物或提供劳务时，应借记"预收账款"，贷记"主营业务收入""应交税费——应交增值税"；退还多收货款时，应借记"预收账款"，贷记"银行存款"；收到对方补付款时，借记"银行存款"，贷记"预收账款"。本科目贷方余额表示企业预收款项；当销货的全部价款大于预收账款而尚未收到购买方补付的账款时，本科目的所属明细科目上会有借方余额。

在企业预收账款业务不多的情况下，也可不设置"预收账款"科目，将预收账款在"应收账款"科目核算。

例3—23　钟泰有限公司根据购销合同，于2022年6月15日预收24 000元购货款。6月30日该公司按期交货，货款连同增值税共计22 600元。7月9日该公司退还余款。其有关会计处理如下。

(1)预收货款时：
借：银行存款　　　　　　　　　　　　　　　　　　　　　　24 000
　　贷：预收账款　　　　　　　　　　　　　　　　　　　　　　24 000
(2)交货时：
借：预收账款　　　　　　　　　　　　　　　　　　　　　　22 600
　　贷：主营业务收入　　　　　　　　　　　　　　　　　　　　20 000
　　　　应交税费——应交增值税（销项税额）　　　　　　　　　2 600
(3)退还余款时：
借：预收账款　　　　　　　　　　　　　　　　　　　　　　　1 400
　　贷：银行存款　　　　　　　　　　　　　　　　　　　　　　 1 400

四、其他应付款

其他应付款是指除应付账款、应付票据、预收账款、应付职工薪酬以外的应付或暂收款项，主要包括存入保证金、租入固定资产的租金、租入包装物的租金等。企业通常设置"其他应付款"科目核算企业应付、暂收其他单位或个人的款项。

本章小结

1. 掌握应收票据、商业折扣和现金折扣的账务处理；掌握应收账款初始成本的计量与期末价值的计量；掌握其他应收应付款项的计量。

2. 坏账是指企业无法收回或收回的可能性极小的应收款项。由于发生坏账而产生的损失，称为坏账损失。对于坏账损失的核算一般采用备抵法，在备抵法下要求企业在每一会计期间，采用一定方法估计坏账损失，计入当期费用，同时形成坏账准备。当某一笔应收账款全部或部分被确认为坏账时,根据其金额冲减坏账准备,同时转销相应的应收账款的金额。估计坏账损失的方法主要有四种:应收账款余额百分比法、账龄分析法、赊销百分比法和个别认定法。

课后练习

一、单项选择题

1. 预付账款不多的企业,可以不设"预付账款"科目,而将预付账款记入(   )。
   A. "应收账款"科目的借方   B. "应收账款"科目的贷方
   C. "应付账款"科目的借方   D. "应付账款"科目的贷方

2. 2022年4月16日,A企业销售产品一批,价款400万元,增值税68万元,收到期限为6个月的商业承兑汇票一张,年利率为7%,则该票据到期时,A企业收到的票款为(   )。
   A. 468万元   B. 484.38万元
   C. 400万元   D. 414万元

3. 企业应按期计提坏账准备,对于已确认的坏账损失,应借记(   )。
   A. "管理费用"科目   B. "财务费用"科目
   C. "坏账准备"科目   D. "资产减值损失"科目

4. C企业2021年年末坏账准备借方余额1 000元,2022年1月末,应收账款借方余额68 000元,当月发生坏账损失1 500元,按应收账款余额的2%计提坏账准备,则该企业1月末坏账准备的余额为(   )。
   A. 借方2 500元   B. 贷方1 360元
   C. 贷方1 500元   D. 借方1 140元

5. A企业将销售商品收到的银行承兑汇票背书转让给B企业,用于支付购买原材料的价款,应贷记的科目是(   )。
   A. 应收账款   B. 应收票据
   C. 应付票据   D. 银行存款

6. 2022年7月18日,A企业将收到的出票日为5月20日、期限为180天、面值为100 000元的票据到银行申请贴现。该票据的贴现天数为(   )天。
   A. 180   B. 122
   C. 120   D. 121

7. 企业的应收票据在到期时,承兑人无力偿还票款的,应将其转入(   )科目。
   A. 应收账款   B. 应付账款
   C. 其他应收款   D. 预收账款

8. 下列各项,不通过"其他应收款"科目核算的是(   )。
   A. 为购货方代垫的运费   B. 应收保险公司的各项赔款
   C. 为职工代垫的房租   D. 存出保证金

二、多项选择题

1. 企业采用备抵法核算坏账准备,估计坏账损失的方法有(   )。
   A. 应收账款余额百分比法   B. 账龄分析法
   C. 年数总和法   D. 销货百分比法

E. 双倍余额递减法
2. 下列各项,构成应收账款入账价值的有(　　)。
A. 增值税销项税额　　　　　　　B. 商业折扣
C. 代购货方垫付的保险费　　　　D. 销售货款
E. 代购货方垫付的运杂费
3. 下列各项中,应计入"坏账准备"科目贷方的有(　　)。
A. 按规定提取的坏账准备　　　　B. 当期发生的坏账损失
C. 收回已确认为坏账并转销的应收账款　D. 冲回多提的坏账准备
E. 补提的坏账准备
4. 下列各项中,会影响应收账款账面价值的有(　　)。
A. 收回前期应收账款　　　　　　B. 发生赊销商品的业务
C. 收回已转销的坏账　　　　　　D. 结转到期不能收回的票据
E. 按规定计提应收账款的坏账准备
5. 下列关于现金折扣与商业折扣的说法,正确的是(　　)。
A. 商业折扣是指在商品标价上给予的扣除
B. 现金折扣是指债权人为鼓励债务人早日付款,而向债务人提供的债务扣除
C. 存在商业折扣的情况下,企业应收账款入账金额应按扣除商业折扣后的实际售价确认
D. 我国会计实务中采用总价法核算存在现金折扣的交易
E. 总价法是将未减去现金折扣前的金额作为实际售价,记作应收账款的入账价值

三、判断题

1. 企业应向职工收取的暂付款项可在"应收账款"科目进行核算。　　　　(　　)
2. 预付款项不多的企业,可以将预付的款项直接记入"应付账款"的借方,不设置"预付账款"科目。但在编制会计报表时,要将"预付账款"和"应收账款"的金额分开列示。　　(　　)
3. 企业实际发生坏账损失时,应借记"坏账准备"科目,贷记"应收账款"科目。　(　　)
4. 企业采用应收账款余额百分比法计提坏账准备的,期末"坏账准备"科目余额应等于按应收账款余额的一定百分比计算的坏账准备金额。　　　　　　　　　(　　)
5. 按总价法核算存在现金折扣的交易,其实际发生的现金折扣作为当期的财务费用。
(　　)
6. 2022年4月5日,赊销产品一批,价款10万元,增值税额1.7万元,现金折扣条件为2/10,1/20,n/30。假设折扣不考虑增值税因素。4月12日,购货单位付款。则企业应确认财务费用1 000元。　　　　　　　　　　　　　　　　　　　　　　　　　　(　　)
7. 企业采用直接转销法或备抵法核算发生的坏账损失,确认的标准是不同的。　(　　)
8. 无息票据的贴现所得一定小于票据面值,而有息票据的贴现所得则不一定小于票据面值。　　　　　　　　　　　　　　　　　　　　　　　　　　　　　(　　)
9. 企业取得应收票据时,无论是否带息,均应按其到期值入账。　　　　　(　　)
10. 应收款项属于企业的一项金融资产。　　　　　　　　　　　　　　(　　)

四、账务处理题

1. A公司为增值税一般纳税企业,适用的增值税率为13%。2022年6月,发生下列业务。

(1)3月2日,向B公司赊销某商品100件,每件标价200元,实际售价180元(售价中不含增值税额),已开增值税专用发票。商品已交付B公司。代垫B公司运杂费2 000元。现金折扣条件为2/10,1/20,n/30。

(2)3月4日,销售给乙公司商品一批,增值税发票上注明价款为20 000元,增值税额2 600元,乙公司以一张期限为60天,面值为22 600元的无息商业承兑汇票支付。该批商品成本为16 000元。

(3)3月8日,收到B公司3月2日所购商品货款并存入银行。

(4)3月11日,A公司从甲公司购买原材料一批,价款20 000元,按合同规定先预付40%购货款,其余货款验货后支付。

(5)3月20日,因急需资金,A公司将收到的乙公司的商业承兑汇票到银行办理贴现,年贴现率为10%。

(6)3月21日,收到从甲公司购买的原材料,并验收入库,余款以银行存款支付。增值税专用发票注明价款20 000元,增值税2 600元。

要求:编制上述业务的会计分录(假定现金折扣不考虑增值税因素)。

2. 甲企业采用应收账款余额百分比法计提坏账准备,计提比例为0.5%。2021年末坏账准备科目为贷方余额7 000元。2022年甲企业应收账款及坏账损失发生情况如下。

(1)1月20日,收回上年已转销的坏账损失20 000元。

(2)6月4日,获悉应收乙企业的账款45 000元,由于该企业破产无法收回,确认坏账损失。

(3)2022年12月31日,甲企业应收账款余额为1 200 000万元。

要求:①编制上述有关坏账准备的会计分录。②根据上述资料,编制有关会计分录。

第四章 存货核算岗位

学习目标

○ 知识目标
1. 了解存货的概念、特征、确认条件和分类；
2. 掌握发出存货的计价方法。

○ 能力目标
1. 掌握存货按实际成本计价和按计划成本计价的会计处理能力；
2. 掌握存货跌价准备的会计处理能力。

○ 素质目标

掌握存货可变现净值的确认方法，客观计提存货跌价准备。

思政案例导入

存货造假——獐子岛集团（渔业—扇贝）

獐子岛集团股份有限公司成立于1992年9月21日，被誉为"黄海深处的一面红旗""海上大寨""黄海明珠""海底银行""海上蓝筹"。公司以水产增养殖为主，是集海珍品育苗、增养殖、加工、贸易、海上运输于一体的综合性海洋食品企业。它于2006年9月28日在深交所上市。2007年，獐子岛集团成为达沃斯"全球成长型公司社区"首批创始会员，并当选为"CCTV年度最佳雇主"全国首届"兴渔富民新闻人物"企业。2014年10月31日，獐子岛集团发布公告，宣布对105.64万亩海域成本为7 3461.93万元的底播虾夷扇贝存货进行核销处理，对43.02万亩海域成本为30 060.15万元的底播虾夷扇贝存货计提跌价准备28 305万元，扣除递延所得税影响25 441.73万元，合计影响净利润76 325.2万元，公司解释是扇贝遇到百年不遇的冷水团影响导致其大规模绝收，至此獐子岛集团的财务舞弊行为初见端倪。2018年2月5日，獐子岛集团发布2017年终盘点情况的公告，宣布对107.16万亩海域成本为57 758.13万元的底播虾夷扇贝存货进行核销处理，对24.3万亩海域成本为12 591.35万元的底播虾夷扇贝存货计提跌价准备5 110.04万元，合计影响净利润62 868.17万元，獐子岛的扇贝再一次大规模"绝收"。2019年11月15日，獐子岛集团发布底播虾夷扇贝存量抽测结果的公告，预计核销底播虾夷扇贝存货成本及计提存货跌价准备合计金额27 768.22万元，占全部底播虾夷扇贝账目价值的 90%,獐子岛的扇贝又一次大规模"绝收"。

獐子岛财务造假性质恶劣,影响极坏,严重破坏了信息披露制度的严肃性,严重破坏了市场的诚信基础,依法应予严惩。

第一节　存货概述

一、存货的性质

存货是指企业在日常活动中持有以备出售的产成品或商品、处在生产过程中的在产品、在生产过程或提供劳务过程中耗用的材料、物料等。包括企业为产品生产和商品销售而持有的原材料、燃料、包装物、低值易耗品、在产品、产成品和商品等。存货通常在1年或超过1年的一个营业周期内被消耗或经出售转换为现金、银行存款或应收账款等,具有明显的流动性,属于流动资产。在大多数企业中,存货在流动资产中占有很大比重,是流动资产的重要组成部分。

存货区别于固定资产等非流动资产的最基本的特征是,企业持有存货的最终目的是出售,不论是可供直接出售,如企业的产成品、商品等,还是需经过进一步加工后才能出售,如原材料等。

随着企业生产经营过程的进行,有的存货被耗用后形成了在产品成本、产成品成本等;有的存货被销售后形成产品或商品的销售成本;有的存货以营业费用的形式被耗用;有的存货仍以原有形态存在。因此,存货会计所生成的会计信息是否真实、可靠,不仅影响到资产的价值是否准确,同时也影响到损益的确定是否正确。

二、存货的确认

存货同时满足下列条件的,才能予以确认。

1. 与该存货有关的经济利益很可能流入企业

在通常情况下,随着存货实物的交付和存货所有权的转移,所有权上的主要风险和报酬也一并转移。就销货方而言,存货所有权的转出一般可以表明其所包含的经济利益已不能再流入企业;就购货方而言,存货所有权的转入一般可以表明其所包含的经济利益能够流入企业。因此,存货确认的一个重要标志,就是企业是否拥有某项存货的所有权。一般来说,凡企业拥有所有权的货物,无论存放何处,都应包括在本企业的存货之中;而尚未取得所有权或者已将所有权转移给其他企业的货物,即使存放在本企业,也不应包括在本企业的存货之中。但需要注意的是,在有些交易方式下,存货实物的交付及所有权的转移与所有权上的主要风险和报酬的转移可能并不同步。此时,存货的确认应当注重交易的经济实质,而不能仅仅依据其所有权的归属。在会计实务中,应当注意以下几种情况下的存货确认。

(1) 在途存货

在途存货是指销货方已将货物发运给购货方但购货方尚未验收入库的存货。对于在途存货,购货方通常应根据所有权是否转移来判定是否应作为其存货入账。存货的交货方式可分为目的地交货和起运地交货两种。在目的地交货的情况下,货物运至购货方指定的地点并交货后,所有权才转移给购货方,此时,购货方才将货物确认为本企业的存货;在起运地交货的情况下,销货方根据合同或协议的约定,在起运地办理完货物发运手续后,货物的所有权即转移给购货方,此时,购货方就应将该货物包括在本企业的存货之中,并通过"在途物资"科目核算。

(2) 代销商品

代销商品是指在委托代销的方式下,由委托方交付受托方、受托方作为代理人代委托方销售的商品。代销商品具体又可分为视同买断方式和收取手续费方式两种。在视同买断方式下,当委托方将商品交付受托方时,通常可以认为商品所有权上的主要风险和报酬实质上已经转移给了受托方,因此,委托方应作为商品销售处理,而受托方应作为商品购进处理,委托代销的商品应包括在受托方的存货之中。在收取手续费的方式下,当委托方将商品交付受托方时,商品所有权上的主要风险和报酬实质上并未转移给受托方,委托方仍应将委托代销的商品包括在本企业的存货之中,并通过"发出商品"科目或单独设置"委托代销商品"科目核算。但需要注意的是,为了促使受托方加强对代销商品的管理,我国企业会计准则也要求受托方将受托代销的商品纳入其正式会计账簿之内,通过"受托代销商品"科目进行核算。

(3) 售后回购

售后回购是指销货方在销售商品的同时,承诺在未来一定期限内以约定的价格购回该批商品的一种交易方式。售后回购交易的实质是销货方以商品向购货方融通资金,虽然商品的所有权已转移给了购货方,但销货方实质上仍然保留了所有权上的主要风险。因此,在售后回购交易方式下,销货方通常并不确认销售收入,所销售的商品仍应包括在销货方的存货之中。

(4) 分期收款销售

分期收款销售是指商品已经交付,但货款是分期收回的一种销售方式。在分期收款销售的方式下,销货方为了保证账款如期收回,通常要在分期收款的期限内保留商品的法定所有权,直至账款全部收回。但从该项交易的经济实质来看,当销货方将商品交付购货方时,商品所有权上的主要风险和报酬实质上已经转移给了购货方,销售已经成立。因此,销货方应按照应收合同或协议价款的公允价值确认销售收入,并相应地结转销售成本,所售商品应包括在购货方的存货之中。

(5) 附有销售退回条件的商品销售

附有销售退回条件的商品销售是指购货方依照有关协议有权退货的销售方式。例如,玩具公司为推销其新款玩具,在与零售商签订的销售协议中约定,该零售商未售出的玩具可以全部退货,玩具公司将如数退回货款。在这种销售方式下,如果销货方能够按照以往的经验对退货的可能性做出合理估计,应在发出商品时,作为一般商品销售处理,售出的商品不再包括在销货方的存货之中;对不能合理确定退货可能性的发出商品,不确认销售收入,已发出的商品仍应包括在销货方的存货之中,并通过"发出商品"科目进行核算。

(6) 购货约定

购货约定是指购销双方就未来某一时日进行的商品交易所做的事先约定。对购货方来说,由于目前尚未发生实际的购货行为,因此,约定未来将购入的商品不能作为其存货入账,也不确认有关的负债和费用。

2. 该存货的成本能够可靠地计量

成本或者价值能够可靠地计量是资产确认的一项基本条件。存货作为企业资产的组成部分,要予以确认也必须能够对其成本进行准确计量。存货的成本能够可靠地计量必须以取得的确凿的证据为依据,并且具有可验证性。如果存货的成本不能可靠地计量,则不能确认为一项存货。如企业承诺的订货合同,由于并未实际发生,不能可靠确定其成本,因此就不能确认为购买企业的存货。

三、存货的分类

存货分布于企业生产经营的各个环节,而且种类繁多、用途各异。为了加强存货的管理,提供有用的会计信息,应当对存货进行适当的分类。

1. 存货按经济用途的分类

不同行业的企业,由于经济业务的具体内容各不相同,因而存货的构成也不尽相同。例如,服务性企业的主要业务是提供劳务,其存货以办公用品、家具用具以及少量消耗性的物料用品为主;商品流通企业的主要业务是商品购销,其存货以待销售的商品为主,也包括少量的周转材料和其他物料用品;制造企业的主要业务是生产和销售产品,其存货构成比较复杂,不仅包括各种将在生产经营过程中耗用的原材料、周转材料,也包括仍然处在生产过程中的在产品,还包括准备出售的产成品。因此,存货的具体内容和类别应依企业所处行业的性质而定。一般来说,存货按经济用途可作如下分类。

(1)原材料是指在生产过程中经加工改变其形态或性质并构成产品主要实体的各种原料及主要材料、辅助材料、外购半成品(外购件)、修理用备件(备品备件)、包装材料和燃料等。

(2)在产品是指仍处于生产过程中、尚未完工入库的生产物,包括正处于各个生产工序尚未制造完成的在产品,以及虽已制造完成但尚未检验或虽已检验但尚未办理入库手续的产成品。

(3)自制半成品是指在本企业已经过一定生产过程的加工并经检验合格交付半成品仓库保管,但尚未最终制造完成、仍需进一步加工的中间产品。自制半成品不包括从一个生产车间转给另一个生产车间继续加工的半成品以及不能单独计算成本的半成品。

(4)产成品是指工业企业已经完成全部生产过程并验收入库,可以按照合同规定的条件送交订货单位,或者可以作为商品对外销售的产品。企业接受外来原材料加工制造的代定条件送交订货制品和为外单位加工修理的代修品,制造和修理完成验收入库后,应视同企业的产成品。

(5)商品是指商品流通企业的商品,包括外购或委托加工完成验收入库的用于销售的各种商品。

(6)周转材料是指企业能够多次使用、逐渐转移其价值但仍保持原有形态、不确认为固定资产的材料,包括包装物、低值易耗品,以及企业(建造承包商)的钢模板、木模板和脚手架等。其中,包装物,是指为了包装本企业产品及商品而储备的各种包装容器,如桶、箱、瓶、坛和袋等,其主要作用是盛装、装潢产品或商品;低值易耗品,是指在使用过程中基本保持其原有的实物形态不变,但单位价值相对较低、使用期限相对较短,或在使用过程中容易损坏,因而不能列入固定资产的各种用具物品,如工具、管理用具、玻璃器皿、劳动保护用品,以及在经营过程中周转使用的包装容器等。

2. 存货按存放地点的分类

企业的存货分布于供、产、销各个环节,按存放地点,可以分为在库存货、在途存货、在制存货和在售存货。

(1)在库存货是指已经购进或生产完工并经过验收入库的各种原材料、周转材料、半成品、产成品以及商品。

(2)在途存货是指已经取得所有权但尚在运输途中或虽已运抵企业但尚未验收入库的各种材料物资及商品。

(3)在制存货是指正处于本企业各生产工序加工制造过程中的在产品,以及委托外单位加工但尚未完成的材料物资。

(4)在售存货是指已发运给购货方,但尚不能完全满足收入确认条件,因而仍应作为销货方存货的发出商品、委托代销商品等。

3. 存货按取得方式的分类

存货按取得方式,可以分为外购存货、自制存货、委托加工存货、投资者投入的存货、接受捐赠取得的存货、通过债务重组取得的存货、非货币性资产交换取得的存货和盘盈的存货等。

第二节 原材料——按实际成本记录

企业可以根据自身生产经营的特点及管理要求,对原材料采用不同的方法进行核算。在我国的会计实务中,根据"原材料"科目记录的价格不同,原材料的核算方法可以分为两种:一是按实际成本记录;二是按计划成本记录。

"原材料"科目按实际成本记录时,原材料的收入、发出及结存都按其实际成本记录。会计核算上,一般需要设置"原材料""在途物资""委托加工物资"等科目,并按材料种类设置明细科目。

"原材料"科目按实际成本记录的情况下,用以核算企业库存的各种原材料(原料及主要材料、辅助材料、外购半成品等)的实际成本。"在途物资"科目用以核算企业采购的在运输途中或尚未入库的各种原材料。"委托加工物资"科目用以核算企业提供原料及主要材料,通过支付加工费,由受托加工单位按合同要求加工成为企业所需的原材料。

一、原材料的取得

1. 外购原材料

外购原材料的成本是指采购成本,一般包括购买价款、相关税费、运输费、装卸费、保险费以及其他可归属于材料采购成本的费用。

购买价款是指所购货物发票账单上列明的价款,但不包括按规定可予抵扣的增值税税额;相关税费,是指进口关税以及购买、自制或委托加工原材料发生的消费税、资源税和不能从增值税销项税额中抵扣的进项税额;其他可归属于材料采购成本的费用,是指材料采购过程中发生的除上述各项费用以外的仓储费、包装费、运输途中的合理损耗、运杂费、入库前的挑选整理费用等可直接归属于材料采购成本的费用。

材料在运输途中发生短缺,属于过失人造成的损失,应向过失人索取赔偿,不计入采购成本;属于自然灾害造成的非常损失,应将扣除保险赔款和可收回残值后的净损失,计入营业外支出;属于无法查明原因的途中损耗,应先作为待处理财产损溢核算,待查明原因后再做处理。此外,市内零星货物的运杂费、采购人员的差旅费、采购机构的经费以及供应部门的经费等一般都不应当包括在材料的采购成本中。

(1)企业外购的材料由于距离采购地点远近不同、货款结算方式不同等原因,可能造成材料验收入库和货款结算并不总是同步完成的。因此,企业外购的材料应根据具体情况,分别进行会计处理。

①材料验收入库和货款结算同时完成

在材料验收入库和货款结算同时完成的情况下,企业应于支付货款或开出、承兑商业汇票,并且材料验收入库后,按发票账单等结算凭证确定的存货成本,借记"原材料",按增值税专用发票上注明的增值税税额,借记"应交税费——应交增值税(进项税额)"科目,按实际支付的款项或应付票据面值,贷记"银行存款""应付票据"等科目。

例4—1 2023年1月5日钟泰有限公司购入一批原材料,增值税专用发票上注明的材料价款为60 000元,增值税税额为7 800元。货款已通过银行转账支付,材料也已验收入库。

借:原材料　　　　　　　　　　　　　　　　　　　　　　60 000
　　应交税费——应交增值税(进项税额)　　　　　　　　　 7 800
　　　贷:银行存款　　　　　　　　　　　　　　　　　　　　　67 800

②货款已结算但存货尚在运输途中

在已经支付货款或开出、承兑商业汇票,但材料尚在运输途中或虽已运达但尚未验收入库的情况下,企业应于支付货款或开出、承兑商业汇票时,按发票账单等结算凭证确定的存货成本,借记"在途物资"科目,按增值税专用发票上注明的增值税税额,借记"应交税费—应交增值税(进项税额)"科目,按实际支付的款项或应付票据面值,贷记"银行存款""应付票据"等科目;待材料运达企业并验收入库后,再根据有关验货凭证,借记"原材料",贷记"在途物资"科目。

例4—2 2023年1月15日钟泰有限公司购入一批原材料,增值税专用发票上注明的材料价款为50 000元,增值税税额为6 500元,货款已通过银行转账支付,材料尚在运输途中。

(1)支付货款,材料尚在运输途中。

借:在途物资　　　　　　　　　　　　　　　　　　　　　50 000
　　应交税费——应交增值税(进项税额)　　　　　　　　　 6 500
　　　贷:银行存款　　　　　　　　　　　　　　　　　　　　　56 500

(2)原材料运达企业,验收入库。

借:原材料　　　　　　　　　　　　　　　　　　　　　　50 000
　　　贷:在途物资　　　　　　　　　　　　　　　　　　　　　50 000

③材料已验收入库但货款尚未结算

在材料已运达企业并验收入库,但发票账单等结算凭证尚未到达、货款尚未结算的情况下,企业在收到材料时可先不进行会计处理。如果在本月内结算凭证能够到达企业,则应在支付货款或开出、承兑商业汇票后,按发票账单等结算凭证确定的存货成本,借记"原材料",按增值税专用发票上注明的增值税税额,借记"应交税费——应交增值税(进项税额)"科目,按实际支付的款项或应付票据面值,贷记"银行存款""应付票据"等科目。

如果月末结算凭证仍未到达,为全面反映资产及负债情况,应对收到的材料按暂估价值入账,借记"原材料";贷记"应付账款——暂估应付账款"科目,下月初,再编制相同的红字记账凭证予以冲回;待结算凭证到达企业付款或开出、承兑商业汇票后,按发票账单等结算凭证确定的材料成本,借记"原材料",按增值税专用发票上注明的增值税税额,借记"应交税费——应交增值税(进项税额)"科目,按实际支付的款项或应付票据的面值,贷记"银行存款""应付票据"等科目。

按照相应会计政策和制度规定,企业在做外购入库核算时,必须基于材料已经验收入库、材料货款已经结算,要有外购发票、外购入库单等相关单据票据。而暂估入库是指那些材料的实物已到公司,可其发票没有取得,财务这边没法进行正常外购入库核算处理时,而采用的一种方式。简单一点说,这是由于会计分期造成的。

例4—3 2023年5月29日,钟泰有限公司购入一批原材料,材料已运达企业并已验收入库,但发票账单等结算凭证尚未到达。月末,该批货物的结算凭证仍未到达,钟泰公司对该批材料估价 65 000 元入账。6 月 3 日,结算凭证到达企业,增值税专用发票上注明的原材料价款为 63 000 元,增值税税额为 8 190 元,货款通过银行转账支付。

(1)5 月 29 日,材料运达企业并验收入库,暂不作会计处理。

(2)5 月 31 日,结算凭证仍未到达,对该批材料暂估价值入账。

  借:原材料   65 000
    贷:应付账款——暂估应付账款   65 000

(3)6 月 1 日,编制红字记账凭证冲回估价入账分录。

  借:原材料   65 000
    贷:应付账款——暂估应付账款   65 000

(4)6 月 3 日,收到结算凭证并支付货款。

  借:原材料   63 000
    应交税费——应交增值税(进项税额)   8 190
    贷:银行存款   71 190

(2)外购材料除了直接支付和开出商业汇票外,还可能采用预付货款方式、赊购方式。

①采用预付货款方式购入材料

在采用预付货款方式购入存货的情况下,企业应在预付货款时,按照实际预付的金额,借记"预付账款"科目,贷记"银行存款"科目;购入的材料验收入库时,按发票账单等结算凭证确定的存货成本,借记"原材料",按增值税专用发票上注明的增值税税额,借记"应交税费——应交增值税(进项税额)"科目,按材料成本与增值税进项税额之和,贷记"预付账款"科目。预付的货款不足,需补付货款时,按照补付的金额,借记"预付账款"科目,贷记"银行存款"科目;供货方退回多付的货款时,借记"银行存款"科目,贷记"预付账款"科目。

例 4—4 2023 年 6 月 18 日,钟泰有限公司向乙公司预付货款 90 000 元采购一批原材料。乙公司于 7 月 15 日交付所购材料,并开来增值税专用发票,材料价款为 92 000 元,增值税税额为 11 960 元。7 月 15 日,钟泰公司将应补付的货款 13 960 元通过银行转账支付。

(1)6 月 18 日,预付货款。

  借:预付账款——乙公司   90 000
    贷:银行存款   90 000

(2)7 月 15 日,材料验收入库。

  借:原材料   92 000
    应交税费——应交增值税(进项税额)   11 960
    贷:预付账款——乙公司   103 960

(3)7 月 15 日,补付货款。

  借:预付账款——乙公司   13 960
    贷:银行存款   13 960

②采用赊购方式购入材料

在采用赊购方式购入材料的情况下,企业应于材料验收入库后,按发票账单等凭证确定的材料成本,借记"原材料",按增值税专用发票上注明的增值税税额,借记"应交税费——应交增值税(进项税额)"科目,按应付未付的货款,贷记"应付账款"科目;待支付款项或开出、承兑商业汇票后,再根据实际支付的货款金额或应付票据的面值,借记"应付账款"科目,贷记"银行存款""应付票据"等科目。

例4—5 2023年5月20日,钟泰有限公司从乙公司赊购一批原材料,增值税专用发票上注明的原材料价款为50 000元,增值税税额为6 500元。材料已验收入库。根据购货合同约定,钟泰公司应于6月30日之前支付货款。

(1)5月20日,赊购原材料。

借:原材料	50 000
应交税费——应交增值税(进项税额)	6 500
贷:应付账款——乙公司	56 500

(2)6月30日,支付货款。

借:应付账款——乙公司	56 500
贷:银行存款	56 500

如果应付账款附有现金折扣条件,则其会计处理有总价法和净价法两种方法。在总价法下,应付账款按实际交易金额入账,如果购货方在现金折扣期限内付款,则取得的现金折扣作为一项理财收入,冲减当期财务费用;在净价法下,应付账款按实际交易金额扣除现金折扣后的净额入账,如果购货方超过现金折扣期限付款,则丧失的现金折扣视为超期付款支付的利息,计入当期财务费用。在我国的会计实务中,由于现金折扣的使用并不普遍,因此,企业会计准则要求采用总价法进行会计处理。

例4—6 2023年8月1日,钟泰有限公司从乙公司赊购一批原材料,增值税专用发票上注明的原材料价款为8 000元,增值税税额为1 040元。根据购货合同约定,钟泰有限公司应于8月31日之前支付货款,并附有现金折扣条件:如果钟泰公司能在10日内付款,可按原材料价款(不含增值税)的2%享受现金折扣;如果超过10日付款,则须按交易金额全额支付。

(1)8月1日,赊购原材料。

借:原材料	8 000
应交税费——应交增值税(进项税额)	1 040
贷:应付账款——乙公司	9 040

(2)支付购货款。

①假定钟泰公司于8月10日支付货款。

现金折扣=8 000×2%=160(元)

实际付款金额=9 040−160=8 880(元)

借:应付账款——乙公司	9 040
贷:银行存款	8 880
财务费用	160

②假定钟泰公司于8月31日支付货款。

借:应付账款——乙公司	9 040
贷:银行存款	9 040

(3)外购材料发生短缺的会计处理

企业在材料采购过程中,如果发生了短缺、毁损等情况,应及时查明原因,区别情况进行会计处理。

①属于运输途中的合理损耗,应计入材料的采购成本。

②属于供货单位或运输单位的责任造成的材料短缺,应由责任人补足存货或赔偿货款,不计入材料的采购成本。

③属于自然灾害或意外事故等非常原因造成的材料毁损,先转入"待处理财产损溢"科目核算;待报经批准处理后,将扣除保险公司和过失人赔款后的净损失,计入营业外支出。

④尚待查明原因的材料短缺,先转入"待处理财产损溢"科目核算;待查明原因后,再按上述要求进行会计处理。

⑤上列短缺材料涉及增值税的,还应进行相应处理。

例 4—7 钟泰有限公司从甲公司购入原材料 2 000 件,单位价格 30 元,增值税专用发票上注明的增值税税额为 7 800 元,款项已通过银行转账支付,但材料尚在运输途中。待所购材料运达企业后,验收时发现短缺 100 件,经查,钟泰公司确认短缺的存货中有 90 件为供货方发货时少付,经与供货方协商,由其补足少付的材料,其余 10 件属于运输途中的合理损耗。

(1) 支付货款,材料尚在运输途中。

借:在途物资	60 000
应交税费——应交增值税(进项税额)	7 800
贷:银行存款	67 800

(2) 材料运达企业,验收时发现短缺,原因待查,其余材料入库。

借:原材料	57 000
待处理财产损溢	3 000
贷:在途物资	60 000

(3) 短缺原因查明,进行相应的会计处理。

借:原材料	300
应收账款——甲公司	2 700
贷:待处理财产损溢	3 000

(4) 收到供货方补发的材料,验收入库。

借:原材料	2 700
贷:应付账款——甲公司	2 700

2. 投资者投入的材料

投资者投入材料的成本应当按照投资合同或协议约定的价值确定,但合同或协议约定价值不公允的除外。在投资合同或协议约定价值不公允的情况下,按照该项材料的公允价值作为其入账价值。

企业收到投资者投入的材料,按照投资合同或协议约定的存货价值,借记"原材料",按增值税专用发票上注明的增值税税额,借记"应交税费——应交增值税(进项税额)"科目,按投资者在注册资本中所占的份额,贷记"实收资本"或"股本"科目,按其差额,贷记"资本公积"科目。

例 4—8 钟泰有限公司收到甲公司作为资本投入的原材料。原材料计税价格 700 000 元;增值税专用发票上注明的税额为 91 000 元,投资各方确认按该金额作为甲公司的投入资本,可折换钟泰公司每股面值 1 元的普通股股票 600 000 股。

借:原材料	700 000
应交税费——应交增值税(进项税额)	91 000
贷:股本——甲公司	600 000
资本公积——股本溢价	191 000

3. 接受捐赠取得的材料

企业接受捐赠取得的材料，应当分别按以下情况确定入账成本。

（1）捐赠方提供了有关凭据（如发票、报关单、有关协议）的，按凭据上标明的金额加上应支付的相关税费作为入账成本；

（2）捐赠方没有提供有关凭据的，按如下顺序确定入账成本：

同类或类似材料存在活跃市场的，按同类或类似材料的市场价格估计的金额，加上应支付的相关税费作为入账成本；同类或类似材料不存在活跃市场的，按该接受捐赠材料预计未来现金流量的现值，作为入账成本。

二、原材料的发出

1. 发出材料的计价方法

企业取得存货的目的是满足生产和销售的需要。随着存货的取得，存货源源不断地流入企业，而随着存货的销售或耗用，存货则从一个生产经营环节流向另一个生产经营环节，并最终流出企业。存货的这种不断流动，就形成了生产经营过程中的存货流转。

存货流转包括实物流转和成本流转两个方面。从理论上说，存货的成本流转应当与实物流转相一致，即取得存货时确定的各项存货入账成本应当随着各该存货的销售或耗用而同步结转。但在会计实务中，由于存货的品种繁多，流进流出的数量很大，而且同一存货因不同时间、不同地点、不同方式的取得而单位成本各异，很难保证存货的成本流转与实物流转完全一致。

因此，会计上可行的处理方法是，按照一个假定的成本流转方式来确定发出存货的成本，而不强求存货的成本流转与实物流转相一致，这就是存货成本流转假设。

采用不同的存货成本流转假设在期末结存存货与本期发出存货之间分配存货成本，就产生了不同的发出存货计价方法，如个别计价法、先进先出法、加权平均法、移动平均法和后进先出法等。

我国企业会计准则规定，企业应当采用先进先出法、月末一次加权平均法、移动加权平均法或个别计价法确定发出存货的实际成本。对于性质和用途相似的存货，应当采用相同的存货计价方法。

企业应当根据实际情况，综合考虑材料收发的特点和管理的要求以及财务报告的目标、税收负担、现金流量、股票市价和经理人员的业绩评价等各种因素，选择适当的发出计价方法，合理确定发出材料的实际成本。发出计价方法一旦选定，前后各期应当保持一致，并在会计报表附注中予以披露。

（1）个别计价法

个别计价法又称个别认定法、具体辨认法、分批实际法，其特征是注重所发出存货具体项目的实物流转与成本流转之间的联系，逐一辨认各批发出存货和期末存货所属的购进批别或生产批别，分别按其购入或生产时所确定的单位成本计算各批发出存货和期末存货的成本。即把每一种存货的实际成本作为计算发出存货成本和期末存货成本的基础。《企业会计准则》规定，对于不能替代使用的存货、为特定项目专门购入或制造的存货以及提供的劳务，通常采用个别计价法确定发出存货的成本。因此，个别计价法一般适用于容易识别、存货品种数量不多、单位成本较高的存货计价，如房产、船舶、飞机、重型设备、珠宝和名画等贵重物品。在实际工作中，越来越多的企业采用计算机信息系统进行会计处理，个别计价法可以广泛应用于发出存货的计价,并且该方法确定的存货成本最为准确。

(2) 先进先出法

先进先出法是以先购入的存货应先发出(销售或耗用)这样一种存货实物流动假设为前提,对发出存货进行计价。采用这种方法,先购入的存货成本在后购入存货成本之前转出,据此确定发出存货和期末存货的成本。

采用这种计价方法,收入存货时要逐笔登记购进的每一批存货的数量、单价和金额;发出时按先进先出的原则确定单价,逐笔登记发出存货和结存存货的金额。

先进先出法的特点是:期末存货的账面价值能反映较后购进存货的实际成本,即期末存货价值接近现行成本。如果存货的各批取得成本比较稳定,则不论对产品成本还是存货价值的影响都不大,但如果存货的取得成本不断上涨,则已被生产耗用从而应由产品成本所补偿的价值就偏低,利润会虚增。

(3) 月末一次加权平均法

月末一次加权平均法,是指以当月全部进货的数量加上月初存货的数量作为权数,去除当月全部进货成本加上月初存货成本,计算出存货的加权平均单位成本,以此为基础计算当月发出存货的成本和期末存货的成本的一种方法。

月末一次加权平均法的优点是计算手续较简单。其缺点为:一是由于必须到月末方能计算出本月的加权平均单价,不利于核算的及时性;二是按照月末加权平均单价计算的期末存货价值,与现行成本相比,有较大的差异。当物价呈现上升趋势时,月末一次加权平均单价将低于现行成本;反之,当物价呈现下降趋势时,月末一次加权平均单价又将高于现行成本。

(4) 移动加权平均法

移动加权平均法是指以每批进货的数量为权数来计算存货发出的平均单价,并据以计算发出存货成本的一种方法。即某种存货在每次进货时,将本次进货的金额与本次进货前库存存货的金额之和除以本次进货的数量与本次进货前库存存货的数量之和,计算出移动平均单价。

移动加权平均法的优点是能够随时计算平均单位成本,有利于及时编制会计报表,但缺点是计算工作量较大,只能在那些进货次数少的企业中应用。

2. 发出材料的核算

原材料在生产经营过程中领用后,其原有实物形态会发生改变乃至消失,其成本也随之形成产品成本或直接转化为费用,或形成其他有关项目支出的一部分。根据原材料的消耗特点,企业应按发出原材料的用途,将其成本直接计入产品成本或当期费用,或作为有关项目支出。

(1) 生产经营领用的原材料,应根据领用的部门和用途,分别计入有关成本费用项目。领用原材料时,按计算确定的实际成本,借记"生产成本""制造费用""委托加工物资""销售费用"及"管理费用"等科目,贷记"原材料"科目。

例4—9 钟泰有限公司本月领用原材料的实际成本为400 000元。其中,基本生产领用250 000元,辅助生产领用100 000元,生产车间一般耗用30 000元,管理部门领用20 000元。

借:生产成本——基本生产成本　　　　　　　　　　　　　　　250 000
　　　　　　　——辅助生产成本　　　　　　　　　　　　　　　100 000
　　制造费用　　　　　　　　　　　　　　　　　　　　　　　　 30 000
　　管理费用　　　　　　　　　　　　　　　　　　　　　　　　 20 000
　　贷:原材料　　　　　　　　　　　　　　　　　　　　　　　　　　　400 000

(2)出售原材料取得的销售收入作为其他业务收入,相应的原材料成本应计入其他业务成本。出售原材料时,按已收或应收的价款,借记"银行存款""应收账款"等科目,按实现的营业收入,贷记"其他业务收入"科目,按增值税销项税额,贷记"应交税费——应交增值税(销项税额)"科目;同时,按出售原材料的实际成本结转销售成本,借记"其他业务成本"科目,贷记"原材料"科目。

例 4—10 钟泰有限公司销售一批原材料,售价 8 000 元,增值税税额 1 040 元,原材料实际成本 5 500 元。

借:银行存款 9 040
　　贷:其他业务收入 8 000
　　　　应交税费——应交增值税(销项税额) 1 040
借:其他业务成本 5 500
　　贷:原材料 5 500

(3)在建工程领用的原材料,按原材料成本计入在建工程。领用原材料时,按实际成本,借记"在建工程"科目,贷记"原材料"科目。

例 4—11 钟泰有限公司自建一项厂房,领用库存材料 6 000 元。

借:在建工程 6 000
　　贷:原材料 6 000

第三节　原材料——按计划成本记录

材料采用实际成本进行日常核算,要求材料的收入和发出凭证、明细分类账、总分类账全部按实际成本计价,这对于材料品种、规格、数量繁多和收发频繁的企业来说,日常核算工作量很大,核算成本较高,也会影响会计信息的及时性。为了简化原材料的核算,企业可以采用计划成本法对原材料的收入、发出及结存进行日常核算。

一、计划成本法的基本核算程序

计划成本法是指材料的日常收入、发出和结存均按预先制定的计划成本计价,并设置"材料成本差异"科目登记实际成本与计划成本之间的差异;月末,再通过对材料成本差异的分摊,将发出材料的计划成本和结存材料的计划成本调整为实际成本进行反映的一种核算方法。采用计划成本法进行材料日常核算的基本程序如下。

1. 制定材料的计划成本目录

规定材料的分类,各类材料的名称、规格、编号、计量单位和单位计划成本。采用计划成本法核算的前提是对每一品种、规格的材料制定计划成本。计划成本是指在正常的市场条件下,企业取得材料应当支付的合理成本,包括采购成本、加工成本和其他成本,其组成内容应当与实际成本完全一致。计划成本一般由会计部门会同采购等部门共同制定,制定的计划成本应尽可能接近实际,以利于发挥计划成本的考核和控制功能。除特殊情况外,计划成本在年度内一般不做调整。

2. 设置"材料成本差异"科目

登记材料实际成本与计划成本之间的差异,并分别以"原材料""周转材料"等按照类别或品种进行明细核算。取得材料并形成差异时,实际成本高于计划成本的超支差异,在该科目的借方登记,实际成本低于计划成本的节约差异,在该科目的贷方登记;发出材料并分摊差异时,超支差异从该科目的贷方用蓝字转出,节约差异从该科目的贷方用红字转出。

3. 设置"材料采购"科目

对购入材料的实际成本与计划成本进行计价对比。该科目的借方登记购入材料的实际成本,贷方登记购入材料的计划成本,并将计算的实际成本与计划成本的差额,转入"材料成本差异"科目分类登记。

4. 计价与调整

材料的日常收入与发出均按计划成本计价,月末,通过材料成本差异的分摊,将本月发出材料的计划成本和月末结存材料的计划成本调整为实际成本反映。

二、材料的取得及成本差异的形成

企业外购的材料,需要专门设置"材料采购"科目进行计价对比,以确定外购材料实际成本与计划成本的差异。购进材料时,按确定的实际采购成本,借记"材料采购"科目,按增值税专用发票上注明的增值税税额,借记"应交税费——应交增值税(进项税额)"科目,按已支付或应支付的金额,贷记"银行存款""应付票据""应付账款"等科目。已购进的存货验收入库时,按计划成本,借记"原材料""周转材料"等存货科目,贷记"材料采购"科目。已购进并已验收入库的材料,按实际成本大于计划成本的超支差异,借记"材料成本差异"科目,贷记"材料采购"科目;按实际成本小于计划成本的节约差异,借记"材料采购"科目,贷记"材料成本差异"科目。月末,对已验收入库但尚未收到发票账单的材料,按计划成本暂估入账,借记"原材料",贷记"应付账款——暂估应付账款"科目,下月初再用红字做相同的会计分录予以冲回;下月收到发票账单并结算时,按正常的程序进行会计处理。

例 4—12 钟泰有限公司的材料采用计划成本核算。2023 年 6 月份,发生下列材料采购业务。

(1)6 月 5 日,购入一批原材料,增值税专用发票上注明的价款为 200 000 元,增值税税额为 26 000 元。货款已通过银行转账支付,材料也已验收入库。该批原材料的计划成本为 210 000 元。

借:材料采购　　　　　　　　　　　　　　　　　　　200 000
　　应交税费——应交增值税(进项税额)　　　　　　　 26 000
　　贷:银行存款　　　　　　　　　　　　　　　　　　234 000
借:原材料　　　　　　　　　　　　　　　　　　　　210 000
　　贷:材料采购　　　　　　　　　　　　　　　　　　210 000
借:材料采购　　　　　　　　　　　　　　　　　　　 10 000
　　贷:材料成本差异——原材料　　　　　　　　　　　 10 000

(2)6 月 10 日,购入一批原材料,增值税专用发票上注明的价款为 180 000 元,增值税税额为 23 400 元。货款已通过银行转账支付,材料尚在运输途中。

借:材料采购　　　　　　　　　　　　　　　　　　　180 000
　　应交税费——应交增值税(进项税额)　　　　　　　 23 400
　　贷:银行存款　　　　　　　　　　　　　　　　　　203 400

(3)6 月 16 日,购入一批原材料,材料已经运达企业并已验收入库,但发票等结算凭证尚未收到,货款尚未支付。暂不作会计处理。

(4)6月18日,收到6月10日购进的原材料并验收入库。该批原材料的计划成本为170 000元。

  借:原材料   170 000
    贷:材料采购   170 000
  借:材料成本差异——原材料   10 000
    贷:材料采购   10 000

(5)6月22日,收到6月16日已入库原材料的发票等结算凭证,增值税专用发票上注明的材料价款为250 000元,增值税税额为32 500元,开出一张商业汇票抵付。该批原材料的计划成本为243 000元。

  借:材料采购   250 000
    应交税费——应交增值税(进项税额)   32 500
    贷:应付票据   282 500
  借:原材料   243 000
    贷:材料采购   243 000
  借:材料成本差异——原材料   7 000
    贷:材料采购   7 000

(6)6月25日,购入一批原材料,增值税专用发票上注明的价款为200 000元,增值税税额为26 000元。货款已通过银行转账支付,材料尚在运输途中。

  借:材料采购   200 000
    应交税费——应交增值税(进项税额)   26 000
    贷:银行存款   226 000

(7)6月27日,购入一批原材料,材料已经运达企业并已验收入库,但发票等结算凭证尚未收到,货款尚未支付。6月30日,该批材料的结算凭证仍未到达,企业按该批材料的计划成本80 000元估价入账。

  借:原材料   80 000
    贷:应付账款——暂估应付账款   80 000

下月初,用红字将上述分录予以冲回。

  借:原材料   80 000
    贷:应付账款——暂估应付账款   80 000

待下月收到发票等有关结算凭证并支付货款时,按正常程序记账。

在会计实务中,为了简化收到材料和结存材料成本差异的核算手续,企业平时收到材料时,也可以先不记录材料的增加,也不结转形成的材料成本差异;月末时,再将本月已付款或已开出、承兑商业汇票并已验收入库的材料,按实际成本和计划成本分别汇总,一次登记本月材料的增加,并计算和结转本月材料成本差异。

例4—13 按例4—12中资料,如果钟泰有限公司采用月末汇总登记材料的增加和结转材料成本差异的方法,有关会计处理如下。

(1)6月5日,购入一批原材料,增值税专用发票上注明的价款为200 000元,增值税税额为26 000元。货款已通过银行转账支付,材料也已验收入库。该批原材料的计划成本为210 000元。

    借：材料采购　　　　　　　　　　　　　　　　　　　　　　　　　200 000
        应交税费——应交增值税(进项税额)　　　　　　　　　　　　 26 000
        贷：银行存款　　　　　　　　　　　　　　　　　　　　　　　　　226 000
(2)6月10日,购入一批原材料,增值税专用发票上注明的价款为180 000元,增值税税额为30600元。货款已通过银行转账支付,材料尚在运输途中。
    借：材料采购　　　　　　　　　　　　　　　　　　　　　　　　　180 000
        应交税费——应交增值税(进项税额)　　　　　　　　　　　　 23 400
        贷：银行存款　　　　　　　　　　　　　　　　　　　　　　　　　203 400
(3)6月16日,购入一批原材料,材料已经运达企业并已验收入库,但发票等结算凭证尚未收到,货款尚未支付。暂不作会计处理。
(4)6月18日,收到6月10日购进的原材料并验收入库。该批原材料的计划成本为170 000元。暂不作会计处理。
(5)6月22日,收到6月16日已入库原材料的发票等结算凭证,增值税专用发票上注明的材料价款为250 000元,增值税税额为32 500元,开出一张商业汇票抵付。该批原材料的计划成本为243 000元。
    借：材料采购　　　　　　　　　　　　　　　　　　　　　　　　　250 000
        应交税费——应交增值税(进项税额)　　　　　　　　　　　　 32 500
        贷：应付票据　　　　　　　　　　　　　　　　　　　　　　　　　282 500
(6)6月25日,购入一批原材料,增值税专用发票上注明的价款为200 000元,增值税税额为34 000元。货款已通过银行转账支付,材料尚在运输途中。
    借：材料采购　　　　　　　　　　　　　　　　　　　　　　　　　200 000
        应交税费——应交增值税(进项税额)　　　　　　　　　　　　 26 000
        贷：银行存款　　　　　　　　　　　　　　　　　　　　　　　　　226 000
(7)6月27日,购入一批原材料,材料已经运达企业并已验收入库,但发票等结算凭证尚未收到,货款尚未支付。6月30日,该批材料的结算凭证仍未到达,企业按该批材料的计划成本80 000元估价入账。
    借：原材料　　　　　　　　　　　　　　　　　　　　　　　　　　 80 000
        贷：应付账款——暂估应付账款　　　　　　　　　　　　　　　　 80 000
    下月初,用红字将上述分录予以冲回。
    借：原材料　　　　　　　　　　　　　　　　　　　　　　　　　　 80 000
        贷：应付账款——暂估应付账款　　　　　　　　　　　　　　　　 80 000
(8)6月30日,汇总本月已付款或已开出承兑商业汇票并已验收入库的原材料实际成本和计划成本,登记本月存货的增加,并计算和结转本月存货成本差异。
    原材料实际成本=200 000+180 000+250 000=630 000(元)
    原材料计划成本=210 000+170 000+243 000=623 000(元)
    原材料成本差异=630 000-623 000=7 000(元)
    借：原材料　　　　　　　　　　　　　　　　　　　　　　　　　　623 000
        贷：材料采购　　　　　　　　　　　　　　　　　　　　　　　　　623 000
    借：材料成本差异——原材料　　　　　　　　　　　　　　　　　　　7 000

　　　　　贷：材料采购　　　　　　　　　　　　　　　　　　　　　　　　　　　7 000

　　企业通过外购以外的其他方式取得材料,不需要通过"材料采购"科目确定存货成本差异,而应直接按取得存货的计划成本,借记"原材料",按确定的实际成本,贷记"生产成本""委托加工物资"等相关科目,按实际成本与计划成本之间的差额,借记或贷记"材料成本差异"科目。

例 4—14　钟泰有限公司的甲投资者以一批原材料作为投资,投入企业。增值税专用发票上注明的材料价款为 450 000 元,增值税税额为 58 500 元,投资各方确认按该发票金额作为甲投资者的投入资本,折换为钟泰公司每股面值 1 元的股票 350 000 股。该批原材料的计划成本为 460 000 元。

　　　　借：原材料　　　　　　　　　　　　　　　　　　　　　　　　　460 000
　　　　　　应交税费——应交增值税(进项税额)　　　　　　　　　　　　 58 500
　　　　　贷：股本——甲股东　　　　　　　　　　　　　　　　　　　　　350 000
　　　　　　　资本公积——股本溢价　　　　　　　　　　　　　　　　　　158 500
　　　　　　　材料成本差异——原材料　　　　　　　　　　　　　　　　　 10 000

三、材料的发出及成本差异的分摊

　　采用计划成本法对材料进行日常核算,发出材料时先按计划成本计价,即按发出材料的计划成本,借记"生产成本""制造费用""管理费用"等有关成本费用科目,贷记"原材料";月末,再将期初结存材料的成本差异和本月取得材料形成的成本差异,在本月发出材料和期末结存材料之间进行分摊,将本月发出材料和期末结存材料的计划成本调整为实际成本。计划成本、成本差异与实际成本之间的关系如下。

$$实际成本 = 计划成本 + 超支差异$$
$$或 \quad\quad\quad = 计划成本 - 节约差异$$

　　为了便于材料成本差异的分摊,企业应当计算材料成本差异率,作为分摊材料成本差异的依据。材料成本差异率包括本期材料成本差异率和期初材料成本差异率两种,计算公式如下。

$$本期材料成本差异率 = \frac{期初结存材料的成本差异 + 本期验收入库材料的成本差异}{期初结存材料的计划成本 + 本期验收入库材料的计划成本} \times 100\%$$

$$期初材料成本差异率 = \frac{期初结存材料的成本差异}{期初结存材料的计划成本} \times 100\%$$

　　企业应当按照类别或品种对存货成本差异进行明细核算,并计算相应的材料成本差异率,不能使用一个综合差异率。在计算发出材料应负担的成本差异时,除委托外部加工发出材料可按月初成本差异率计算外,应使用当月的实际差异率;月初成本差异率与本月成本差异率相差不大的,也可按月初成本差异率计算。计算方法一经确定,不得随意变更。如果确需变更,应在会计报表附注中予以说明。

　　本月发出材料应负担的成本差异及实际成本和月末结存材料应负担的成本差异及实际成本,可按如下公式计算。

$$本月发出材料应负担的成本差异 = 发出材料的计划成本 \times 材料成本差异率$$
$$本月发出材料的实际成本 = 发出材料的计划成本 + 发出材料应负担的超支差异$$
$$或 \quad\quad\quad = 发出材料的计划成本 - 发出材料应负担的节约差异$$
$$月末结存材料应负担的成本差异 = 结存材料的计划成本 \times 材料成本差异率$$
$$月末结存材料的实际成本 = 结存材料的计划成本 + 结存材料应负担的超支差异$$
$$或 \quad\quad\quad = 结存材料的计划成本 - 结存材料应负担的节约差异$$

发出材料应负担的成本差异,必须按月分摊,不得在季末或年末一次分摊。企业在分摊发出材料应负担的成本差异时,按计算的各成本费用项目应负担的差异金额,借记"生产成本""制造费用"和"管理费用"等有关成本费用科目,贷记"材料成本差异"科目。实际成本大于计划成本的超支差异,用蓝字登记;实际成本小于计划成本的节约差异,用红字登记。

本月发出材料应负担的成本差异从"材料成本差异"科目转出之后,该科目的余额为月末结存材料应负担的成本差异。在编制资产负债表时,月末结存材料应负担的成本差异应作为材料的调整项目,将结存材料的计划成本调整为实际成本列示。

例 4-15 2023 年 6 月 1 日,钟泰有限公司结存原材料的计划成本为 52 000 元,"材料成本差异——原材料"科目的贷方余额为 1 000 元。6 月份的材料采购业务,见例 4-12 资料。经汇总,6 月份已经付款或已开出、承兑商业汇票并已验收入库的原材料计划成本为 623 000 元,实际成本为 630 000 元,材料成本差异为超支的 7 000 元。6 月份领用原材料的计划成本为 504 000 元,其中,基本生产领用 350 000 元,辅助生产领用 110 000 元,车间一般耗用 16 000 元、管理部门领用 8 000 元,出售 20 000 元。

(1)按计划成本发出原材料。

  借:生产成本——基本生产成本   350 000
      ——辅助生产成本   110 000
    制造费用   16 000
    管理费用   8 000
    其他业务成本   20 000
    贷:原材料   504 000

(2)计算本月材料成本差异率。

$$本月材料成本差异率 = \frac{-1\,000 + 7\,000}{52\,000 + 623\,000} \times 100\% = 0.888\,9\%$$

在计算本月材料成本差异率时,本月收入存货的计划成本金额不包括已验收入库但发票等结算凭证月末尚未到达,企业按计划成本估价入账的原材料金额。

(3)分摊材料成本差异。

生产成本(基本生产成本)=350 000×0.888 9%=3 111(元)
生产成本(辅助生产成本)=110 000×0.888 9%=978(元)
制造费用=16 000×0.888 9%=144(元)
管理费用=8 000×0.888 9%=70(元)
其他业务成本=20 000×0.888 9%=177(元)

  借:生产成本——基本生产成本   3 111
      ——辅助生产成本   978
    制造费用   144
    管理费用   70
    其他业务成本   177
    贷:材料成本差异——原材料   4 480

(4)月末,计算结存原材料实际成本,据以编制资产负债表。

"原材料"科目期末余额=(52 000+623 000+80 000)-504 000=251 000(元)
"材料成本差异"科目期末余额=(-1 000+7 000)-4 480=1 520(元)

结存原材料实际成本＝251 000＋1 520＝252 520(元)

月末编制资产负债表时,存货项目中的原材料存货,应当按上列结存原材料实际成本252 520元列示。

四、计划成本法的优点

1. 可以简化材料的日常核算手续

在计划成本法下,同一种材料只有一个单位计划成本,因此,材料明细账平时可以只登记收、发和存数量,而不必登记收、发和存金额。需要了解某项材料的收、发和存金额时,以该项材料的单位计划成本乘以相应的数量即可求得,避免了繁琐的发出材料计价,简化了材料的日常核算手续。

2. 有利于考核采购部门的工作业绩

计划成本法的显著特点是可以通过实际成本与计划成本的比较,得出实际成本脱离计划成本的差异,并通过对差异的分析,寻求实际成本脱离计划成本的原因,据以考核采购部门的工作业绩、促使采购部门不断降低采购成本。

鉴于上述优点,计划成本法在我国大中型工业企业中应用得比较广泛。

第四节　库存商品

一、自制商品

企业自制商品的成本由采购成本、加工成本和其他成本构成。

加工成本是指产品制造过程中发生的直接人工以及按照一定方法分配的制造费用。其中,制造费用是指企业为生产产品和提供劳务而发生的各项间接费用。企业应当根据制造费用的性质,合理地选择制造费用分配方法。在同一生产过程中,同时生产两种或两种以上的产品,并且每种产品的加工成本不能直接区分的,其加工成本应当按照合理的方法在各种产品之间进行分配。

其他成本是指除采购成本、加工成本以外的,使产品达到目前场所和状态所发生的其他支出。例如,为特定客户设计产品所发生的可直接确定的设计费用;可直接归属于符合资本化条件的产品、应当予以资本化的借款费用等。其中,符合资本化条件的产品,是指需要经过相当长时间的生产活动才能达到预定可销售状态的商品。企业发生的一般产品设计费用以及不符合资本化条件的借款费用,应当确认为当期损益。

企业在产品制造过程中发生的下列支出,应当于发生时直接确认为当期损益,不计入产品成本。

(1)非正常消耗的直接材料、直接人工和制造费用

例如,企业因自然灾害而发生的直接材料、直接人工和制造费用损失,无助于使继续加工的产品达到目前的场所和状态,不能计入继续加工的产品成本,而应将扣除残料和保险赔款后的净损失,计入营业外支出。

(2)仓储费用

这里所说的仓储费用,仅指产品在加工和销售环节发生的仓储费用,不包括产品采购过程中发生的仓储费用,也不包括在生产过程中为使产品达到下一个生产阶段所必需的仓储费用。

产品采购过程中发生的仓储费用以及在生产过程中为使产品达到下一个生产阶段所必需的仓储费用,应当计入产品成本。例如,酿造企业为使产品达到规定的质量标准,通常需要经过必要的储存过程,其实质是产品生产过程的继续,是使产品达到规定的质量标准所必不可少的一个生产环节,相关仓储费用属于生产费用,应当计入产品成本,而不应计入当期损益。

3. 不能归属于使产品达到目前场所和状态的其他支出

企业自制并已验收入库的商品,按确定的实际成本,借记"库存商品",贷记"生产成本"科目。

例4-16 钟泰有限公司生产车间分别以甲、乙两种材料生产两种产品A和B,2022年7月,投入甲材料60 000元生产A产品,投入乙材料30 000元生产B产品。当月生产A产品发生直接人工费用8 000元,生产B产品发生直接人工费用7 000元,该生产车间归集的制造费用总额为30 000元。假定,当月投入生产的A、B两种产品均于当月完工,该企业生产车间的制造费用按生产工人工资比例进行分配,则

A产品应分担的制造费用为=8 000×[30 000/(8 000+7 000)]=16 000(元)
B产品应分担的制造费用为=7 000×[30 000/(8 000+7 000)]=14 000(元)
A产品完工成本(即A存货的成本)=60 000+8 000+16 000=84 000(元)
B产品完工成本(即A存货的成本)=30 000+7 000+14 000=51 000(元)

```
借:生产成本——A产品                          16 000
      ——B产品                               14 000
  贷:制造费用                                        30 000
借:库存商品——A产品                          84 000
      ——B产品                               51 000
  贷:生产成本——A产品                               84 000
          ——B产品                                   51 000
```

二、外购商品

库存商品通常用于对外销售,但也可能用于在建工程、对外投资、债务重组和非货币性资产交换等方面。企业用于不同方面的库存商品,会计处理有所不同。

企业对外销售的库存商品,应按从购货方已收或应收合同或协议价款的公允价值确认销售收入,借记"银行存款"或"应收账款"等科目,贷记"主营业务收入""应交税费——应交增值税(销项税额)"科目;同时,按库存商品的账面价值结转销售成本,借记"主营业务成本"科目,贷记"库存商品"科目。

商品核算方法较多,不同企业可以根据本企业的经营特点及经营管理的要求来选择确定采用不同的库存商品核算方法。

1. 毛利率法

毛利率法是指用前期实际(或本期计划、本期估计)毛利率乘以本期销售净额,估算本期销售毛利,进而估算本期发出库存商品成本和期末结存库存商品成本的一种方法。采用毛利率法估算库存商品成本的基本程序如下。

(1)确定前期实际(或本期计划、本期估计)毛利率,作为估价的依据。

$$毛利率=销售毛利/销售净额\times100\%$$

(2)从本期销售净额中减除估计销售毛利,估算本期销售成本。

$$销售净额＝销售收入－销售退回与折让$$
$$估计销售毛利＝销售净额×毛利率$$
$$本期销售成本＝本期销售净额－销售毛利$$
或
$$＝本期销售净额×（1－毛利率）$$

(3)从本期可供销售的商品成本总额中减除本期估计的销售成本,估算期末结存库存商品成本。

$$期末结存商品成本＝期初商品成本＋本期购货成本－本期销售成本$$

采用毛利率法估算存货成本的关键在于确定一个合理的毛利率,如果毛利率不合理,估算的商品成本就会与实际情况发生较大的背离。采用前期实际毛利率要求前后各期的毛利率应大致相同,而采用本期估计毛利率则需要根据商品的采购成本、销售价格、销售结构等因素的变化情况,对毛利率进行不断的修正。此外,如果企业的商品品种繁多且毛利率差别较大,为了保证估价结果的相对合理性,企业应按商品的类别,分别确定各类商品的毛利率,据以估算商品成本,不能采用综合毛利率。

例4－17 钟泰有限公司的家用电器商场,月初结存存货成本648 000元,本月购进存货成本4 120 000元,本月销售收入5 650 000元,销售退回与折让10 000元。上季度家用电器的实际毛利率为25%。

本月销售净额＝5 650 000－10 000＝5 640 000（元）

本月销售毛利＝5 640 000×25%＝1 410 000（元）

本月销售成本＝5 640 000－1 410 000

或　　　　　＝5 640 000×（1－25%）＝4 230 000（元）

毛利率法提供的只是商品成本的近似值,不是对库存商品的准确计价。为了合理确定期末存货的实际价值,企业一般应当在每季季末,采用先进先出法、加权平均法等存货计价方法,对结存商品的成本进行一次准确的计量,然后用本季度期初结存商品的成本和本期购进商品的成本,倒减出本季度发出商品的实际成本,据以调整采用毛利率法估算的发出商品成本。

毛利率法是商品批发企业普遍采用的一种存货估价方法。商品批发企业经营的商品品种繁多,若按月采用发出商品的计价方法对每种商品计算并结转销售成本,工作量十分繁重。此外,商品批发企业同类商品的毛利率大致相同,采用毛利率估算的商品成本也比较接近实际。

2.零售价法

零售价法是指成本占零售价的比率（即成本率）乘以期末商品的售价总额,估算期末商品成本,并据以计算本期发出商品成本的一种方法。采用零售价法估算商品成本的基本程序如下。

(1)计算本期可供销售的商品成本占零售价的比率

本期可供销售的商品成本占零售价的比率,是根据期初结存商品的成本及零售价和本期购入商品的成本及零售价的计算确定的,公式如下:

$$成本占零售价的比率＝\frac{期初存货成本＋本期购货成本}{期初存货售价＋本期购货售价}×100\%$$

为了便于取得本期可供销售的商品成本和售价资料,在日常核算中,必须同时按成本和零售价记录期初存货和本期购货。

(2)计算期末商品售价总额

$$期末商品的售价总额＝本期可供销售的商品的售价总额－本期已销商品的售价总额$$

(3)计算期末商品成本

根据计算的成本占零售价的比率和期末商品的售价总额,就可以计算期末商品的估计成本,公式如下:

$$期末商品成本=期末商品售价总额×成本占零售价的比率$$

(4)计算本期销售成本

$$本期销售成本=期初商品成本+本期购货成本-期末商品成本$$

例 4-18 钟泰有限公司的零售商店,某月初存货成本为 250 000 元,售价金额为 350 000 元;本月购货成本为 1 400 000 元,售价金额为 1 850 000 元;本期销售收入为 1 780 00 元。

$$成本占零售价的比率=\frac{250\ 000+1\ 400\ 000}{350\ 000+1\ 850\ 000}×100\%=75\%$$

期末存货售价总额=(350 000+1 850 000)-1 780 000=420 000(元)

期末存货成本=420 000×75%=315 000(元)

本期销售成本=(250 000+1 400 000)-315 000=1 335 000(元)

零售价法是商品零售企业普遍采用的一种存货估价方法。在百货商店、超级市场等零售企业中,商品的品种、型号、款式繁多,很难采用通常的发出存货计价方法,按月确定销售成本和结存存货成本。而零售企业必须按零售价格标明商品价值,也为采用零售价法提供了便利。

在我国的商品零售企业中广泛采用的售价金额核算法,可以认为是零售价法的一种具体会计处理方式。采用售价金额核算法,需要设置"商品进销差价"科目单独核算商品售价与进价的差额。商品日常的进、销、存记录均按售价进行,期末,通过计算商品进销差价率,将商品进销差价在本期已销商品和结存商品之间进行分摊,据以确定本期已销商品的成本和结存商品的成本。

例 4-19 按例 4-18 中资料,该零售商店如果采用售价金额核算法,则本月购销业务的总括会计处理如下。

(1)购进商品。

借:库存商品	1 850 000
应交税费——应交增值税(进项税额)	182 000
贷:银行存款	1 582 000
商品进销差价	450 000

(2)销售商品。

借:银行存款	2 011 400
贷:主营业务收入	1 780 000
应交税费——应交增值税(销项税额)	231 400

(3)结转销售成本。

借:主营业务成本	1 780 000
贷:库存商品	1 780 000

(4)计算商品进销差价率并分摊进销差价。

商品进销差价率=(100 000+450 000)/(350 000+1 850 000)×100%=25%

已销商品应分摊的进销差价=1 7800 000×25%=445 000(元)

借:商品进销差价	445 000
贷:主营业务成本	445 000

经上述会计处理,商品实际成本的核算结果如下。

已销商品实际销售成本＝1 780 000－445 000＝1 335 000(元)

结存商品应分摊的进销差价＝(100 000＋450 000)－445 000＝105 000(元)

结存商品实际成本＝[(350 000＋1 850 000)－1 780 000]－105 000＝315 000(元)

期末,该零售商店在编制资产负债表时,存货项目中的商品存货部分,应根据结存商品的实际成本 315 000 元列示。

第五节 委托加工物资

委托加工原材料的成本,一般包括加工过程中实际耗用的原材料或半成品成本、加工费、运输费、装卸费等,以及按规定应计入加工成本的税金。

企业拨付待加工的材料物资、委托其他单位加工材料时,按发出材料物资的实际成本,借记"委托加工物资"科目,贷记"原材料""库存商品"等科目;支付加工费和往返运杂费时,借记"委托加工物资"科目,贷记"银行存款"科目;支付增值税时,借记"应交税费——应交增值税(进项税额)"科目,贷记"银行存款"科目;需要交纳消费税的委托加工存货,由受托加工方代收代交的消费税,应分别按以下情况处理。(1)委托加工材料收回后直接用于销售,由受托加工方代收代交的消费税应计入委托加工材料成本,借记"委托加工物资"科目,贷记"银行存款"等科目。(2)委托加工材料收回后用于连续生产应税消费品,由受托加工方代收代交的消费税按规定准予抵扣的,借记"应交税费——消费税"科目,贷记"银行存款"等科目。

委托加工的材料加工完成验收入库并收回剩余物资时,按计算的委托加工材料实际成本和剩余物资实际成本,借记"原材料",贷记"委托加工物资"科目。

例 4-20 钟泰有限公司委托甲公司加工一批 B 材料(属于应税消费品)。发出 A 材料的实际成本为 40 000 元,支付加工费 14 000 元。钟泰公司适用的增值税税率为 13％,B 材料适用的消费税税率为 10％。委托加工的 B 材料收回后用于连续生产。

(1)发出待加工的 A 材料。

借:委托加工物资	40 000
贷:原材料——A 材料	40 000

(2)支付加工费。

借:委托加工物资	14 000
贷:银行存款	14 000

(3)支付增值税和消费税。

应交增值税＝14 000×13％＝1 820(元)

消费税组成计税价格＝(40 000＋14 000)/(1－10％)＝60 000(元)

应交消费税＝60 000×10％＝6 000(元)

借:应交税费——应交增值税(进项税额)	1 820
——应交消费税	6 000
贷:银行存款	7 820

(4)收回加工完成的 B 材料。

B 材料实际成本＝40 000＋14 000＝54 000(元)

借:原材料——B 材料	54 000

贷：委托加工物资　　　　　　　　　　　　　　　　　　　　　　　　54 000

如果委托加工的 B 材料收回后作为库存商品直接出售,相关账务处理如下。

(1)发出待加工的 A 材料。

　　借：委托加工物资　　　　　　　　　　　　　　　　　　　　　　　　40 000
　　　　贷：原材料——A 材料　　　　　　　　　　　　　　　　　　　　　40 000

(2)支付加工费。

　　借：委托加工物资　　　　　　　　　　　　　　　　　　　　　　　　14 000
　　　　贷：银行存款　　　　　　　　　　　　　　　　　　　　　　　　14 000

(3)支付增值税和消费税。

应交增值税＝14 000×13％＝1 820(元)
消费税组成计税价格＝(40 000＋14 000)/(1－10％)＝60 000(元)
应交消费税＝60 000×10％＝6 000(元)

　　借：应交税费——应交增值税(进项税额)　　　　　　　　　　　　　　1 820
　　　　委托加工物资　　　　　　　　　　　　　　　　　　　　　　　　6 000
　　　　贷：银行存款　　　　　　　　　　　　　　　　　　　　　　　　7 820

(4)收回加工完成的 B 材料。

B 材料实际成本＝40 000＋14 000＋6000＝60 000(元)

　　借：库存商品　　　　　　　　　　　　　　　　　　　　　　　　　　60 000
　　　　贷：委托加工物资　　　　　　　　　　　　　　　　　　　　　　60 000

第六节　周转材料

周转材料主要包括包装物、低值易耗品,以及企业(建造承包商)的钢模板、木模板、脚手架等。周转材料种类繁多,分布于生产经营的各个环节,具体用途各不相同,会计处理也不尽相同。周转材料不多的企业,一般通过"周转材料"核算,当包装物、低值易耗品较多时,可分别通过"包装物""低值易耗品"核算。由于"包装物"和"低值易耗品"会计处理类似,本节直接对周转材料的会计处理进行说明。

一、周转材料的取得

企业可以通过购入、自制和委托外单位加工完成等方式取得周转材料。

例 4—21　钟泰公司购入办公桌椅一批,购买价 2 000 元,增值税 260 元,以银行存款支付。

　　借：周转材料——低值易耗品　　　　　　　　　　　　　　　　　　　2 000
　　　　应交税费——应交增值税(进项税额)　　　　　　　　　　　　　　260
　　　　贷：银行存款　　　　　　　　　　　　　　　　　　　　　　　　2 260

二、周转材料的领用

1. 生产领用周转材料

生产部门领用的周转材料,构成产品实体一部分的,其账面价值应直接计入产品生产成本;属于车间一般性物料消耗的,其账面价值应计入制造费用。

例 4—22 钟泰公司生产领用包装物,用于包装产品,实际成本 400 元。

借:生产成本　　　　　　　　　　　　　　　　　　　400
　　贷:周转材料——包装物　　　　　　　　　　　　　　　400

2. 随同商品出售周转材料

销售部门领用的周转材料,随同商品出售但不单独计价的,其账面价值应计入销售费用;随同商品出售并单独计价的,应视为材料销售,将取得的收入作为其他业务收入,相应的周转材料的账面价值计入其他业务成本。

例 4—23 销售产品领用不单独计价的包装物,实际成本 200 元。

借:销售费用　　　　　　　　　　　　　　　　　　　200
　　贷:周转材料　　　　　　　　　　　　　　　　　　　　200

例 4—24 销售产品领用单独计价的包装物,实际成本 400 元,售价 565 元(其中包括增值税 65 元)。

借:银行存款　　　　　　　　　　　　　　　　　　　565
　　贷:其他业务收入　　　　　　　　　　　　　　　　　　500
　　　　应交税费——应交增值税(销项税额)　　　　　　　　65
借:其他业务成本　　　　　　　　　　　　　　　　　400
　　贷:周转材料——包装物　　　　　　　　　　　　　　　400

3. 出租、出借周转材料

用于出租的周转材料,收取的租金应作为其他业务收入并计算交纳增值税,相应的周转材料的账面价值应计入其他业务成本。用于出借的周转材料,其账面价值应计入销售费用。

例 4—25 企业出租包装物,包装物实际成本 800 元,收取租金 791 元(其中增值税 91 元)。

借:银行存款　　　　　　　　　　　　　　　　　　　791
　　贷:其他业务收入　　　　　　　　　　　　　　　　　　700
　　　　应交税费——应交增值税(销项税额)　　　　　　　　91
借:其他业务成本　　　　　　　　　　　　　　　　　800
　　贷:周转材料——包装物　　　　　　　　　　　　　　　800

例 4—26 企业出借包装物一批,包装物实际成本 800 元。

借:销售费用　　　　　　　　　　　　　　　　　　　800
　　贷:周转材料——包装物　　　　　　　　　　　　　　　800

除此之外,周转材料的领用还包括管理部门领用的周转材料,其账面价值应计入管理费用;建造承包商使用的钢模板、木模板、脚手架和其他周转材料等,其账面价值应计入工程施工成本。

三、周转材料的摊销

企业应根据周转材料的消耗方式、价值大小和耐用程度等,选择适当的摊销方法,将其账面价值一次或分期计入有关成本费用。常用的周转材料摊销方法有一次转销法、五五摊销法和分次摊销法等。一般企业的包装物、低值易耗品,应当采用一次转销法或五五摊销法进行摊销;建造承包商的钢模板、木模板、脚手架和其他周转材料等,可以采用一次转销法、五五摊销法或者分次摊销法进行摊销。

1. 一次转销法

一次转销法是指在领用周转材料时,将其账面价值一次计入有关成本费用的一种方法。

采用这种方法,领用周转材料时,应按其账面价值,借记"管理费用""生产成本""其他业务成本""销售费用"和"工程施工"等科目,贷记"周转材料"科目;周转材料报废时,应按其残料价值,借记"原材料"等科目,贷记"管理费用""生产成本""其他业务成本""销售费用"和"工程施工"等科目。

一次转销法适用于一次领用金额不大的周转材料的摊销。

例 4—27 钟泰有限公司的管理部门领用一批低值易耗品,账面价值为 4 000 元,采用一次转销法。同时,报废一批低值易耗品,残料作价 300 元,作为原材料入库。

借:管理费用　　　　　　　　　　　　　　　　　　　　　　　4 000
　　贷:周转材料　　　　　　　　　　　　　　　　　　　　　　4 000
借:原材料　　　　　　　　　　　　　　　　　　　　　　　　　300
　　贷:管理费用　　　　　　　　　　　　　　　　　　　　　　300

例 4—28 钟泰有限公司销售一批产品,随同产品一并销售若干包装物。包装物售价 2 300 元,增值税税额 391 元,账面价值 1 900 元,价款已收存银行。

借:银行存款　　　　　　　　　　　　　　　　　　　　　　　2 599
　　贷:其他业务收入　　　　　　　　　　　　　　　　　　　2 300
　　　　应交税费——应交增值税(销项税额)　　　　　　　　　299
借:其他业务成本　　　　　　　　　　　　　　　　　　　　　1 900
　　贷:周转材料　　　　　　　　　　　　　　　　　　　　　1 900

2. 五五摊销法

五五摊销法是指在领用周转材料时先摊销其账面价值的 50%,待报废时再摊销其账面价值的 50% 的一种摊销方法。

采用五五摊销法,周转材料应分别以"在库""在用"和"摊销"进行明细核算。领用周转材料时,按其账面价值,借记"周转材料——在用"科目,贷记"周转材料——在库"科目;摊销其账面价值的 50% 时,借记"管理费用""生产成本""其他业务成本""销售费用"及"工程施工"等科目,贷记"周转材料——摊销"科目。周转材料报废时,摊销其余 50% 的账面价值,借记"管理费用""生产成本""其他业务成本""销售费用""工程施工"等科目,贷记"周转材料——摊销"科目;同时,转销周转材料全部已提摊销额,借记"周转材料—摊销"科目,贷记"周转材料——在用"科目。报废周转材料的残料价值,借记"原材料"等科目,贷记"管理费用""生产成本""其他业务成本""销售费用"和"工程施工"等科目。

采用五五摊销法,虽然会计处理略显繁琐,但周转材料在报废之前,终有 50% 的价值保留在账面上,有利于加强对周转材料的管理与核算。该方法适用于领用数量多、金额大的周转材料摊销。

例 4—29 钟泰有限公司领用了一批全新的包装箱,无偿提供给客户周转使用。包装箱账面价值 60 000 元,采用五五摊销法摊销。该批包装箱报废时,残料估价 3 000 元作为原材料入库。

(1)领用包装物并摊销其账面价值的 50%。

借:周转材料——在用　　　　　　　　　　　　　　　　　　60 000
　　贷:周转材料——在库　　　　　　　　　　　　　　　　60 000

借:销售费用　　　　　　　　　　　　　　　　　　　　　　　　　30 000
　　　　贷:周转材料——摊销　　　　　　　　　　　　　　　　　　　　　30 000
(2)包装物报废,摊销其余50%的账面价值并转销全部已提的摊销额。
　　借:销售费用　　　　　　　　　　　　　　　　　　　　　　　　　30 000
　　　　贷:周转材料——摊销　　　　　　　　　　　　　　　　　　　　　30 000
　　借:周转材料——摊销　　　　　　　　　　　　　　　　　　　　　60 000
　　　　贷:周转材料——在用　　　　　　　　　　　　　　　　　　　　　60 000
(3)报废包装物的残料作价入库。
　　借:原材料　　　　　　　　　　　　　　　　　　　　　　　　　　3 000
　　　　贷:销售费用　　　　　　　　　　　　　　　　　　　　　　　　　3 000

例4—30 钟泰有限公司领用了一批账面价值为30 000元的包装桶,出租给客户使用,收取押金40 000元,租金于客户退还包装桶时按实际使用时间计算并从押金中扣除。

(1)领用包装物并摊销其账面价值的50%。
　　借:周转材料——在用　　　　　　　　　　　　　　　　　　　　　30 000
　　　　贷:周转材料——在库　　　　　　　　　　　　　　　　　　　　　30 000
　　借:其他业务成本　　　　　　　　　　　　　　　　　　　　　　　15 000
　　　　贷:周转材料——摊销　　　　　　　　　　　　　　　　　　　　　15 000
(2)收取包装物押金。
　　借:银行存款　　　　　　　　　　　　　　　　　　　　　　　　　40 000
　　　　贷:其他应付款　　　　　　　　　　　　　　　　　　　　　　　　40 000
(3)客户退还包装物,计算收取租金22 600元,并退还其押金。
增值税销项税额=22 600/(1+13%)×13%=2 600(元)
　　借:其他应付款　　　　　　　　　　　　　　　　　　　　　　　　40 000
　　　　贷:其他业务收入　　　　　　　　　　　　　　　　　　　　　　　20 000
　　　　　　应交税费——应交增值税(销项税额)　　　　　　　　　　　　　2 600
　　　　　　银行存款　　　　　　　　　　　　　　　　　　　　　　　　17 400

如果客户逾期未退还出租的周转材料,则没收的押金应视为销售周转材料取得的收入,计入其他业务收入,并计算相应的增值税销项税额;同时,应摊销其余50%的账面价值,并转销周转材料全部已提的摊销额。

假定客户逾期未退还包装物,钟泰公司没收押金。
增值税销项税额=40 000/(1+13%)×13%=4 602(元)
其他业务收入=40 000-4 602=35 398(元)
　　借:其他应付款　　　　　　　　　　　　　　　　　　　　　　　　40 000
　　　　贷:其他业务收入　　　　　　　　　　　　　　　　　　　　　　　35 398
　　　　　　应交税费——应交增值税(销项税额)　　　　　　　　　　　　　4 602
(4)报废时,摊销其余50%的账面价值并转销全部已提的摊销额。
　　借:其他业务成本　　　　　　　　　　　　　　　　　　　　　　　15 000
　　　　贷:周转材料——摊销　　　　　　　　　　　　　　　　　　　　　15 000
　　借:周转材料——摊销　　　　　　　　　　　　　　　　　　　　　30 000
　　　　贷:周转材料——在用　　　　　　　　　　　　　　　　　　　　　30 000

周转材料采用计划成本记录：领用时，先按计划成本的50%摊销，月末再根据本月材料成本差异率，将摊销的计划成本调整为实际成本；报废时，同样按计划成本的50%摊销，月末，再根据报废当月材料成本差异率，将摊销的计划成本调整为实际成本。

例4-31 钟泰有限公司生产车间本月领用一批低值易耗品，计划成本为60 000元，采用五五摊销法摊销；领用当月，材料成本差异率为3%。该低值易耗品报废时，残料估价2 000元作为原材料入库，报废当月，材料成本差异率为-2%。

(1)领用低值易耗品并摊销其计划成本的50%。

　　借：周转材料——在用　　　　　　　　　　　　　　　　60 000
　　　　贷：周转材料——在库　　　　　　　　　　　　　　　　60 000
　　借：制造费用　　　　　　　　　　　　　　　　　　　　30 000
　　　　贷：周转材料——摊销　　　　　　　　　　　　　　　　30 000

(2)领用当月，分摊材料成本差异。

低值易耗品摊销应负担的成本差异=30 000×3%=900(元)

　　借：制造费用　　　　　　　　　　　　　　　　　　　　　　900
　　　　贷：材料成本差异——周转材料　　　　　　　　　　　　　　900

(3)低值易耗品报废，摊销其余50%的计划成本，并转销全部已提的摊销额。

　　借：制造费用　　　　　　　　　　　　　　　　　　　　30 000
　　　　贷：周转材料——摊销　　　　　　　　　　　　　　　　30 000
　　借：周转材料——摊销　　　　　　　　　　　　　　　　60 000
　　　　贷：周转材料——在用　　　　　　　　　　　　　　　　60 000

(4)报废低值易耗品的残料作价入库。

　　借：原材料——周转材料　　　　　　　　　　　　　　　　2 000
　　　　贷：制造费用　　　　　　　　　　　　　　　　　　　　2 000

(5)报废当月，分摊材料成本差异。

低值易耗品摊销应负担的成本差异=30 000×(-2%)=-600(元)

　　借：制造费用　　　　　　　　　　　　　　　　　　　　　　600
　　　　贷：材料成本差异——周转材料　　　　　　　　　　　　　　600

3. 分次摊销法

分次摊销法是指根据周转材料可供使用的估计次数，将其成本分次计入有关成本费用的一种摊销方法。各期周转材料摊销额的计算公式如下。

某期周转材料摊销额=(周转材料账面价值/预计可使用次数)×该次实际使用次数

分次摊销法的核算原理与五五摊销法相同，只是周转材料的价值是分次计算摊销的，而不是在领用和报废时各摊销一半。领用周转材料时，按其账面价值，借记"周转材料——在用"科目，贷记"周转材料——在库"科目；分次摊销其账面价值时，按计算的本期摊销额，借记"管理费用""生产成本""其他业务成本""销售费用"等科目，贷记"周转材料——摊销"科目。周转材料报废时，应将其账面摊余价值一次摊销，借记"管理费用""生产成本""其他业务成本""销售费用"等科目，贷记"周转材料——摊销"科目；同时，结转周转材料全部已提的摊销额，借记"周转材料——摊销"科目，贷记"周转材料——在用"科目。报废周转材料的残料价值，借记"原材料"等科目，贷记"管理费用""生产成本""其他业务成本"和"销售费用"等科目。

例 4—32　钟泰有限公司本月领用一批模板用来生产产品,账面价值 140 000 元,预计可使用 10 次,采用分次摊销法摊销。领用当月,实际使用 4 次;领用第 2 个月,实际使用 5 次;领用第 3 个月,模板报废,将残料售出,收取价款 2 000 元存入银行。

(1)领用模板。

借:周转材料——在用　　　　　　　　　　　　　　　　　140 000
　　贷:周转材料——在库　　　　　　　　　　　　　　　　140 000

(2)领用当月,摊销模板账面价值。

本月钢模板摊销额=(140 000/10)×4=56 000(元)

借:生产成本　　　　　　　　　　　　　　　　　　　　56 000
　　贷:周转材料——摊销　　　　　　　　　　　　　　　　56 000

(3)领用第 2 个月,摊销模板账面价值。

第 2 个月模板摊销额=(140 000/10)×5=70 000(元)

借:生产成本　　　　　　　　　　　　　　　　　　　　70 000
　　贷:周转材料——摊销　　　　　　　　　　　　　　　　70 000

(4)领用第 3 个月,模板报废,将账面摊余价值一次摊销并转销全部已提的摊销额。

账面摊余价值=140 000−56 000−70 000=14 000(元)

借:生产成本　　　　　　　　　　　　　　　　　　　　14 000
　　贷:周转材料——摊销　　　　　　　　　　　　　　　　14 000
借:周转材料——摊销　　　　　　　　　　　　　　　　140 000
　　贷:周转材料——在用　　　　　　　　　　　　　　　　140 000

(5)将报废模板残料售出,收取价款存入银行。

借:银行存款　　　　　　　　　　　　　　　　　　　　2 000
　　贷:生产成本　　　　　　　　　　　　　　　　　　　　2 000

第七节　存货清查

一、存货清查的意义与方法

存货是企业资产的重要组成部分,且处于不断销售或耗用以及重置之中,具有较强的流动性。为了加强对存货的控制,维护存货的安全完整,企业应当定期或不定期对存货的实物进行盘点和抽查,以确定存货的实有数量,并与账面记录进行核对,确保存货账实相符。企业至少应当在编制年度财务会计报告之前,对存货进行两次全面的清查盘点。

存货清查采用实地盘点、账实核对的方法。在每次进行清查盘点前,应将已经收发的存货数量全部登记入账,并准备盘点清册,抄列各种存货的编号、名称、规格和存放地点。盘点时,应在盘点清册上逐一登记各种存货的账面结存数量和实存数量,并进行核对。对于账实不符的存货,应查明原因,分清责任,并根据清查结果编制"存货盘存报告单",作为存货清查的原始凭证。

在进行存货清查盘点时,如果发现存货盘盈或盘亏,应于期末前查明原因,并根据企业的管理权限,报经股东大会或董事会,或经理(厂长)会议或类似机构批准后,在期末结账前处理完毕。

二、存货盘盈与盘亏的会计处理

1. 存货盘盈

存货盘盈是指存货的实存数量超过账面结存数量的差额。存货发生盘盈,应按照同类或类似存货的市场价格作为实际成本及时登记入账,借记"原材料""周转材料""库存商品"等存货科目,贷记"待处理财产损溢——待处理流动资产损溢"科目;待查明原因,报经批准处理后,冲减当期管理费用。

例 4—33　钟泰有限公司在存货清查中发现盘盈一批材料,市场价格为 6 000 元。

(1)发现盘盈。

　　借:原材料　　　　　　　　　　　　　　　　　　　　　　　　6 000
　　　　贷:待处理财产损溢——待处理流动资产损溢　　　　　　　　　　　　6 000

(2)报经批准处理。

　　借:待处理财产损溢——待处理流动资产损溢　　　　　　　　　6 000
　　　　贷:管理费用　　　　　　　　　　　　　　　　　　　　　　　　6 000

2. 存货盘亏

存货盘亏是指存货的实存数量少于账面结存数量的差额。存货发生盘亏,应将其账面成本及时转销,借记"待处理财产损溢——待处理流动资产损溢"科目,贷记"原材料""周转材料""库存商品"等存货科目;盘亏存货涉及增值税的,还应进行相应处理。待查明原因,报经批准处理后,根据造成盘亏的原因,分别按以下情况进行会计处理。

(1)属于定额内自然损耗造成的短缺,计入管理费用;

(2)属于收发计量差错和管理不善等原因造成的短缺或毁损,将扣除可收回的保险公司和过失人赔款以及残料价值后的净损失,计入管理费用;

(3)属于自然灾害或意外事故等非常原因造成的毁损,将扣除可收回的保险公司和过失人赔款以及残料价值后的净损失,计入营业外支出。

例 4—34　钟泰有限公司在存货清查中发现盘亏一批 B 材料,账面成本为 8 000 元。查明原因,属于盗窃所致。

(1)发现盘亏。

　　借:待处理财产损溢——待处理流动资产损溢　　　　　　　　　9 040
　　　　贷:原材料　　　　　　　　　　　　　　　　　　　　　　　　8 000
　　　　　　应交税费——应交增值税(进项税额转出)　　　　　　　　　1 040

(2)报经批准处理。

　　借:管理费用　　　　　　　　　　　　　　　　　　　　　　　　9 040
　　　　贷:待处理财产损溢——待处理流动资产损溢　　　　　　　　　　　9 040

如果盘盈或盘亏的存货在期末结账前尚未经批准,在对外提供财务会计报告时,应先按上述方法进行会计处理,并在财务会计报告附注中做出说明。如果其后批准处理的金额与已处理的金额不一致,应当调整当期会计报表相关项目的年初数。

第八节　存货的期末计量

为了在资产负债表中更合理地反映期末存货的价值,企业应当选择适当的计价方法对期末存货进行再计量。我国企业会计准则规定,资产负债表日,存货应当按照成本与可变现净值孰低法计量。

一、成本与可变现净值孰低法的含义

成本与可变现净值孰低法是指按照存货的成本与可变现净值两者之中的较低者对期末存货进行计量的一种方法。采用这种方法,当期末存货的成本低于可变现净值时,存货仍按成本计量;当期末存货的可变现净值低于成本时,存货则按可变现净值计量。

所谓成本,是指期末存货的实际成本,即采用先进先出法、加权平均法等存货计价方法,对发出存货(或期末存货)进行计价所确定的期末存货账面成本。如果存货的日常核算采用计划成本法、售价金额核算法等简化核算方法,则期末存货的实际成本是指通过差异调整而确定的存货成本。

所谓可变现净值,是指在日常活动中,存货的估计售价减去至完工时估计将要发生的成本、估计的销售费用以及相关税费后的金额。存货在销售过程中,不仅会取得销售收入,也会发生销售费用和相关税费。为使存货达到预定可销售状态,还可能发生进一步的加工成本。这些销售费用、相关税费和加工成本,均构成销售存货产生的现金流入的抵减项目,只有扣除了这些现金流出后,才能确定存货的可变现净值。因此,可变现净值不是指存货的预计售价或合同价,而是指存货的预计未来净现金流入量。

采用成本与可变现净值孰低法对期末存货进行计量,当某项存货的可变现净值跌至成本以下时,表明该项存货为企业带来的未来经济利益将低于账面成本,企业应按可变现净值低于成本的差额确认存货跌价损失,并将其从存货价值中扣除,否则,就会虚计当期利润和存货价值;而当可变现净值高于成本时,企业则不能按可变现净值高于成本的金额确认这种尚未实现的存货增值收益,否则,也会虚计当期利润和存货价值。因此,成本与可变现净值孰低法体现了谨慎性的要求。

二、存货可变现净值的确定

根据存货的账面记录,可以很容易地获得存货的成本资料。因此,运用成本与可变现净值孰低法对期末存货进行计量的关键,是合理确定存货的可变现净值。

(一)确定存货可变现净值应当考虑的主要因素

1. 确定存货的可变现净值应以确凿的证据为基础

存货可变现净值的确凿证据,是指对确定存货的可变现净值有直接影响的客观证明,如产品或商品的市场销售价格、与企业产品或商品相同或类似商品的市场销售价格、销售方提供的有关资料和生产成本资料等。

2. 确定存货的可变现净值应考虑持有存货的目的

根据存货的定义,企业持有存货有两个基本的目的,即持有以备出售和持有以备继续加工或耗用。企业在确定存货的可变现净值时,应考虑持有存货的目的。持有存货的目的不同,可变现净值的确定方法也不尽相同。(1)产成品、商品和用于出售的材料等直接用于出售的商品存货,在正常生产经营过程中,应当以该存货的估计售价减去估计的销售费用和相关税费后的金额确定其可变现净值。(2)需要经过加工的材料存货,在正常生产经营过程中,应当以所生产的产成品的估计售价减去至完工时估计将要发生的成本、估计的销售费用和相关税费后的金额,确定其可变现净值。

3. 确定存货的可变现净值应考虑资产负债表日后事项的影响

存货的可变现净值,不仅要受资产负债表日已存在的相关事项的影响,而且还会受未来相关事项的影响,这些未来相关事项应能够确定资产负债表日存货的存在状况。例如,某年年末,企业持有的 A 商品市场售价为 80 000 元。但根据可靠资料,A 商品的关税将从下一年起大幅降低,受此影响,A 商品的市场售价将会下跌,预计到下一年第一季度末,A 商品市场售价很可能会跌至 60 000 元以下。企业在编制本年度的资产负债表时,有必要考虑这一未来的价格下跌因素对 A 商品可变现净值的影响。

(二)存货估计售价的确定

在确定存货的可变现净值时,应合理确定估计售价、至完工将要发生的成本、估计的销售费用和相关税费。其中,存货估计售价的确定对于计算存货可变现净值至关重要,企业在确定存货的估计售价时,应当以资产负债表日为基准。但是,如果当月存货价格变动较大,则应以当月该存货平均销售价格或资产负债表日最近几次销售价格的平均数,作为估计售价的基础。此外,还应当根据存货是否有约定销售的合同,按照以下原则确定估计售价。

(1)为执行销售合同或者劳务合同而持有的存货,通常应当以产成品或商品的合同价格作为其可变现净值的计量基础。

例 4—35 钟泰有限公司于 2022 年 11 月 1 日与乙公司签订了一份不可撤销的销售合同,双方约定,2023 年 2 月 20 日,钟泰公司应按每台 31 万元的价格向乙公司提供 M1 型机器 10 台。

2022 年 12 月 31 日,钟泰公司 M1 型机器的账面成本为 280 万元,数量为 10 台,单位成本为 28 万元/台。

2022 年 12 月 31 日,M1 型机器的市场销售价格为 30 万元/台。假定不考虑相关税费和销售费用。

根据钟泰有限公司与乙公司签订的销售合同规定,该批 M1 型机器的销售价格已由销售合同约定,并且其库存数量等于销售合同约定的数量,因此,在这种情况下,计算 M1 型机器的可变现净值应以销售合同约定的价格 310(31×10)万元作为计算基础。

(2)如果企业持有存货的数量多于销售合同订购的数量,超出部分的存货可变现净值应当以产成品或商品的一般销售价格作为计量基础。

例 4—36 钟泰有限公司于 2022 年 12 月 1 日与乙公司签订了一份不可撤销的销售合同,双方约定,2023 年 5 月 20 日,钟泰公司应按每台 30 万元的价格向乙公司提供 M2 型机器 12 台。

2022 年 12 月 31 日,钟泰公司 M2 型机器的账面成本为 392 万元,数量为 14 台,单位成本为 28 万元/台。

根据钟泰有限公司销售部门提供的资料表明,向乙公司销售的 M2 型机器的平均运杂费等销售费用为 0.12 万元/台;向其他客户销售 M2 型机器的平均运杂费等销售费用为 0.1 万元/台。

2022 年 12 月 31 日,M2 型机器的市场销售价格为 32 万元/台。

在本例中,能够证明 M2 型机器的可变现净值的确凿证据是钟泰公司与乙公司签订的有关 M2 型机器的销售合同、市场销售价格资料、账簿记录和公司销售部门提供的有关销售费用的资料等。

根据该销售合同规定,库存的 M2 型机器中的 12 台的销售价格已由销售合同约定,其余 2

台并没有由销售合同约定。因此,在这种情况下,对于销售合同约定的数量(12台)的M2型机器的可变现净值应以销售合同约定的价格30万元/台作为计算基础,而对于超出部分(2台)的M2型机器的可变现净值应以市场销售价格32万元/台作为计算基础。

M2型机器的可变现净值 $= (30 \times 12 - 0.12 \times 12) + (32 \times 2 - 0.1 \times 2)$
$= (360 - 1.44) + (64 - 0.2)$
$= 358.56 + 63.8 = 422.36$(万元)

(3)没有销售合同或者劳务合同约定的存货(不包括用于出售的材料),其可变现净值应当以产成品或商品一般销售价格(即市场销售价格)作为计量基础。

例4—37 2022年12月31日,钟泰有限公司M3型机器的账面成本为300万元,数量为10台,单位成本为30万元/台。

2022年12月31日,M3型机器的市场销售价格为32万元/台。预计发生的相关税费和销售费用合计为1万元/台。

钟泰有限公司没有签订有关M3型机器的销售合同。

由于钟泰公司没有就M3型机器签订销售合同,由于钟泰公司有与乙公司签订的销售合同规定,因此,在这种情况下,计算M3型机器的可变现净值应以一般销售价格合计总额320(32×10)万元作为计算基础。

4. 用于出售的材料等通常以市场价格作为其可变现净值的计算基础

这里的市场价格是指材料等的市场销售价格。如果用于出售的材料存在销售合同约定,应按合同价格作为其可变现净值的计算基础。

例4—38 2022年12月1日,钟泰有限公司根据市场需求的变化,决定停止生产M4型机器。为减少不必要的损失,决定将原材料中专门用于生产M4型机器的外购材料——D材料全部出售,2022年12月31日其账面成本为200万元,数量为10吨。据市场调查,D材料的市场销售价格为10万元/吨,同时可能发生销售费用及其相关税费共计为0.5万元。

在本例中,由于企业已决定不再生产M4型机器,因此,该批D材料的可变现净值不能再以M4型机器的销售价格作为计算基础,而应按其本身的市场销售价格作为计算基础。即

该批D材料的可变现净值 $= 10 \times 10 - 0.5 = 99.5$(万元)

资产负债表日,同一项存货中一部分有合同价格约定、其他部分不存在合同价格约定的,应当分别确定其可变现净值,并与其相对应的成本进行比较,分别确定存货跌价准备的计提或转回的金额。

三、材料存货的期末计量

企业持有的材料主要用于生产产品,但也会直接对外出售。会计期末,在运用成本与可变现净值孰低法对材料存货进行计量时,需要考虑持有材料的不同目的或用途。

(1)对用于出售而持有的材料,应直接比较材料的成本和根据材料估计售价确定其可变现净值。

(2)对用于生产而持有的材料(包括原材料、在产品、委托加工材料等),应当将材料的期末计量与所生产的产成品期末价值减损情况联系起来,按如下原则处理。

①如果用该材料生产的产成品的可变现净值预计高于生产成本,则该材料应当按照成本计量。

例4—39 2022年12月1日,钟泰有限公司库存原材料——A材料的账面成本为300万

元,市场销售价格总额为280万元(假定本节所称销售价格和成本均不含增值税),假定不发生其他销售费用。用A材料生产的产成品——M5型机器的可变现净值高于成本。

根据上述资料可知,2022年12月31日,A材料的账面成本高于其市场价格,但是由于用其生产的产成品——M5型机器的可变现净值高于成本,也就是用该原材料生产的最终产品此时并没有发生价值减损,因而,A材料即使其账面成本已高于市场价格,也不应计提存货跌价准备,仍应按300万元列示在2022年12月31日的资产负债表的存货项目之中。

②如果材料价格的下降表明产成品的可变现净值低于生产成本,则该材料应当按可变现净值计量,按其差额计提存货跌价准备。

例4—40 2022年12月1日,钟泰有限公司库存原材料——B材料的账面成本为120万元,单位成本为1.2万元/件,数量为100件,可用于生产100台M6型机器。B材料的市场销售价格为1.1万元/件。假定不发生其他销售费用。

B材料市场销售价格下跌,导致用B材料生产的M6型机器市场销售价格也下跌,由此造成M6型机器的市场销售价格由3万元/台降为2.7万元/台,但生产成本仍为2.8万元/台。将每件B材料加工成M6型机器尚需投入1.6万元,估计发生运杂费等销售费用0.1万元/台。

根据上述资料,可按照以下步骤确定B材料的可变现净值。
首先,计算用该原材料所生产的产成品的可变现净值:
M6型机器的可变现净值＝M6型机器估计售价－估计销售费用－估计相关税费
$$=2.7\times100-0.1\times100=260(万元)$$
其次,将用该原材料所生产的产成品的可变现净值与其成本进行比较:
M6型机器的可变现净值260万元小于其成本280万元,即B材料价格的下降表明M6型机器的可变现净值低于成本,因此B材料应当按可变现净值计量。
最后,计算该原材料的可变现净值:
B材料的可变现净值＝M6型机器的售价总额－将B材料加工成M6型机器尚需投入的成本－估计销售费用－估计相关税费
$$=2.7\times100-1.6\times100-0.1\times100=100(万元)$$

B材料的可变现净值100万元小于其成本120万元,因此,B材料的期末价值应为其可变现净值100万元,即B材料应按100万元列示在2022年12月31日资产负债表的存货项目之中。

四、存货跌价准备的计提方法

企业应当定期对存货进行全面检查,如果由于存货毁损、全部或部分陈旧过时或销售价格低于成本等原因,使存货可变现净值低于其成本,应按可变现净值低于成本的部分,计提存货跌价准备。

(一)存货减值的判断依据

企业在对存货进行定期检查时,如果存在下列情况之一,表明存货的可变现净值低于成本。
(1)该存货的市场价格持续下跌,并且在可预见的未来无回升的希望。
(2)企业使用该项原材料生产的产品的成本高于产品的销售价格。
(3)企业因产品更新换代,原有库存的原材料已不适应新产品的需要,而该原材料的市场价格又低于其账面成本。

(4)因企业所提供的商品或劳务过时或消费者偏好改变而使市场的需求发生变化,导致市场价格逐渐下跌。

(5)其他足以证明该项存货实质上已经发生减值的情形。

(二)存货跌价准备的计提和转回

企业通常应当按照单个存货项目计提存货跌价准备,即应当将每一存货项目的成本与可变现净值分别进行比较,按每一存货项目可变现净值低于成本的差额作为计提各该存货项目跌价准备的依据。但在某些特殊情况下,也可以合并计提存货跌价准备。例如,与在同一地区生产和销售的产品系列相关、具有相同或类似最终用途或目的,且难以与其他项目分开来计量的存货,可以按产品系列合并计提存货跌价准备。此外,对于数量繁多、单价较低的存货,可以按照存货类别计提存货跌价准备。

资产负债表日,企业计提存货跌价准备时,首先应确定本期存货的减值金额,即本期存货可变现净值低于成本的差额,然后将本期存货的减值金额与"存货跌价准备"科目原有的余额进行比较,按下列公式计算确定本期应计提的存货跌价准备金额。

$$\begin{matrix}某期应计提的\\存货跌价准备\end{matrix} = \begin{matrix}当期可变现净值\\低于成本的差额\end{matrix} - \begin{matrix}存货跌价准备\\科目原有余额\end{matrix}$$

根据上列公式,如果计提存货跌价准备前,"存货跌价准备"科目无余额,应按本期存货可变现净值低于成本的差额计提存货跌价准备,借记"资产减值损失"科目,贷记"存货跌价准备"科目;如果本期存货可变现净值低于成本的差额大于"存货跌价准备"科目原有的贷方余额,应按二者之差补提存货跌价准备,借记"资产减值损失"科目,贷记"存货跌价准备"科目;如果本期存货可变现净值低于成本的差额与"存货跌价准备"科目原有的贷方余额相等,不需要计提存货跌价准备;如果本期存货可变现净值低于成本的差额小于"存货跌价准备"科目原有的贷方余额,表明以前引起存货减值的影响因素已经部分消失,存货的价值又得以部分恢复,企业应当相应地恢复存货的账面价值,即按二者之差冲减已计提的存货跌价准备,借记"存货跌价准备"科目,贷记"资产减值损失"科目;如果本期存货可变现净值高于成本,表明以前引起存货减值的影响因素已经完全消失,存货的价值全部得以恢复,企业应将存货的账面价值恢复至账面成本,即将已计提的存货跌价准备全部转回,借记"存货跌价准备"科目,贷记"资产减值损失"科目。

例4—41 钟泰有限公司从2019年度开始,对期末存货按成本与可变现净值孰低法计量。2019年至2022年,有关A商品期末计量的资料及相应的会计处理如下。

(1)2019年12月31日,A商品的账面成本为90 000元,可变现净值为80 000元。

可变现净值低于成本的差额=90 000-80 000=10 000(元)

借:资产减值损失　　　　　　　　　　　　　　　　　　　　10 000
　　贷:存货跌价准备——A商品　　　　　　　　　　　　　　　　10 000

在2019年12月31日的资产负债表中,A商品应按可变现净值80 000元列示其价值。

(2)2020年度,在转出A商品时,相应地结转存货跌价准备6 000元。2020年12月31日,A商品账面成本106 000元,可变现净值95 000元;计提存货跌价准备之前,"存货跌价准备"科目贷方余额4 000元。

可变现净值低于成本的差额=106 000-95 000=11 000(元)

本年应计提存货跌价准备=11 000-4 000=7 000(元)

借:资产减值损失　　　　　　　　　　　　　　　　　　　　7 000

贷：存货跌价准备——A商品　　　　　　　　　　　　　　　　　　　　7 000

　本年计提存货跌价准备之后，"存货跌价准备"科目贷方余额为11 000元；在2020年12月31日的资产负债表中，A商品应按可变现净值95 000元列示其价值。

　（3）2021年度，在转出A商品时，相应地结转存货跌价准备6 000元。2021年12月31日，A商品账面成本62 000元，可变现净值58 000元；计提存货跌价准备之前，"存货跌价准备"科目贷方余额5 000元。

　可变现净值低于成本的差额＝62 000－58 000＝4 000（元）

　本年应计提存货跌价准备＝4 000－5 000＝－1 000（元）

　　借：存货跌价准备　　　　　　　　　　　　　　　　　　　　　　　　1 000
　　　贷：资产减值损失　　　　　　　　　　　　　　　　　　　　　　　　1 000

　本年计提存货跌价准备之后，"存货跌价准备"科目贷方余额为4 000元。在2021年12月31日的资产负债表中，商品应按可变现净值58 000元列示其价值。

　（4）2022年度，在转出A商品时，相应地结转存货跌价准备3 000元。2022年12月31日，A商品账面成本80 000元，可变现净值82 000元。计提存货跌价准备之前，"存货跌价准备"科目贷方余额1 000元。

　由于可变现净值高于账面成本，因此，应将存货的账面价值恢复至账面成本，即将已计提的存货跌价准备全部转回。

　　借：存货跌价准备　　　　　　　　　　　　　　　　　　　　　　　　1 000
　　　贷：资产减值损失　　　　　　　　　　　　　　　　　　　　　　　　1 000

　2022年12月31日的资产负债表中，A商品应按账面成本80 000元列示其价值。

（三）存货跌价准备的结转

　已经计提了跌价准备的存货，在生产经营领用、销售或其他原因转出时，应当根据不同情况，对已计提的存货跌价准备进行适当的会计处理。

　（1）生产经营领用的存货，领用时一般可不结转相应的存货跌价准备，待期末计提存货跌价准备时一并调整。如果需要同时结转已计提的存货跌价准备，应借记"存货跌价准备"科目，贷记"生产成本"等科目。

　例4—42　钟泰有限公司本月生产领用一批A材料。领用的A材料账面余额为30 000元，相应的存货跌价准备为3 000元。

　　借：生产成本　　　　　　　　　　　　　　　　　　　　　　　　　　30 000
　　　贷：原材料——A材料　　　　　　　　　　　　　　　　　　　　　　30 000

　如果需要同时结转A材料已计提的跌价准备，则还应编制下列会计分录：

　　借：存货跌价准备——A材料　　　　　　　　　　　　　　　　　　　　3 000
　　　贷：生产成本　　　　　　　　　　　　　　　　　　　　　　　　　　3 000

　（2）销售的存货，在结转销售成本的同时，应结转相应的存货跌价准备，借记"存货跌价准备"科目，贷记"主营业务成本""其他业务成本"等科目。

　例4—43　钟泰有限公司将A商品按80 000元的价格售出，增值税销项税额为13 600元。A商品账面余额90 000元，已计提存货跌价准备12 000元。

　　借：银行存款　　　　　　　　　　　　　　　　　　　　　　　　　　93 600
　　　贷：主营业务收入　　　　　　　　　　　　　　　　　　　　　　　　80 000
　　　　应交税费——应交增值税（销项税额）　　　　　　　　　　　　　　13 600

借:主营业务成本		90 000
贷:库存商品——A商品		90 000
借:存货跌价准备——A商品		12 000
贷:主营业务成本		12 000

(3)可变现净值为零的存货,应当将其账面余额全部转销,同时转销相应的存货跌价准备。当存货存在以下情况之一时,表明存货的可变现净值为零。

①已霉烂变质的存货;

②已过期且无转让价值的存货;

③生产中已不再需要,并且已无使用价值和转让价值的存货;

④其他足以证明已无使用价值和转让价值的存货。

例 4—44 钟泰有限公司的库存 M 商品已过保质期,不可再使用或销售。M 商品账面余额 40 000 元,已计提存货跌价准备 25 000 元。

借:资产减值损失		15 000
存货跌价准备——M商品		25 000
贷:库存商品——M商品		40 000

如果存货是按类别计提跌价准备的,在销售以及债务重组、非货币性资产交换、支付合并对价等转出存货时,应按比例同时结转相应的存货跌价准备。

本章小结

1. 存货是指企业在日常活动中持有以备出售的产成品或商品、处在生产过程中的在产品、在生产过程或提供劳务过程中耗用的材料、物料等。存货区别于固定资产等非流动资产的最基本的特征是,企业持有存货的最终目的是出售,不论是可供直接出售,如企业的产成品、商品等,还是需经过进一步加工后才能出售,如原材料等。

存货同时满足下列条件的,才能予以确认:与该存货有关的经济利益很可能流入企业;该存货的成本能够可靠地计量。

发出存货的计价方法包括个别计价法、先进先出法和加权平均法。

所谓可变现净值,是指在日常活动中,存货的估计售价减去至完工时估计将要发生的成本、估计的销售费用以及相关税费后的金额。确定存货可变现净值应当考虑的主要因素:(1)确定存货的可变现净值应以确凿的证据为基础。(2)确定存货的可变现净值应考虑持有存货的目的;(3)确定存货的可变现净值应考虑资产负债表日后事项的影响。

2. 存货的初始计量应以取得存货的实际成本为基础,实际成本包括采购成本、加工成本和其他成本。存货的实际成本应结合存货的具体取得方式分别确定,作为存货入账的依据。

周转材料主要包括包装物、低值易耗品,以及企业(建造承包商)的钢模板、木模板和脚手架等。常用的周转材料摊销方法有一次转销法、五五摊销法和分次摊销法等。

发出存货的会计处理包括原材料的会计处理、周转材料的会计处理和库存商品的会计处理。

3. 计划成本法是指存货的日常收入、发出和结存均按预先制定的计划成本计价,并设置"材料成本差异"科目登记实际成本与计划成本之间的差异;月末,再通过对存货成本差异的分摊,将发出存货的计划成本和结存存货的计划成本调整为实际成本进行反映的一种核算方法。

资产负债表日,存货应当按照成本与可变现净值孰低法计量。成本与可变现净值孰低法,是指按照存货的成本与可变现净值两者之中的较低者对期末存货进行计量的一种方法。采用这种方法,当期末存货的成本低于可变现净值时,存货仍按成本计量;当期末存货的可变现净值低于成本时,存货则按可变现净值计量。

课后练习

一、单项选择题

1. 下列各项支出中,一般纳税企业不计入存货成本的是(   )。
   A. 增值税进项税额　　　　　　B. 入库前的挑选整理费
   C. 购进存货时支付的进口关税　　D. 购进存货时发生的运输费用

2. 工业企业购进存货发生的下列相关损失项目中,不应计入当期损益的是(   )。
   A. 责任事故造成的存货净损失　　B. 自然灾害造成的存货净损失
   C. 收发过程中计量差错引起的存货盘亏　D. 购入存货运输途中发生的合理损耗

3. 企业清查存货,发现存货盘亏,无法查明原因,则应当计入(   )。
   A. 财务费用　　　　　　　　　B. 管理费用
   C. 其他业务成本　　　　　　　D. 营业外支出

4. 企业出借包装物的成本应计入(   )。
   A. 其他业务支出　　　　　　　B. 营业外支出
   C. 销售费用　　　　　　　　　D. 管理费用

5. 在资产负债表中,存货跌价准备科目的贷方余额应(   )。
   A. 在流动负债类项目下单列项目反映　B. 在存货的抵减项目并单独列示
   C. 在存货项目反映　　　　　　D. 记入货币资金项目

6. 2022年12月31日,A企业持有的库存甲材料账面价值(成本)为360万元,市场购买价格为345万元,假设不发生其它购买费用,用甲材料生产的乙产品可变现净值为580万元,乙产品的成本为570万元。则2022年12月31日甲材料的账面价值为(   )。
   A. 360万元　　　　　　　　　B. 345万元
   C. 580万元　　　　　　　　　D. 570万元

7. 某企业购入1 000公斤材料一批,实际支付价款12 000元,支付增值税进项税额为2 040元,材料到达验收发现短缺100千克,其中10千克属于定额内的合理损耗,另90公斤尚待查明原因。该材料计划成本为每公斤10元。则该批材料产生的"材料成本差异"为(   )元。
   A. 2 000　　　　　　　　　　B. 1 920
   C. 1 100　　　　　　　　　　D. 1 000

二、多项选择题

1. 下列各项应计入工业企业存货成本的有(   )。
   A. 运输途中的合理损耗
   B. 入库前的挑选整理费用
   C. 存货运到企业并验收入库前所发生的运杂费

D. 进口原材料支付的关税
E. 自然灾害造成的原材料净损失

2. 一般纳税企业委托外单位加工材料收回后直接对外销售,发生的下列支出中,应计入委托加工物资成本的有(　　)。

A. 加工费
B. 发出材料的实际成本
C. 受托方代收代缴的消费税
D. 增值税
E. 运费

3. 下列费用应当在发生时计入当期损益,不计入存货成本的有(　　)。

A. 非正常消耗的直接材料、直接人工和制造费用
B. 已验收入库的原材料发生的仓储费用
C. 生产过程中为达到下一个生产阶段所必需的仓储费用
D. 企业提供劳务发生的直接人工和其他直接费用以及可归属的间接费用
E. 不能归属于使存货达到目前场所和状态的其他支出

4. 下列各项属于企业存货的有(　　)。

A. 委托加工材料
B. 生产成本
C. 特种储备物资
D. 发出商品
E. 受托加工物资

5. 下列各项中,应在"材料成本差异"科目的借方核算的有(　　)。

A. 材料成本的超支差异
B. 材料成本的节约差异
C. 结转发出材料应负担的节约成本差异
D. 结转发出材料应负担的超支成本差异
E. 库存材料的计划成本

三、判断题

1. 各种包装物如纸、绳、铁丝等,应在"原材料"科目核算。(　　)
2. 企业某种存货的期初实际成本200万元,期初"存货跌价准备"账户贷方余额2.5万元,本期购入该种存货实际成本45万元,领用150万元,期末估计库存该存货的可变现净值为91万元。则本期应计提存货跌价准备额为1.5万元。(　　)
3. 自然灾害造成的原材料净损失应该计入原材料的入账价值。(　　)
4. 企业采用计划成本法核算原材料,除单位成本发生较大变动外,为了保持计划成本的相对稳定,年度内一般不作调整。(　　)
5. 企业确认存货时,应以存货是否具有法定所有权和是否存放在企业为依据。(　　)
6. 某企业本月月初库存原材料计划成本50 000元,材料成本差异借方余额1 000元,本月购进原材料计划成本300 000元,实际成本292 000元。则本月材料成本差异率为超支2%。(　　)
7. 企业期末清查存货发现存货盘盈,经批准后,应冲减"管理费用"科目。(　　)

四、账务处理题

1. 长荣公司2022年7月发生下列经济业务。

(1)1日,赊购A材料一批,共计200件,价值20 000元,增值税2 600元,发票已到,材料尚未运到。

(2)5日,仓库转来收料单,本月1日赊购的A材料已验收入库。该批材料计划成本为每件110元。

(3)11日,生产车间领用A材料230件用于直接生产。

(4)15日,与甲公司签订购货合同,购买A材料400件,每件125元,根据合同规定,先预付货款50 000元的40%,其余货款在材料验收入库后支付。

(5)16日,购入B材料一批,材料已运到并验收入库,月末尚未收到发票等结算凭证。该材料的同期市场价格为12 000元。

(6)25日,收到15日购买的A材料并验收入库,以银行存款支付其余货款。

(7)月初,A材料账面结存50件,"材料成本差异"科目贷方余额1 855元。

要求:根据上述材料编制相关会计分录。

2.M企业为增值税一般纳税人,适用税率为13%。有关存货资料如下。

(1)A材料账面成本为80 000元,2021年12月31日由于市场价格下跌,预计可变现净值为70 000元;2022年6月30日,由于市场价格上升,预计可变现净值为75 000元。

2022年6月购入B材料,账面成本100 000元,6月30日,由于市场价格下跌,预计可变现净值为950 000元。M企业按单项计提存货跌价准备。

(2)2022年6月30日对存货进行盘点,发现甲商品盘亏10件,每件账面成本为150元;盘盈乙商品2件,每件账面成本50元。均无法查明原因,经批准对盘盈及盘亏商品进行了处理。

(3)2022年7月24日,委托N企业加工原材料一批,发出材料成本为7 000元。

(4)2022年8月6日,收回由N企业加工的原材料,支付加工费1 100元(不含增值税),并由N企业代扣代缴消费税,税率为10%。M企业收回的原材料用于继续生产应税消费品,双方增值税率均为13%。

要求:根据上述资料编制相关会计分录。

五、案例分析题

奔腾股份有限公司是生产电子产品的上市公司,为增值税一般纳税企业,企业按单项存货、按年计提跌价准备。2022年12月31日,该公司期末存货有关资料如下。

存货品种	数 量	单位成本(万元)	账面余额(万元)	备 注
A产品	280台	15	4 200	
B产品	500台	3	1 500	
C产品	1 000台	1.7	1 700	
D配件	400件	1.5	600	用于生产C产品
合 计			8 000	

2022年12月31日,A产品市场销售价格为每台13万元,预计销售费用及税金为每台0.5万元;B产品市场销售价格为每台3万元。奔腾公司已经与某企业签订一份不可撤销的

销售合同,约定在2018年2月1日以合同价格为每台3.2万元的价格向该企业销售B产品300台。B产品预计销售费用及税金为每台0.2万元;C产品市场销售价格为每台2万元,预计销售费用及税金为每台0.15万元;D配件的市场价格为每件1.2万元,现有D配件可用于生产400台C产品,用D配件加工成C产品后预计C产品单位成本为1.75万元。

2021年12月31日,A产品和C产品的存货跌价准备余额分别为800万元和150万元,对其他存货未计提存货跌价准备;2022年销售A产品和C产品分别结转存货跌价准备200万元和100万元。

要求:根据上述资料,分析计算奔腾公司2022年12月31日应计提或转回的存货跌价准备,并编制相关的会计分录。

第五章 固定资产核算岗位

学习目标

○ 知识目标
1. 了解固定资产的性质、分类、计价；
2. 掌握固定资产计提折旧的方法；
3. 熟悉固定资产后续支出的类型。

○ 能力目标
1. 掌握固定资产购置、自行建造的账务处理；
2. 熟悉接受投资、接受捐赠固定资产的账务处理；
3. 掌握固定资产折旧的账务处理；
4. 熟悉固定资产修理的账务处理；
5. 掌握固定资产改扩建的账务处理；
6. 熟悉固定资产清理的账务处理；
7. 掌握固定资产处置的账务处理。

○ 素质目标
正确进行固定资产的会计估计，客观反映固定资产的净值。

思政案例导入

抚顺特殊钢固定资产折旧事件

抚顺特殊钢股份有限公司（以下简称抚顺特钢）2014年至2016年年度报告、2017年第三季度报告中披露的固定资产折旧存在虚假记载。2014年至2016年、2017年1月至9月，抚顺特钢将虚增后的固定资产计提折旧，虚增2014年至2016年年度报告和2017年第三季度报告期末固定资产折旧额，2014年至2017年9月累计虚增固定资产折旧87 394 705.44元。其中，2014年虚增固定资产折旧14 381 330.42元，2015年虚增固定资产折旧18 174 433.94元，2016年虚增固定资产折旧31 336 537.76元，2017年1月至9月虚增固定资产折旧23 502 403.32元。抚顺特钢2014年至2016年年度报告、2017年第三季度报告披露的固定资产折旧与事实不符，存在虚假记载。抚顺特钢差不多用了四年的时间，公司用突击计提固定资产折旧的方式对原来虚增资产调节利润的行为做了一个清理,对历史上集中10亿元的虚增资产通过四年的时间处理了9亿元,这样看来基本上就把曾经的很多问题做了形式上的处理,但是却经不起推敲,会计从业人员需要有两把尚方宝剑,一个是专业技能,一个是道德判断。有时候道德判断比专业技能更重要,一旦道德的判断力发生偏斜的话,专业技能越精良,对社会的危害越大。无论在其职业生涯的哪个阶段都要树立正确的职业观,尊重规则,恪守诚信,利人利己,从而利国利民利天下。

第一节　固定资产概述

一、固定资产的特征

固定资产是指同时具有下列特征的有形资产:(1)为生产商品、提供劳务、出租或经营管理而持有的。(2)使用寿命超过一个会计年度。未作为固定资产管理的工具、器具,作为低值易耗品核算。从固定资产的定义看,固定资产具有以下三个特征。

1. 持有的目的是生产经营活动

即固定资产用于企业生产、提供商品或服务、出租或企业行政管理方面,而不是为了转卖。即企业持有的固定资产是企业的劳动工具或手段,而不是用于出售的产品。其中"出租"的固定资产,是指企业以经营租赁方式出租的机器设备类的固定资产,不包括以经营租赁方式出租的建筑物,后者属于企业的投资性房地产,不属于固定资产。

2. 使用期限超过1年,并保持原有物质形态基本不变

固定资产的使用寿命,是指企业使用固定资产的预计期间,或者该固定资产所能生产产品或提供劳务的数量。通常情况下,固定资产的使用寿命是指使用固定资产的预计期间,比如自用房屋建筑物的使用寿命表现为企业对该建筑物的预计使用年限。对于某些机器设备或运输设备等固定资产,其使用寿命表现为以该固定资产所能生产产品或提供劳务的数量,例如,汽车或飞机等,按其预计行驶或飞行里程估计使用寿命。

固定资产使用寿命超过一个会计年度,意味着固定资产属于非流动资产,随着使用和磨损,通过计提折旧方式逐渐减少账面价值。对固定资产计提折旧,是对固定资产进行后续计量的重要内容。

3. 固定资产为有形资产

固定资产具有实物特征,这一特征将固定资产与无形资产区别开来。有些无形资产可能同时符合固定资产的其他特征,如无形资产为生产商品、提供劳务而持有,使用寿命超过一个会计年度,但是,由于其没有实物形态,所以,不属于固定资产。

二、固定资产的分类

企业的固定资产多种多样,规格不一,为了加强管理,便于组织固定资产核算,应该对其进行科学、合理的分类。固定资产可以按不同的标准进行分类。

(一)按经济用途分类

企业的固定资产按经济用途划分,可分为生产经营用固定资产和非生产经营用固定资产两大类。

(1)生产经营用固定资产是指直接使用或服务于企业生产、经营过程的各种固定资产。如

生产经营用的机器设备、工具、器具、房屋及建筑物等。

(2)非生产经营用固定资产是指不直接服务于生产、经营过程的各种固定资产。如职工宿舍、食堂、浴室、托儿所和理发室等使用的房屋、设备及其他固定资产等。

这种分类，可以清楚地反映企业生产经营用固定资产和非生产经营用固定资产之间的组成变化情况，借以考核和分析企业固定资产的管理和利用情况，从而促进固定资产的合理配置，充分发挥其效用。

(二)按使用情况分类

企业固定资产按使用情况划分，可分为在用的、未使用的、不需用的和出租的固定资产四大类。

(1)在用的固定资产是指正在使用中的经营用和非经营用固定资产。由于季节性或大修理等原因，暂时停止使用的固定资产、企业出租(指经营性租赁)给其他单位使用的固定资产以及内部替换使用的固定资产，也属于使用中的固定资产。

(2)未使用的固定资产是指已完工或已购建的尚未交付使用的新增固定资产，以及因进行改建、扩建等原因暂时停止使用的固定资产。如虽已达到可使用状态但尚未交付使用的固定资产、企业购建的尚待安装的固定资产、经营任务变更停止使用的固定资产等。

(3)不需用的固定资产是指本企业多余或不使用而需要另行处置的各种固定资产。

(4)出租固定资产是指企业根据租赁合同的规定，以经营租赁方式出租给其他企业临时使用的固定资产。

按照固定资产使用情况进行分类，有利于反映企业固定资产的使用情况及其比例关系，便于分析固定资产的利用效率，也便于企业合理计提固定资产的折旧。

除上述基本分类外，固定资产还可按其他标准进行分类。如按固定资产的性能分类，可分为房屋和建筑物、动力设备、传导设备、工作机器及设备、工具、仪器及生产经营用具、运输设备、管理用具等；按固定资产的来源渠道分类，可分为外购的固定资产、自行建造的固定资产、投资者投入的固定资产、融资租入的固定资产、改建扩建新增的固定资产、接受抵债取得的固定资产、非货币性资产交换换入的固定资产、接受捐赠的固定资产和盘盈的固定资产等。

在会计实务中，企业为了更好地满足固定资产管理和核算的需要，是将几种分类标准结合起来，采用综合的标准对固定资产进行分类。如综合考虑固定资产的经济用途、使用情况及所有权等，可将固定资产分为经营用固定资产、非经营用固定资产、经营出租固定资产、未使用固定资产、不需用固定资产和融资租入固定资产等。

各企业性质不同，经营规模大小不一，对固定资产的分类不可能完全一致。企业可根据各自的具体情况，结合经营管理和会计核算的需要，对其进行必要的分类。

三、固定资产的计价

对固定资产进行会计核算，首先需确定固定资产的计价标准。固定资产的计价主要有以下三种标准。

1. 原始价值

原始价值又称原始成本或历史成本，它是指企业购建某项固定资产达到预定可使用状态前所发生的一切合理、必要的支出。一般包括买价、进口关税、运输费、场地整理费、装卸费、安装费、专业人员服务费和其他税费等。固定资产的来源渠道不同，原始价值的具体内容就会有所不同。在确定固定资产的原始价值时，有一个很重要的问题需要注意，即企业购建固定资产而借入款项所发生的借款费用资本化的会计处理问题。关于这个问题,国际上通行的做法是,只有固定资产建造期间实际发生的利息成本才能予以资本化。我国基本上依照国际惯例。我国会计准则规定,在固定资产达到预定可使用状态之前发生的借款费用,按规定计算应予资本化的金额,计入购建资产的价值,不能资本化的部分,计入当期费用;在固定资产达到预定可使用状态之后发生的,计入当期费用,不能资本化。

企业购建固定资产一般采用这种方法计价。按这种方法确定的价值,均是实际发生并有支付凭据的支出,具有客观性和可验证性。正是由于这种计价方法具有客观性和可验证性的特点,因而成为固定资产的基本计价标准。

2. 重置完全价值

重置完全价值又称现时重置成本,是指在当前的生产技术条件下,重新购建同样的固定资产所需要的全部支出。重置完全价值所反映的是固定资产的现时价值,从理论上讲,比采用原始价值计价更为合理。但由于重置完全价值本身是经常变化的,如果将其作为基本计价标准,势必会引起一系列复杂的会计问题,在会计实务中不具有可操作性。因此,重置完全价值只能作为固定资产的一个辅助计价标准来使用,通常用于对会计报表进行必要的补充、附注说明,以弥补原始价值计价的不足。此外,在取得无法确定原始价值的固定资产时,如盘盈固定资产、接受捐赠固定资产等,应以重置完全价值为计价标准,对固定资产进行计价。

3. 固定资产净值

固定资产净值又称折余价值,是指固定资产原始价值减去已提折旧后的净额。这种计价方法主要用于计算盘盈、盘亏、毁损固定资产的收益或损失以及当确认固定资产折旧金额时需要用到。用净值与原始价值或重置完全价值相比较,还可以大致了解固定资产的新旧程度。

4. 现值

现值是指固定资产在使用期间以及处置时产生的未来现金流量的折现值。如有些企业的部分固定资产在确定其原始价值时还应该考虑弃置费用问题。弃置费用通常是指根据国家法律、国际公约等规定,企业承担的环境保护和生态恢复等义务所确定的支出,如核电站核设施等的弃置和恢复环境义务等。固定资产弃置费用的发生是未来事项,如果符合预计负债确认条件的,在确定固定资产原始价值时,应当将弃置费用未来发生额的现值体现在原始价值中,同时以相应的金额确认企业的预计负债。如果不符合预计负债的确认条件,弃置费用在实际发生时,应当计入当期损益。

第二节 固定资产的初始计量

一、固定资产的价值构成

固定资产价值的构成是指固定资产价值所包括的范围。从理论上讲,它应包括企业某项固定资产达到预定可使用状态前所发生的一切合理的、必要的支出,这些支出既有直接发生的,如购置固定资产的价款、运杂费和安装成本等,也有间接发生的,如应分摊的借款利息、外币借款折算差额以及应分摊的其他间接费用。

值得注意的是,目前我国增值税进行了转型改革:其中很重要的一点是企业新购进的机器设备所含的进项税额采用规范的抵扣办法,企业购进的设备和原材料是一样的,按照正常的办法直接抵扣其进项税额,即适用消费型增值税制度。

根据固定资产的来源渠道,其价值构成的具体内容分别如下。

(1)企业购置的不需要经过建造过程即可使用的固定资产,按实际支付的买价加上支付的场地整理费、装卸费、运输费、安装费和专业人员服务费等作为入账价值。企业用一笔款项购入多项没有单独标价的固定资产时,应按各项固定资产公允价值的比例对总成本进行分配,以确定各项固定资产的入账价值。

(2)自行建造的固定资产,按建造的该项资产达到预定可使用状态前所发生的必要支出作为入账价值。

(3)投资者投入的固定资产,应以投资各方确认的价值作为入账价值,价值不公允的除外。

(4)融资租入的固定资产,按租赁开始日租赁资产原账面的价值与最低租赁付款额的现值这两者中较低者作为入账价值。如果融资租赁资产占企业资产总额的比例等于或低于30%的,在租赁开始日,企业也可按最低租赁付款额作为固定资产的入账价值。

(5)在原有固定资产的基础上进行改建、扩建的,按原固定资产的账面价值,加上由于改建、扩建而使该项资产达到预定可使用状态前发生的支出,减去改建、扩建过程中发生的变价收入作为入账价值。

(6)接受捐赠的固定资产,应按以下规定确定其入账价值。

①捐赠方提供了有关凭据的,按凭据上标明的金额加上应支付的相关税费,作为入账价值。

②捐赠方没有提供有关凭据的,按如下顺序确定其入账价值。

a. 同类或类似固定资产存在活跃市场的,按同类或类似固定资产的市场价格估计的金额,加上应支付的相关税费,作为入账价值。

b. 同类或类似固定资产不存在活跃市场的,按该接受捐赠的固定资产的预计未来现金流量现值,作为入账价值。

③如受赠的系旧的固定资产,按照上述方法确认的价值,减去按该项资产的新旧程度估计的价值损耗后的余额,作为入账价值。

(7)盘盈的固定资产,按同类或类似固定资产的市场价格,减去按该项资产的新旧程度估计的价值损耗后的余额,作为入账价值。如果同类或类似固定资产不存在活跃市场的,按该项固定资产的预计未来现金流量现值,作为入账价值。

(8)经批准无偿调入的固定资产,按调出单位的账面价值加上发生的运输费、安装费等相关费用,作为入账价值。

固定资产的入账价值中,还应当包括企业为取得固定资产而交纳的契税、耕地占用税和车辆购置税等相关税费。

二、固定资产取得的核算

(一)外购的固定资产

企业外购固定资产的成本,包括购买价款和使固定资产达到预定可使用状态前所发生的可归属于该项资产的运输费、装卸费、安装费和专业人员服务费等。如果外购的属于机器设备,则相关的增值税可以予以抵扣。如果购入需安装的固定资产,只有安装调试后达到设计要求或合同规定的标准,该项固定资产才可发挥作用,才意味着达到预定可使用状态。按应计入固定资产成本的金额,依据不同的结算方式分别借记"固定资产"科目,贷记"银行存款""应付账款""应付票据"或"长期应付款"等科目。

例5—1 2023年3月14日钟泰有限公司购入一台设备,买价9 000元,支付增值税1 170元,支付运输费,保险费等共计140元。该设备不需要安装直接交付使用,全部款项已用银行存款支付。

该固定资产的初始计量成本=9 000+140=9 140(元)

应作会计分录:

借:固定资产　　　　　　　　　　　　　　　　　　　　　9 140
　　应交税费——应交增值税(进项税额)　　　　　　　　　1 170
　　贷:银行存款　　　　　　　　　　　　　　　　　　　　10 310

企业外购的固定资产若需要安装之后才能使用时,按照外购价款、相关税费以及企业为使固定资产达到预定可使用状态前所支付的相关安装费,借记"在建工程"账户,待固定资产交付使用之后,将其转入"固定资产"账户。

例5—2 2023年4月10日钟泰有限公司购入需要安装的全新设备一台,价款12 000元,支付增值税1 560元,包装及运输费计300元,以上款项均通过行存款支付。设备安装过程中领用库存材料3 000元,负担本企业职工工资2 000元。安装完毕已交付使用。

(1)企业购入需要安装的全新设备。

借:在建工程　　　　　　　　　　　　　　　　　　　　　12 300
　　应交税费——应交增值税(进项税额)　　　　　　　　　1 560
　　贷:银行存款　　　　　　　　　　　　　　　　　　　　13 860

(2)发生安装费用。

借:在建工程　　　　　　　　　　　　　　　　　　　　　5 000
　　贷:原材料　　　　　　　　　　　　　　　　　　　　　3 000
　　　　应付职工薪酬　　　　　　　　　　　　　　　　　　2 000

(3)安装完毕交付使用。

借:固定资产　　　　　　　　　　　　　　　　　　　　　17 300
　　贷:在建工程　　　　　　　　　　　　　　　　　　　　17 300

在实际工作中,企业可能以一笔款项购入多项没有单独标价的资产。如果这些资产均符合固定资产的定义,并满足固定资产的确认条件,则应将各项资产单独确认为固定资产,并按各项固定资产公允价值的比例对总成本进行分配,分别确定各项固定资产的成本。如果以一笔款项购入的多项资产中还包括固定资产以外的其他资产,也应按类似的方法予以处理。

例5—3 2023年4月1日,为降低采购成本,钟泰有限公司向乙公司一次购进了3套不同型号且具有不同生产能力的设备A、B和C。钟泰股份有限公司为该批设备共支付货款7 800 000元,增值税税额1 014 000元,包装费42 000元,全部以银行存款支付。假定设备A、B和C均满足固定资产的定义及其确认条件,公允价值分别为2 926 000元、3 594 800元、1 839 200元;不考虑其他相关税费。

钟泰公司的账务处理如下。

(1)确定计入固定资产成本的金额,包括买价、包装费等。

应计入固定资产成本的金额=7 800 000+42 000=7 842 000(元)

(2)确定设备A、B和C的价值分配。

A设备应分配的固定资产价值比例=2 926 000÷(2 926 000+3 594 800+1 839 200)=35%

B设备应分配的固定资产价值比例＝3 594 800÷(2 926 000＋3 594 800＋1 839 200)＝43%

C设备应分配的固定资产价值比例＝1 839 200÷(2 926 000＋3 594 800＋1 839 200)＝22%

确定设备A、B和C各自的入账价值：

A设备的入账价值＝7 842 000×35%＝2 744 700(元)

B设备的入账价值＝7 842 000×43%＝3 372 060(元)

C设备的入账价值＝7 842 000×22%＝1 725 240(元)

编制会计分录：

借：固定资产——A	2 744 700
——B	3 372 060
——C	1 725 240
应交税费——应交增值税(进项税额)	1 014 000
贷：银行存款	8 856 000

(二)自行建造的固定资产

1. 自营工程建造固定资产

自营工程由于是利用自身的生产能力进行的固定资产建造工程，因此，固定资产的建造成本往往很难与产品的生产成本完全划分清楚。为了简化核算，企业通常只将固定资产建造工程中所发生的直接支出计入工程成本，按规定，其内容主要包括消耗的工程物资、原材料、库存商品、负担的职工薪酬，辅助生产部门为工程提供的水、电、设备安装、修理、运输等劳务支出，以及工程发生的待摊支出(包括工程管理费、征地费、可行性研究费、临时设施费、公证费、监理费及应负担的税费等)。

至于一些间接支出，如制造费用等并不分配计入固定资产建造工程成本。这种做法的理由主要是：第一，制造费用一般属于固定费用，不会因偶尔进行的固定资产建造工程而增加；第二，固定资产建造工程通常是在营业淡季进行的，如果将一部分制造费用计入工程成本，就会夸大当期正常营业的净收益；第三，固定资产建造工程通常是利用企业的闲置生产能力进行的，如果正常的营业活动并未因进行中的固定资产建造工程而受到影响，就没有理由使制造费用由固定资产建造工程成本负担。

企业核算自营工程建造固定资产时，需要专门设立"工程物资"和"在建工程"两个账户。"工程物资"账户，用来核算企业在自营工程建造固定资产过程中购置的各种物资的实际成本；"在建工程"账户用来核算企业在自营工程建造固定资产过程中发生的各种支出。企业在自营工程建造固定资产时，按照专门为自营工程建造固定资产所购置的各种物资实际成本，借记"工程物资""应交税费——应交增值税"，贷记"银行存款""应付账款"和"应付票据"等账户。企业在自营工程建造固定资产过程中领用物资、分配工程人员工资时，按照领用物资的实际成本和应分配的工资金额，借记"在建工程"账户，贷记"工程物资""应付职工薪酬"账户。若该在建工程在达到预定可使用状态之前需要试运行，则企业在此过程中发生的相关生产成本记入在建工程成本，同时按照试运行过程中生产产品所获得的收入冲减在建工程成本。

企业自营工程建造固定资产过程中领用本企业原材料时，应根据原材料的实际成本计入工程成本，借记"在建工程"科目，贷记"原材料"科目。企业自营工程领用本企业库存商品时，企业按照生产该产品的成本借记"固定资产"，同时按照产品成本贷记"库存商品"。

工程完工后,剩余的工程物资转为本企业存货的按其实际成本或计划成本进行结转。建设期间发生的工程物资盘亏、报废及毁损,减去残料价值以及保险公司、过失人等赔款后的净损失,计入所建工程项目的成本;盘盈的工程物资或处置净收益,冲减所建工程项目的成本。工程完工后发生的工程物资盘盈、盘亏、报废和毁损,计入营业外收支。待该固定资产达到预定可使用状态时,按照自营工程建造固定资产过程中所发生的全部成本借记"固定资产",贷记"在建工程"。若固定资产在达到预定可使用状态时,尚未办理竣工决算,则按照暂估价由"在建工程"账户转入"固定资产"账户,待实际办理竣工决算后,再予以调整。

例5—4 钟泰有限公司将本厂生产的一台机器转作固定资产投入使用。该机器的生产成本为50 000元,市场标价为52 000元,适用13%的增值税率。交付使用后应做以下会计分录。

借:固定资产　　　　　　　　　　　　　　　　　　　　　　50 000
　　贷:库存商品　　　　　　　　　　　　　　　　　　　　　　50 000

例5—5 钟泰有限公司自营建造一条生产流水线,用银行存款购入工程所需物资一批,增值税专用发票上注明买价1 700 000元,增值税221 000元;工程开工后陆续领用工程物资1 700 000元;领用企业为生产产品而储备的原材料58 500元;领用企业生产的产品成本价15 000元,该批产品按税务部门确定的计税价格为20 000元;用银行存款支付水电费43 100元;分配工程人员工资180 000元。工程完工达到预定可使用状态时,编制会计分录如下。

①购入工程物资。

借:工程物资　　　　　　　　　　　　　　　　　　　　　1 700 000
　　应交税费——应交增值税(进项税额)　　　　　　　　　　221 000
　　贷:银行存款　　　　　　　　　　　　　　　　　　　　1 921 000

②工程领用工程物资。

借:在建工程——生产线　　　　　　　　　　　　　　　　1 700 000
　　贷:工程物资　　　　　　　　　　　　　　　　　　　　1 700 000

③工程领用库存原材料。

借:在建工程——生产线　　　　　　　　　　　　　　　　　58 500
　　贷:原材料　　　　　　　　　　　　　　　　　　　　　　58 500

④工程领用企业库存商品。

借:在建工程——生产线　　　　　　　　　　　　　　　　　15 000
　　贷:库存商品　　　　　　　　　　　　　　　　　　　　　15 000

⑤支付水电费。

借:在建工程——生产线　　　　　　　　　　　　　　　　　43 100
　　贷:银行存款　　　　　　　　　　　　　　　　　　　　　43 100

⑥计提工程人员工资。

借:在建工程——生产线　　　　　　　　　　　　　　　　180 000
　　贷:应付职工薪酬　　　　　　　　　　　　　　　　　　180 000

⑦工程达到预定可使用状态并交付使用。

借:固定资产　　　　　　　　　　　　　　　　　　　　　1 996 600
　　贷:在建工程——生产线　　　　　　　　　　　　　　　1 996 600

应该说明的是,当固定资产达到预定可使用状态时,如果尚未办理竣工决算的,应先按暂估价入账,同时停止借款费用的资本化并开始计提折旧,待办理竣工决算手续后,再按实际成本调整账面暂估成本。

2. 出包工程建造的固定资产

企业采用出包方式建造固定资产,一般应在与承包单位签订合同的基础上预先支付一部分工程款,以后再在施工过程中按期清算,工程完工时与承包单位结清余下的全部工程款。

企业以出包方式建造固定资产,其成本由建造该项固定资产达到预定可使用状态前所发生的必要支出构成,包括发生的建筑工程支出、安装工程支出、以及需分摊计入各固定资产价值的待摊支出。建筑工程、安装工程支出,如人工费、材料费与机械使用费等由建造承包商核算。对于发包企业而言,建筑工程支出、安装工程支出是构成在建工程成本的重要内容,发包企业按照合同规定的结算方式和工程进度定期与建造承包商办理工程价款结算,结算的工程价款计入在建工程成本。待摊支出,待摊支出是指在建设期间发生的,不能直接计入某项固定资产价值、而应由所建造固定资产共同负担的相关费用,包括为建造工程发生的管理费、征地费、可行性研究费、临时设施费、公证费、监理费、应负担的税费、符合资本化条件的借款费用、建设期间发生的工程物资盘亏、报废及毁损净损失以及负荷联合试车费等。

采用此种方式购建固定资产时,出包单位主要通过"在建工程"账户核算与承包单位进行工程价款的结算。企业与承包单位进行工程价款结算时,按照结算金额借记"在建工程"账户,贷记"银行存款"账户。该固定资产完工交付使用时,按照全部结算款项,结转工程成本,借记"固定资产"账户,贷记"在建工程"账户。

例5—6 钟泰有限公司新建行政办公楼一栋,通过竞争招标,信新建筑公司中标。出包合同工程价款为8 000 000元,工程开工时预付工程款40%,其余工程款于工程验收时一次结算。有关业务及其会计分录:

①预付工程价款的40%,计3 200 000元。

  借:在建工程——出包工程   3 200 000
    贷:银行存款   3 200 000

②工程经验收合格,将工程余款4 800 000元付给建筑公司。

  借:在建工程——出包工程   4 800 000
    贷:银行存款   4 800 000

③办公楼交付使用,计造价8 000 000元。

  借:固定资产   8 000 000
    贷:在建工程——出包工程   8 000 000

(三)股东投入的固定资产

股东投入的固定资产,按照投资合同或协议中约定的价值,借记"固定资产"账户,贷记"实收资本"或"股本"账户。

例5—7 钟泰有限公司接受普惠公司投入的汽车一部,双方协商作价15万元。该汽车作为股权投资处理。应作会计分录:

  借:固定资产   150 000
    贷:股本——普惠公司   150 000

(四)接受捐赠的固定资产

接受捐赠的固定资产,企业并未支付任何代价,或仅支付象征性的代价(如过户登记手续费等)。由于无须偿还,故不属于负债;又勿需向捐出方分配利润,不能作为实收资本或股本核算。因接受捐赠而增加的资产,会计上计入营业外收入。接受捐赠时,按确定的入账价值,借记"固定资产"账户,贷记"营业外收入"账户;若有支付的相关税费,再贷记"银行存款"等账户。

企业接受捐赠的固定资产,按以下规定确定其入账价值。

(1)捐赠方提供了有关凭据的,按凭据上标明的金额加上应当支付的相关税费,作为入账价值;

(2)捐赠方没有提供有关凭据的,按以下顺序确定其入账价值。

①同类或类似固定资产存在活跃市场的,按同类或类似固定资产的市场价格估计的金额,加上应当支付的相关税费,作为入账价值;

②同类或类似固定资产不存在活跃市场的,按该接受捐赠的固定资产的预计未来现金流量现值,作为入账价值。如接受捐赠的系旧的固定资产,依据上述方法确定的新固定资产价值,减去按该项资产的新旧程度估计的价值损耗后的余额,作为入账价值。

所谓的同类和类似是指有相同和相近的规格、型号、性能和质量等特征。

例 5—8 钟泰有限公司接受甲人士捐赠旧设备一台,根据设备的发票确定其价值为 72 000 元,估计折旧为 8 000 元,发生运费、包装费计 1 000 元。钟泰股份有限公司收到捐赠设备时,应做:

```
借:固定资产                          65 000
    贷:营业外收入                          64 000
        银行存款                            1 000
```

(五)租赁形成的固定资产(使用权资产)

1. 经营性租入的资产

经营性租入的资产是指就租入单位而言采用经营性租赁的方式租入的资产。对于不想取得固定资产的所有权而只重视使用权或者暂时没有足够的资金取得固定资产的所有权的企业而言,采用租赁的方式以换得固定资产的使用不失为一项正确的经营行为。

企业采用经营性租赁方式租入的固定资产,由于没有所有权,因此不能作为固定资产的增加记入正式会计账簿,但为了便于对实物的管理,应在备查簿中进行登记。对支付的租赁费,应根据租入固定资产的用途,分别计入制造费用、管理费用、销售费用、在建工程等。如果数额很大,摊销期在 1 年以上,应作为长期待摊费用并分期摊销。

2. 融资租入的固定资产

融资性租入的固定资产是指就租入单位而言采用融资性租赁的方式租入的固定资产。融资性租赁是为了满足企业生产经营的长期需要而租入资产的一种方式。当企业急需某种固定资产(一般为设备),直接购买需支付大额资金,而企业资金又不是很充足,这时可采用融资租赁方式先租入固定资产,以期尽快投入使用,然后再以分期支付租赁费的方式支付固定资产价款及其他有关费用,最终取得固定资产的所有权。采用这种租赁方式,既可以满足企业生产经营对固定资产的需要,又解决了购买固定资产所面临的资金问题,以融物的形式达到了融资的目的。

融资租入固定资产在会计处理上就不能像经营性租入固定资产那样,不进行固定资产价值的核算,否则的话,就会影响企业资产与负债的真实性,扭曲企业的财务状况,使企业达到表外融资的目的。我国会计准则规定,融资租入的固定资产,在融资租赁期内,应作为企业自有固定资产进行管理与核算。融资租入固定资产的入账价值按租赁开始日租赁资产的公允价值与最低租赁付款额的现值两者中较低者来确定,而最低租赁付款额作为长期应付款入账核算,二者的差额作为未确认融资费用。

企业租入资产时,按其入账价值借记"固定资产——融资租入固定资产"科目;按最低租赁付款额贷记"长期应付款"科目;按发生的初始直接费用贷记"银行存款"等科目;按其差额借记"未确认融资费用"科目。每期支付租金费用时,借记"长期应付款"科目,贷记"银行存款"科目;未确认融资费用采用实际利率法分摊,按当期应分摊的未确认融资费用金额,借记"财务费用"科目,贷记"未确认融资费用"科目;融资租入固定资产应计提折旧,借记"制造费用"科目,贷记"累计折旧"科目;租赁期届满,如果合同规定租赁资产所有权转归承租企业的,应将固定资产从"融资租入固定资产"明细科目转入有关明细科目。如果合同规定租赁资产归还给租赁企业的,应转销与该资产相关的账面记录。

3. 新租赁准则

财政部在2018年12月7日以财会[2018]35号文发布了新修订的《企业会计准则第21号——租赁》(以下简称"新准则"),但税法中尚未对此做出改变,仍然沿用经营租赁和融资租赁的规定。

新租赁准则变化较大,其中对于旧租赁准则中承租人双重的计量模型,变为了单一的计量模型,即在新准则中承租人不再区分融资租赁和经营租赁,承租人应当对租赁确认使用权资产和租赁负债(短期租赁和低价值资产租赁除外)。

例 甲公司是一般纳税人,与某房地产公司在2018年12月31日签署了一份写字楼的租赁合同。合同约定:租赁期限5年,从2019年1月1日起;每年租金100万元(不含税,含税105万),租金按年支付,租金每年1月1日前支付。租赁期满,甲公司需恢复租赁场地原貌。

甲公司2019年1月向房屋中介公司支付了中介费用2.06万元。房屋中介公司提供了税务局代开的增值税专用发票,注明的税额为600元。甲公司估计5年租赁期满后的复原需花费3万元。假定无法确定租赁内含利率,甲公司增量借款利率为6%,甲公司按时支付了租金。

(1)计算"使用权资产"成本和"租赁负债"的初始计量金额

根据新准则16条规定,"使用权资产"成本=租赁负债的初始计量金额-租赁激励+初始直接费用+复原成本=421.24-0+2+3=426.24万元(见表5-1)。

其中,租赁负债的初始计量金额=100×4.2124=421.24万元(4.2124是利率为6%、5年期的年金现值系数见表5-2所示。)

(2)承租人甲公司在租赁期开始日的会计处理

借:使用权资产　　　　　　　　　　　　　426.24
　　应交税费——应交增值税(进项税额)　　 0.06
　贷:租赁负债　　　　　　　　　　　　　　421.24
　　银行存款　　　　　　　　　　　　　　　2.06
　　预计负债——复原成本　　　　　　　　　 3

(3)新准则下租赁资产折旧和租赁负债摊销

折旧与摊销的相关方法见后续章节的内容,这里不介绍计算过程。

表5-1　　　　　　　　　　　　租赁资产折旧　　　　　　　　　金额单位:万元

序号	年度	期初余额	折旧	期末余额
0				426.24
1	2019	426.24	79.48	346.76

续表

序号	年 度	期初余额	折 旧	期末余额
2	2020	346.76	86.69	260.07
3	2021	260.07	86.69	173.38
4	2022	173.38	86.69	86.69
5	2023	86.69	86.69	
	合 计		426.24	

表5-2　　　　　　　　　　　　　　租赁负债分摊　　　　　　　　　　　金额单位:万元

序号	年 度	租金付款额	利 息	本 金
0				421.24
1	2019	100.00	25.27	346.51
2	2020	100.00	20.79	267.31
3	2021	100.00	16.04	183.34
4	2022	100.00	11.00	94.34
5	2023	100.00	5.66	0.00
	合 计	500.00	78.76	

(六)固定资产盘盈

固定资产盘盈是指企业在进行财产清查盘点中发生的固定资产的实存数量超过账面数量而出现的盈余。根据《企业会计准则第4号——固定资产》,新准则将固定资产盘盈作为前期差错进行会计处理,是因为固定资产出现盘盈是由于企业无法控制的因素,而造成盘盈的可能性是极小甚至是不可能的,企业出现了固定资产的盘盈必定是企业以前会计期间少计、漏计而产生的,应当作为会计差错进行更正处理,这样也能在一定程度上控制人为的调解利润的可能性。

例5-9　钟泰有限公司于2022年6月8日对企业全部的固定资产进行盘查,盘盈一台6成新的机器设备,该设备同类产品市场价格为100 000元,所得税税率为25%。

那么该企业的有关会计处理为

(1)借:固定资产　　　　　　　　　　　　　　　　　　　　　100 000
　　　贷:累计折旧　　　　　　　　　　　　　　　　　　　　　40 000
　　　　　以前年度损益调整　　　　　　　　　　　　　　　　　60 000
(2)借:以前年度损益调整　　　　　　　　　　　　　　　　　　15 000
　　　贷:应交税费——应交所得税　　　　　　　　　　　　　　15 000
(3)借:以前年度损益调整　　　　　　　　　　　　　　　　　　 4 500
　　　贷:盈余公积——法定盈余公积　　　　　　　　　　　　　 4 500
(4)借:以前年度损益调整　　　　　　　　　　　　　　　　　　40 500
　　　贷:利润分配——未分配利润　　　　　　　　　　　　　　40 500

(七)存在弃置义务的固定资产

对于特殊行业的特定固定资产,确定其初始入账成本时,还应考虑弃置费用。弃置费用通常是指根据国家法律和行政法规、国际公约等规定,企业承担的环境保护和生态恢复等义务所确定的支出,如核电站核设施等的弃置和恢复环境义务。弃置费用的金额与其现值比较,通常相差较大,需要考虑货币时间价值,对于这些特殊行业的特定固定资产,企业应当根据《企业会计准则第13号——或有事项》,按照现值计算确定应计入固定资产成本的金额和相应的预计负债。在固定资产的使用寿命内按照预计负债的摊余成本和实际利率计算确定的利息费用应计入财务费用。一般工商企业的固定资产发生的报废清理费用不属于弃置费用,应当在发生时作为固定资产处置费用处理。

例 5—10 经国家审批,钟泰公司计划建造一个核电站,其主体设备核反应堆将会对当地的生态环境产生一定的影响。根据法律规定,企业应在该项设备使用期满后将其拆除,并对造成的污染进行整治。2022年1月1日,该项设备建造完成并交付使用,建造成本共80 000 000元。预计使用寿命10年,预计弃置费用为1 000 000元。假定折现率(即为实际利率)为10%。

(1)已完工的固定资产的成本。

核反应堆属于特殊行业的特定固定资产,确定其成本时应考虑弃置费用。

2022年1月1日,弃置费用的现值=1 000 000×(P/F,10%,10)
  =1 000 000×0.3855=385 500(元)

固定资产入账价值=80 000 000+385 500=80 385 500(元)

　　借:固定资产　　　　　　　　　　　　　　　　　　80 385 500
　　　　贷:在建工程　　　　　　　　　　　　　　　　　　80 000 000
　　　　　　预计负债　　　　　　　　　　　　　　　　　　　　385 500

(2)第1年应负担的利息。

　　借:财务费用　　　　　　　　　　　　　　　　　　　38 550
　　　　贷:预计负债　　　　　　　　　　　　　　　　　　　38 550

(3)第2年应负担的利息(按实际利率法计算)=(385 500+38 550)×10%=42 405(元)

　　借:财务费用　　　　　　　　　　　　　　　　　　　42 405
　　　　贷:预计负债　　　　　　　　　　　　　　　　　　　42 405

以后会计年度的会计处理略。

第三节　固定资产折旧与减值

一、固定资产折旧的性质及范围

企业取得固定资产是由于固定资产能够在未来给企业带来一定的经济利益,这种经济利益是来自于企业对固定资产服务潜能的利用。但是,固定资产的服务潜力是有限的,随着固定资产在生产经营过程中的不断使用,这种服务潜力会逐渐衰减直至消逝。企业为了使成本和相应的收入相配比,就必须按消逝的服务能力的比例,将固定资产的取得成本转入营业成本或费用中,以正确确定企业的收益。从量上来说,准确地确定固定资产已消逝的服务能力几乎是不可能的,特别是某一期消逝的服务能力更是如此。但是,人们可以通过采用一定的方法来尽可能地客观反映这种已消逝的服务能力,它可以直接地体现为按照一定的方法按期计算转入营业成本或费用中的固定资产成本,并且这种方法一经确定,在固定资产整个的经济使用年限内一般不许变更,具有连续性和规律性,这在会计上被称为"合理而系统"的方法,这种方法称为计提折旧。

固定资产服务潜力的逐渐消逝,是因为固定资产在使用过程中会发生各种损耗。固定资产的损耗可分为有形损耗和无形损耗。有形损耗是指固定资产在使用过程中由于磨损而发生的使用性损耗和由于受自然力影响而发生的自然损耗;无形损耗是指由于技术进步与消费偏好的变化、经营规模扩充等原因而引起的损耗,这种损耗的特点是固定资产在物质形态上仍具有一定的服务潜力,但已不再适用或继续使用已不经济。一般而言,有形损耗决定固定资产的最长使用年限,即物质使用年限;无形损耗决定固定资产的实际使用年限,即经济使用年限。

企业应对所有的固定资产进行计提折旧,只有已提足折旧仍继续使用的固定资产和单独计价入账的土地除外。也就是说,固定资产折旧的范围是以企业对资产是否确认其为企业固定资产作为计提折旧的范围,而不再以固定资产是否处于不同的使用状态(正使用、未使用或不需要)作为计提折旧的范围。

在确定计提折旧的范围时应注意以下几点。

(1)固定资产应当按月计提折旧。当月增加的固定资产,当月不计提折旧,从下月起计提折旧;当月减少的固定资产,当月仍计提折旧,从下月起不计提折旧。

(2)固定资产提足折旧后,不论能否继续使用,均不再计提折旧,提前报废的固定资产也不再补提折旧。所谓提足折旧是指已经提足该项固定资产的应计折旧额。

(3)已达到预定可使用状态但尚未办理竣工决算的固定资产,应当按照估计价值确定其成本,并计提折旧;待办理竣工决算后再按实际成本调整原来的暂估价值,但不需要调整原已计提的折旧额。

(4)处于更新改造过程而停止使用的固定资产,符合固定资产准则规定的确认条件的,应当转入在建工程,停止计提折旧。已计提减值准备的固定资产,还应扣除已计提的固定资产减值准备累计金额。

二、计算折旧应考虑的主要因素

折旧的主要依据是固定资产的磨损程度,但由于其磨损程度很难精确计量,因此,只能通过分析影响折旧的主要因素,采用一定的计算方法进行估计。影响折旧的主要因素有以下几点。

(一)折旧基数

计提固定资产折旧的基数一般是固定资产的取得成本,即原始价值,它是固定资产在有效使用期限内损耗价值的最高界限。有时,固定资产的重置成本也可替代其原始价值而成为计算折旧的基数。

(二)预计净残值

这是指企业预计固定资产报废时可收回的残余价值扣除预计清理费用后的余额。净残值估计的高低与企业固定资产的使用政策相关。如果是将固定资产用至不能继续使用,或不能产生经济效益时再退废,其残值必然估计较低。相反,如果企业注重的是固定资产的经济年限,当固定资产还有较高的经济价值时就加以处置,其估计的残值往往较高。不管怎样,净残值是对固定资产应提折旧额的一种扣减,它的高低直接影响到企业计入各期产品生产成本或费用中的折旧费的高低。所以计提折旧时,应对净残值进行合理估计,避免人为地通过调整净残值的数额而调整折旧额。固定资产原价减去预计净残值的余额,称为应计折旧额。已计提减值准备的固定资产,应计折旧额中还应扣除已计提的减值准备累计金额。

(三)预计使用年限

固定资产预计使用年限的长短直接影响各期折旧额的高低,应当综合考虑有形损耗和无形损耗两方面的因素来确定。由于固定资产的有形损耗和无形损耗很难准确估计,所以其使用年限也是预计的。

固定资产的使用年限有两种,一是物质年限,二是经济年限。前者受物质因素的影响,是最大的使用年限。后者受功能因素的影响,通常小于物质年限。这是因为科学技术的进步,使固定资产尚未达到物质年限之前,继续使用从经济上看就不合算了。或者因消费者的偏爱,原有固定资产生产的产品滞销,该项固定资产自然失去经济价值而遭淘汰。所以,在预计使用年限时,应综合考虑固定资产的物质年限和经济年限。

三、折旧的计算方法

企业在对固定资产计提折旧时,应当根据固定资产的性质和使用情况,合理确定固定资产的使用寿命和预计净残值。企业应当根据固定资产所包含的经济利益预期实现方式,合理选择固定资产折旧的方法。可选用的折旧方法包括平均年限法、工作量法、双倍余额递减法和年数总和法等。

(一)平均年限法

这是将固定资产的应计折旧额在其预计的使用年限内平均分摊的一种方法。采用这种方法,各期摊提的折旧额相等。

其计算公式如下。

固定资产年折旧额=(固定资产原价-预计净残值)÷预计使用年限

固定资产月折旧额=固定资产年折旧额÷12

实际工作中,企业各期的折旧额一般直接根据固定资产的原价及其折旧率计算确定。其中,固定资产折旧率是指一定时期内固定资产的折旧额与其原值的比率。计算公式如下。

固定资产折旧额=固定资产原价×折旧率

固定资产年折旧率=固定资产年折旧额÷原价×100%

=(1-预计净残值率)/预计使用年限

固定资产月折旧率=固定资产年折旧率÷12

例 5—11 钟泰有限公司一项设备的原值 50 000 元,预计净残值 2 000 元,预计使用年限为 5 年。则

年折旧额=(50 000-2 000)÷5=9 600(元)

年折旧率=9 600÷50 000×100%=19.2%

上述折旧率的计算是以单项固定资产为基础,称为个别折旧率。此外,还有分类折旧率和综合折旧率。

年限平均法的优点是计算简便、容易理解;但它只着重固定资产使用时间的长短,忽视了固定资产的使用强度及使用效率。据此计提的折旧额,有时难以达到收入与费用的正确配比。它适用于各个时期使用程度和使用效率大致相同的固定资产。

(二)工作量法

这是按照固定资产预计完成的工作总量(如行驶里程、工作时数等)计提折旧的一种方法。它假定固定资产的价值随着其使用程度而磨损,因此,固定资产的原始价值应平均分摊于所提供的各个工作量中。

工作量法适用于固定资产的功效主要与使用程度有关、磨损主要受有形损耗影响的固定资产,如大型专用设备或专业车队的客货运汽车等。由于单位工作量计提的折旧额相等,实质上它也是一种平均法。计算公式如下。

单位工作量折旧额=(固定资产原值-预计净残值)÷预计完成的工作总量

各期固定资产折旧额=当期固定资产实际完成工作量×单位工作量折旧额

例5-12 钟泰有限公司购置了专用机床一台,原价120 000元,预计可以使用56 000小时,预计净残值8 000元,则

每小时折旧额=(120 000-8 000)÷56 000=2(元)

本年度该机床使用时间为7 000小时,则:

本年度折旧额=7 000×2=14 000(元)

(三)加速折旧法

加速折旧法又称递减折旧法,是根据固定资产的效能在使用期内随着使用而逐期递减、其维修费用逐期递增的特点,在固定资产使用初期多提折旧额、在后期少提折旧额,从而相对加快折旧速度的一种方法。采用加速折旧法主要基于以下考虑:(1)固定资产的使用效能是逐年递减的。通常固定资产在使用的前期使用效能高,维修次数少,促使企业创造的净收益也多。但在固定资产使用后期,随着固定资产的磨损或损耗,其效能会逐渐降低。因此,在固定资产使用前期效能高而维修等费用发生少的情况下多计提折旧费用,在固定资产使用后期效能低且维修费用发生多等情况下少计折旧费用,可以充分体现收入和费用配比的要求,使企业损益的确认更趋合理。(2)基于谨慎性的考虑。市场经济条件下盈利能力高的企业往往其经营风险也高,企业未来的净收入尤其是较长时期的净收入往往不易预计。因此,在固定资产使用前期多计折旧费,后期少计折旧费,有利于企业提前收回投资。(3)固定资产虽然能够在较长时期内保持原有实物形态,但一经投入生产经营过程被使用,其市场价值就会明显降低。通过快提折旧可保持固定资产的账面价值与市场价值大致相符。(4)在政府许可的条件下,采用加速折旧法可延迟企业交纳所得税的时间,使企业在纳税方面得到一定的好处。

加速折旧法是美国首创的。第二次世界大战期间,美国政府为了鼓励向军火工业投资,规定凡接受军事采购合同的垄断企业,其厂房和设备的折旧年限可缩短为5年(当时一般民用工业厂房折旧年限为50年、机器设备为20年);在所得税法中政府也承认企业采用加速折旧法计算的应税所得额。此后,这种方法在西方乃至世界各国推广。所以,当时这种折旧政策是促进了处于物资供应短缺状况的美国经济的发展。这种加速折旧方法虽然与当今的并不通过缩短折旧年限而加速固定资产成本的计提的加速折旧法不完全一致,但就其目的而言则是相同的。

加速折旧的计算方法很多,如余额递减法、双倍余额递减法、年数总和法和递减折旧率法等。我国会计准则规定企业可以采用的加速折旧方法是双倍余额递减法、年数总和法两种。

(一)双倍余额递减法

这种方法是指在不考虑固定资产残值的情况下,用每期固定资产期初的账面价值乘以双倍直线折旧率计算各期折旧额的方法。

有关计算公式如下。

每年折旧额=年初固定资产账面价值×双倍直线折旧率

双倍直线折旧率=2/预计使用寿命×100%

月折旧额=年折旧额/12

例5-13 钟泰有限公司新增生产设备一台,其原值为50 000元,预计净残值2 000元,

预计使用 5 年。采用双倍余额递减法计提折旧。

其双倍直线折旧率为：2/5×100%＝40%

折旧计算表如表 5—3 所示。

表 5—3　　　　　　　　　　　折旧计算表（双倍余额递减法）　　　　　　　　　　单位：元

年次	年初净值	折旧率	折旧额	累计折旧	年末净值
1	50 000	40%	20 000	20 000	30 000
2	30 000	40%	12 000	32 000	18 000
3	18 000	40%	72 00	39 200	10 800
4	10 800		4 400	43 600	6 400
5	6 400		4 400	48 000	2 000

采用此法计提固定资产的折旧，因每年的固定资产期初净值（折旧基数）逐年减少，据此计算的每年折旧额也呈现递减趋势。计算每期折旧额时，虽然不考虑残值因素，但折旧期满固定资产的账面价值也不应低于预计残值。作为一种折旧方法或固定资产成本的分摊程序，它不会在预计使用寿命到期时自动预留残值，会计上可改变既定的折旧程序，确保折旧期满时固定资产的账面价值不低于预计残值。为了简化核算手续，可在固定资产使用寿命到期前两年内将固定资产净值扣除预计净残值后的净额在最后两年内平均摊销。

（二）年数总和法

这种方法是指以固定资产的应计折旧额（原值－预计净残值）为基础，按逐年递减的折旧率计算固定资产折旧的方法。采用此方法计提折旧，折旧率各年不同，公式如下。

年折旧率＝（预计使用年限 －已使用年限）/［预计使用年限×
　　　　　（1＋预计使用年限）÷2］×100%

年折旧额＝应计折旧额×年折旧率

月折旧额＝年折旧额/12

例 5—14　上例中如果采用年数总和法计提折旧，则编制的折旧计算表如表 5—4 所示。

表 5—4　　　　　　　　　　　折旧计算表（年数总和法）　　　　　　　　　　单位：元

年次	应计折旧额	折旧率	折旧额	累计折旧	年末净值
1	48 000	5/15	16 000	16 000	34 000
2	48 000	4/15	12 800	28 800	21 200
3	48 000	3/15	9 600	38 400	11 600
4	48 000	2/15	6 400	44 800	5 200
5	48 000	1/15	3 200	48 000	2 000

总之，企业在计提折旧时，要根据具体情况，综合考虑各种因素，选择恰当的方法，尽量使折旧成本的分摊情况与固定资产的实际情况相符。

固定资产以计提折旧的开始月份，每 12 个月为一期。这不完全等同于公历的 1 年。当固定资产不是从每年的 1 月份开始折旧时，固定资产的年折旧月份达不到 12 个月。对于年限平均法，每期以及每个月的折旧金额都相等。但对于加速折旧法，各期之间的折旧金额是不相等的,每一期的 12 个月是平均分配的。

如例 5-14,假设固定资产是 2022 年 3 月 15 日取得,那么该固定资产 2022 年～2027 年的应计提折旧金额如下。

2022 年:16 000/12×9＝12 000
2023 年:16 000/12×3＋12 800/12×9＝13 600
2024 年:12 800/12×3＋9 600/12×9＝10 400
2025 年:9 600/12×3＋6 400/12×9＝7 200
2026 年:6 400/12×3＋3 200/12×9＝4 000
2027 年:3 200/12×3＝800

四、折旧的核算

企业计提固定资产折旧时,应以月初可提取折旧的固定资产账面原值为依据,遵循当月增加的固定资产当月不提折旧、当月减少或停用的固定资产当月照提折旧的原则,在上月计提折旧的基础上,考虑上月固定资产的增减情况,并对折旧额进行调整后计算当月折旧额。计算公式如下。

当月应提折旧额＝上月固定资产计提的折旧额＋上月增加固定资产应计提的折旧额
－上月减少固定资产应计提的折旧额

在会计实务中,固定资产折旧的账务处理应反映两个方面的内容:一个方面的内容是固定资产成本的摊销额;另一个方面是固定资产成本(原值)的消耗额。按照复式记账原理,会计上应同时反映这两个方面的内容。企业应将固定资产成本的摊销额按照固定资产的用途转为当期的成本或费用,一般来说,企业的管理部门使用的固定资产,折旧费应记入"管理费用"科目,生产车间使用的固定资产,折旧费应记入"制造费用"科目,销售部门使用的固定资产,折旧费应记入"销售费用"科目。若固定资产属于企业不需用和未使用固定资产,则应将计提的折旧费用计入"管理费用"。

固定资产的消耗额应当通过"累计折旧"账户的贷方额予以反映。从客观上讲,固定资产成本的已转移部分应当直接贷记"固定资产"账户以冲减固定资产成本,但这种处理方法存在诸多缺点:(1)不能在账面上保全固定资产原值,不便于反映企业的生产能力;(2)没有固定资产成本的转移记录,不便于了解固定资产的新旧程度;(3)账面无累计折旧数,不便于事后对折旧事项进行调整。基于此,会计上设置"累计折旧"账户,专门用于反映固定资产因使用而摊销的成本或者已经转移的价值。

实务中,企业各期折旧的计提一般通过编制"固定资产折旧计算表"来完成。表 5-5 是钟泰有限公司 2022 年 6 月份的固定资产折旧计算表。

表 5-5　　　　　　　　　　　固定资产折旧计算表　　　　　　　　　　单位:元

使用部门	固定资产项目	上月折旧额	上月增加固定资产		上月减少固定资产		本月折旧额
			原价	折旧额	原价	折旧额	
车间	厂房	5 000					5 000
	机器设备	8 000	60 000	1 200			9 200
	小计	13 000	60 000	1 200			14 200

续表

使用部门	固定资产项目	上月折旧额	上月增加固定资产		上月减少固定资产		本月折旧额
			原价	折旧额	原价	折旧额	
管理部门	房屋建筑	4 000			30 000	500	3 500
	小　计	4 000			30 000	500	3 500
合　计		17 000	60 000	1 200	30 000	500	17 700

借：制造费用　　　　　　　　　　　　　　　　　　　　　　　14 200
　　管理费用　　　　　　　　　　　　　　　　　　　　　　　　3 500
　贷：累计折旧　　　　　　　　　　　　　　　　　　　　　　　　　17 700

在固定资产使用过程中，其所处的经济环境、技术环境以及其他环境有可能与预计的固定资产的使用寿命发生很大的变化。例如固定资产的使用强度比正常情况大大加强，会致使固定资产的使用寿命大大缩短等。此时，如果不对固定资产的预计使用寿命进行调整，原先确定的固定资产的使用寿命必然不能反映出其为企业提供经济利益的期间，据此提供的会计信息就很可能是不真实的，进而影响会计信息的使用者做出恰当的经济决策。

为了避免这种情况，企业应定期对固定资产的预计使用寿命进行复核，如果固定资产使用寿命的预期数与原先的估计数有较大差异，则应当相应调整固定资产折旧年限，并按照会计估计变更的有关规定进行会计处理。企业对固定资产预计净残值所做的调整，也应作为会计估计变更处理。

五、固定资产减值

固定资产的初始入账价值是历史成本。由于固定资产的使用年限较长，市场条件和经营环境的变化、科学技术的进步以及企业经营管理不善等原因，都可能导致固定资产创造未来经济利益的能力大大下降。因此，固定资产的真实价值有可能低于账面价值，在期末必须对固定资产减值损失进行确认。

资产负债表日，固定资产存在可能发生减值的迹象时，其可收回的金额低于账面价值的，企业应当将该固定资产的账面价值减记至可收回的金额，减记的金额确认为减值损失，计入当期损益，同时计提相应的资产减值准备，借记"资产减值损失"，贷记"固定资产减值准备"科目。可收回金额按照固定资产在资产负债表日的公允价值减去处置费用的净额与未来创造现金流量的现值孰高法计量。固定资产减值损失一经确认，在以后会计期间不得转回。固定资产计提减值准备后，固定资产的应计折旧总额发生变化，后期的折旧金额需要重新计算。

第四节　固定资产的后续支出

一、固定资产后续支出的概念

固定资产后续支出是指固定资产在投入使用以后期间发生的与固定资产使用效能直接相关的各种支出，如固定资产的增置、改良与改善、换新、修理和重新安装等业务发生的支出。

从支出目的来看，固定资产后续支出有的是为了维护、恢复或改进固定资产的性能，使固定资产在质量上发生变化;有的是为了改建、扩建或增建固定资产,使固定资产在数量上发生变化。

从支出的情况来看,有的后续支出在取得固定资产时即可预见到它的发生,属于经常性的或正常性的支出;有的后续支出很难预见到它的发生,属于偶然性的或特殊性的支出。

从支出的性质来看,有的后续支出形成资本化支出,应计入固定资产的价值,按照会计准则的规定,这一类支出必须符合固定资产确认的条件;固定资产的后续支出如果不符合固定资产确认的条件,要进行费用化处理,在后续支出发生时计入当期损益。

固定资产后续支出主要内容包括:(1)改建、扩建或改良支出,其中改良是对固定资产质量或功能上的改进,如用自动装置替代非自动装置等。(2)维护保养与修理支出。

二、固定资产的后续支出的核算

后续支出的会计处理原则是:如果支出增强了固定资产获取未来经济利益的能力,提高了固定资产的性能,如延长了使用寿命、提高了生产能力、使所生产的产品质量有实质性提高或使产品成本有实质性降低等。这些支出的结果可能使流入企业的经济利益超过了原先的估计,符合资产的确认条件,应将其"资本化",计入固定资产的账面价值。否则,固定资产的后续支出应予"费用化",计入发生当期的费用。

(一)资本化的后续支出

固定资产发生可资本化的后续支出时,企业一般应将该固定资产的原价、已计提的累计折旧和减值准备转销,将固定资产的账面价值转入在建工程,并停止计提折旧。发生的后续支出,通过"在建工程"科目核算。在固定资产发生的后续支出完工并达到预定可使用状态时,再从在建工程转为固定资产,并按重新确定的使用寿命、预计净残值和折旧方法计提折旧。

例5—15 钟泰有限公司2019年12月自行建成了一条生产线,建造成本为568 000元;采用年限平均法计提折旧;预计净残值率为固定资产原价的3%,预计使用年限为6年。

(1)2021年12月31日,由于生产的产品适销对路,现有生产线的生产能力已难以满足公司生产发展的需要,但若新建生产线成本过高,周期过长,于是公司决定对现有生产线进行改扩建,以提高其生产能力。假定该生产线未发生减值。

(2)2022年1月1日至3月31日,经过三个月的改扩建,完成了对这条生产线的改扩建工程,共发生支出268 900元,全部以银行存款支付。

(3)该生产线改扩建工程达到预定可使用状态后,大大提高了生产能力,预计将其使用年限延长了4年,即预计使用年限为10年。假定改扩建后的生产线的预计净残值率为改扩建后固定资产账面价值的3%;折旧方法仍为年限平均法。

(4)为简化计算过程,整个过程不考虑其他相关税费,公司按年度计提固定资产折旧。

本例中,生产线改扩建后生产能力将大大提高,能够为企业带来更多的经济利益,改扩建的支出金额也能可靠计量,因此该后续支出符合固定资产的确认条件,应计入固定资产的成本。有关的会计处理如下。

(1)2020年1月1日至2021年12月31日两年间,即固定资产后续支出发生前。

该条生产线的应计折旧额=568 000×(1−3%)=550 960(元)

年折旧额=550 960÷6=91 826.67(元)

各年计提固定资产折旧的会计分录为:

借:制造费用　　　　　　　　　　　　　　　　　　　　　　91 826.67

  贷：累计折旧   91 826.67

（2）2022年1月1日，固定资产的账面价值＝568 000－（91 826.67×2）
          ＝384 346.66（元）

固定资产转入改扩建：

 借：在建工程   384 346.66
   累计折旧   183 653.34
  贷：固定资产   568 000

（3）2022年1月1日至3月31日，发生改扩建工程支出。

 借：在建工程   268 900
  贷：银行存款   268 900

（4）2022年3月31日，生产线改扩建工程达到预定可使用状态，固定资产的入账价值＝384 346.66＋268 900＝653 246.66（元）

 借：固定资产   653 246.66
  贷：在建工程   653 246.66

（5）2022年3月31日，转为固定资产后，按重新确定的使用寿命、预计净残值和折旧方法计提折旧。

应计折旧额＝653 246.66×(1－3%)＝633 649.26（元）
月折旧额＝633 649.26÷(7×12＋9)＝6 813.43（元）
年折旧额＝6 813.43×12＝81 761.16（元）
2022年应计提的折旧额＝6 813.43×9＝61 320.87（元）

会计分录为：

 借：制造费用   61 320.87
  贷：累计折旧   61 320.87

（二）费用化的后续支出

与固定资产有关的修理费用等后续支出，不符合固定资产确认条件的，应当根据不同情况分别在发生时计入当期管理费用或销售费用。

一般情况下，固定资产投入使用之后，由于固定资产磨损、各组成部分耐用程度不同，可能导致固定资产的局部损坏，为了维护固定资产的正常运转和使用，充分发挥其使用效能，企业将对固定资产进行必要的维护。固定资产的日常修理费用等支出只是确保固定资产的正常工作状况，一般不产生未来的经济利益。因此，通常不符合固定资产的确认条件，在发生时应直接计入当期损益。企业生产车间（部门）和行政管理部门等发生的固定资产修理费用等后续支出计入"管理费用"。企业设置专设销售机构的，其发生的与专设销售机构相关的固定资产修理费用等后续支出，计入"销售费用"。对于处于修理、更新改造过程而停止使用的固定资产，如果其修理、更新改造支出不满足固定资产的确认条件，在发生时也应直接计入当期损益。

例5-16 钟泰有限公司现拥有一辆运输车，2022年5月花费保养维修费用5 000元；7月，企业为了增加其运载能力，使其载重能力由4吨增加到6吨，为此支出了20 000元的改造费用。

5月的支出属于日常维修费用，它只是为了确保车辆的正常运输能力而进行的保养，属于费用性支出，因此，在发生时直接计入管理费用。其账务处理如下。

 借：管理费用   5 000

　　　　贷：银行存款　　　　　　　　　　　　　　　　　　　　　　　　　　　　5 000

　　7月的支出由于增强了车辆的载重能力，提高了该资产获取经济的能力，因此属于资本性支出，应将其资本化，增加企业固定资产的价值。其账务处理如下：

　　　　借：固定资产　　　　　　　　　　　　　　　　　　　　　　　　　　　　20 000
　　　　　贷：银行存款　　　　　　　　　　　　　　　　　　　　　　　　　　　20 000

第五节　固定资产的处置

　　固定资产处置是指固定资产退出现有正常工作状态的各种情况，可分为主动性退出和非主动性退出两类。主动性退出是指根据企业的某种需要将固定资产主动转让给其他单位或个人，例如变卖固定资产、对外投资转出固定资产、对外捐赠转出固定资产以及因非货币性资产交换或债务重组而转出固定资产等。非主动性退出是指因自然灾害（如水灾、火灾等）、经济纠纷判决败诉等原因导致固定资产必须退出现有工作状态以及固定资产因预计使用寿命到期，也已提足折旧而退出现有工作状态。

一、固定资产出售

　　企业购建固定资产的目的不是为了转手倒卖，但对于多余闲置的固定资产以及不适合企业需用的固定资产，可以通过变卖收回部分资金，并进行资源的优化配置。会计实务中，变卖固定资产的账务处理有四方面的内容。

　　(1) 转销固定资产的账面价值。按照已计提处置固定资产的折旧额，借记"累计折旧"，按照固定资产的账面价值，借记"固定资产清理"账户，按照固定资产的初始账面价值，贷记"固定资产"。

　　(2) 反映变卖过程中发生的清理费用。按照处置过程中支付的清理费用，借记"固定资产清理"，贷记"银行存款"或者"库存现金"。

　　(3) 反映变卖过程中发生的变卖收入和相关税费。按照处置过程中获得的价款，借记"银行存款"，涉及的增值税税额，贷记"应交税费——应交增值税（销项税额）"，按照获得的不含税收入，贷记"固定资产清理"。

　　(4) 结转变卖净收益或损失。若固定资产账面价值和支出的相关税费之和小于固定资产变卖收入，其差额即"固定资产清理"账户的贷方余额为固定资产变卖净收益，此时，结转"固定资产清理"账户余额，同时确认固定资产收益，贷记"资产处置损益"。反之，若固定资产账面价值和支出的相关税费之和大于固定资产变卖收入，其差额即"固定资产清理"账户的借方余额为固定资产变卖净损失，此时，结转"固定资产清理"账户余额，同时确认固定资产处置损失，借记"资产处置损益"。

　　例 5—17　钟泰有限公司出售多余汽车1辆，该汽车原值260 000元，已计提折旧80 000元，售价为190 000元，款项已收到存入银行。出售收入应交纳6%的增值税。另外以现金支付中介交易费用550元。有关业务内容和分录如下。

　　(1) 转销固定资产价值。

　　　　借：累计折旧　　　　　　　　　　　　　　　　　　　　　　　　　　　　80 000
　　　　　　固定资产清理　　　　　　　　　　　　　　　　　　　　　　　　　　180 000
　　　　　贷：固定资产　　　　　　　　　　　　　　　　　　　　　　　　　　　260 000

(2)收到变卖价款。

借:银行存款 190 000
  贷:固定资产清理 190 000

(3)计算应交增值税。

190 000×6%＝11 400(元)

借:固定资产清理 11 400
  贷:应交税费——应交增值税 1 1400

(4)支付中介交易费用。

借:固定资产清理 550
  贷:库存现金 550

(5)结转处置净收益或损失。

净损益＝190 000－180 000－11 400－550＝－1 950(元)

借:资产处置损益 1 950
  贷:固定资产清理 1 950

二、固定资产的报废与毁损

固定资产的报废和毁损按其原因可分为三种情况:(1)固定资产的预计使用寿命已满,其物质磨损程度已达极限,不宜再继续使用,应按预期报废。(2)由于科学技术水平的提高,导致企业原来拥有的固定资产再使用经济上已不合算,必须将其淘汰提前报废。(3)由于自然灾害(如水灾、火灾等)事故的发生或管理不善等原因造成的固定资产毁损。

固定资产按预计的使用寿命报废时,其累计折旧额应等于应计提折旧总额,其账面价值应等于预计净残值,但企业处置固定资产时的实际变现价值不一定等于预计净残值,差额为固定资产处置损益,应转作企业的营业外收支。

固定资产提前报废时,其累计折旧额一般小于应计提折旧总额,其账面价值一般大于预计净残值,因固定资产提前报废而少提的折旧额按从简原则处理,即少提折旧不补提,且作为处置损益一并处理。

固定资产发生毁损时,尚未提足的折旧额构成了固定资产的报废损失,在扣除保险公司赔偿款和有关责任人的赔偿款后的净额作为固定资产报废的净损失,应转作营业外支出。

固定资产报废和毁损时,其账务处理与变卖固定资产相同,分为以下四步骤。

(1)转销固定资产的账面价值。按照已计提处置固定资产的折旧额,借记"累计折旧",按照固定资产的账面价值,借记"固定资产清理"账户,按照固定资产的初始账面价值,贷记"固定资产"。

(2)反映处置过程中发生的清理费用。按照处置过程中支付的清理费用,借记"固定资产清理",贷记"银行存款"或者"库存现金"。

(3)反映因报废收到的赔偿和残值变现收入。按照处置过程中应获得的价款,借记"银行存款""其他应收款"或"原材料",贷记"固定资产清理"。

(4)结转报废净收益或损失。若固定资产账面价值和支出的相关税费之和小于固定资产报废赔偿和残值变现之和,其差额即"固定资产清理"账户的贷方余额为固定资产变卖净收益,此时,结转"固定资产清理"账户余额,同时确认固定资产收益,贷记"营业外收入"。反之,若固定资产的账面价值和支出的相关税费之和大于固定资产报废的收入,其差额即"固定资产清理"账户的借方余额为固定资产变卖净损失,此时,结转"固定资产清理"账户余额,同时确认固定资产处置损失,借记"营业外支出"。

例 5—18 钟泰有限公司的一台设备原值 50 000 元,预计使用 6 年,已使用 6 年,预计净残值 2 000 元;设备处置时实际变现 1 200 元,支付清理费用 880 元,均为现金结算。有关业务及会计分录为:

(1) 转销固定资产价值。

  借:固定资产清理   2 000
    累计折旧   48 000
    贷:固定资产   50 000

(2) 取得变现收入。

  借:库存现金   1 200
    贷:固定资产清理   1 200

(3) 支付清理费用。

  借:固定资产清理   880
    贷:库存现金   880

(4) 结转固定资产处置净损失 1 680 元(2 000+880-1 200)。

  借:营业外支出   1 680
    贷:固定资产清理   1 680

三、固定资产盘亏

企业在固定资产清查中盘亏的固定资产,应在报批前按账面净值借记"待处理财产损溢"科目,按已提折旧额借记"累计折旧"科目,如该项固定资产已计提减值准备,还要借记"固定资产减值准备"科目,同时按账面原价贷记"固定资产"科目;待按管理权限和程序报经批准后,应由责任人赔偿的部分借记"其他应收款"科目,其余部分借记"营业外支出"科目,同时,贷记"待处理财产损溢"科目。

例 5—19 钟泰有限公司在年末对固定资产的清查中,发现短缺一台小型仓库运输设备,该设备账面原价为 7 000 元,已计提折旧 3 000 元,当即填写了"固定资产盘点盈亏报告表",并上报有关机构审批。经查明,该设备的丢失,仓库管理员李斌负有责任。公司管理机构批复由仓库管理员赔偿损失价值的 10%,其余部分按营业外支出处理。编制会计分录如下:

(1) 报批前转销盘亏固定资产账面价值。

  借:待处理财产损溢   4 000
    累计折旧   3 000
    贷:固定资产   7 000

(2) 按批复转销。

  借:其他应收款——李斌   400
    营业外支出   3 600
    贷:待处理财产损溢   4 000

第六节　固定资产综合实例

钟泰有限公司为一家上市公司,属于增值税一般纳税企业,适用的增值税税率为13%。钟泰有限公司2020年至2023年与固定资产有关的业务资料如下。

(1)2020年12月1日,钟泰有限公司购入一条需要安装的生产线,取得的增值税专用发票上注明的生产线价款为1 170万元,增值税额为152.1万元;发生保险费2.5万元,款项均以银行存款支付;没有发生其他相关税费。

(2)2020年12月1日,钟泰有限公司开始以自营方式安装该生产线。安装期间领用生产用原材料实际成本为11.7万元,发生安装工人工资5万元,没有发生其他相关税费。该原材料未计提存货跌价准备。

(3)2020年12月31日,该生产线达到预定可使用状态,当日投入使用。该生产线预计使用年限为6年,预计净残值为13.2万元,采用直线法计提折旧。

(4)2021年12月31日,钟泰有限公司在对该生产线进行检查时发现其已经发生减值。钟泰有限公司预计该生产线在未来4年内产生的未来现金流量的现值为807.56万元;该生产线的公允价值减去处置费用后的净额为782万元。

(5)2022年1月1日,该生产线的预计尚可使用的年限为5年,预计净残值为12.56万元,采用直线法计提折旧。

(6)2022年6月30日,钟泰有限公司采用出包方式对该生产线进行改良。当日,该生产线停止使用,开始进行改良。在改良过程中,钟泰有限公司以银行存款支付工程总价款122.14万元。

(7)2022年8月20日,改良工程完工验收合格并于当日投入使用,预计尚可使用的年限为8年,预计净残值为10.2万元,采用直线法计提折旧。2022年12月31日,该生产线未发生减值。

编制钟泰有限公司有关会计分录并进行有关该生产线计提的折旧额的计算。

(1)2020年12月1日购入生产线

　　借:在建工程　　　　　　　　　　　　　　　　　　　　　1 172.5
　　　　应交税费——应交增值税(进项税额)　　　　　　　　　152.1
　　　　贷:银行存款　　　　　　　　　　　　　　　　　　　　　1 324.6

(2)2020年12月安装生产线

　　借:在建工程　　　　　　　　　　　　　　　　　　　　　16.7
　　　　贷:原材料　　　　　　　　　　　　　　　　　　　　　11.7
　　　　　　应付职工薪酬　　　　　　　　　　　　　　　　　　5

(3)2020年12月31日生产线达到预定可使用状态

　　借:固定资产　　　　　　　　　　　　　　　　　　　　　1 189.2
　　　　贷:在建工程　　　　　　　　　　　　　　　　　　　　　1 189.2

(4)2021年度生产线计提的折旧额

2021年折旧额=(1 189.2-13.2)/6=196(万元)

　　借:制造费用　　　　　　　　　　　　　　　　　　　　　196
　　　　贷:累计折旧　　　　　　　　　　　　　　　　　　　　　196

(5)2021年12月31日生产线应计提的固定资产减值准备金额

应计提减值准备金额＝(1 189.2－196)－807.56＝185.64(万元)

  借:资产减值损失   185.64
    贷:固定资产减值准备   185.64

(6)2022年度生产线改良前计提的折旧额

2012年改良前计提的折旧额＝(807.56－12.56)/5×1/2＝79.5(万元)

(7)2022年6月30日生产线转入改良

固定资产累计折旧为196＋79.5＝275.5万元

  借:在建工程   728.06
    累计折旧   275.5
    固定资产减值准备   185.64
    贷:固定资产   1 189.2

(8)2022年8月20日改良工程达到预定可使用状态

生产线成本＝728.06＋122.14＝850.2(万元)

  借:固定资产   850.2
    贷:在建工程   850.2

(9)2022年度生产线改良后计提的折旧额

2022年改良后应计提折旧额＝(850.2－10.2)/8×4/12＝35(万元)

本章小结

1. 固定资产持有的目的是生产经营,使用期限超过1年,并保持原有物质形态基本不变的一种有形资产。各企业性质不同,经营规模大小不一,对固定资产的分类不可能完全一致。企业可根据各自的具体情况,结合经营管理和会计核算的需要,对其进行必要的分类。

2. 固定资产的计价它应包括企业某项固定资产达到预定可使用状态前所发生的一切合理的、必要的支出。不同来源的固定资产的价值构成有所不同。企业应当根据固定资产所包含的经济利益预期实现的方式,合理选择固定资产折旧的方法。可选用的折旧方法包括平均年限法、工作量法、双倍余额递减法和年数总和法等。

课后练习

一、单项选择题

1. 某企业购入一台不需要安装的设备,价款20 000元,增值税2 600元,运费600元,包装费400元,该设备的入账价值为( )元。

  A. 20 000   B. 23 400
  C. 21 000   D. 24 400

2. 某设备原值为50 000元,预计净残值为2 000元,预计可使用5年,若采用年数总和法计提折旧,则第三年的年折旧额为( )元。

  A. 16 000   B. 12 800
  C. 9 600   D. 6 400

3. 某设备原值为 50 000 元,预计净残值为 2 000 元,预计可使用 5 年,若采用双倍余额递减法计提折旧,则第三年的年折旧额为( )元。
   A. 20 000　　　　　　　　　　B. 12 000
   C. 7 200　　　　　　　　　　 D. 5 400

4. 某企业转让一项固定资产,该固定资产原值 80 万元,已提折旧 40 万元,转让价 60 万元,支付清理费用 5 万元,清理完毕,应将余额结转至( )。
   A. 资产处置损益 20 万元　　　　B. 资产处置损益 15 万元
   C. 营业外支出 20 万元　　　　　D. 营业外支出 15 万元

5. 某企业对一项建筑物进行改建。该建筑物的原价为 100 万元,已提折旧为 60 万元。改建过程中发生支出 30 万元,取得变价收入 5 万元。该建筑物改建后的入账价值为( )万元。
   A. 65　　　　　　　　　　　　B. 70
   C. 125　　　　　　　　　　　 D. 130

6. 企业的下列固定资产,按规定不应计提折旧的是( )。
   A. 经营性租入的设备　　　　　B. 融资租入的设备
   C. 经营性租出的房屋　　　　　D. 未使用的设备

7. 实行( )计提折旧的固定资产,一般应在固定资产折旧年限到期前两年内,将固定资产账面净值扣除预计净残值后的净额平均摊销。
   A. 工作量法　　　　　　　　　B. 双倍余额递减法
   C. 年数总和法　　　　　　　　D. 平均年限法

8. 某企业在固定资产清查过程中盘盈机器一台,其同类机器原值为 50 000 元,累计折旧 20 000 元,其同类机器目前的市场价格 60 000 元,估计成新率 55%,则该盘盈机器的入账价值为( )元。
   A. 30 000　　　　　　　　　　B. 16 500
   C. 27 500　　　　　　　　　　D. 33 000

9. 某企业对生产线进行扩建。该生产线原价为 1 200 万元,已提折旧 100 万元。扩建生产线时发生扩建支出 200 万元,同时在扩建时处理废料发生变价收入 10 万元。扩建支出符合固定资产确定条件,则该生产线入账价值应为( )万元。
   A. 1 390　　　　　　　　　　 B. 1 300
   C. 1 290　　　　　　　　　　 D. 1 205

10. 某企业自建厂房一幢,耗用工程物资 585 000 元,领用本企业的产品一批,实际成本为 90 000 元,工程人员应计工资 100 000 元,其他费用 50 000 元,专门借款利息 10 000 元,其中按规定应予资本化的利息 5 000 元,该厂房的实际成本为( )。
    A. 956 450　　　　　　　　　B. 830 000
    C. 857 000　　　　　　　　　D. 847 000

11. 某国有工业企业,2022 年 5 月份发生一场火灾,共计损失 120 万元,其中:流动资产损失 75 万元;固定资产损失 45 万元。经查明事故原因是由于雷击所造成。企业收到保险公司流动资产赔款 30 万元,固定资产保险赔款 35 万元。企业由于这次火灾损失而应计入营业外支出的金额为( )万元。
    A. 120　　　　　　　　　　　 B. 80

C. 55　　　　　　　　　　　　D. 35

12. 在不考虑固定资产减值准备的情况下,下列各项折旧方法中,每期折旧额均是相等的折旧方法是(　　)。

　　A. 工作量法　　　　　　　　B. 双倍余额递减法
　　C. 年数总和法　　　　　　　D. 年限平均法

13. 某企业同时购入液晶彩电和笔记本电脑各一台,电脑和彩电未单独标价。增值税专用发票上注明的总买价是22 000元,增值税2 860元,共同发生的运输费200元,增值税26元。无其他支出。购买时,液晶彩电的公允价值是15 400元,笔记本电脑是8 000元。则液晶彩电的入账价值是(　　)元。

　　A. 15 400　　　　　　　　　B. 14 610
　　C. 17 094　　　　　　　　　D. 16 940

14. 经营租赁方式租入的固定资产发生的改良支出应计入(　　)科目。

　　A. 固定资产　　　　　　　　B. 长期待摊费用
　　C. 在建工程　　　　　　　　D. 其他资产

二、多项选择题

1. 应在期末结账前处理完毕的经济业务事项有(　　)。

　　A. 固定资产报废　　　　　　B. 固定资产毁损
　　C. 固定资产盘亏　　　　　　D. 固定资产盘盈

2. 下列各项中,属于固定资产无形损耗的情形有(　　)。

　　A. 因新技术的出现而使现有的资产技术水平相对陈旧
　　B. 设备使用中发生磨损
　　C. 房屋建筑物受到自然侵蚀
　　D. 市场需求变化而产品过时

3. 企业购入一项土地使用权的成本包括(　　)。

　　A. 购买该土地使用权的价款
　　B. 因购买该土地的使用权而发生的印花税
　　C. 因购买土地的使用权而发生的培训费
　　D. 因购买该专利权而发生的契税

三、账务处理题

1. 某企业2022年12月份购入一台需要安装的设备,增值税专用发票上注明的设备价款为80 000元,增值税额为13 600元,发生运杂费1 400元,安装费5 000元,全部款项已用银行存款支付。该设备当月安装完毕并达到预定可使用状态。该设备预计残值4 000元,预计使用年限为5年。

　　要求:(1)计算该设备的入账价值,并编制相关会计分录。
　　(2)分别采用平均年限法、双倍余额递减法和年数总和法计算该设备2023年至2027年各年的折旧额。

2. 甲公司2022年与固定资产有关的业务资料如下。
　　(1)3月1日,对现有的一台生产机器设备进行日常修理,修理过程中发生的材料费

50 000元,应支付的维修人员工资为20 000元。

(2)3月15日,出售一座建筑物,原价为8 000 000元,已计提累计折旧5 000 000元,未计提减值准备,实际出售价格为6 000 000元,销售该固定资产应交纳的增值税税率为6%,已通过银行收回价款。

(3)6月25日,在财产清查过程,发现一台未入账的设备,按同类或类似商品市场价格,减去按该项资产的新旧程度估计的价值损耗后的余额为50 000元(假定与其计税基础不存在差异)。根据会计政策、会计估计变更和差错更正准则规定,该盘盈固定资产作为前期差错进行处理。假定甲公司适用的所得税率为25%。

(4)12月31日,A产品生产线存在可能发生减值的迹象。经计算,该机器的可收回金额合计为2 500 000元,账面价值为3 400 000元,以前年度未对该生产线计提过减值准备。

要求:编制上述业务的会计分录。

3.2023年3月1日,丙公司对其以经营租赁方式新租入的办公楼进行装修,发生以下有关支出:领用工程物资600 000元;辅助生产车间为该装修工程提供的劳务支出为200 000元;有关人员工资等职工薪酬255 000元。2023年12月1日,该办公楼装修完工,达到预定可使用状态并交付使用,并按租赁期10年开始进行摊销。

要求:假定不考虑其他因素,编制上述业务的会计分录。

五、案例分析题

资料:甲公司有关固定资产的业务事项如下。

(1)甲公司2022年6月25日购入一辆货运汽车,购买价格300 000元,发生相关费用20 000元。该货运汽车预计使用年限5年,预计净残值为20 000元,甲公司采用直线法计提折旧。

(2)2022年12月31日货运汽车出售预计可获得净现金流入215 000元,预期从该资产的持有和处置中形成的预计未来现金流量的现值为220 000元。计提减值后预计使用年限为4年,预计净残值为10 000元。

(3)2023年12月31日货运汽车出售预计可获得净现金流入120 000元,预期从该资产的持有和预期处置中形成的预计未来现金流量的现值为188 000元。

要求:(1)分析购入货运汽车的入账价值,编制汽车购入时的会计分录。

(2)分析2022年应计提的折旧额,并在年末进行账务处理。

(3)分析2022年12月31日应计提的固定资产减值准备,并进行账务处理。

(4)分析2023年应计提的折旧额,并在年末进行账务处理。

(5)分析2023年12月31日应计提的固定资产减值准备,并进行账务处理。

第六章 无形资产核算岗位

学习目标

○ **知识目标**
1. 了解无形资产的性质、分类；
2. 了解自行研究开发无形资产的资本化要求；
3. 掌握无形资产摊销的方法。

○ **能力目标**
1. 掌握购入、自行研究开发无形资产的账务处理；
2. 熟悉接受投资、接受捐赠无形资产的账务处理；
3. 掌握无形资产摊销的账务处理；
4. 掌握无形资产出租的账务处理；
5. 掌握无形资产处置的账务处理。

○ **素质目标**
正确计量无形资产的入账价值和摊销。

思政案例导入

弘扬企业家精神，自主创新是关键

当前中国企业家正处于最好的时代。新时代、新征程、新目标对中国企业家来说意味着新的机遇、新的发展、新的精彩，同时也是新的使命和责任。从某种意义上来说，企业家就是创新家，创新是企业家的首要责任。

华为技术有限公司（以下简称华为）作为中国本土的世界五百强企业，引领着中国的科技发展。华为是 2021 年中国科技公司里研发投入最高的企业，根据《2021 年欧盟产业研发投入记分牌》报告，华为研发投入在全球企业中位居第二。仅在 2021 年，华为投入的研发费用就高达 1 427 亿元，占销售收入的 22.4%。华为技术有限公司近十年累计投入的研发费用超过人民币 8 450 亿元。所以说，一流的技术背后意味着一流的成本。在中国，敢于并能够像华为这样在研发上高投入的科技互联网公司基本没有。从某种意义上讲，华为才是真正重视技术的公司，那些名气很大的公司，其实本质是商业、业务逻辑导向的公司，它们重短期利润，受不了长期没有回报的研发投入,因为它们多是被资本所主导的。总之,中国企业要走向全球市场,没有自己的创新和核心竞争力,是无法参与全球高水平竞争的。在这方面,华为非已经树立了典范,华为的理念、路径和方法是值得有志于长期发展的企业持续学习的。企业家本身是社会经济活动里面非常重要的主体,企业家的精神也是宝贵的社会财富,要激活市场主体活力,本质上是要去激发企业家的活力。目前在境内外严峻复杂的形势下,各个企业都需要创新发展,需要去突破,在这个过程当中,弘扬企业家精神就会显得尤其重要。企业家精神第一是创新,第二是责任。

第一节　无形资产概述

一、无形资产的定义及特征

无形资产是指企业拥有或控制的、没有实物形态的、可辨认的非货币性资产,通常包括专利权、非专利技术、商标权、著作权、特许权和土地使用权等。判断无形资产是否具有可辨认性,有两个标准。一是无形资产能够从企业中分离或者划分出来,并能单独或者与相关合同、资产或负债一起用于出售、转移、授予许可、租赁或交换;二是无形资产源自合同性权利或其他法定权利,不论这些权利是否可以从企业或其他权利和义务中转移或分离。无形资产的特征主要表现在以下几个方面。

1. 无形资产不具有实物形态

无形资产通常表现为某种权利、技术或获取超额利润的综合能力。比如土地使用权、非专利技术等。它没有实物形态,却能够为企业带来经济利益,或使企业获取超额收益。不具有实物形态是无形资产区别于其他资产的特征之一。

2. 无形资产属于可辨认的非货币性资产

无形资产区别于货币性资产的特征,就在于它属于非货币性资产。但它是可辨认的非货币性资产,即能够从企业中分离或者划分出来,并能单独或者与相关合同、资产或负债一起,用于出售、转移、授予许可、租赁或者交换;或者源自合同性权利或其他法定权利,无论这些权利是否可以从企业或其他权利和义务中转移或者分离。比如企业拥有的专利,其表现为一种技术,但经专利局注册后,它可以与相关合同进行出售或者转让,属于非货币性资产。这一特征,主要是与商誉等不可辨认的经济资源相对而言的。

3. 无形资产在创造经济利益方面存在较大的不确定性

无形资产必须与企业的其他资产结合,才能为企业创造经济利益。这里,"其他资产"包括足够的人力资源、高素质的管理队伍、相关的硬件设备和相关的原材料等。此外,无形资产创造经济利益的能力还较多地受外界因素的影响,比如相关新技术更新换代的速度、利用无形资产所生产产品的市场接受程度等。无形资产在创造经济利益方面存在较大的不确定性,因此在对无形资产进行核算时须持更为谨慎的态度。例如产品的专利,判断其是否为企业产生经济利益,首先看该专利是否为企业所拥有或控制,其次看是否有证据表明了该专利运用于产品生产之后提高了产品质量,或者促进了该产品销售量的增加等。

二、无形资产的确认

无形资产应当在符合定义的前提下,同时满足以下两个确认条件时,才能予以确认。

1. 与该资产有关的经济利益很可能流入企业

在会计实务中,要确定无形资产创造的经济利益是否很可能流入企业,需要实施职业判断。在实施这种判断时,需要对无形资产在预计使用寿命内可能存在的各种经济因素做出合理估计,并且应当有明确的证据支持,比如,企业是否有足够的人力资源、高素质的管理队伍、相关的硬件设备和相关的原材料等来配合无形资产为企业创造经济利益。同时,更为重要的是关注一些外界因素的影响,比如是否存在相关的新技术、新产品冲击与无形资产相关的技术或据其生产的产品的市场等。在实施判断时,企业的管理当局应对无形资产的预计使用寿命内存在的各种因素做出最稳健的估计。

2. 该无形资产的成本能够可靠地计量

成本能够可靠地计量是资产确认的一项基本条件。对于无形资产来说,这个条件相对更为重要。比如,企业内部产生的品牌、报刊名等,因其成本无法可靠计量,不作为无形资产确认。又比如,一些高新科技企业的科技人才,假定其与企业签订了服务合同,且合同规定其在一定期限内不能为其他企业提供服务。在这种情况下,虽然这些科技人才的知识在规定的期限内预期能够为企业创造经济利益,但由于这些技术人才的知识难以辨认,且形成这些知识所发生的支出难以计量,因而不能作为企业的无形资产加以确认。

第二节 无形资产的初始计量

无形资产通常是按实际成本计量,即以取得无形资产并使之达到预定用途而发生的全部支出,作为无形资产的成本。对于不同来源取得的无形资产,其初始成本的构成也不尽相同。

一、外购的无形资产

外购的无形资产,其成本包括购买价格、相关税费以及直接归属于使该项资产达到预定用途所发生的其他支出。其中,直接归属于使该项资产达到预定用途所发生的其他支出包括无形资产达到预定用途所发生的专业服务费用、测试无形资产是否能够正常发挥作用的费用等。下列各项不包括在无形资产的初始成本中。

(1)为引入新产品进行宣传发生的广告费、管理费用及其他间接费用。

(2)无形资产已经达到预定用途以后所发生的费用。

外购的无形资产,应按其取得的成本进行初始计量;如果购入的无形资产超过正常信用条件延期支付款项,实质上具有融资性质的,应该按所取得的无形资产购买价款的现值计量其成本,现值与应付价款的差额作为未确认的融资费用,如果按照《企业会计准则第 17 号——借款费用》的规定应予以资本化的,则应进行资本化处理;不能资本化的,应当在信用期间计入当期损益。

例 6—1 钟泰有限公司因生产需要购入一项专利权,按照协议规定以现金支付,实际支付价款 200 万元,并支付相关税费 1 万元和有关专业服务费用 3 万元,款项已通过银行转账支付。

借:无形资产——专利权　　　　　　　　　　　　　　　2 040 000
　　贷:银行存款　　　　　　　　　　　　　　　　　　　　　　　2 040 000

二、自行开发的无形资产

从理论上来讲,自创无形资产的成本包括研究与开发的费用以及成功以后依法申请专利过程中所发生的费用。争论的焦点是研究与开发的费用是否应资本化、计入无形资产的价值。我国选用的是有选择的资本化。这种处理方法是首先指定研究与开发资本化的条件,符合条件的资本化,反之则应费用化。

为了正确计算企业的利润以及合理地对无形资产进行确认,需要设置"研发支出"会计科目,以反映企业内部在研发过程中发生的支出。"研发支出"科目应当按照研究开发项目,分别"费用化支出"与"资本化支出"进行明细核算。企业的研发支出包括直接发生的支出和分配计入的支出两部分。直接发生的支出,包括研发人员工资、材料费,以及相关设备折旧费等;分配计入的支出是指企业同时从事多项研究开发活动时,所发生的支出按照合理的标准在各项研究开发活动之间进行分配计入的部分。研发支出无法明确分配的,应当计入当期损益,不计入开发活动的成本。

企业自行开发无形资产发生的研发支出,对于不满足资本化条件的,应当借记"研发支出——费用化支出",满足资本化条件的,借记"研发支出——资本化支出",贷记"原材料""银行存款""应付职工薪酬"等科目;研究开发项目达到预定用途形成无形资产时,借记"无形资产"科目,贷计"研发支出——资本化支出"科目,期末,企业应将本科目归集的费用化支出金额转入"管理费用"科目,借记"管理费用"科目,贷记"研发支出——费用化支出"。本科目期末借方余额,反映企业正在进行中的研究开发项目中满足资本化条件的支出。

例6—2 2022年3月10日,钟泰有限公司经批准研发某项新产品专利技术,该公司认为,一旦研发成功将有效降低公司生产产品的成本。该公司在研究开发过程中发生材料费500万元,人工费100万元,以及其他费用400万元,总计1 000万元,其中符合资本化条件的支出为600万元,2022年底,该项专利技术已经达到预定用途。

(1)发生研发支出。

借:研发支出——费用化支出	4 000 000
——资本化支出	6 000 000
贷:原材料	5 000 000
应付职工薪酬	1 000 000
银行存款	4 000 000

(2)该项专利达到预定用途。

借:管理费用	4 000 000
无形资产	6 000 000
贷:研发支出——费用化支出	4 000 000
——资本化支出	6 000 000

三、投资者投入的无形资产

投资者投入的无形资产成本,应当按照投资合同或协议约定的价值确定无形资产的确认成本。如果投资合同或者协议约定价值不公允的,应当按照无形资产的公允价值作为无形资产的初始成本入账。

例6—3 钟泰有限公司与甲公司协商,甲公司以其商标投资于钟泰股份有限公司,双方协议价格200万元(等于公允价值),钟泰股份有限公司另外支付印花税等相关税费1万元。款项通过银行转账。

借:无形资产——商标权   2 010 000

贷：实收资本（或股本）　　　　　　　　　　　　　　　　　　　2 000 000
　　银行存款　　　　　　　　　　　　　　　　　　　　　　　　　10 000

第三节　无形资产的摊销和减值

一、无形资产的摊销方法

可供企业选择的无形资产的摊销方法有很多，如直线法、递减余额法和生产总量法等。目前，国际上普遍采用的主要是直线法。企业选择什么样的摊销方法，主要取决于企业预期消耗该项无形资产所产生的未来经济利益的方式。如果企业由于各种原因难以可靠确定这种消耗方式时，则应当采用直线法对无形资产的应摊销金额进行系统合理的摊销。

我国过去并不区分无形资产的用途，其每期的摊销额都计入管理费用，没有指明有其他的列支去向。现行会计准则借鉴了国际会计准则的做法，规定无形资产的摊销金额一般应确认为当期损益，计入管理费用。如果某项无形资产包含的经济利益是通过所生产的产品或其他资产实现的，无形资产的摊销金额可以计入产品或其他资产的成本中。

二、残值的确定

无形资产摊销除了应考虑入账价值这一基本因素之外，还应该考虑无形资产的残值和无形资产减值准备金额。在一般情况下，使用寿命有限的无形资产，其残值应视为零。但是如果有第三方承诺在无形资产使用寿命结束时购买该无形资产，或者可以根据活跃市场得到残值信息，并且该活跃市场在无形资产使用寿命结束时很可能存在的情况下，则该无形资产应有残值。无形资产的残值意味着，在其经济寿命结束之前，企业预计将会处置该无形资产，并从中获得利益。

残值确定以后，在持有无形资产的期间内，至少应于每年年末进行复核，预计其残值与原估计金额不同的，应按照会计估计变更进行处理。

如果无形资产的残值重新估计以后高于其账面价值的，则无形资产不再摊销，直至残值降至低于账面价值时再恢复摊销。

三、无形资产摊销的账务处理

企业摊销无形资产时，单独设置"累计摊销"科目，反映应摊销而减少的无形资产价值。企业按月计提无形资产摊销额时，借记"管理费用""其他业务成本"等科目，贷记"累计摊销"科目。本科目期末贷方余额，反映企业无形资产的累计摊销额。

例 6-4　2022 年 1 月 1 日，钟泰股份有限公司从外单位购得一项非专利技术，支付价款 50 万元，款项已支付，估计该项非专利技术的使用寿命为 10 年；同时，购入一项商标权，支付价款 30 万元，款项已支付，估计该商标权的使用寿命为 15 年。假定这两项无形资产的净残值均为零，并按直线法摊销。

（1）购买非专利技术和商标权。

借：无形资产——非专利技术　　　　　　　　　　　　　　　　　500 000
　　　　　　——商标权　　　　　　　　　　　　　　　　　　　300 000
　　贷：银行存款　　　　　　　　　　　　　　　　　　　　　　　800 000

(2)每年摊销。
　　借：管理费用——非专利技术　　　　　　　　　　　50 000
　　　　　　　　——商标权　　　　　　　　　　　　　20 000
　　　贷：累计摊销　　　　　　　　　　　　　　　　　　　　　70 000

四、无形资产的减值

如果无形资产将来为企业创造的经济利益还不足以补偿无形资产的成本,则说明无形资产发生了减值。具体的情况主要有以下几种。

(1)该无形资产已被其他新技术等所替代,使其为企业创造经济利益的能力受到重大不利影响。

(2)该无形资产的市价在当期大幅下跌,并在剩余摊销年限内可能不会回升。

(3)其他足以表明该无形资产的账面价值已超过可收回金额的情形。

资产负债表日,无形资产的预计可收回金额低于其账面价值的,应当将无形资产的账面价值减记至可收回金额,按减记的金额借记"资产减值损失"科目,贷记"资产减值准备"科目。无形资产的账面价值等于无形资产减去累计摊销,减去已计提的无形资产减值准备。无形资产的可收回金额指以下两项金额中的较大者。

(1)无形资产的销售净价,即该无形资产的销售价格减去因出售该无形资产所发生的律师费和其他相关税费后的余额。

(2)预期从无形资产的持续使用和使用年限结束时的处置中产生的预计未来现金流量的现值。

当无形资产计提减值准备后,后期不能转回。一旦计提无形资产减值准备,后期的摊销金额需要重新计算。

第四节　无形资产的处置与出租

无形资产的处置,主要是指无形资产出售、对外捐赠或者是无法为企业带来未来经济利益时应予终止确认并转销。

一、无形资产的出售

企业出售某项无形资产,表明企业放弃无形资产的所有权,应将所取得的价款与该无形资产账面价值的差额计入当期损益。但是,值得注意的是,企业出售无形资产确认其利得的时点,应按照收入确认中的有关原则进行确定。

出售无形资产时,应按实际收到的金额,借记"银行存款"等科目,按已计提的累计摊销,借记"累计摊销"科目,原已计提减值准备的,借记"无形资产减值准备"科目,按应支付的相关税费,贷记"应交税费"等科目,按其账面余额,贷记"无形资产"科目,按其差额,借记或贷记"资产处置损益"科目。

例 6—7　钟泰有限公司出售持有的一项专利权的所有权,双方协商价格为 150 000 元,应交增值税 7 500 元,款项已收存银行。该专利权的原账面金额为 160 000 元,已提摊销 40 000 元,该项无形资产已计提减值准备 2 000 元。

　　借：银行存款　　　　　　　　　　　　　　　　　　　150 000

无形资产减值准备		2 000
累计摊销		40 000
贷:无形资产		160 000
应交税费——应交营业税		7 500
资产处置损益		24 500

如果其他条件不变,双方协商的价格为 110 000 元。应交增值税为 5 500 元,则会计分录为:

借:银行存款	110 000
无形资产减值准备	2 000
累计摊销	40 000
资产处置损益	13 500
贷:无形资产	1 60 000
应交税费——应交增值税	5 500

二、无形资产的报废

如果无形资产预期不能为企业带来未来经济利益,例如,该无形资产已被其他新技术所替代或超过法律保护期,不能再为企业带来经济利益的,则不再符合无形资产的定义,应将其报废并予以转销,其账面价值转作当期损益。转销时,应按已计提的累计摊销,借记"累计摊销"科目;按其账面余额,贷记"无形资产"科目;按其差额,借记"营业外支出"科目。已计提减值准备的,还应同时结转减值准备。

例6-6 钟泰有限公司拥有某项专利技术,根据市场调查,用其生产的产品已没有市场,决定应予转销。转销时,该项专利技术的账面余额为300万元,摊销期限为10年,采用直线法进行摊销,已摊销了8年,累计摊销金额为240万元,假定该项专利权的残值为零,已累计计提的减值准备为40万元,假定不考虑其他相关因素。

则该钟泰有限公司的账务处理如下。

借:累计摊销	2 400 000
无形资产减值准备	400 000
营业外支出——处置非流动资产损失	200 000
贷:无形资产——专利技术	3 000 000

三、无形资产的出租

企业将所拥有的无形资产的使用权让渡给他人,并收取租金,在满足收入确认条件的情况下,应确认相关的收入及成本,并通过其他业务收支科目进行核算。让渡无形资产使用权而取得的租金收入,借记"银行存款"等科目,贷记"其他业务收入"等科目;摊销出租无形资产的成本并发生与转让有关的各种费用支出时,借记"其他业务成本"科目,贷记"累计摊销"科目。

例6-7 钟泰有限公司2022年12月10日将一项非专利技术使用权出租给B企业,租期一年,估计该非专利技术受益年限为5年,租金12 000元已经存入银行(转让专利技术或非专利技术的,免征增值税)。该非专利技术的成本为30 000元,在转让过程中发生的服务费3 000元,以银行存款支付。不考虑其他相关税费。编制会计分录如下。

(1)确认转让收入。

借:银行存款　　　　　　　　　　　　　　　　　　　　　　　　　12 000
　　贷:其他业务收入　　　　　　　　　　　　　　　　　　　　　　　12 000
(2)支付转让费用。
借:其他业务成本　　　　　　　　　　　　　　　　　　　　　　　　3 000
　　贷:银行存款　　　　　　　　　　　　　　　　　　　　　　　　　3 000
(3)摊销无形资产价值。
本月摊销额＝30 000÷(12×5)＝500(元)
借:其他业务成本　　　　　　　　　　　　　　　　　　　　　　　　　500
　　贷:累计摊销　　　　　　　　　　　　　　　　　　　　　　　　　　500

本章小结

1. 无形资产的确认要满足资产确认的两个条件。计量通常是按实际成本,即以取得无形资产并使之达到预定用途而发生的全部支出,作为无形资产的成本。需要注意的是:对于企业自行进行的研究开发项目,应当区分研究阶段与开发阶段两个部分分别进行核算。其中研发支出符合条件的可予以资本化。

2. 无形资产的摊销方法主要采用的是直线法。无形资产的处置,主要是指无形资产出售、对外出租、对外捐赠或者是无法为企业带来未来经济利益时应予以终止确认并转销。

课后练习

一、单项选择题

1. 无形资产是指企业拥有或者控制的没有实物形态的可辨认(　　)。
   A. 货币性资产　　　　　　　　　　B. 非货币性资产
   C. 货币性流动资产　　　　　　　　D. 货币性非流动资产

2. 以下不属于无形资产基本特征的项目是(　　)。
   A. 无形资产没有实物形态
   B. 无形资产属于非货币性长期资产
   C. 无形资产在创造经济利益方面存在较大的不确定性
   D. 无形资产具有不可辨认性

3. 以下所列出的资产项目,不能纳入无形资产准则进行核算的项目是(　　)。
   A. 专利权　　　　　　　　　　　　B. 商标权
   C. 商誉　　　　　　　　　　　　　D. 专有技术

4. 下列不能形成无形资产的项目是(　　)。
   A. 自主研发但没有进入开发阶段的支出　B. 企业合并形成的无形资产
   C. 政府补助形成的无形资产　　　　D. 债务重组形成的无形资产

5. 外购无形资产的成本不包括以下项目(　　)。
   A. 购买价款
   B. 相关税费
   C. 直接归属于使该项资产达到预定用途所发生的其他支出

D. 购买无形资产的价款超过正常信用条件延期支付而实质上承担的融资费用

6. 无形资产在计提资产减值准备之后，如有充分的证据表明其减值又得以恢复，根据相关准则规定，应该（　　）。

A. 按已恢复部分，在无形资产减值准备的数额内，冲减无形资产减值准备，并确认为当期损益

B. 按可能恢复部分，在无形资产减值准备的数额内，冲减无形资产减值准备，并确认为当期损益

C. 按已恢复部分，在无形资产减值准备的数额内，冲减无形资产减值准备，并确认为资本公积

D. 一律不冲回

7. 企业应在资产负债表日对无形资产的账面价值进行检查，至少于每年年末检查一次。在检查时，如果发现以下情况，则不应对无形资产的可收回金额进行估计，并将该无形资产的账面价值超过可收回金额的部分确认为减值准备（　　）。

A. 该无形资产已被其他新技术等所替代，使其为企业创造经济利益的能力受到重大不利影响

B. 该无形资产的市价在当期大幅下跌，并在剩余摊销年限内可能不会回升

C. 其他足以表明该无形资产的账面价值已超过可收回金额

D. 该无形资产的账面价值等于可收回金额

8. 企业无形资产计量采用的方法主要是（　　）。

A. 历史成本法　　　　　　　B. 公允价值法

C. 重置成本法　　　　　　　D. 现值法

9. 当某项无形资产已丧失使用价值和转让价值时，应将其账面价值（　　）。

A. 全部转入当期损益　　　　B. 全部计提减值准备

C. 加速进行摊销　　　　　　D. 转入长期待摊费用

10. 下列有关无形资产会计处理的表述中，错误的项目是（　　）。

A. 企业内部研究开发项目在研究阶段的支出应当计入管理费用

B. 购入但尚未投入使用的无形资产的价值不应进行摊销

C. 不能为企业带来经济利益的无形资产的账面价值应全部转入营业外支出

D. 只有很可能为企业带来经济利益且其成本能够可靠计量的无形资产才能予以确认

11. 对出租的无形资产进行摊销时，其摊销的价值应计入（　　）。

A. 管理费用　　　　　　　　B. 其他业务成本

C. 营业外支出　　　　　　　D. 销售费用

12. 企业在筹建期间发生的除应计入有关资产价值的各项开办费用，应先在以下科目中归集（　　）。

A. 长期待摊费用　　　　　　B. 生产成本

C. 制造费用　　　　　　　　D. 销售费用

二、多项选择题

1. 无形资产的基本特征是（　　）。

A. 无形资产没有实物形态

B. 无形资产属于非货币性长期资产
C. 无形资产是为企业使用而非出售的资产
D. 无形资产是能够为企业带来未来经济利益的资源
E. 无形资产在创造经济利益方面存在较大的不确定性

2. 无形资产主要包括（　　）。
   A. 专利权和商标权　　　　　　B. 非专利技术
   C. 商誉　　　　　　　　　　　D. 土地使用权
   E. 著作权和特许权

3. 无形资产的确认标准包括（　　）。
   A. 符合无形资产的定义　　　　B. 产生的经济利益很可能流入企业
   C. 成本能够可靠地计量　　　　D. 必须是企业当期产生的
   E. 必须是企业直接拥有的

4. 关于"研发支出"科目核算内容，下列表述正确的项目是（　　）。
   A. 本科目应按照研究开发项目设立
   B. 本科目应该分别"费用化支出"与"资本化支出"进行明细核算
   C. 本科目归集各种研究和开发方面费用，其中对开发阶段符合相关条件的支出转入到无形资产科目中
   D. 本科目月末不应有余额
   E. 本科目月末余额表示正在进行的研发项目情况

5. 下列项目中，应作为无形资产核算的有（　　）。
   A. 企业自创商标过程中发生的广告费
   B. 企业自外单位购入商标发生的购置费
   C. 企业自外单位购入商标权发生的相关税费
   D. 企业自行开发非专利技术支付的研究阶段发生的费用
   E. 企业自行开发非专利技术支付的开发阶段发生的费用

6. 下列项目中，不能确认为无形资产的有（　　）。
   A. 企业自创的商誉
   B. 企业接受投资者投资的专利权
   C. 企业合并产生的商誉
   D. 企业持有并准备增值后转让的土地使用权
   E. 从外单位购入的专利权

7. 下列表述中，不正确的项目有（　　）。
   A. 无形资产的出租收入应确认为其他业务收入
   B. 无形资产的成本应自取得当月按直线法摊销，冲减无形资产的账面价值
   C. 无形资产的后续支出应在发生时全部予以资本化
   D. 无形资产的研究与开发费用应在发生时全部计入当期损益
   E. 无形资产的出售收益计入营业外收入

8. 对使用寿命有限的无形资产，下列说法中正确的有（　　）。
   A. 其应摊销金额应当在使用寿命内系统合理摊销
   B. 其摊销期限应当自无形资产可供使用时起至不再作为无形资产确认时止

C. 其摊销期限应当自无形资产可供使用的下个月时起至不作为无形资产确认时止
D. 无形资产的应摊销金额为其成本扣除预计残值后的金额,已计提减值准备的无形资产,还应扣除已计提的无形资产减值准备的累计金额
E. 无形资产的摊销方法只能采用直线法

9. 对于无形资产摊销的会计处理,下列说法中正确的有( )。
A. 使用寿命有限的无形资产的应摊销金额应当在使用寿命内系统合理摊销
B. 企业应当自无形资产可供使用的次月起,至不再作为无形资产确认时止摊销无形资产
C. 无形资产的使用寿命与以前估计不同的,应当改变摊销期限
D. 无形资产的摊销方法与以前估计不同的,应当改变摊销方法
E. 使用寿命有限的无形资产,其残值一般应当视为零

10. 下列有关无形资产的说法中正确的有( )。
A. 购买无形资产的价款超过正常信用条件延期支付,实质上具有融资性质的,无形资产的成本以购买价款为基础确定
B. 投资者投入无形资产的成本,应当按照投资合同或协议约定的价值确定,即使合同或协议约定价值不公允
C. 自行开发并依法取得的无形资产,其入账价值为开发和申请过程中发生的所有支出
D. 无形资产的应摊销金额为其成本扣除预计残值后的金额,已计提减值准备的无形资产,还应扣除已计提的无形资产减值准备累计金额
E. 无形资产的使用寿命及摊销方法与以前估计不同的,应当改变摊销期限和摊销方法

11. 下列应当计提无形资产减值准备的情况有( )。
A. 某项无形资产已被其他新技术所替代,使其为企业创造经济利益的能力受到重大不利影响
B. 某项无形资产的市价在当期大幅度下跌,并在剩余摊销年限内不会恢复
C. 某项无形资产已超过法律保护期限,但仍然有部分使用价值
D. 企业内部报告的证据表明无形资产的经济绩效已经低于或者将低于预期
E. 其他足以证明某项无形资产实质上已经发生了减值的情形

12. 企业自行开发项目在开发阶段的支出,满足资本化的条件包括( )。
A. 完成该无形资产以使其能够使用或出售,在技术上具有可行性
B. 归属于该无形资产开发阶段的支出能够可靠地计量
C. 具有完成该无形资产并使用或出售的意图
D. 无形资产生产的产品存在市场或无形资产自身存在市场,无形资产将在内部使用的,可证明其有用性
E. 有足够的技术、财务和其他资源支持

三、判断题

1. 无形资产是指企业拥有或者控制的没有实物形态的非货币性资产,包括可辨认的非货币性资产和不可辨认的非货币性资产两个部分。 ( )
2. 商誉和非专利技术一样属于企业无形资产范畴。 ( )
3. 某个项目要确认为无形资产,首先必须符合无形资产的定义,其次产生的经济利益很可能流入企业,再次其成本能够可靠地计量。 ( )

4. 企业在自创商誉、品牌等过程中发生的支出,不能将其作为企业的无形资产予以确认。
（　　）

5. 企业内部研发活动可以划分成研究阶段和开发阶段,并对开发阶段的符合相关条件的支出准予资本化。
（　　）

6. 外购无形资产的成本,包括购买价款、相关税费以及直接归属于使该项资产达到预定用途所发生的其他支出,比如,购买无形资产的价款超过正常信用条件延期支付,实质上具有融资性质的利息支出。
（　　）

7. 自主研发形成的无形资产,在开发阶段符合相关条件的情况下,可构成无形资产价值,其初始成本包括以前期间已经费用化的支出。
（　　）

8. 无形资产在确认后发生的支出,金额较大的应增加无形资产的价值,金额较小的可确认为发生当期的费用。
（　　）

9. 如果无形资产可收回金额低于其账面价值,说明企业的无形资产发生了减值,应计提无形资产的减值准备。
（　　）

10. 对于已确认减值的无形资产,如有充分的证据表明其减值又得以恢复,应按已恢复的部分,在无形资产减值准备的数额内,冲减无形资产减值准备,并确认为当期损益。
（　　）

11. 一般情况下,使用寿命有限的无形资产,其应摊销金额为其成本扣除已计提的无形资产减值准备的累计金额。
（　　）

12. 企业取得的使用寿命有限的无形资产均应按直线法摊销。
（　　）

四、业务计算题

1. 资料:某企业发生以下业务。
(1)从XYZ公司购入某项商标权,价格400 000元,相关手续费14 000元,款项通过银行存款支付。
(2)接受DEF公司投资的某项专利权,双方作价120 000元作为投入资本。
(3)经研究决定,上述商标权的摊销期限为10年,专利权的摊销期限为8年,从使用月份开始按月摊销。
(4)假设企业将取得的上项专利权使用6个月后转让给其他单位,取得价款115 000元存入银行。

要求:编制该企业取得商标权和专利权的会计分录。
计算商标权和专利权的月摊销额,并编制本月摊销的会计分录。
编制取得转让专利权价款的会计分录。

2. 2022年6月1日,某企业决定自行研制开发某项技术。该企业认为,研发该项技术具有可靠的技术和财务等资源的支持,研发成功后用于产品生产,可降低产品成本,为企业带来巨大的收益。

有关资料如下。
(1)2022年在研究开发过程中,发生材料费46 800元(含增值税),人工费100 000元,用银行存款支付的其他费用80 000元,其中,符合资本化条件的支出为180 000元。
(2)2023年1月1日,该专利技术研发成功,已经达到预定用途,以银行存款支付律师费11 400元,注册费600元。
(3)该项专利权的法定保护期限为10年,企业预计该项专利权的使用寿命为5年,采用直线法于每年年末摊销。

要求:根据上述资料编制该企业相关的会计分录。

3. 资料:某企业2017年至2023年发生以下业务。

(1)2017年12月1日,以银行存款600 000元购入一项无形资产(不考虑相关税费)用于管理。该无形资产的预计使用寿命为10年,预计净残值为零,采用直线法摊销。

(2)2021年12月31日,预计该无形资产的可收回金额为284 000元。该无形资产发生减值后,原预计使用年限不变。

(3)2022年12月31日,预计该无形资产的可收回金额为259 600元,原预计使用年限不变。

(4)2023年1月1日,将该无形资产对外出租,期限1年,取得价款60 000元收存银行(不考虑相关税费)。

要求:根据上述资料编制该企业相关的会计分录。

4. 资料:某企业发生以下业务。

(1)2020年1月,以银行存款200 000元购入一项特许经营权(不考虑相关税费)。企业无法预见该特许经营权为企业带来经济利益的期限。

(2)2020年6月,研发部门准备研究开发一项专有技术。在研究阶段,企业为了研究成果的应用研究、评价,以银行存款支付了相关费用600 000元。

(3)2020年8月,上述专有技术研究成功,转入开发阶段。企业将研究成果应用于该项专有技术的设计,直接发生的研发人员工资、材料费以及相关设备折旧费等分别为2 000 000元,1 800 000元和800 000元,同时以银行存款支付了其他相关费用200 000元。以上开发支出均满足无形资产的确认条件。

(4)2020年10月1日,上述专有技术的研究开发项目达到预定用途,形成无形资产。企业预计该专有技术的使用寿命为10年。企业无法可靠确定与该专有技术有关的经济利益的预期实现方式。

(5)2021年12月31日,由于市场上出现的一项新技术对企业的现有专利技术产生不利影响,经减值测试,该专有技术的可收回金额为1 800 000元,预计尚可使用3年。

(6)2023年5月31日,企业研发的专有技术预期不能为企业带来经济利益,经批准将其予以转销。

要求:根据上述资料编制该企业相关的会计分录。

5. 资料:某企业发生以下业务。

(1)企业筹建期间发生下列费用:以支票支付注册登记费20 000元;以支票购买办公用品80 000元;应付职工工资180 000元;以银行存款80 000元支付借款利息,其中48 000元为固定资产资产的借款利息。企业于当年正式投入运营,开办费分5年平均摊销,按月进行会计处理。

(2)企业对租入的房屋进行改造,领用原材料的实际成本为120 000元,应负担的税款为20 400元,应负担的工资费用48 000元,福利费用6 720元,以银行存款支付其他费用20 000元,改造完工交付使用。房屋的租赁期5年,投入使用后按月摊销其价值。

要求:根据上述经济业务编制该企业相关的会计分录。

第七章
房地产投资业务核算岗位

学习目标

○ 知识目标
1. 了解投资性房地产的性质；
2. 掌握投资性房地产计量的方法。

○ 能力目标
1. 掌握投资性房地产出租收入的账务处理；
2. 掌握投资性房地产后续计量的账务处理；
3. 掌握投资性房地产出售的账务处理；
4. 掌握投资性房地产转换的账务处理。

○ 素质目标
正确选择投资性房地产计量模式。

思政案例导入

依法履行纳税义务，主动承担社会责任

2021年8月，C市地税二稽查局根据工作指派，决定对F房地产公司的纳税情况进行立案查处，对其2018年6月1日至2020年12月31日期间涉税情况进行检查。税务机关经过检查并经集体审理，做出《税务处理决定书》认为：F房地产公司于2018年6月将开发成本367 126 653.36元转入投资性房产，2018年6月至2020年12月期间对投资性房地产出租部分按取得的租金收入缴纳了相关税费，但对投资性房地产未出租部分未按规定申报缴纳房产税。决定追缴F房地产公司2018年6月1日至2020年12月31日期间少缴的房产税8 860 410.87元。公司已按照相关规定补缴税款并缴纳税收滞纳金，并且组织相关人员加强学习，严格遵守纳税申报制度，引以为戒，坚决杜绝此类情形再次发生。

随着中国经济和社会的高速发展和不断进步，衡量企业价值的最重要指标，已经不再只是营收或者利润，还有纳税额。企业不仅要对员工负责，而且要对社会负责，纳税越多的企业，意味着创造了更多的社会财富，承担了更多的社会责任。

税收是国家的命脉，依法诚信纳税是每个企业、每个公民应尽的义务，只有国家兴旺，企业才能有更好的发展,公民的利益才能得到充分保障。"企业发展壮大了,就要有担当!"越来越多的民营企业正积极履行社会责任、促建和谐劳动关系。在构建社会主义和谐社会的进程中企业不仅是经济主体,也是社会的一部分,处在社会各方面利益关系之中。企业要自觉承担起对员工、消费者和社会的责任,为构建和谐的社会大环境,促进社会与经济的和谐发展做出贡献。

第一节 投资性房地产概述

一、投资性房地产的定义及其特征

投资性房地产是指为赚取租金或资本增值,或者两者兼有而持有的房地产,具有高风险高收益的特征。具体特征如下。

1. 投资性房地产业务是一种经营性活动

投资性房地产的主要形式是出租建筑物、出租土地使用权,这实质上属于一种让渡资产使用权的行为。房地产租金就是让渡资产使用权取得的使用费收入,是企业为完成其经营目标所从事的经营性活动以及与之相关的其他活动形成的经济利益的总流入。投资性房地产的另一种形式是持有并准备增值后转让的土地使用权,尽管其增值收益通常与市场供求、经济发展等因素有关,但目的是增值后转让以赚取增值收益,也是企业为完成其经营目标所从事的经营性活动以及与之相关的其他活动形成的经济利益的总流入。

2. 投资性房地产区别于作为生产经营场所的房地产和用于销售的房地产

企业持有的房地产除了用作自身管理、生产经营活动场所和对外销售之外,出现了将房地产用于赚取租金或增值收益的活动,甚至是个别企业的主营业务。这就需要将投资性房地产单独作为一项资产核算和反映,与自用的厂房、办公楼等房地产和作为存货(已建完工商品房)的房地产加以区别,从而更加清晰地反映企业所持有房地产的构成情况和盈利能力。

3. 投资性房地产有两种后续计量模式

企业通常应当采用成本模式对投资性房地产进行后续计量,只有在满足特定条件的情况下,即有确凿证据表明其所有投资性房地产的公允价值能够持续可靠取得的,也可以采用公允价值模式进行后续计量。也就是说,投资性房地产准则适当引入公允价值模式,在满足特定条件的情况下,可以对投资性房地产采用公允价值模式进行后续计量,但是,同一企业只能采用一种模式对所有投资性房地产进行后续计量,不能同时采用两种计量模式。

二、投资性房地产的范围

根据投资性房地产准则的规定,投资性房地产的范围限定为已出租的土地使用权、持有并准备增值后转让的土地使用权、已出租的建筑物。

1. 已出租的土地使用权

已出租的土地使用权,是指企业通过出让或转让方式取得的、以经营租赁方式出租的土地使用权。企业取得的土地使用权通常包括在一级市场上以交纳土地出让金的方式取得的土地使用权,也包括在二级市场上接受其他单位转让的土地使用权。例如,甲公司与乙公司签署了土地使用权租赁协议,甲公司以年租金720万元租赁使用乙公司拥有的40万平方米土地使用权。那么,自租赁协议约定的租赁期开始日起,这项土地的使用权属于乙公司的投资性房地产。对于以经营租赁方式租入土地使用权再转租给其他单位的,不能确认为投资性房地产。

2. 持有并准备增值后转让的土地使用权

持有并准备增值后转让的土地使用权,是指企业取得的、准备增值后转让的土地使用权。这类土地使用权很可能给企业带来资本增值收益,符合投资性房地产的定义。例如,企业发生转产或厂址搬迁,部分土地使用权停止自用,管理层决定继续持有这部分土地使用权,待其增值后转让以赚取增值收益。按照国家有关规定认定的闲置土地,不属于持有并准备增值后转让的土地使用权,也就不属于投资性房地产。

3. 已出租的建筑物

已出租的建筑物是指企业拥有产权的、以经营租赁方式出租的建筑物,包括自行建造或开发活动完成后用于出租的建筑物。例如,甲公司将其拥有的某栋厂房整体出租给乙公司,租赁期2年。对于甲公司而言,自租赁期开始日起,该栋厂房属于投资性房地产。企业在判断和确认已出租的建筑物时,应当把握以下要点:

(1)用于出租的建筑物是指企业拥有产权的建筑物。企业以经营租赁方式租入再转租的建筑物不属于投资性房地产。例如,甲企业与乙企业签订了一项经营租赁合同,乙企业将其持有产权的一栋办公楼出租给甲企业,为期5年。甲企业一开始将该办公楼改装后用于自行经营餐馆。2年后,由于连续亏损,甲企业将餐馆转租给丙公司,以赚取租金差价。这种情况下,对于甲企业而言,该栋楼不属于其投资性房地产。对于乙企业而言,则属于其投资性房地产。

(2)已出租的建筑物是企业已经与其他方签订了租赁协议,约定以经营租赁方式出租的建筑物。自租赁协议规定的租赁期开始日起,经营租出的建筑物才属于已出租的建筑物。企业计划用于出租但尚未出租的建筑物,不属于已出租的建筑物。例如,甲企业在当地房地产交易中心通过竞拍取得一块土地的使用权。甲企业按照合同规定对这块土地进行了开发,并在这块土地上建造了一栋商场,拟用于整体出租,但尚未找到合适的承租人。本例中,这栋商场不属于投资性房地产。直到甲企业与承租人签订经营租赁合同,自租赁期开始日起,这栋商场才能转换为投资性房地产;同时,相应的土地使用权(无形资产)也应当转换为投资性房地产。

(3)企业将建筑物出租,按租赁协议向承租人提供的相关辅助服务在整个协议中不重大的,应当将该建筑物确认为投资性房地产。例如,企业将其办公楼出租,同时向承租人提供维护、保安等日常辅助服务,企业应当将其确认为投资性房地产。例如,甲企业在中关村购买了一栋写字楼,共12层。其中1层经营出租给某家大型超市,2~5层经营出租给乙公司,6~12层经营出租给丙公司。甲企业同时为该写字楼提供保安、维修等日常辅助服务。本例中,甲企业将写字楼出租,同时提供的辅助服务不重大。对于甲企业而言,这栋写字楼属于甲企业的投资性房地产。

三、不属于投资性房地产的项目

1. 自用房地产

自用房地产是指为生产商品、提供劳务或者经营管理而持有的房地产,如企业生产经营用的厂房和办公楼属于固定资产,企业生产经营用的土地使用权属于无形资产。自用房地产的特征在于服务于企业自身的生产经营,其价值会随着房地产的使用而逐渐转移企业的产品或服务中去,通过销售商品或提供服务为企业带来经济利益,在产生现金流量的过程中与企业持有的其他资产密切相关。

例如,企业出租给本企业职工居住的宿舍,虽然也收取租金,但间接为企业自身的生产经营服务,因此具有自用房地产的性质。又如,企业拥有并自行经营的旅馆饭店。旅馆饭店的经营者在向顾客提供住宿服务的同时,还提供餐饮、娱乐等其他服务,其经营目的主要是通过向客户提供服务取得服务收入,因此,企业自行经营的旅馆饭店是企业的经营场所,应当属于自用房地产。

2. 作为存货的房地产

作为存货的房地产通常是指房地产开发企业在正常经营过程中销售的或为销售而正在开发的商品房和土地。这部分房地产属于房地产开发企业的存货,其生产、销售构成企业的主营业务活动,产生的现金流量也与企业的其他资产密切相关。因此,具有存货性质的房地产不属于投资性房地产。

从事房地产经营开发的企业依法取得的、用于开发后出售的土地使用权,属于房地产开发企业的存货,即使房地产开发企业决定待增值后再转让其开发的土地,也不得将其确认为投资性房地产。

实务中,存在某项房地产部分自用或作为存货出售、部分用于赚取租金或资本增值的情形。如某项投资性房地产不同用途的部分能够单独计量和出售的,应当分别确认为固定资产(或无形资产、存货)和投资性房地产。例如,甲开发商建造了一栋商住两用楼盘,一层出租给一家大型超市,已签订经营租赁合同;其余楼层均为普通住宅,正在公开销售中。这种情况下,如果一层商铺能够单独计量和出售,应当确认为甲企业的投资性房地产,其余楼层为甲企业的存货,即开发产品。投资性房地产准则着重解决了投资性房地产的后续计量问题,即采用成本模式还是公允价值模式。

第二节 投资性房地产的初始计量

对于已出租的土地使用权、已出租的建筑物,其作为投资性房地产的确认时点为租赁期开始日,即土地使用权、建筑物进入出租状态、开始赚取租金的日期。对持有并准备增值后转让的土地使用权,其作为投资性房地产的确认时点为企业将自用土地使用权停止自用,准备增值后转让的日期。投资性房地产应当按照取得的成本进行初始计量。

一、外购的投资性房地产的确认与初始计量

对于企业外购的房地产,只有在购入房地产的同时开始对外出租(自租赁期开始日起,下同)或用于资本增值,才能称之为外购的投资性房地产。外购投资性房地产的成本,包括购买价款、相关税费和可直接归属于该资产的其他支出。

企业购入房地产,自用一段时间之后再改为出租或用于资本增值的,应当先将外购的房地产确认为固定资产或无形资产,自租赁期开始日或用于资本增值之日开始,才能从固定资产或无形资产转换为投资性房地产。

在采用成本模式计量下,外购的土地使用权和建筑物,按照取得时的实际成本进行初始计量,借记"投资性房地产"科目,贷记"银行存款"等科目。取得时的实际成本包括购买价款、相关税费和可直接归属于该资产的其他支出。

在采用公允价值模式计量下,企业应当在"投资性房地产"科目下设置"成本"和"公允价值变动"两个明细科目,按照外购的土地使用权和建筑物发生的实际成本,记入"投资性房地产——成本"科目。

例7—1 钟泰有限公司于2022年1月1日支付1 000万元价款和10万元相关税费购入了800平方米商业用房,当日出租给乙公司。钟泰股份有限公司确认投资性房地产,并采用成本模式计量。购入投资性房地产的账务处理是:

借:投资性房地产　　　　　　　　　　　　　　　　　　　　　　10 100 000
　　贷:银行存款　　　　　　　　　　　　　　　　　　　　　　　10 100 000

若企业购入房地产,自用一段时间之后再改为出租或用于资本增值的,应当先将外购的房地产确认为固定资产或无形资产,自租赁期开始日或用于资本增值之日开始,才能从固定资产或无形资产转换为投资性房地产。

例7—2 钟泰有限公司公司于2022年1月1日支付2 000万元土地出让金取得一块土地使用权,使用年限50年,准备筹建办公楼。钟泰有限公司购入土地使用权的账务处理是:

借:无形资产——土地使用权　　　　　　　　　　　　　　　　　20 000 000
　　贷:银行存款　　　　　　　　　　　　　　　　　　　　　　　20 000 000

2022年末摊销土地使用权。

借:管理费用　　　　　　　　　　　　　　　　　　　　　　　　　　400 000
　　贷:累计摊销(20 000 000÷50)　　　　　　　　　　　　　　　　400 000

2023年1月1日,该土地使用权出租,钟泰有限公司将无形资产转入投资性房地产,采用成本模式计量。

借:投资性房地产　　　　　　　　　　　　　　　　　　　　　　20 000 000
　　累计摊销　　　　　　　　　　　　　　　　　　　　　　　　　　400 000
　　贷:无形资产——土地使用权　　　　　　　　　　　　　　　　20 000 000
　　　　投资性房地产累计摊销　　　　　　　　　　　　　　　　　　400 000

二、自行建造的投资性房地产的确认与初始计量

企业自行建造(或开发,下同)的房地产,只有在自行建造或开发活动完成(即达到预定可使用状态)的同时开始对外出租或用于资本增值,才能将自行建造的房地产确认为投资性房地产。自行建造投资性房地产的成本,由建造该项房地产达到预定可使用状态前发生的必要支出构成,包括土地开发费、建造成本、应予以资本化的借款费用、支付的其他费用和分摊的间接费用等。建造过程中发生的非正常性损失直接计入当期损益,不计入建造成本。

企业自行建造房地产达到预定可使用状态后一段时间才对外出租或用于资本增值的,应当先将自行建造的房地产确认为固定资产或无形资产,自租赁期开始日或用于资本增值之日开始,从固定资产或无形资产转换为投资性房地产。

例7—3 钟泰有限公司公司采用出包方式建造商用楼,并用于出租,总投资4 000万元。2022年2月1日支付工程款1 000万元,则钟泰股份有限公司账务处理如下:

借:在建工程——商用楼　　　　　　　　　　　　　　　　　　　10 000 000
　　贷:银行存款　　　　　　　　　　　　　　　　　　　　　　　10 000 000

2022年其余付款略;2022年12月23日,工程达到预定可使用状态,开始办理经营租赁手续,该投资性房地产采用公允价值模式计量。在建工程余额为4 000万元,则

借:投资性房地产——成本　　　　　　　　　　　　　　　　　　40 000 000
　　贷:在建工程　　　　　　　　　　　　　　　　　　　　　　　40 000 000

第三节 投资性房地产的后续计量

一般情况下,投资性房地产在后续计量时,有两种计量模式可供选择:即成本计量模式、公允价值计量模式。但是,同一企业只能采用一种模式对所有投资性房地产进行后续计量,不得同时采用两种计量模式。

一、采用成本模式进行后续计量的投资性房地产

在成本模式下,应当按照固定资产或无形资产的有关规定,对投资性房地产进行后续计量,计提折旧或摊销。企业按期(月)对投资性房地产计提折旧或进行摊销,借记"其他业务成本"科目,贷记"投资性房地产累计折旧(摊销)"科目。取得的租金收入,借记"银行存款"等科目,贷记"其他业务收入"等科目。

在成本模式下,投资性房地产存在减值迹象的,还应当按照资产减值的有关规定进行处理。即采用成本模式计量的投资性房地产发生减值的,可以单独设置"投资性房地产减值准备"科目,比照"固定资产减值准备"等科目进行处理。

例7—4 2022年1月8日钟泰有限公司公司将一栋办公楼出租给立达公司使用,已确认为投资性房地产,采用成本模式进行后续计量。假设该栋办公楼的成本为1 800万元,按照直线法计提折旧,使用寿命为20年,预计净残值为零。按照经营租赁合同约定,乙企业每月支付甲企业租金8万元,增值税税率为5%,不考虑其他相关税费。当年12月,这栋办公楼发生减值迹象,经减值测试,其可收回金额为1 200万元,此时办公楼的账面价值为1 500万元,以前未计提减值准备。

钟泰有限公司公司的账务处理如下。
(1)计提折旧
每月计提折旧1 800÷20÷12=7.5(万元)。
  借:其他业务成本   75 000
    贷:投资性房地产累计折旧(摊销)   75 000
(2)确认租金
  借:银行存款(或其他应收款)   84 000
    贷:其他业务收入   80 000
      应交税费——应交增值税(销项税额)   4 000
(3)计提减值准备
  借:资产减值损失   3 000 000
    贷:投资性房地产减值准备   3 000 000

二、采用公允价值模式进行后续计量的投资性房地产

1. 投资性房地产采用公允价值模式的前提条件

企业只有存在确凿证据表明其公允价值能够持续可靠取得的,才允许采用公允价值计量模式。企业一旦选择公允价值模式,就应当对其所有投资性房地产采用公允价值模式进行后续计量。采用公允价值模式计量投资性房地产,应当同时满足以下两个条件:(1)投资性房地产所在地有活跃的房地产交易市场。所在地通常是指投资性房地产所在的城市。对于大中城

市,应当为投资性房地产所在的城区。(2)企业能够从房地产交易市场上取得同类或类似房地产的市场价格及其他相关信息,从而对投资性房地产的公允价值做出科学合理的估计。这两个条件必须同时具备,缺一不可。

企业可以参照活跃市场上同类或类似房地产的现行市场价格(市场公开报价)来确定投资性房地产的公允价值;无法取得同类或类似房地产现行市场价格的,可以参照活跃市场上同类或类似房地产的最近交易价格,并考虑交易情况、交易日期和所在区域等因素予以确定。

同类或类似的房地产,对建筑物而言,是指所处地理位置和地理环境相同、性质相同、结构类型相同或相近、新旧程度相同或相近和可使用状况相同或相近的建筑物;对土地使用权而言,是指同一城区、同一位置区域、所处地理环境相同或相近和可使用状况相同或相近的土地。

2. 采用公允价值模式进行后续计量的会计处理

采用公允价值模式计量的投资性房地产,应当按照取得时的成本进行初始计量。其实际成本的确定与外购或自行建造的采用成本模式计量的投资性房地产一致。企业应当在"投资性房地产"科目下设置"成本"和"公允价值变动"两个明细科目,外购或自行建造时发生的实际成本,记入"投资性房地产——成本"科目。

企业采用公允价值模式进行后续计量的,不对投资性房地产计提折旧或进行摊销,应当以资产负债表日投资性房地产的公允价值为基础调整其账面价值,公允价值与原账面价值之间的差额计入当期损益(公允价值变动损益)。即资产负债表日投资性房地产的公允价值高于其账面余额的差额,借记"投资性房地产——公允价值变动"科目,贷记"公允价值变动损益"科目;公允价值低于其账面余额的差额做相反的会计分录。

例7—5 2022年8月,钟泰有限公司与立达公司签订租赁协议,约定将钟泰有限公司购入的一栋精装修的写字楼于取得的同时开始租赁给立达公司使用,租赁期为10年。当年10月1日,该写字楼取得并开始起租,写字楼的价款为9 000万元(不考虑相关税费)。2022年12月31日,该写字楼的公允价值为9 200万元。假设钟泰有限公司对投资性房地产采用公允价值模式计量。

钟泰有限公司的账务处理如下。

(1)2022年10月1日,甲公司开发完成写字楼并出租。

借:投资性房地产——成本　　　　　　　　　　　　　　　90 000 000
　　贷:银行存款　　　　　　　　　　　　　　　　　　　　　　90 000 000

(2)2022年12月31日,按照公允价值为基础调整其账面价值,公允价值与原账面价值之间的差额计入当期损益。

借:投资性房地产——公允价值变动　　　　　　　　　　　2 000 000
　　贷:公允价值变动损益　　　　　　　　　　　　　　　　　　2 000 000

三、投资性房地产后续计量模式的变更

为保证会计信息的可比性,企业对投资性房地产的计量模式一经确定,不得随意变更。只有在房地产市场比较成熟、能够满足采用公允价值模式条件的情况下,才允许企业对投资性房地产从成本模式计量变更为公允价值模式计量。但是,同一企业只能采用一种模式对所有投资性房地产进行后续计量,不得同时采用两种计量模式。成本模式转为公允价值模式的,应当作为会计政策变更处理,并按计量模式变更时公允价值与账面价值的差额调整期初留存收益。已采用公允价值模式计量的投资性房地产,不得从公允价值模式转为成本模式。

企业变更投资性房地产计量模式时,作为会计政策变更处理。应当按照计量模式变更日投资性房地产的公允价值,借记"投资性房地产——成本"科目,按照已计提的折旧或摊销,借记"投资性房地产累计折旧(摊销)"科目,原已计提减值准备的,借记"投资性房地产减值准备"科目,按照差额,贷记"利润分配——未分配利润"和"盈余公积"科目。

例7—6 钟泰有限公司将一栋写字楼租赁给乙公司使用,并一直采用成本模式进行后续计量。2023年1月1日,甲企业认为,出租给乙公司使用的写字楼,其所在地的房地产交易市场比较成熟,具备了采用公允价值模式计量的条件,决定对该项投资性房地产从成本模式转换为公允价值模式计量。该写字楼的原造价为90 000 000元,已计提折旧2 700 000元,账面价值为87 300 000元。2023年1月1日,该写字楼的公允价值为95 000 000元。

假设钟泰有限公司按净利润的10%计提盈余公积。

钟泰有限公司的账务处理如下:

借:投资性房地产——××写字楼(成本)   95 000 000
    投资性房地产累计折旧(摊销)   2 700 000
  贷:投资性房地产——××写字楼   90 000 000
    利润分配——未分配利润   6 930 000
    盈余公积   770 000

第四节 与投资性房地产有关的后续支出

一、资本化的后续支出

与投资性房地产有关的后续支出,满足投资性房地产确认条件的应当计入投资性房地产成本。例如,企业为了提高投资性房地产的使用效能,往往需要对投资性房地产进行改建、扩建而使其更加坚固耐用,或者通过装修而改善其室内装潢,改扩建或装修支出满足确认条件的,应当将其资本化。

例7—7 2022年3月,钟泰有限公司与乙企业的一项厂房经营租赁合同即将到期,该厂房按照成本模式进行后续计量,原价为2 000万元,已计提折旧600万元。为了提高厂房的租金收入,钟泰股份有限公司决定在租赁期满后对厂房进行改扩建,并与丙企业签订了经营租赁合同,约定自改扩建完工时将厂房出租给丙企业。3月15日,与乙企业的租赁合同到期,厂房随即进入改扩建工程。12月15日,厂房改扩建工程完工,共发生支出150万元,即日按照租赁合同出租给丙企业。

本例中,改扩建的支出属于资本化的后续支出,应当记入投资性房地产的成本。

钟泰有限公司的账务处理如下:

(1)2022年3月15日,投资性房地产转入改扩建工程。

借:投资性房地产——在建   14 000 000
    投资性房地产累计折旧(摊销)   6 000 000
  贷:投资性房地产——厂房   20 000 000

(2)2022年3月15日~11月10日。

借:投资性房地产——在建   1 500 000
  贷:银行存款等   1 500 000

(3)2022年11月10日,改扩建工程完工。
　　借:投资性房地产——厂房　　　　　　　　　　　　　　　　　15 500 000
　　　　贷:投资性房地产——在建　　　　　　　　　　　　　　　　　　15 500 000

例7—8　2022年3月,钟泰有限公司与乙企业的一项厂房经营租赁合同即将到期。为了提高厂房的租金收入,钟泰有限公司决定在租赁期满后对厂房进行改扩建,并与丙企业签订了经营租赁合同,约定自改扩建完工时将厂房出租给丙企业。3月15日,与乙企业的租赁合同到期,厂房随即进入改扩建工程。11月10日,厂房改扩建工程完工,共发生支出150万元,即日按照租赁合同出租给丙企业。3月15日厂房账面余额为1 200万元,其中成本1 000万元,累计公允价值变动200万元。假设钟泰有限公司对投资性房地产采用公允价值模式计量。

本例中,改扩建的支出属于资本化的后续支出,应当记入投资性房地产的成本。

钟泰有限公司的账务处理如下。

(1)2022年3月15日,投资性房地产转入改扩建工程。
　　借:投资性房地产——在建　　　　　　　　　　　　　　　　　12 000 000
　　　　贷:投资性房地产——成本　　　　　　　　　　　　　　　　　10 000 000
　　　　　　　　　　——公允价值变动　　　　　　　　　　　　　　　　2 000 000

(2)2022年3月15日～11月10日。
　　借:投资性房地产——在建　　　　　　　　　　　　　　　　　　1 500 000
　　　　贷:银行存款　　　　　　　　　　　　　　　　　　　　　　　　1 500 000

(3)2022年11月10日,改扩建工程完工。
　　借:投资性房地产——成本　　　　　　　　　　　　　　　　　　13 500 000
　　　　贷:投资性房地产——在建　　　　　　　　　　　　　　　　　13 500 000

二、费用化的后续支出

与投资性房地产有关的后续支出,不满足投资性房地产确认条件的应当在发生时计入当期损益。例如企业对投资性房地产进行日常维护所发生的支出。

例7—9　钟泰有限公司对其某项投资性房地产进行日常维修,发生维修支出1.5万元。

本例中,日常维修支出属于费用化的后续支出,应当计入当期损益。

钟泰有限公司的账务处理如下。
　　借:其他业务成本　　　　　　　　　　　　　　　　　　　　　　　15 000
　　　　贷:银行存款　　　　　　　　　　　　　　　　　　　　　　　　　15 000

第五节　房地产用途转换的会计处理

一、投资性房地产的转换形式及转换日

投资性房地产的转换,是因投资性房地产的用途发生改变而对房地产进行的重新分类。企业有确凿证据表明房地产的用途发生改变,且满足下列条件之一的,应当将投资性房地产转换为其他资产或者将其他资产转换为投资性房地产。

1. 投资性房地产开始自用即将投资性房地产转为自用房地产

在此种情况下,转换日为房地产达到自用状态,企业开始将其用于生产商品、提供劳务或

者经营管理的日期。

2. 作为存货的房地产改为出租

通常指房地产开发企业将其持有的开发产品以经营租赁的方式出租,存货相应地转换为投资性房地产。在此种情况下,转换日为房地产的租赁期开始日。租赁期开始日,是指承租人有权行使其使用租赁资产权利的日期。

3. 自用建筑物或土地使用权停止自用改为出租

即企业将原本用于生产商品、提供劳务或者经营管理的房地产改用于出租,固定资产或土地使用权相应地转换为投资性房地产。在此种情况下,转换日为租赁期开始日。

4. 自用土地使用权停止自用改用于资本增值

即企业将原本用于生产商品、提供劳务或者经营管理的土地使用权改用于资本增值,该土地使用权相应地转换为投资性房地产。在此种情况下,转换日为自用土地使用权停止自用后,确定用于资本增值的日期。

二、投资性房地产成本模式

1. 投资性房地产转换为自用房地产

企业将原本用于赚取租金或资本增值的房地产改用于生产商品、提供劳务或者经营管理,投资性房地产相应地转换为固定资产或无形资产。例如,企业将出租的厂房收回,并用于生产本企业的产品。在此种情况下,转换日为房地产达到自用状态,企业开始将房地产用于生产商品、提供劳务或者经营管理的日期。

企业将投资性房地产转换为自用房地产时,应当按该项投资性房地产在转换日的账面余额、累计折旧、减值准备等,分别转入"固定资产""累计折旧""固定资产减值准备"等科目;按投资性房地产的账面余额,借记"固定资产"或"无形资产"科目,贷记"投资性房地产"科目;按已计提的折旧或摊销,借记"投资性房地产累计折旧(摊销)"科目,贷记"累计折旧"或"累计摊销"科目;原已计提减值准备的,借记"投资性房地产减值准备"科目,贷记"固定资产减值准备"或"无形资产减值准备"科目。

例 7—10 2022 年 8 月 1 日,钟泰有限公司将出租在外的厂房收回,开始用于本企业生产商品。该项房地产在转换前采用成本模式计量,其账面价值为 2 800 万元。其中,原价 5 000 万元,累计已提折旧 2 200 万元。

钟泰有限公司的账务处理如下。

借:固定资产	50 000 000
投资性房地产累计折旧(摊销)	22 000 000
贷:投资性房地产——厂房	50 000 000
累计折旧	22 000 000

2. 投资性房地产转为作为存货的房地产

投资性房地产转换为作为存货的房地产,通常指房地产开发企业将以经营租赁的方式出租的投资性房地产转换为用于销售的存货,即开发产品。这种情况下,转换日为房地产租赁期结束日。租赁期结束日是指承租人停止行使其使用租赁资产权利的日期。

企业将采用成本模式计量的投资性房地产转换为作为存货的房地产时,应当按该项投资性房地产在转换日的账面价值,借记"开发产品"科目,贷记"投资性房地产""投资性房地产累计折旧"和"投资性房地产减值准备"科目。

例 7—11 2022 年 3 月 10 日,钟泰有限公司将出租给乙企业的一栋写字楼,收回并准备出售。2022 年 3 月 10 日,采用成本模式计量的投资性房地产账面余额 6 800 万元,计提投资性房地产累计折旧 1 000 万,计提投资性房地产减值准备 200 万。

钟泰有限公司 2022 年 4 月 15 日的账务处理如下。

借:开发产品　　　　　　　　　　　　　　　　　　　　56 000 000
　　投资性房地产累计折旧　　　　　　　　　　　　　　10 000 000
　　投资性房地产减值准备　　　　　　　　　　　　　　 2 000 000
　　贷:投资性房地产——写字楼　　　　　　　　　　　　　　68 000 000

3. 自用房地产转换为投资性房地产

企业将原本用于生产商品、提供劳务或者经营管理的房地产改用于出租,应于租赁期开始日,将相应的固定资产或无形资产转换为投资性房地产。

企业将自用土地使用权或建筑物转换为以成本模式计量的投资性房地产时,应当按该项建筑物或土地使用权在转换日的原价、累计折旧、减值准备等,分别转入"投资性房地产""投资性房地产累计折旧(摊销)""投资性房地产减值准备"科目,按其账面余额,借记"投资性房地产"科目,贷记"固定资产"或"无形资产"科目,按已计提的折旧或摊销,借记"累计折旧"或"累计摊销"科目,贷记"投资性房地产累计折旧(摊销)"科目,原已计提减值准备的,借记"固定资产减值准备"或"无形资产减值准备"科目,贷记"投资性房地产减值准备"科目。

例 7—12 钟泰有限公司拥有一栋办公楼,用于本企业总部办公。2022 年 3 月 10 日,钟泰有限公司与乙企业签订了经营租赁协议,将这栋办公楼整体出租给乙企业使用,租赁期开始日为 2022 年 4 月 15 日,为期 5 年。2022 年 4 月 15 日,这栋办公楼的账面余额 55 000 万元,已计提折旧 300 万元。

钟泰有限公司的账务处理如下。

借:投资性房地产——写字楼　　　　　　　　　　　　550 000 000
　　累计折旧　　　　　　　　　　　　　　　　　　　　 3 000 000
　　贷:固定资产　　　　　　　　　　　　　　　　　　　　550 000 000
　　　　投资性房地产累计折旧(摊销)　　　　　　　　　　 3 000 000

4. 作为存货的房地产转换为投资性房地产

作为存货的房地产转换为投资性房地产,通常指房地产开发企业将其持有的开发产品以经营租赁的方式出租,存货相应地转换为投资性房地产。这种情况下,转换日为房地产的租赁期开始日。租赁期开始日是指承租人有权行使其使用租赁资产权利的日期。

企业将作为存货的房地产转换为采用成本模式计量的投资性房地产时,应当按该项存货在转换日的账面价值,借记"投资性房地产"科目;原已计提跌价准备的,借记"存货跌价准备"科目,按其账面价值,贷记"开发产品"等科目。

例 7—13 2022 年 3 月 10 日,钟泰有限公司与乙企业签订了租赁协议,将其开发的一栋写字楼整体出租给乙企业使用,租赁期开始日为 2022 年 4 月 15 日。2022 年 4 月 15 日,该写字楼的账面余额 6 800 万元,未计提存货跌价准备,转换后采用成本模式计量。

钟泰有限公司 2022 年 4 月 15 日的账务处理如下。

借:投资性房地产——××写字楼　　　　　　　　　　　68 000 000
　　贷:开发产品　　　　　　　　　　　　　　　　　　　　68 000 000

三、投资性房地产公允价值模式

1. 投资性房地产转换为自用房地产

企业将采用公允价值模式计量的投资性房地产转换为自用房地产时,应当以其转换当日的公允价值作为自用房地产的账面价值,公允价值与原账面价值的差额计入当期损益。

转换日,按该项投资性房地产的公允价值,借记"固定资产"或"无形资产"科目,按该项投资性房地产的成本,贷记"投资性房地产——成本"科目;按该项投资性房地产的累计公允价值变动,贷记或借记"投资性房地产——公允价值变动"科目;按其差额,贷记或借记"公允价值变动损益"科目。

例 7—14 2022年10月15日,钟泰有限公司因租赁期满,将出租的写字楼收回,准备作为办公楼用于本企业的行政管理。2022年12月1日,该写字楼正式开始自用,相应由投资性房地产转换为自用房地产,当日的公允价值为4 800万元。该项房地产在转换前采用公允价值模式计量,原账面价值为4 750万元。其中,成本为4 500万元,公允价值变动为增值250万元。

钟泰有限公司的账务处理如下。

借:固定资产　　　　　　　　　　　　　　　　　48 000 000
　　贷:投资性房地产——成本　　　　　　　　　　45 000 000
　　　　　　　　　——公允价值变动　　　　　　　 2 500 000
　　　　公允价值变动损益　　　　　　　　　　　　　 500 000

2. 投资性房地产转换为作为存货的房地产

企业将采用公允价值模式计量的投资性房地产转换为作为存货的房地产时,应当按该项房地产在转换日的公允价值,借记"开发产品"科目;按投资性房地产的账面价值对投资性房地产进行终止计量,贷记"投资性房地产——成本"科目,借记或贷记"投资性房地产——公允价值变动"。同时,按转换日的公允价值小于账面价值的差额,借记或贷记"公允价值变动损益"科目。

例 7—15 2022年3月10日,钟泰有限公司将出租给乙企业使用的一栋写字楼收回。采用公允价值模式计量的投资性房地产账面成本6 800万元,公允价值变动100万元。2022年3月10日,房地产的公允价值为7 000万元。

钟泰有限公司的账务处理如下。

2022年3月10日

借:开发产品　　　　　　　　　　　　　　　　　　70 000 000
　　贷:投资性房地产——××写字楼(成本)　　　　68 000 000
　　　　　　　　　——××写字楼(公允价值变动)　 1 000 000
　　　　公允价值变动损益　　　　　　　　　　　　 1 000 000

3. 自用房地产转换为投资性房地产

企业将自用房地产转换为采用公允价值模式计量的投资性房地产时,应当按该项土地使用权或建筑物在转换日的公允价值,借记"投资性房地产(成本)"科目;按已计提的累计摊销或累计折旧,借记"累计摊销"或"累计折旧"科目;原已计提减值准备的,借记"无形资产减值准备""固定资产减值准备"科目;按其账面余额,贷记"固定资产"或"无形资产"科目。同时,转换日的公允价值小于账面价值的,按其差额,借记"公允价值变动损益"科目;转换日的公允价值大于账面价值的,按其差额,贷记"其他综合收益"科目。待该项投资性房地产处置时,因转换计入其他综合收益的部分应转入当期的其他业务成本,借记"其他综合收益"科目,贷记"其他业务成本"科目。

例7—16 2022年6月,钟泰有限公司打算搬迁至新建办公楼,由于原办公楼处于商业繁华地段,钟泰有限公司准备将其出租,以赚取租金收入。2022年10月,钟泰有限公司完成了搬迁工作,原办公楼停止自用。2022年12月,钟泰有限公司与乙企业签订了租赁协议,将其原办公楼租赁给乙企业使用,租赁期开始日为2023年1月1日,租赁期限为3年。2023年1月1日,该办公楼的公允价值为35 000万元,其原价为5亿元,已提折旧14 250万元;假设钟泰有限公司对投资性房地产采用公允价值模式计量。

钟泰有限公司的账务处理如下。

钟泰有限公司应当于租赁期开始日(2023年1月1日)将自用房地产转换为投资性房地产。

借:投资性房地产——成本　　　　　　　　　　　　　　350 000 000
　　公允价值变动损益　　　　　　　　　　　　　　　　　7 500 000
　　累计折旧　　　　　　　　　　　　　　　　　　　　142 500 000
　　贷:固定资产　　　　　　　　　　　　　　　　　　　　　　500 000 000

4. 作为存货的房地产转换为投资性房地产

企业将作为存货的房地产转换为采用公允价值模式计量的投资性房地产时,应当按该项房地产在转换日的公允价值,借记"投资性房地产(成本)"科目;原已计提跌价准备的,借记"存货跌价准备"科目;按其账面余额,贷记"开发产品"等科目。同时,转换日的公允价值小于账面价值的,按其差额,借记"公允价值变动损益"科目;转换日的公允价值大于账面价值的,按其差额,贷记"其他综合收益"科目。待该项投资性房地产处置时,因转换计入其他综合收益的部分应转入当期的其他业务成本,借记"其他综合收益"科目,贷记"其他业务成本"科目。

例7—17 2022年3月10日,钟泰有限公司与乙企业签订了租赁协议,将其开发的一栋写字楼整体出租给乙企业使用,租赁期开始日为2022年4月15日。2022年4月15日,该写字楼的账面余额6 800万元,公允价值6 900万元。2022年12月31日,该项投资性房地产的公允价值为7 000万元。

钟泰有限公司的账务处理如下。

(1)2022年4月15日

借:投资性房地产——××写字楼(成本)　　　　　　　69 000 000
　　贷:开发产品　　　　　　　　　　　　　　　　　　　　　68 000 000
　　　　其他综合收益　　　　　　　　　　　　　　　　　　　1 000 000

(2)2022年12月31日

借:投资性房地产——××写字楼(公允价值变动)　　　1 000 000
　　贷:公允价值变动损益　　　　　　　　　　　　　　　　　1 000 000

第六节　投资性房地产的处置

当投资性房地产被处置,或者永久退出使用却不能从其处置中取得经济利益时,应当终止确认该投资性房地产。

企业可以通过对外出售或转让的方式处置投资性房地产,取得投资收益。对于那些由于使用而不断磨损直到最终报废,或者由于遭受自然灾害等非正常损失发生毁损的投资性房地产应当及时进行清理。此外,企业因其他原因,如非货币性交易等而减少投资性房地产业也属于投资性房地产的处置。企业出售、转让、报废投资性房地产或者发生投资性房地产毁损,应当将处置收入扣除其账面价值和相关税费后的金额计入当期损益。

一、采用成本模式计量投资性房地产的处置

处置采用成本模式计量的投资性房地产时,应当按实际收到的金额,借记"银行存款"等科目,贷记"其他业务收入"等科目;按该项投资性房地产的账面价值,借记"其他业务成本"科目;按其账面余额,贷记"投资性房地产"科目;按照已计提的折旧或摊销,借记"投资性房地产累计折旧(摊销)"科目;原已计提减值准备的,借记"投资性房地产减值准备"科目。

例7-18 钟泰有限公司将其出租的一栋写字楼确认为投资性房地产,采用成本模式计量。租赁期届满后,钟泰有限公司将该栋写字楼出售给乙公司,合同价款为3亿元,增值税税率为9%,乙公司已用银行存款付清。出售时,该栋写字楼的成本为28 000万元,已计提折旧3 000万元。

钟泰有限公司的账务处理如下。

借:银行存款　　　　　　　　　　　　　　　　　　　327 000 000
　　贷:其他业务收入　　　　　　　　　　　　　　　　300 000 000
　　　　应交税费——应交增值税(销项税额)　　　　　 27 000 000
借:其他业务成本　　　　　　　　　　　　　　　　　250 000 000
　　投资性房地产累计折旧(摊销)　　　　　　　　　　 30 000 000
　　贷:投资性房地产——写字楼　　　　　　　　　　　280 000 000

例7-19 钟泰有限公司为了满足市场需求,扩大再生产,将生产车间从市中心搬迁到郊区。2019年3月,管理层决定,将原厂区的陈旧厂房拆除平整后,持有已备增值后转让。土地使用权的账面价值余额为3 000万元,已计提摊销900万元,剩余使用年限40年,按照直线法摊销,不考虑残值。2022年3月,钟泰有限公司将原厂区出售,取得转让收入4 000万元,增值税税率5%。不考虑其他相关税费。

钟泰有限公司的账务处理如下。

①转换日

借:投资性房地产——土地使用权　　　　　　　　　　 30 000 000
　　累计摊销　　　　　　　　　　　　　　　　　　　　9 000 000
　　贷:无形资产——土地使用权　　　　　　　　　　　 30 000 000
　　　　投资性房地产累计折旧(摊销)　　　　　　　　　 9 000 000

②计提摊销(假设按年)

借:其他业务成本　　　　　　　　　　　　　　　　　　　525 000
　　贷:投资性房地产累计折旧(摊销)　　　　　　　　　　 525 000

③出售时

借:银行存款　　　　　　　　　　　　　　　　　　　 42 000 000
　　贷:其他业务收入　　　　　　　　　　　　　　　　 40 000 000
　　　　应交税费——应交增值税(销项税额)　　　　　　2 000 000

借:其他业务成本		19 425 000
投资性房地产累计折旧(摊销)		10 575 000
贷:投资性房地产——土地使用权		30 000 000

二、采用公允价值模式计量的投资性房地产的处置

处置采用公允价值模式计量的投资性房地产时,应当按实际收到的金额,借记"银行存款"等科目,贷记"其他业务收入"科目;按该项投资性房地产的账面余额,借记"其他业务成本"科目;按其成本,贷记"投资性房地产——成本"科目;按其累计公允价值变动,贷记或借记"投资性房地产——公允价值变动"科目。同时,将投资性房地产累计公允价值变动转入其他业务成本,借记或贷记"公允价值变动损益"科目,贷记或借记"其他业务成本"科目。若存在原转换日计入其他综合收益的金额,也一并转入其他业务成本,借记"其他综合收益"科目,贷记"其他业务成本"科目。

例7-20 2022年3月10日,钟泰有限公司与乙企业签订了租赁协议,将其开发的一栋写字楼出租给乙企业使用,租赁期开始日为2022年4月15日。2022年4月15日,该写字楼的账面余额45 000万元,公允价值为47 000万元。2022年12月31日,该项投资性房地产的公允价值为48 000万元。2023年4月租赁期届满,企业收回该项投资性房地产,并以55 000万元出售,增值税税率为9%。出售款项已收讫。假设钟泰有限公司采用公允价值模式计量。

钟泰有限公司的账务处理如下。

①2022年4月15日,存货转换为投资性房地产。

借:投资性房地产——成本		470 000 000
贷:开发产品		450 000 000
其他综合收益		20 000 000

②2022年12月31日,公允价值变动。

借:投资性房地产——公允价值变动		10 000 000
贷:公允价值变动损益		10 000 000

③2023年4月,收回并出售投资性房地产。

借:银行存款		599 500 000
贷:其他业务收入		550 000 000
应交税费——应交增值税(销项税额)		49 500 000
借:其他业务成本		480 000 000
贷:投资性房地产——成本		470 000 000
——公允价值变动		10 000 000

同时,将投资性房地产累计公允价值变动损益转入其他业务成本。

借:公允价值变动损益		10 000 000
贷:其他业务成本		10 000 000

同时,将转换时原计入资本公积的部分转入其他业务成本。

借:其他综合收益		20 000 000
贷:其他业务成本		20 000 000

第七节　投资性房地产综合实例

钟泰有限公司于 2010 年 12 月 31 日在自有土地上建成一座厂房,此在建工程账面成本为 180 万元(摊销期限 20 年,按平均年限法摊销,预计无残值),建成初衷是作为自用的车间。但由于产品销路不畅于 2012 年 1 月 1 日将此厂房出租,出租时公允价值为 200 万元,租期 10 年。2015 年按国家规定安装相关消防设备花费 8 万元。2022 年 1 月 1 日到期后将此厂房改建为第五车间,此时公允价值为 135 万元。

1. 如果该企业按成本计量模式进行会计处理

(1) 2010 年 12 月 31 日厂房交付使用

借:固定资产——厂房	1 800 000	
贷:在建工程		1 800 000

(2) 2011 年计提折旧

借:制造费用	90 000	
贷:累计折旧		90 000

(3) 2012 年出租

借:投资性房地产	1 800 000	
累计折旧	90 000	
贷:固定资产		1 800 000
投资性房地产累计折旧		90 000

(4) 2012～2021 年每年计提折旧

借:其他业务成本	90 000	
贷:投资性房地产累计折旧		90 000

(5) 2015 年安装消防设备

由于安装消防设备并不能使流入企业的未来经济利益超过原先的估计,因此此后需将支出计入当期损益。

借:管理费用	80 000	
贷:银行存款		80 000

(6) 2022 年收回厂房

此时投资性房地产账面价值=180−9×11=81(万元)

借:固定资产	1 800 000	
投资性房地产累计折旧	990 000	
贷:投资性房地产		1 800 000
累计折旧		990 000

2. 如果该企业按公允价值计量模式进行会计处理

(1) 2010 年 12 月 31 日厂房交付使用

借:固定资产——厂房	1 800 000	
贷:在建工程		1 800 000

(2) 2011 年计提折旧

借:制造费用	90 000	

　　　　贷：累计折旧　　　　　　　　　　　　　　　　　　　　　　　　　90 000
　（3）2012年出租
　　　　借：投资性房地产——成本　　　　　　　　　　　　　　　　　2 000 000
　　　　　　累计折旧　　　　　　　　　　　　　　　　　　　　　　　　90 000
　　　　贷：固定资产　　　　　　　　　　　　　　　　　　　　　　　1 800 000
　　　　　　其他综合收益　　　　　　　　　　　　　　　　　　　　　　290 000
　（4）2012～2021年不计提折旧，假设此期间的公允价值变动不考虑
　（5）2015年安装消防设备
　　由于安装消防设备并不能使流入企业的未来经济利益超过原先的估计，因此此后需支出计入当期损益。
　　　　借：管理费用　　　　　　　　　　　　　　　　　　　　　　　　80 000
　　　　贷：银行存款　　　　　　　　　　　　　　　　　　　　　　　　80 000
　（6）2022年收回厂房
　　此时投资性房地产账面价值＝200万元，公允价值135万元
　　　　借：固定资产　　　　　　　　　　　　　　　　　　　　　　　1 350 000
　　　　　　公允价值变动损益　　　　　　　　　　　　　　　　　　　　650 000
　　　　贷：投资性房地产——成本　　　　　　　　　　　　　　　　　2 000 000

本章小结

　1. 投资性房地产的范围。投资性房地产主要包括已出租的土地使用权、持有并准备增值后转让的土地使用权、已出租的建筑物。投资性房地产的确认和计量。投资性房地产的确认和初始计量，与固定资产、无形资产一致。

　2. 投资性房地产后续计量以及转换和处置。企业通常应当采用成本模式对投资性房地产进行后续计量，在满足特定条件时可以采用公允价值模式计量；但是，企业只能选择一种计量模式对其所有投资性房地产进行后续计量，不得同时采用两种计量模式。

课后练习

一、单项选择题

1. 下列不属于企业投资性房地产的是（　　）。
A. 房地产开发企业将作为存货的商品房以经营租赁方式出租
B. 企业开发完成后用于出租的房地产
C. 企业持有并准备增值后转让的土地使用权
D. 房地产企业拥有并自行经营的饭店

2. 关于企业租出并按出租协议向承租人提供保安和维修等其他服务的建筑物，是否属于投资性房地产的说法正确的是（　　）。
A. 所提供的其他服务在整个协议中不重大的，该建筑物应视为企业的经营场所，应当确认为自用房地产
B. 所提供的其他服务在整个协议中如为重大的，应将该建筑物确认为投资性房地产

C. 所提供的其他服务在整个协议中如为不重大的,应将该建筑物确认为投资性房地产
D. 所提供的其他服务在整个协议中无论是否重大,均不将该建筑物确认为投资性房地产

3. 下列投资性房地产初始计量的表述不正确的有( )。
   A. 外购的投资性房地产按照购买价款、相关税费和可直接归属于该资产的其他支出
   B. 自行建造投资性房地产的成本,由建造该项资产达到可销售状态前所发生的必要支出构成
   C. 债务重组取得的投资性房地产按照债务重组的相关规定处理
   D. 非货币性资产交换取得的投资性房地产按照非货币性资产交换准则的规定处理

4. 企业对成本模式进行后续计量的投资性房地产摊销时,应该借记( )科目。
   A. 投资收益   B. 其他业务成本
   C. 营业外收入   D. 管理费用

5. 2022年1月1日,甲公司购入一幢建筑物用于出租,取得发票上注明的价款为100万元,款项以银行存款支付。购入该建筑物发生的契税为2万元也以银行存款支付。该投资性房地产的入账价值为( )万元。
   A. 102   B. 100
   C. 98   D. 104

6. 假定甲公司2022年1月1日以9 360 000元购入的建筑物预计使用寿命为20年,预计净残值为零,采用直线法按年计提折旧。2007年应计提的折旧额为( )元。
   A. 468 000   B. 429 000
   C. 439 000   D. 478 000

7. 存货转换为采用公允价值模式计量的投资性房地产,投资性房地产应当按照转换当日的公允价值计量。转换当日的公允价值小于原账面价值的,其差额通过( )科目核算。
   A. 营业外支出   B. 公允价值变动损益
   C. 投资收益   D. 其他业务收入

8. 企业的投资性房地产采用成本计量模式。2022年1月1日,该企业将一项投资性房地产转换为固定资产。该投资性房地产的账面余额为120万元,已提折旧20万元,已经计提的减值准备为10万元。该投资性房地产的公允价值为75万元。转换日固定资产的入账价值为( )万元。
   A. 100   B. 80
   C. 90   D. 120

9. 关于投资性房地产后续计量模式的转换,下列说法正确的是( )。
   A. 成本模式转为公允价值模式的,应当作为会计估计变更
   B. 已经采用成本模式计量的投资性房地产,不得从成本模式转为公允价值模式
   C. 企业对投资性房地产的计量模式可以随意选择
   D. 已经采用公允价值模式计量的投资性房地产,不得从公允价值转为成本模式

10. 企业出售、转让、报废投资性房地产时,应当将处置收入计入( )。
    A. 公允价值变动损益   B. 营业外收入
    C. 其他业务收入   D. 资本公积

二、多项选择题

1. 下列各项中,不属于投资性房地产的是（　　）。
   A. 房地产企业开发的准备出售的房屋
   B. 房地产企业开发的已出租的房屋
   C. 企业持有的准备建造房屋的土地使用权
   D. 企业以经营租赁方式租入的建筑物

2. 将投资性房地产转换为其他资产或者将其他资产转换为投资性房地产,关于转换日的确定,叙述正确的有（　　）。
   A. 企业将原本用于出租的房地产改用于经营管理的自用房地产,则该房地产的转换日为房地产达到自用状态,企业开始将房地产用于经营管理的日期
   B. 房地产开发企业将其持有的开发产品以经营租赁的方式出租,则该房地产的转换日为房地产的租赁期开始日
   C. 企业将原本用于经营管理的土地使用权改用于资本增值,则该房地产的转换日应确定为自用土地使用权停止自用后的日期
   D. 企业将原本用于生产商品的房地产改用于出租,则该房地产的转换日为承租人有权行使其使用租赁资产权利的日期

3. 采用公允价值模式进行后续计量的投资性房地产,应当同时满足（　　）条件。
   A. 投资性房地产所在地有活跃的房地产交易市场
   B. 企业能够从活跃的房地产交易市场上取得同类或类似房地产的市场价格及其他相关信息,从而对投资性房地产的公允价值做出合理的估计
   C. 所有的投资性房地产有活跃的房地产交易市场
   D. 企业能够取得交易价格的信息

4. 下列各项应该计入一般企业"其他业务收入"科目的有（　　）。
   A. 出售投资性房地产的收入
   B. 出租建筑物的租金收入
   C. 出售自用房屋的收入
   D. 将持有并准备增值后转让的土地使用权予以转让所取得的收入

5. 下列各项中,不影响企业当期损益的是（　　）。
   A. 采用成本计量模式,期末投资性房地产的可收回金额高于账面价值
   B. 采用成本计量模式,期末投资性房地产的可收回金额高于账面余额
   C. 采用公允价值计量模式,期末投资性房地产的公允价值高于账面余额
   D. 自用的房地产转换为采用公允价值模式计量的投资性房地产时,转换日房地产的公允价值大于账面价值

6. 下列情况下,企业可将其他资产转换为投资性房地产的有（　　）。
   A. 原自用土地使用权停止自用改为出租
   B. 房地产企业将开发的准备出售的商品房改为出租
   C. 自用办公楼停止自用改为出租
   D. 出租的厂房收回改为自用

7. 企业应当在附注中披露与投资性房地产有关的下列信息（　　）。
   A. 投资性房地产的种类、金额和计量模式

B. 采用成本模式的,投资性房地产的折旧或摊销,以及减值准备的计提情况
C. 房地产转换情况、理由、以及对损益或所有者权益的影响
D. 当期处置的投资性房地产及其对损益的影响

8. 关于投资性房地产的计量模式,下列说法中正确的是(　　)。
A. 已经采用公允价值模式计量的投资性房地产,不得从公允价值模式转为成本模式
B. 已经采用成本模式计量的投资性房地产,不得从成本模式转为公允价值模式
C. 采用公允价值模式计量的,不对投资性房地产计提折旧或进行摊销
D. 企业对投资性房地产计量模式一经确定不得随意变更

9. 关于投资性房地产的后续计量,下列说法正确的有(　　)。
A. 采用公允价值模式计量的,不对投资性房地产计提折旧或进行摊销
B. 已采用公允价值模式计量的投资性房地产,不得从公允价值模式转为成本模式
C. 已经采用成本模式计量的,可以转为采用公允价值模式计量
D. 采用公允价值模式计量的,应对投资性房地产计提折旧或进行摊销

10. 企业将自用房地产或存货转换为采用公允价值模式计量的投资性房地产,下列说法正确的有(　　)。
A. 自用房地产或存货的房地产为采用公允价值模式计量的投资性房地产,该项投资性房地产应当按照转换当日的公允价值计量
B. 自用房地产或存货转换为采用公允价值模式计量的投资性房地产,该项投资性房地产应当按照转换当日的账面价值计量
C. 转换当日的公允价值小于原账面价值的差额作为公允价值变动损益
D. 转换当日的公允价值小于原账面价值的其差额计入其他综合收益

三、判断题

1. 期末企业将投资性房地产的账面余额单独列示在资产负债表上。（　　）
2. 企业以融资租赁方式出租建筑物是作为投资性房地产进行核算的。（　　）
3. 企业不论在成本模式下,还是在公允价值模式下,投资性房地产取得的租金收入,均确认为其他业务收入。（　　）
4. 企业采用公允价值模式进行后续计量的,不对投资性房地产计提折旧或进行摊销,应当以资产负债表日投资性房地产的公允价值为基础调整其账面价值,公允价值与原账面价值之间的差额计入其他业务成本或其他业务收入。（　　）
5. 已采用公允价值模式计量的投资性房地产,不得从公允价值模式转为成本模式。（　　）
6. 在以成本模式计量的情况下,将作为存货的房地产转换为投资性房地产的,应按其在转换日的账面余额,借记"投资性房地产"科目,贷记"开发产品"等科目。（　　）
7. 采用公允价值模式计量的投资性房地产转换为自用房地产时,应当以其转换当日的公允价值作为自用房地产的账面价值,公允价值与原账面价值的差额计入当期损益(公允价值变动损益)。（　　）
8. 自用房地产或存货转换为采用公允价值模式计量的投资性房地产时,投资性房地产应当按照转换当日的公允价值计量,公允价值与原账面价值的差额计入当期损益(公允价值变动损益)。（　　）

9. 企业出售投资性房地产或者发生投资性房地产毁损,应当将处置收入扣除其账面价值和相关税费后的金额直接计入所有者权益。（　　）

四、计算题

1. 2022年4月20日乙公司购买一块土地使用权,购买价款为2 000万元,支付相关手续费30万元,款项全部以银行存款支付。企业购买后准备等其增值后予以转让。乙公司对该投资性房地产采用公允价值模式进行后续计量。

该项投资性房地产2022年取得租金收入为150万元,已存入银行,假定不考虑其他相关税费。经复核,该投资性房地产2022年12月31日的公允价值为2 000万元。

要求:做出乙公司相关的会计处理。
金额单位用"万元"表示。

2. 乙公司将原采用公允价值计量模式计价的一幢出租用厂房收回,作为企业的一般性固定资产处理。在出租收回前,该投资性房地产的成本和公允价值变动明细科目分别为700万元和100万元(借方)。转换当日该厂房的公允价值为780万元。金额单位用万元表示。

要求:做出乙公司转换日的会计处理。

3. 甲股份有限公司(以下简称甲公司)为华北地区的一家上市公司,甲公司2022年至2024年与投资性房地产有关的业务资料如下。

(1)2022年1月,甲公司购入一幢建筑物,取得的增值税专用发票上注明的价款为8 000 000元,款项以银行存款转账支付。不考虑其他相关税费。

(2)甲公司购入的上述用于出租的建筑物预计使用寿命为15年,预计净残值为36万元,采用年限平均法按年计提折旧。

(3)甲公司将取得的该项建筑物自当月起用于对外经营租赁,甲公司对该房地产采用成本模式进行后续计量。

(4)甲公司该项房地产2022年取得租金收入为900 000元,已存入银行。假定不考虑其他相关税费。

(5)2024年12月,甲公司将原用于出租的建筑物收回,作为企业经营管理用固定资产处理。

要求:(1)编制甲公司2022年1月取得该项建筑物的会计分录。
(2)计算2022年度甲公司对该项建筑物计提的折旧额,并编制相应的会计分录。
(3)编制甲公司2022年取得该项建筑物租金收入的会计分录。
(4)计算甲公司该项房地产2023年末的账面价值。
(5)编制甲公司2024年收回该项建筑物的会计分录。
(答案中的金额单位用"万元"表示。)

4. 长城房地产公司(以下简称长城公司)于2020年12月31日将一建筑物对外出租并采用公允价值模式计量,租期为3年,每年12月31日收取租金200万元,出租当日,该建筑物的成本为2 700万元,已计提折旧400万元,尚可使用年限为20年,公允价值为1 700万元,2021年12月31日,该建筑物的公允价值为1 830万元,2022年12月31日,该建筑物的公允价值为1 880万元,2023年12月31日的公允价值为1 760万元,2024年1月5日将该建筑物对外出售,收到1 800万元存入银行。

要求:编制长城公司上述经济业务的会计分录。

第八章
证券投资业务核算岗位

学习目标

○ 知识目标
1. 了解金融资产的概念、范围;
2. 掌握金融资产的分类;
3. 熟悉长期股权投资的含义,企业合并概念。

○ 能力目标
1. 掌握交易性金融资产的账务处理;
2. 掌握债权投资的账务处理;
3. 掌握其他债权投资的账务处理;
4. 掌握其他权益工具投资的账务处理;
5. 掌握长期股权投资的账务处理。

○ 素质目标
正确区分各证券投资的会计科目,明确会计职责。

思政案例导入

期权投资利与弊

A股有些非金融类上市公司热衷于股权投资,往往股权投资的股票市值占总资产超过20%,甚至超过100%。这些公司被戏称为不务正业的上市公司。云南白药是一家主营中医药的上市公司。其生产销售的主打产品是获得国家级保密配方的跌打损伤治疗药品。随着公众的生活水平提高,主营产品的销量保持在稳定的水平。为了保持可持续增长,云南白药确定了1+4+1战略,其中第一个"1"指的是深耕中医药领域;4指的是公司重点发力的4个领域,分别是口腔领域、皮肤领域、骨伤领域和女性关怀领域;第二个"1"指的是数字化技术。除此外,公司利用闲置的资金大量购入股权,进行理财。2020年,A股迎来大牛。云南白药购入的几只股票均实现了不同程度的上涨。2020年,云南白药的净利润高达55.16亿元。其中,将近一半的收入来源于购买股票的投资收益。然而随着A股市场的冷却,不少上市公司的股价纷纷下跌。2021年,云南白药购入股票的投资损失达到20亿。至此,云南白药公司决定后期将逐渐降低股权投资资金的比重,以至于撤回。

第一节 金融资产概述

一、金融资产的概念

金融资产,指企业持有的现金、其他方的权益工具以及符合下列条件之一的资产。

(1)从其他方收取现金或其他金融资产的合同权利。预付账款不是金融资产,因其产生的未来经济利益是商品或服务,不是收取现金或其他金融资产的权利,不属于金融资产。

(2)在潜在的有利条件下,与其他方交换金融资产或金融负债的合同权利。

(3)将来须用或可用企业自身权益工具进行结算的非衍生工具合同,且企业根据该合同将收到可变数量的自身权益工具。

(4)将来须用或可用企业自身权益工具进行结算的衍生工具合同,但以固定数量的自身权益工具交换固定金额的现金或其他金融资产的衍生工具合同除外。

在企业全部资产中,库存现金、银行存款、应收账款、应收票据、贷款、其他应收款、应收利息、债券投资、股票投资、基金投资及衍生金融资产等统称为金融资产。广义上的金融资产是所有能够在有组织的金融市场上进行交易的金融工具。狭义上的金融资产通常被限定为在活跃市场进行的债券投资和股票投资等。

二、金融资产的分类

企业应当根据其管理金融资产的业务模式和金融资产的合同现金流量特征,对金融资产进行合理的分类。管理金融资产的业务模式是指企业如何管理其金融资产以产生现金流量,可分为以"交易"为目的、收取合同现金流量、两者兼有。因此,金融资产一般划分为以下三类。

(1)以公允价值计量且其变动计入当期损益的金融资产。

(2)以公允价值计量且其变动计入其他综合收益的金融资产。

(3)以摊余成本计量的金融资产。

第二节 以公允价值计量且其变动计入当期损益的金融资产

一、交易性金融资产确认

交易性金融资产是指根据《企业会计准则第22号——金融工具确认与计量》第十九条的规定分类为以公允价值计量且其变动计入当期损益的金融资产。交易性金融资产主要是指企业为了近期内出售而持有的金融资产,如企业以赚取差价为目的从二级市场购入的股票、债券和基金等。

二、交易性金融资产的账务处理

(一)账户设置

企业应当设置"交易性金融资产"科目核算以公允价值计量且其变动计入当期损益的金融资产。企业持有的直接指定为以公允价值计量且其变动计入当期损益的金融资产,也在本科目核算。其中,交易性金融资产需要设置的二级明细科目包括:"交易性金融资产——成本",一般核算取得时的公允价值;"交易性金融资产——公允价值变动",核算期末按公允价值调整的差额。

(二)具体账务处理

1. 交易性金融资产初始取得

企业取得交易性金融资产时,按其公允价值(不含支付的价款中所包含的、已到付息期但尚未领取的利息或已宣告但尚未发放的现金股利),借记"交易性金融资产——成本"科目,按发生的交易费用,借记"投资收益"科目,发生的费用取得增值税发票的,按其注明的增值税进项税额,借记"应交税费——应交增值税(进项税额)"科目,按已到付息期但尚未领取的利息或已宣告但尚未发放的现金股利,借记"应收利息"或"应收股利"科目,按实际支付的金额,贷记"银行存款"等科目。

2. 持有期间收益的核算

交易性金融资产持有期间,被投资单位宣告发放的现金股利,或在资产负债表日按分期付息、一次还本债券投资的票面利率计算的利息,借记"应收股利"或"应收利息"科目,贷记"投资收益"科目。收到现金股利或债券利息时,借记"银行存款"科目,贷记"应收股利"或"应收利息"科目。

3. 交易性金融资产的期末计量

资产负债表日,交易性金融资产的公允价值高于其账面余额的差额,借记"交易性金融资产——公允价值变动"科目,贷记"公允价值变动损益"科目;公允价值低于其账面余额的差额作相反的会计分录。

4. 交易性金融资产的出售

出售交易性金融资产时,应按实际收到的金额,借记"银行存款"等科目,按该金融资产的账面余额,贷记"交易性金融资产——成本""公允价值变动"科目,按其差额,贷记或借记"投资收益"科目。

金融商品转让按照卖出价扣除买入价(不需要扣除已宣告未发放现金股利或已到付息期未领取的利息)后的余额作为销售额计算增值税,即转让金融商品按盈亏相抵后的余额为销售额。若相抵后出现负差,可结转下一纳税期,与下期转让金融商品销售额互抵。但年末转让出现负差的,不得转入下一会计年度。

转让金融资产当月月末,如产生转让收益,则按应纳税额,借记"投资收益"等科目,贷记"应交税费——转让金融商品应交增值税"科目;如产生转让损失,则按可结转下月抵扣税额,借记"应交税费——转让金融商品应交增值税"科目,贷记"投资收益"等科目。

年末,如果"应交税费——转让金融商品应交增值税"科目有借方余额,说明本年度的金融商品转让损失无法弥补,且本年度的金融资产转让损失不可转入下年度继续抵减转让金融资产的收益,应将"应交税费——转让金融商品应交增值税"科目的借余额转出。因此,应借记"投资收益"等科目,贷记"应交税费——转让金融商品应交增值税"科目。

例 8—1 甲公司于 2021 年 9 月 7 日购买乙公司发行的股票 300 万股,成交价格为每股 14.7 元,其中包含已宣告但尚未发放的现金股利每股 0.2 元,另付交易费用 10 万元,另取得的增值税专用发票上注明的增值税税额为 1 万元。股权占乙公司表决权资本的 5%。甲公司准备将股票于近期内出售,划分为交易性金融资产。会计分录如下:

(1)初始确认金额 = 300 × (14.7 − 0.2) = 4350(万元)

借:交易性金融资产——乙公司股票——成本　　　　　　43 500 000
　　投资收益——乙公司股票　　　　　　　　　　　　　　100 000
　　应收股利——乙公司　　　　　　　　　　　　　　　　600 000
　　应交税费——应交增值税(进项税额)　　　　　　　　　10 000
　　贷:银行存款　　　　　　　　　　　　　　　　　　44 210 000
(2)2021年9月20日,收到上述现金股利。
借:银行存款　　　　　　　　　　　　　　　　　　　　　600 000
　　贷:应收股利——乙公司　　　　　　　　　　　　　　　600 000
(3)2021年12月31日,该股票每股市价为15元。
公允价值变动=300×15－4 350=150(万元)
借:交易性金融资产——乙公司股票——公允价值变动　　1 500 000
　　贷:公允价值变动损益——乙公司股票　　　　　　　　1 500 000
(4)2022年3月2日,乙公司宣告发放现金股利每股0.3元,3月30日,甲公司收到现金股利。
借:应收股利——乙公司　　　　　　　　　　　　　　　　900 000
　　贷:投资收益——乙公司股票　　　　　　　　　　　　　900 000
借:银行存款　　　　　　　　　　　　　　　　　　　　　900 000
　　贷:应收股利——乙公司　　　　　　　　　　　　　　　900 000
(5)2022年12月31日,该股票每股市价为13元。
公允价值变动=300×(13－15)=－600(万元)
借:公允价值变动损益——乙公司股票　　　　　　　　　6 000 000
　　贷:交易性金融资产——乙公司股票——公允价值变动　6 000 000
(6)2023年6月6日,甲公司出售乙公司全部股票,出售价格为每股17元,另支付交易费用12万元。
借:银行存款　　　　　　　　　　　　　　　　　　　　50 880 000
　　交易性金融资产——乙公司股票——公允价值变动　　4 500 000
　　贷:交易性金融资产——乙公司股票——成本　　　　43 500 000
　　　　投资收益——乙公司股票　　　　　　　　　　　11 880 000
甲公司转让金融商品应交增值税=(50 880 000－44 100 000)/(1+6%)×6%=383 774
借:投资收益　　　　　　　　　　　　　　　　　　　　　383 774
　　贷:应交税费——转让金融商品应交增值税　　　　　　　383 774

例8－2 甲公司有关金融资产的资料如下。
(1)2021年1月1日,购入面值为100万元,年利率为5%的乙公司债券。取得时,支付价款105万元(含已宣告尚未发放的利息5万元),另支付交易费用0.5万元,取得的增值税专用发票上注明的增值税税额为0.15万元。甲公司将该项金融资产作为交易性金融资产核算。
(2)2021年1月7日,收到购买时支付价款中所含的利息5万元。
(3)2021年12月31日,乙公司债券的公允价值为105万元。
(4)2022年1月7日,收到乙公司债券2021年度的利息5万元。
(5)2022年4月25日,将乙公司债券全部出售,收取价款107万元。
甲公司的相关会计分录如下。

(1) 2021年1月1日,购入债券:

借:交易性金融资产——乙公司债券——成本　　　　　　　　　1 000 000
　　应收利息——乙公司　　　　　　　　　　　　　　　　　　　50 000
　　投资收益——乙公司债券　　　　　　　　　　　　　　　　　　5 000
　　应交税费——应交增值税(进项税额)　　　　　　　　　　　　　1 500
　　贷:银行存款　　　　　　　　　　　　　　　　　　　　　1 056 500

(2) 2021年1月7日,收到利息:

借:银行存款　　　　　　　　　　　　　　　　　　　　　　　　50 000
　　贷:应收利息——乙公司　　　　　　　　　　　　　　　　　　50 000

(3) 2021年12月31日,确认债券价格变动:

借:交易性金融资产——乙公司债券——公允价值变动　　　　　　　50 000
　　贷:公允价值变动损益——乙公司债券　　　　　　　　　　　　50 000

计提利息:

借:应收利息——乙公司　　　　　　　　　　　　　　　　　　　50 000
　　贷:投资收益——乙公司债券　　　　　　　　　　　　　　　　50 000

(4) 2022年1月7日,收到利息:

借:银行存款　　　　　　　　　　　　　　　　　　　　　　　　50 000
　　贷:应收利息——乙公司　　　　　　　　　　　　　　　　　　50 000

(5) 2022年4月25日,甲公司出售乙公司债券时:

借:银行存款　　　　　　　　　　　　　　　　　　　　　　　1 070 000
　　贷:交易性金融资产——乙公司债券——成本　　　　　　　1 000 000
　　　　　　　　　　　　　　　　　　　——公允价值变动　　　50 000
　　　　投资收益——乙公司债券　　　　　　　　　　　　　　　20 000

甲公司转让金融商品应交增值税＝(1 070 000－1 050 000)/(1＋6%)×6%＝1 132

借:投资收益　　　　　　　　　　　　　　　　　　　　　　　　 1 132
　　贷:应交税费——转让金融商品应交增值税　　　　　　　　　　 1 132

第三节　以摊余成本计量的金融资产

一、以摊余成本计量的金融资产确认

金融资产同时符合下列条件的,应当分类为以摊余成本计量的金融资产。
(1)企业管理该金融资产的业务模式是以收取合同现金流量为目标。
(2)该金融资产的合同条款规定,在特定日期产生的现金流量,仅为对本金和以未偿付的本金金额为基础利息的支付。

通常,企业购入的债券,有能力并打算将该债券持有至到期,可以将其确认为以摊余成本计量的金融资产。

二、债权投资的核算

(一)科目设置

以摊余成本计量的金融资产应设置"债权投资"和"债券投资减值准备"科目进行核算。其中,债权投资需要设置的二级明细科目包括以下几种。

(1)"债权投资——成本",一般核算取得债券的面值。

(2)"债权投资——利息调整",一般核算债券面值与其公允价值(包含交易费用)的差额。

(3)"债权投资——应计利息",核算到期一次还本付息债券每期计提的利息。

(二)具体账务处理

1. 初始计量

企业取得债权投资应当按照公允价值计量,交易费用应当计入债权投资的初始确认金额。按该债券的面值,借记"债权投资——成本"科目,按支付的价款中包含的、已到付息期但尚未领取的利息,借记"应收利息"科目,按实际支付的金额,贷记"银行存款"等科目,按其差额,借记或贷记"债权投资——利息调整"科目。

例8—3 甲公司2021年1月3日购入乙公司2020年1月1日发行的五年期公司债券,该债券每年付息一次,到期归还本金。该债券面值100万元,票面年利率5%,甲公司支付价款110万元,其中包含已到付息期尚未领取的债券利息5万元,票款以银行存款付讫,另支付交易费用5 000元。甲公司在2021年1月3日购入该债券时应编制如下会计分录。

借:债权投资——乙公司债券——成本　　　　　　　　　1 000 000
　　　　　　　　　　　　　——利息调整　　　　　　　　　　55 000
　　应收利息——乙公司　　　　　　　　　　　　　　　　　50 000
　　贷:银行存款　　　　　　　　　　　　　　　　　　　　1 105 000

2. 后续计量

债权投资应当采用实际利率法,按摊余成本进行后续计量。

实际利率法是指计算金融资产或金融负债的摊余成本以及将利息收入或利息费用分摊计入各会计期间的方法。

实际利率法是指将金融资产或金融负债在预期存续期的估计未来现金流量,折现为该金融资产账面余额(不考虑减值)或金融负债当前摊余成本所使用的利率。在确定实际利率时,应当在考虑金融资产或金融负债所有合同条款(如提前还款、展期、看涨期权或其他类似期权等)的基础上估计预期现金流量,但不应当考虑预期信用损失。

金融资产或金融负债的摊余成本,是指该金融资产或金融负债的初始确认金额经下列调整后的结果确定。

(1)扣除已偿还的本金;

(2)加上或减去采用实际利率法将该初始确认金额与到期日金额之间的差额进行摊销形成的累计摊销额;

(3)扣除计提的累计信用减值准备(仅适用于金融资产)。

摊余成本与利息计算调整可用公式表述为:

初始摊余成本＝购入公允价值＋交易费用
实际利息＝期初摊余成本×实际利率(列入投资收益)
名义利息＝票面金额×票面利率(列入应收利息)
利息调整额＝实际利息－名义利息
期末摊余成本＝期初摊余成本＋实际利息－名义利息－当期还本－减值准备

以上公式中,名义利息是实际应收的利息,表示未来的实际现金流入额;对于金融负债而言则是应付利息,表示未来的实际现金流出额。公式中的实际利率并非合同约定利率,而是根据市场情况另行计算出的虚拟利率。因此所谓实际利息,本质上是虚拟利息。

资产负债表日,债权投资为分期付息、一次还本债券投资的,应按票面利率计算确定的应收未收利息,借记"应收利息"科目;按债权投资摊余成本和实际利率计算确定的利息收入,贷记"投资收益"科目,按其差额,借记或贷记"债权投资——利息调整"科目。

资产负债表日,债权投资为一次还本付息债券投资的,应于资产负债表日按票面利率计算确定的应收未收利息,借记"债权投资——应计利息"科目;按债权投资摊余成本和实际利率计算确定的利息收入,贷记"投资收益"科目,按其差额,借记或贷记"债权投资——利息调整"科目。

3. 债权投资的处置

债券到期时,按债券的面值收取本金。应当按照实际收到的金额,借记"银行存款"科目,按照该债权投资的账面余额,贷记"债权投资——成本"科目。

例8－4 2021年1月1日,甲公司购买乙公司同日发行的5年期公司债券。甲公司支付购买价款94.6万元,另支付交易费用0.4万元,该债券面值为100万元,票面利率为4%,实际利率为5.16%,每年末支付利息,到期归还本金。甲公司根据其管理该债券的业务模式和该债券的合同现金流量特征,将该债券分类为以摊余成本计量的金融资产。

要求:编制甲公司有关该项投资的会计分录(答案中的金额单位用万元表示,计算结果保留两位小数)。

甲公司各年应确认的债券投资收益如表8－1所示。

表8－1   单位:万元

年份	期初摊余成本	实际利息收入	现金流入	期末摊余成本
2021	95.00	4.90	4	95.90
2022	95.90	4.95	4	96.85
2023	96.85	5.00	4	97.85
2024	97.85	5.05	4	98.90
2025	98.90*	5.10	104	0

＊最后一期利息收入金额为倒挤,即104－98.9＝5.10(万元)。

(1)2021年1月1日购入该债券时:
　借:债权投资——成本   100
　　贷:债权投资——利息调整   5
　　　银行存款   95
(2)2021年12月31日会计分录为:

借:应收利息　　　　　　　　　　　　　　　　　　　　　4
　　　　债权投资——利息调整　　　　　　　　　　　　　　0.9
　　　　　贷:投资收益　　　　　　　　　　　　　　　　　　　　　4.9
　收到利息时:
　　借:银行存款　　　　　　　　　　　　　　　　　　　　　4
　　　贷:应收利息　　　　　　　　　　　　　　　　　　　　　　4

(3)2022年12月31日会计分录为:
　　借:应收利息　　　　　　　　　　　　　　　　　　　　　4
　　　债权投资——利息调整　　　　　　　　　　　　　　0.95
　　　　贷:投资收益　　　　　　　　　　　　　　　　　　　　　4.95
　收到利息时:
　　借:银行存款　　　　　　　　　　　　　　　　　　　　　4
　　　贷:应收利息　　　　　　　　　　　　　　　　　　　　　　4

(4)2023年12月31日会计分录为:
　　借:应收利息　　　　　　　　　　　　　　　　　　　　　4
　　　债权投资——利息调整　　　　　　　　　　　　　　1
　　　　贷:投资收益　　　　　　　　　　　　　　　　　　　　　5.0
　收到利息时:
　　借:银行存款　　　　　　　　　　　　　　　　　　　　　4
　　　贷:应收利息　　　　　　　　　　　　　　　　　　　　　　4

(5)2024年12月31日会计分录为:
　　借:应收利息　　　　　　　　　　　　　　　　　　　　　4
　　　债权投资——利息调整　　　　　　　　　　　　　　1.05
　　　　贷:投资收益　　　　　　　　　　　　　　　　　　　　　5.05
　收到利息时:
　　借:银行存款　　　　　　　　　　　　　　　　　　　　　4
　　　贷:应收利息　　　　　　　　　　　　　　　　　　　　　　4

(6)2025年12月31日会计分录为:
　　借:应收利息　　　　　　　　　　　　　　　　　　　　　4
　　　债权投资——利息调整　　　　　　　　　　　　　　1.1
　　　　贷:投资收益　　　　　　　　　　　　　　　　　　　　　5.1
　收到利息和本金时:
　　借:银行存款　　　　　　　　　　　　　　　　　　　　　104
　　　贷:应收利息　　　　　　　　　　　　　　　　　　　　　　4
　　　　债权投资——成本　　　　　　　　　　　　　　　　　100

　　企业应当设置"债权投资减值准备"科目,核算计提的债权投资减值准备,贷方登记计提的债权投资减值准备金额;借记登记实际发生的债权投资减值损失金额和转回的债权投资减值准备金额,期末余额一般在贷方,反映企业已计提但尚未转销的债权投资减值准备。该科目应当按照债权投资类别和品种进行明细核算。资产负债表日,债权投资的账面价值高于预计未来现金流量现值的,企业应当将该债权投资的账面价值减记至预计未来现金流量现值,根据其账面价值与预计未来现金流量现值之间的差额计算确认减值损失,计提减值准备。借记"信用减值损失"科目,贷记"债权投资减值准备"科目。已计提减值准备的债权投资价值以后又得以恢复,应在原已计提的减值准备金额内,按恢复增加的金额,借记"债权投资减值准备"科目,贷记"信用减值损失"科目。

如果企业在债券到期前,提前出售债券,应当按照实际收到的金额,借记"银行存款"等科目,按照该债权投资的账面余额,贷记"债权投资——成本、利息调整、应计利息"科目,按照其差额,贷记或借记"投资收益"科目。已计提减值准备的,还应同时结转减值准备。

例8—5 甲公司2021年7月1日,将其于2019年1月1日购入的乙公司债券予以转让,转让价款为2 100万元,该债券系2019年1月1日发行的,面值为2 000万元,票面年利率为3%,到期一次还本付息,期限为3年。甲公司将其划分为债权投资。转让时,利息调整明细科目的贷方余额为12万元,2021年7月1日,该债券投资的减值准备金额为15万元。

分析:处置债权投资时,应将所取得价款与该投资账面价值之间的差额计入投资收益。因为是一次还本付息,所以应该将应收未收的利息记入"债权投资——应计利息"科目中。甲公司账务处理为如下。

借:银行存款　　　　　　　　　　　　　　　　　　　　　21 000 000
　　债权投资减值准备——乙公司债券　　　　　　　　　　　150 000
　　债权投资——乙公司债券——利息调整　　　　　　　　　120 000
　　投资收益——乙公司债券　　　　　　　　　　　　　　　230 00
　　贷:债权投资——乙公司债券——成本　　　　　　　　　20 000 000
　　　　　　　　——应计利息(20 000 000×3%×2.5)　　　1 500 000

第四节　以公允价值计量且其变动计入其他综合收益的金融资产

一、以公允价值计量且其变动计入其他综合收益的金融资产的确认

金融资产同时符合下列条件的,应当分类为以公允价值计量且其变动计入其他综合收益的金融资产。

1. 企业管理该金融资产的业务模式既以收取合同现金流量为目标又以出售该金融资产为目标;

2. 该金融资产的合同条款规定,在特定日期产生的现金流量仅为对本金和以未偿付本金金额为基础的利息的支付。

例如,企业购入的在活跃市场上有报价的股票、债券和基金等,没有划分为以公允价值计量且其变动计入当期损益的金融资产或债权投资等金融资产的,可归为此类。

针对此类金融资产,可以将购入的债券记入"其他债权投资"科目;将购入的股票记入"其他权益工具投资"科目。

二、其他债权投资

企业持有的普通债券的合同现金流量是到期收回本金及按约定利率在合同期间按时收取固定或浮动利息的权利。在没有其他特殊安排的情况下,普通债券的合同现金流量一般情况下可能符合仅为对本金和以未偿付本金金额为基础的利息支付的要求。如果企业管理该债券

的业务模式既以收取合同现金流量为目标又以出售该债券为目标,则该债券应当分类为以公允价值计量且其变动计入其他综合收益的金融资产。

(一)科目设置

以公允价值计量且其变动计入其他综合收益的金融资产(债务工具投资)应设置"其他债权投资"科目进行核算。其他债权投资需要设置的二级明细科目包括以下几种。

(1)"其他债权投资——成本",一般核算债券的面值。

(2)"其他债权投资——利息调整",一般核算债券面值与其公允价值(包含交易费用)的差额。此科目中不仅反映折、溢价,还包括佣金、手续费等。

(3)"其他债权投资——应计利息",核算到期一次还本付息债券每期计提的利息。

(4)"其他债权投资——公允价值变动",核算期末按公允价值调整的差额。

(二)具体账务处理

1. 初始取得

企业取得其他债权投资应当按照公允价值计量,取得其他债权投资所发生的交易费用计入其他债权投资的初始确认金额。支付的价款中包含已到付息期但尚未领取的债券利息,应当单独确认为应收项目,不构成其他债权投资的初始确认金额。

企业取得以公允价值计量且其变动计入其他综合收益的金融资产为债券投资的,应按债券的面值,借记"其他债权投资——成本"科目,按支付的价款中包含的已到付息期但尚未领取的利息,借记"应收利息"科目,按实际支付的金额,贷记"银行存款"等科目,按其差额,借记或贷记"其他债权投资——利息调整"科目。

例8-6 2022年1月1日,甲公司从二级市场购入乙公司面值为100万元的分期付息到期还本债券,支付的总价款为97万元(其中包括已到付息期但尚未领取的利息5万元),另支付相关交易费用1万元,甲公司根据其管理该债券的业务模式和该债券的合同现金流量特征,将其划分为其他债权投资。甲公司应做账务处理如下。

借:其他债权投资——成本 100
　　应收利息 5
　贷:银行存款 98
　　其他债权投资——利息调整 7

2. 后续计量

(1)计提利息

资产负债表日,其他债券投资为分期付息、一次还本债券投资的,应按票面利率计算确定的应收未收利息,借记"应收利息"科目,按债券的摊余成本和实际利率计算确定的利息收入,贷记"投资收益"科目,按其差额,借记或贷记"其他债权投资——利息调整"科目。

资产负债表日,其他债券投资为一次还本付息债券投资的,应于资产负债表日按票面利率计算确定的应收未收利息,借记"其他债权投资——应计利息"科目,按债券的摊余成本和实际利率计算确定的利息收入,贷记"投资收益"科目,按其差额,借记或贷记"其他债权投资——利息调整"科目。

(2)期末公允价值变动

资产负债表日,以公允价值计量且其变动计入其他综合收益的金融资产以当日的公允价值为准调整账面余额。债券的公允价值高于其账面余额的差额,借记"其他债权投资——公允价值变动"科目,贷记"其他综合收益"科目;公允价值低于其账面余额的差额做相反的会计分录。

以公允价值计量且其变动计入其他综合收益的金融资产所产生的利得或损失,除减值损失或利得和汇兑损益外,均应当计入其他综合收益。待到出售时,公允价值变动所产生的累计利得或损失已实现,再结转至"投资收益"。

(3)减值

资产负债表日,对于分类为以公允价值计量且其变动计入其他综合收益的金融资产,企业应当以预期信用损失为基础,在其他综合收益中确认其损失准备。确认减值损失时,借记"信用减值损失"科目,贷记"其他综合收益——信用减值准备"科目。后期确认减值利得时,以已确认的减值损失为上限,做相反会计处理。减值的会计处理不应减少该金融资产在资产负债表中列示的账面价值。

3. 处置

出售以公允价值计量且其变动计入其他综合收益的其他债权投资时,应按实际收到的金额,借记"银行存款"等科目,按其账面余额,贷记"其他债权投资——成本、应计利息"科目,借记或贷记"其他债权投资——利息调整、公允价值变动"科目,按应从所有者权益中转出的公允价值累计变动额,借记或贷记"其他综合收益——其他债权投资公允价值变动"科目,按其差额,贷记或借记"投资收益"科目。

例 8—7 2021年1月1日,甲公司购买了一项乙公司于同日发行的债券,期限为5年,面值为3 000万元,实际支付价款为2 600万元,另支付交易费用20.89万元,票面利率3%,每年年末确认当年利息,次年1月10日支付利息,本金在到期时一次归还。甲公司根据其管理该债券的业务模式和该债券的合同现金流量特征,将该债券分类为以公允价值计量且其变动计入其他综合收益的金融资产。2021年末该债券公允价值为2 808.14万元。2022年末该债券公允价值为2 709.43万元。2023年1月12日将该债券出售,取得价款为2 814.2万元。假定初始确认的实际利率为6%。甲公司的账务处理如下。

(1)2021年1月1日购入乙公司债券时:

借:其他债权投资——乙公司债券——成本　　　　　　　　30 000 000
　　贷:银行存款　　　　　　　　　　　　　　　　　　　　26 208 900
　　　　其他债权投资——乙公司债券——利息调整　　　　　3 791 100

(2)各年投资收益(利息收入)计算如表8—2所示。

表8—2　　　　　　　　　　　　　　　　　　　　　　　　　　　　　单位:万元

年份	期初摊余成本	实际利息收入	现金流入	期末摊余成本	期末公允价值
2021	2 620.89	157.25	90	2 688.14	2 808.14
2022	2 688.14	161.29	90	2 759.43	2 709.43

(3)2021年年末计提利息时:

借:应收利息——乙公司　　　　　　　　　　　　　　　　　900 000
　　其他债权投资——乙公司债券——利息调整　　　　　　　672 500
　　贷:投资收益——乙公司债券　　　　　　　　　　　　　1 572 500

(4)2021年因其他债权投资公允价值变动的影响:

借:其他债权投资——乙公司债券——公允价值变动　　　　1 200 000

　　　　贷：其他综合收益——公允价值变动——乙公司债券　　　　　1 200 000
(5)2022年1月10日收到利息：
　　借：银行存款　　　　　　　　　　　　　　　　　　　　　900 000
　　　　贷：应收利息——乙公司　　　　　　　　　　　　　　　　900 000
(6)2022年年末计提利息时：
　　借：应收利息——乙公司　　　　　　　　　　　　　　　　　900 000
　　　　其他债权投资——乙公司债券——利息调整　　　　　　　712 900
　　　　贷：投资收益——乙公司债券　　　　　　　　　　　　1 612 900
(7)2021年因其他债权投资公允价值变动的影响
　　借：其他综合收益——公允价值变动——乙公司债券　　　　1 700 000
　　　　贷：其他债权投资——乙公司债券——公允价值变动　　1 700 000
(8)2022年1月10日收到利息：
　　借：银行存款　　　　　　　　　　　　　　　　　　　　　900 000
　　　　贷：应收利息——乙公司　　　　　　　　　　　　　　　　900 000
(9)2023年1月12日，甲公司出售全部该债券：
　　借：银行存款　　　　　　　　　　　　　　　　　　　　28 142 000
　　　　其他债权投资——利息调整　　　　　　　　　　　　　2 405 700
　　　　　　　　　　——公允价值变动　　　　　　　　　　　　500 000
　　　　贷：其他债权投资——成本　　　　　　　　　　　　30 000 000
　　　　　　投资收益　　　　　　　　　　　　　　　　　　　1 047 700
　　借：投资收益　　　　　　　　　　　　　　　　　　　　　500 000
　　　　贷：其他综合收益　　　　　　　　　　　　　　　　　　500 000

三、其他权益工具投资

企业可以将非交易性权益工具投资指定为以公允价值计量且其变动计入其他综合收益的金融资产，并按规定确认股利收入。该指定一经做出，不得撤销。企业投资上市公司股票或者非上市公司股权的，如果对被投资单位不具有控制、共同控制或重大影响的都可能属于此类情形。

(一)科目设置

以公允价值计量且其变动计入其他综合收益的金融资产(权益工具投资)应设置"其他权益工具投资"等科目进行核算，其中，其他权益工具投资需要设置的二级明细科目包括以下几种。

(1)"其他权益工具投资——成本"，一般核算取得时的公允价值(包含交易费用)。

(2)"其他权益工具投资——公允价值变动"，核算期末按公允价值调整的差额。

(二)具体账务处理

1. 初始取得

企业取得指定为以公允价值计量且其变动计入其他综合收益的非交易性权益工具投资，应按其公允价值与交易费用之和，借记"其他权益工具投资——成本"科目，按支付的价款中包含的已宣告但尚未发放的现金股利，借记"应收股利"科目，按实际支付的金额，贷记"银行存款"等科目。

2. 被投资单位宣告发放现金股利

在持有非交易性股票等权益工具投资期间，被投资单位宣告发放现金股利或利润时，借记

"应收股利"科目,贷记"投资收益"科目。在持有其他权益工具投资期间收到被投资单位实际发放的现金股利时,借记"银行存款"等科目,贷记"应收股利"科目。

需要说明的是,企业只有在同时符合下列条件时,才能确认股利收入并计入当期损益。

(1)企业收取股利的权利已经确立;
(2)与股利相关的经济利益很可能流入企业;
(3)股利的金额能够可靠计量。

3. 期末公允价值变动

资产负债表日,指定为以公允价值计量且其变动计入其他综合收益的非交易性权益工具投资的公允价值高于其账面余额的差额,借记"其他权益工具投资——公允价值变动"科目,贷记"其他综合收益——其他权益工具投资公允价值变动"科目,公允价值低于其账面余额的差额做相反的会计分录。

指定为以公允价值计量且其变动计入其他综合收益的非交易性权益工具投资除了获得的股利收入(作为投资成本部分收回的股利收入除外)计入当期损益外,其他相关的利得和损失(包括汇兑损益)均应当计入其他综合收益,且后续不得转入损益。

4. 出售

出售以公允价值计量且其变动计入其他综合收益的其他权益工具投资时,应按实际收到的金额,借记"银行存款"等科目,按其账面余额,贷记"其他权益工具投资——成本"科目,借记或贷记"其他权益工具投资——公允价值变动"科目,按其差额计入留存收益;之前计入其他综合收益的累计利得或损失应当从"其他综合收益"科目中转出,计入留存收益。

例8—8 甲公司为上市公司,2021年10月12日,甲公司以每股10元的价格从二级市场购入乙公司股票10万股,支付价款100万元,另支付相关交易费用2万元。甲公司将购入的乙公司股票作为其他权益工具投资核算。2021年12月31日,乙公司股票市场价格为每股18元。该股票未发生预期信用损失迹象。2022年3月15日,甲公司收到乙公司分派的现金股利4万元。2022年4月4日,甲公司将所持有乙公司股票以每股16元的价格全部出售,在支付相关交易费用2.5万元后实际取得款项157.5万元。甲公司账务处理如下。

(1)2021年10月12日,购入乙公司股票。

借:其他权益工具投资——乙公司股票——成本　　1 020 000
　　贷:银行存款　　　　　　　　　　　　　　　　　1 020 000

(2)2021年12月31日持有乙公司股票的账面价值=18×10=180(万元),初始入账成本为102万元,年末确认其他综合收益78(180-102)万元。

借:其他权益工具投资——乙公司股票——公允价值变动　　780 000
　　贷:其他综合收益——公允价值变动——乙公司股票　　　780 000

确认应收股利:

借:应收股利——乙公司　　　　　　　　　　　　　40 000
　　贷:投资收益——乙公司股票　　　　　　　　　　　40 000

(3)2022年3月15日,收到股利:

借:银行存款　　　　　　　　　　　　　　　　　40 000
　　贷:应收股利——乙公司　　　　　　　　　　　　　40 000

(4)2022年4月4日,处置乙公司股票:

借:银行存款　　　　　　　　　　　　　　　　　1 575 000

盈余公积——法定盈余公积	22 500
利润分配——未分配利润	202 500
贷:其他权益工具投资——乙公司股票——成本	1 020 000
——公允价值变动	780 000
借:其他综合收益——公允价值变动——乙公司股票	780 000
贷:盈余公积——法定盈余公积	78 000
利润分配——未分配利润	702 000

第五节　长期股权投资

一、长期股权投资的概念

长期股权投资是指投资企业对被投资单位实施控制、重大影响的权益性投资以及对其合营企业的权益性投资。一般来说,企业进行长期股权投资主要是出于获取竞争优势的战略性考虑或通过多元化经营降低经营风险。基于长远考虑,企业不会随便出售长期股权投资。

由于企业取得长期股权投资需要的资金量较大,企业可以通过现金购买、转让非现金资产或承担债务和发行权益性证券等方式取得长期股权投资。

二、长期股权投资的适用范围

企业长期股权投资的范围主要包括三个方面:对子公司投资、对合营企业投资和对联营企业投资。对此三种长期股权投资的确定应以对被投资单位的影响程度为基础进行判断。

需要说明的是,对被投资单位的持股比例并不是能否作为长期股权投资核算的标准,也无法直接确定对被投资单位的影响程度,所以无须特别关注对被投资单位的持股比例。

(一)对子公司投资

对子公司投资是指投资方能够对被投资单位实施控制的权益性投资。控制是指投资方拥有对被投资方的权力,可以决定被投资企业的财务和经营政策,通过参与被投资方的相关活动而享有可变回报,并且有能力运用对被投资方的权力影响其回报金额。

(二)对合营企业的投资

对合营企业的投资是指投资方与其他合营方一同对被投资单位实施共同控制且对被投资单位净资产享有权利的权益性投资。共同控制是指按照相关约定对某项安排所共有的控制,并且该安排的相关活动必须经过分享控制权的参与方一致同意后才能决策。合营企业,是共同控制一项安排的参与方仅对该安排的净资产享有权利的合营安排。

在判断是否存在共同控制时,应当首先判断所有参与方或参与组合方是否集体控制该安排,其次再判断该安排相关活动的决策是否必须经过这些集体控制该安排的参与方一致同意。如果存在两个或两个以上的参与方组合能够集体控制某项安排的,不构成共同控制。仅享有保护性权利的参与方不享有共同控制。

(三)对联营企业的投资

对联营企业的投资是指投资方对被投资单位具有重大影响的权益性投资。重大影响是指投资方对被投资单位的财务和经营政策有参与决策的权力,但并不能够控制或者与其他方一起共同控制这些政策的制定。投资方能够对被投资单位施加重大影响的,被投资单位为其联营企业。

1. 重大影响的判断

投资方通常可以通过以下一种或几种情形来判断是否对被投资单位具有重大影响。

(1)在被投资单位的董事会或类似权力机构中派有代表。

(2)参与被投资单位财务和经营政策制定过程。

(3)与被投资单位之间发生重要交易。

(4)向被投资单位派出管理人员。

(5)向被投资单位提供关键技术资料。

需要说明的是,在确定能否对被投资单位施加重大影响时,一方面应考虑投资方直接或间接持有被投资单位的表决权股份,同时要考虑投资方及其他方持有的当期可执行潜在表决权在假定转换为对被投资单位的股权后产生的影响,如被投资单位发行的当期可转换的认股权证、股份期权及可转换公司债券等的影响。

2. 特殊问题

长期股权投资准则规范的权益性投资不包括风险投资机构、共同基金以及类似主体(如投资连结保险产品)持有的、在初始确认时按照金融工具确认和计量准则的规定以公允价值计量且其变动计入当期损益的金融资产,这类金融资产即使符合持有待售条件也应继续按金融工具确认和计量准则进行会计处理。投资性主体对不纳入合并财务报表的子公司的权益性投资,应按照公允价值计量且其变动计入当期损益。

其他权益性投资见表8-3所示。

表8-3　　　　　　　　　　其他权益性投资

达不到重大影响的权益性投资	被投资方是上市公司	短线运作	交易性金融资产
		长线运作	其他权益工具投资
	被投资方是非上市公司	其他权益工具投资	

三、长期股权投资的初始计量

企业应正确记录和反映各项长期股权投资所发生的成本。因长期股权投资的形成方式不同,长期股权投资的初始投资成本确认方法不同。与此同时,取得长期股权投资所付出的代价不同,长期股权投资的会计处理不同。

(一)企业合并形成的长期股权投资——对子公司的投资

企业合并是指将两个或者两个以上单独的企业合并形成一个报告主体的交易或事项。企业合并的形式有控股合并、吸收合并和新设合并。只有控股合并才会形成长期股权投资。企业合并分为同一控制下的企业合并和非同一控制下的企业合并。其中,参与合并的企业在合并前后均受同一方或相同的多方最终控制且该控制并非暂时性的,为同一控制下的企业合并;参与合并的各方在合并前后不受同一方或相同的多方最终控制的,为非同一控制下的企业合并。

1. 同一控制下形成控股合并的长期股权投资会计处理

(1)初始投资成本的确定

合并方以支付现金、转让非现金资产或承担债务方式作为合并对价的,应当在合并日按照所取得的被合并方在最终控制方合并财务报表中的净资产账面价值份额作为长期股权投资的初始投资成本。

如果被合并方在被合并以前,是最终控制方通过非同一控制下的企业合并所控制的,则合并方长期股权投资的初始投资成本还应包含相关的商誉金额。

长期股权投资的初始投资成本与支付的现金、转让的非现金资产及所承担的债务账面价值之间的差额,应当调整资本公积(资本溢价或股本溢价);资本公积(资本溢价或股本溢价)的余额不足冲减的,依次冲减盈余公积和未分配利润。

合并方以发行权益性工具作为合并对价的,应按发行股份的面值总额作为股本,长期股权投资的初始投资成本与所发行股份面值总额之间的差额,应当调整资本公积(资本溢价或股本溢价);资本公积(资本溢价或股本溢价)不足冲减的,依次冲减盈余公积和未分配利润。

(2)合并方发生的中介费用、交易费用的处理

合并方发生的审计、法律服务、评估咨询等中介费用以及其他相关管理费用,于发生时计入当期损益。

与发行权益性工具作为合并对价直接相关的交易费用,应当冲减资本公积(资本溢价或股本溢价),资本公积(资本溢价或股本溢价)不足冲减的,依次冲减盈余公积和未分配利润。

例8—9 甲公司和乙公司同为A公司的子公司,且为A公司直接投资形成的子公司。2022年3月6日甲公司与A公司签订合同,甲公司以银行存款2 000万元和一栋作为固定资产的办公楼作为对价购买A公司持有乙公司80%的表决权资本。2022年4月6日甲公司与A公司股东大会批准该协议。2022年6月30日,甲公司以银行存款2 000万元支付给A公司,当日固定资产的账面价值为14 000万元(原值为18 000万元,累计折旧为4 000万元),公允价值为20 000万元(不考虑增值税)。同日办理了必要的财产权交接手续并取得控制权。当日乙公司所有者权益的账面价值为18 000万元,乙公司所有者权益的公允价值为30 000万元;A公司(原母公司)合并财务报表中的乙公司净资产账面价值为22 000万元。甲公司另发生审计、法律服务、评估咨询等中介费用160万元(不考虑增值税、所得税等因素)。

要求:(1)判断该交易的企业合并类型,说明理由;确认合并方及合并日。

(2)计算长期股权投资初始投资成本,并编制相关会计分录。

【答案】

(1)该交易为同一控制下企业合并。理由:甲、乙公司在合并前后均受A公司最终控制。

(2)合并方为甲公司,合并日为2022年6月30日。同一控制下企业合并形成的长期股权投资,应在合并日按取得被合并方在最终控制方(原母公司A公司)合并财务报表中的净资产账面价值的份额,作为长期股权投资初始投资成本17 600(22 000×80%)万元。

借:固定资产清理	14 000
累计折旧	4 000
贷:固定资产	18 000
借:长期股权投资	17 600
贷:银行存款	2 000
固定资产清理	14 000
资本公积——股本溢价	1 600
借:管理费用	160
贷:银行存款	160

【提示】同一控制下的企业合并中,以非现金资产作为对价,不确认资产的处置损益。

例8—10 A公司为母公司,子公司包括有甲公司、乙公司,即甲公司和乙公司均受A公司同一控制。2022年6月30日,甲公司向同一集团内乙公司的原股东A公司定向增发15 000万股普通股(每股面值为1元,市价为10元),取得乙公司80%的股权,相关手续于当日完成,并能够对乙公司实施控制。合并后乙公司仍维持其独立法人资格继续经营。合并日,乙公司个别财务报表中净资产的账面价值为21 000万元,A公司(原母公司)合并财务报表中的乙公司净资产账面价值为27 500万元,不考虑相关税费等其他因素影响。要求:编制甲公司在合并日的会计分录。

【答案】
甲公司在合并日的初始投资成本为应享有乙公司在A公司合并财务报表中的净资产账面价值的份额,甲公司会计处理如下。

借:长期股权投资　　　　　　　　　　　　22 000(27 500×80%)
　　贷:股本　　　　　　　　　　　　　　　　　　　　15 000
　　　　资本公积——股本溢价　　　　　　　　　　　 7 000

若合并日,A公司合并财务报表中的乙公司净资产账面价值为15 000万元,甲公司资本公积贷方1 000万元,盈余公积1 500万元,则甲公司账务处理如下:

借:长期股权投资　　　　　　　　　　　　12 000(15 000×80%)
　　资本公积——股本溢价　　　　　　　　 1 000
　　盈余公积　　　　　　　　　　　　　　 1 500
　　利润分配　　　　　　　　　　　　　　　 500
　　贷:股本　　　　　　　　　　　　　　　　　　　　15 000

2. 非同一控制下形成控股合并的长期股权投资会计处理

(1)初始投资成本的确定

非同一控制下的企业合并中,购买方为了取得对被购买方的控制权而放弃的资产、发生或承担的负债、发行的权益性证券等均应按其在购买日的公允价值计量。基于上述原则,购买方应当按照确定的企业合并成本作为长期股权投资的初始投资成本。

长期股权投资的初始投资成本(合并成本)=支付价款或付出资产的公允价值+发生或承担的负债的公允价值+发行的权益性工具或债务性工具的公允价值

【注意】
①非同一控制下的企业合并中,购买方为企业合并发生的审计、法律服务、评估咨询等中介费用,应当于发生时计入当期损益。
②以发行债券方式进行的企业合并,与发行债券相关的佣金、手续费等应计入债务性证券的初始计量金额。
③发行权益性证券作为合并对价的,与所发行权益性证券相关的佣金、手续费等应从所发行权益性证券的发行收入中扣减。

(2)付出资产公允价值与账面价值的差额的处理

采用非同一控制下的企业控股合并时,支付合并对价的公允价值与账面价值的差额,分别不同情况处理。
①合并对价为固定资产、无形资产的,公允价值与账面价值的差额,计入资产处置损益。
②合并对价为长期股权投资或金融资产的,公允价值与其账面价值的差额,计入投资收益

(如为其他权益工具投资,计入留存收益)。

③合并对价为投资性房地产的,以其公允价值确认其他业务收入,同时结转其他业务成本。

④合并对价为存货的,应当作为销售处理,以其公允价值确认收入,同时结转相应的成本。涉及增值税的,还应进行相应的处理。

(3)企业合并成本与合并中取得的被购买方可辨认净资产公允价值份额差额的处理

①企业合并成本大于合并中取得的被购买方可辨认净资产公允价值份额的差额应确认为商誉。控股合并的情况下,该差额是指在合并财务报表中应予列示的商誉。

②企业合并成本小于合并中取得的被购买方可辨认净资产公允价值份额的部分,应计入合并当期损益(营业外收入)。在控股合并的情况下,上述差额应体现在合并当期的合并利润表中,不影响购买方的个别利润表。

【提示】这是合并报表中的处理,非同一合并个别报表中是不需要比较计算合并商誉的。

例8—11 2023年1月1日,A公司以一台固定资产向B公司投资(A公司和B公司不属于同一控制下的两个公司),占B公司注册资本的60%。该固定资产的账面原价为16 000万元,已计提累计折旧1 000万元,已计提固定资产减值准备400万元,公允价值为15 200万元。不考虑其他相关税费。A公司账务处理如下。

借:固定资产清理	14 600
累计折旧	1 000
固定资产减值准备	400
贷:固定资产	16 000
借:长期股权投资	15 200
贷:固定资产清理	15 200
借:固定资产清理	600
贷:资产处置损益	600

例8—12 2023年4月5日,A公司以一项库存商品和银行存款向B公司投资(A公司和B公司不属于同一控制下的两个公司),占B公司注册资本的70%。该库存商品的账面价值为3 200万元,公允价值为4 000万元,增值税税额为520万元,付出银行存款的金额为2 000万元。A公司以银行存款支付审计费用、评估费用和法律服务费用等共计150万元。A公司账务处理如下。

借:长期股权投资	6 520
贷:主营业务收入	4 000
应交税费——应交增值税(销项税额)	520
银行存款	2 000
借:主营业务成本	3 200
贷:库存商品	3 200
借:管理费用	150
贷:银行存款	150

例8—13 甲公司系增值税一般纳税人。有关业务如下。

资料一:2022年4月30日,甲公司与乙公司的控股股东A公司签订股权转让协议,甲公司以两项资产作为对价支付给A公司,A公司以其所持有乙公司80%的股权作为支付对价。

2022年5月31日甲公司与A公司的股东大会批准收购协议。2022年6月30日甲公司将作为对价的资产所有权转移给A公司,参与合并各方已办理了必要的财产权交接手续。甲公司于当日起控制乙公司财务和经营政策。

资料二:2022年6月30日甲公司作为对价的资产资料如表8—4所示。

表8—4

	账面价值	公允价值
无形资产	18 000万元(其中成本为19 000万元,已计提摊销额为1 000万元)	20 000万元(适用增值税税率为6%)
固定资产	8 000万元(其中成本为9 000万元,已计提折旧额为1 000万元)	10 000万元(适用增值税税率为13%)

甲公司已开出增值税专用发票。购买日乙公司可辨认净资产的账面价值为37 000万元,可辨认净资产的公允价值为38 000万元。此外甲公司发生审计评估咨询费用320万元(不考虑增值税)。

资料三:甲公司与A公司在交易前不存在任何关联方关系,合并前甲公司与乙公司未发生任何交易。甲公司与乙公司采用的会计政策相同。不考虑所得税影响。

要求:(1)判断企业合并类型,并说明理由。
(2)确定购买日,计算企业合并成本、购买日合并商誉及购买日资产处置损益。
(3)编制甲公司购买乙公司股权的相关会计分录。

【答案】
(1)该项合并为非同一控制下企业合并。理由:甲公司与A公司在此项交易前不存在任何关联方关系。购买日为2022年6月30日;
企业合并成本=20 000×1.06+10 000×1.13=32 500(万元);
(2)购买日合并商誉=32 500-38 000×80%=2 100(万元);
购买日资产处置损益=(20 000-18 000)+(10 000-8 000)=4 000(万元)。
(3)甲公司购买乙公司股权的相关会计分录。

借:固定资产清理　　　　　　　　　　　　　　　　　8 000
　　累计折旧　　　　　　　　　　　　　　　　　　　1 000
　　　贷:固定资产　　　　　　　　　　　　　　　　　　9 000
借:长期股权投资　　　　　　　　　　　　　　　　　32 500
　　累计摊销　　　　　　　　　　　　　　　　　　　1 000
　　　贷:无形资产　　　　　　　　　　　　　　　　　19 000
　　　　固定资产清理　　　　　　　　　　　　　　　　8 000
　　　　资产处置损益　　　　　　　　　　　　　　　　4 000
　　　　应交税费——应交增值税(销项税额)　　　　　2 500
借:管理费用　　　　　　　　　　　　　　　　　　　320
　　贷:银行存款　　　　　　　　　　　　　　　　　　320

例8—14 A公司有关投资业务如下:2022年8月,A公司与B公司的控股股东C公司签订协议,协议约定:A公司向C公司定向发行20 000万股本公司股票,以换取C公司持有B公司80%的股权。作为对价定向发行的股票于2022年12月31日发行,当日收盘价为每股

8.05元。A公司于12月31日起控制B公司财务和经营政策。当日B公司可辨认净资产的公允价值为200 000万元。此外A公司为企业合并发生审计、法律服务、评估咨询费用200万元,为发行股票支付手续费、佣金400万元,均以银行存款支付。A公司与C公司在此项交易前不存在关联方关系。不考虑所得税影响。

要求:计算购买日企业合并成本、合并商誉,编制A公司购买日的会计分录。

企业合并成本=20 000×8.05=161 000(万元);

合并商誉=161 000-200 000×80%=1 000(万元)。

借:长期股权投资　　　　　　　　　　　　　　　　　　　　　161 000
　　贷:股本　　　　　　　　　　　　　　　　　　　　　　　　　20 000
　　　　资本公积　　　　　　　　　　　　　　　　141 000(7.05×20 000)
借:管理费用　　　　　　　　　　　　　　　　　　　　　　　　　　200
　　资本公积　　　　　　　　　　　　　　　　　　　　　　　　　　400
　　贷:银行存款　　　　　　　　　　　　　　　　　　　　　　　　　600

(二)不形成控股合并的长期股权投资——对联营、合营企业的投资

1. 以支付现金取得的长期股权投资

应当按照实际支付的购买价款和直接相关的费用、税金及其他必要支出作为长期股权投资的初始投资成本。但不包括被投资单位收取的已宣告但尚未发放的现金股利或利润。

例 8-15 甲公司于2022年7月1日取得乙公司30%的股份,对乙公司具有重大影响,实际支付价款9 000万元。另支付直接相关的费用、税金及其他必要支出10万元(不考虑增值税因素)。投资时乙公司各项可辨认资产、负债的公允价值与其账面价值相同,可辨认净资产公允价值及账面价值的总额均为20 000万元。

甲公司取得此股权投资时确认的初始投资成本=9 000+10=9 010(万元)

会计分录为

借:长期股权投资　　　　　　　　　　　　　　　　　　　　　　9 010
　　贷:银行存款　　　　　　　　　　　　　　　　　　　　　　　9 010

2. 以发行权益性证券方式取得的长期股权投资

其成本为所发行权益性证券的公允价值。为发行权益性证券支付的手续费、佣金等应自权益性证券的溢价发行收入中扣除,溢价不足的,应冲减盈余公积和未分配利润。

例 8-16 2022年8月,甲公司通过增发8 000万股(每股面值1元)股份取得对乙公司20%的股权,所发行股票的公允价值为17 000万元。为增发该部分股份,乙公司支付了800万元的佣金和手续费。取得投资后,甲公司能够对乙公司施加重大影响。不考虑其他因素。

会计分录为:

借:长期股权投资　　　　　　　　　　　　　　　　　　　　　17 000
　　贷:股本　　　　　　　　　　　　　　　　　　　　　　　　　8 000
　　　　资本公积——股本溢价　　　　　　　　　　　　　　　　　9 000
借:资本公积——股本溢价　　　　　　　　　　　　　　　　　　　 800
　　贷:银行存款　　　　　　　　　　　　　　　　　　　　　　　　800

3. 投资者投入取得的长期股权投资

投资者投入的长期股权投资,是指投资者将其持有的对第三方的投资作为出资投入企业形成的长期股权投资。投资者投入的长期股权投资,应当按照投资合同或协议约定的价值作

为初始投资成本,但合同或协议约定价值不公允的除外。投资者在合同或协议中约定的价值如果不公允,应当按照取得的长期股权投资公允价值作为其初始投资成本。

企业收到投资者投入的长期股权投资,按照确定的初始投资成本,借记"长期股权投资"科目,按应享有被投资方已宣告但尚未发放的现金股利或利润,借记"应收股利"科目,按照投资者出资占资本(或股本)的份额,贷记"实收资本"或"股本"科目,按其差额,贷记"资本公积"科目。

四、长期股权投资的后续计量

(一)长期股权投资后续计量的原则

长期股权投资在持有期间,根据投资方对被投资单位的影响程度分别采用成本法及权益法进行核算。根据长期股权投资准则,对子公司的长期股权投资应当按成本法核算,对合营企业、联营企业的长期股权投资应当按权益法核算,不允许选择按照金融工具确认和计量准则进行会计处理。

(二)长期股权投资的后续计量——成本法

1. 成本法的适用范围

投资方持有的对子公司投资应当采用成本法核算,投资方为投资性主体且子公司不纳入其合并财务报表的除外。投资方在判断对被投资单位是否具有控制时,应综合考虑直接持有的股权和通过子公司间接持有的股权。在个别财务报表中,投资方进行成本法核算时,应仅考虑直接持有的股权份额。

2. 成本法的具体会计核算

采用成本法核算的长期股权投资,在追加投资时,按照追加投资支付对价的公允价值及发生的相关交易费用增加长期股权投资的账面价值。被投资单位宣告分派现金股利或利润的,投资方根据应享有的部分确认当期投资收益,不再划分是否属于投资前和投资后被投资单位实现的净利润。

例 8—17 甲公司和乙公司均为我国境内居民企业。有关投资资料如下。

资料一:2022 年 1 月 1 日,甲公司自非关联方处以银行存款 86 000 万元取得对乙公司 80% 的股权,相关手续于当日完成,并能够对乙公司实施控制。

借:长期股权投资　　　　　　　　　　　　　　　　　　86 000
　　贷:银行存款　　　　　　　　　　　　　　　　　　　86 000

资料二:2022 年 3 月 1 日,乙公司宣告分派现金股利 1 000 万元,并于 3 月 20 日实际对外发放。2022 年度乙公司实现净利润 6 000 万元。不考虑相关税费等其他因素影响。

借:应收股利　　　　　　　　　　　　　　　(1 000×80%)800
　　贷:投资收益　　　　　　　　　　　　　　　　　　　　800
借:银行存款　　　　　　　　　　　　　　　　　　　　　800
　　贷:应收股利　　　　　　　　　　　　　　(1 000×80%)800

【提示】2022 年末长期股权投资的账面价值为 86 000 万元。

企业按照上述规定确认自被投资单位应分得的现金股利或利润后,应当考虑长期股权投资是否发生减值。在判断该类长期股权投资是否存在减值迹象时,应当关注长期股权投资的账面价值是否大于享有被投资单位净资产(包括相关商誉)账面价值的份额等类似情况。出现类似情况时,企业应当按照资产减值准则对长期股权投资进行减值测试,可收回金额低于长期股权投资账面价值的,应当计提减值准备。

(三)长期股权投资的后续计量——权益法

1. 权益法的适用范围

对合营企业和联营企业的投资应当采用权益法核算。投资方在判断对被投资单位是否具有共同控制、重大影响时,应综合考虑直接持有的股权和通过子公司间接持有的股权。在综合考虑直接持有的股权和通过子公司间接持有的股权后,如果认定投资方对被投资单位具有共同控制或重大影响,在个别财务报表中,投资方进行权益法核算时,应仅考虑直接持有的股权份额;在合并财务报表中,投资方进行权益法核算时,应同时考虑直接持有和间接持有的份额。

2. 权益法的具体会计核算

权益法是指投资以初始投资成本计量后,在投资持有期间根据投资企业享有被投资单位所有者权益的份额的变动对投资的账面价值进行调整的方法。这个定义的理解非常重要,从定义中可以看出权益法和成本法处理最根本的不同点在于权益法要根据被投资单位所有者权益的份额的变动对投资的账面价值进行调整,而成本法则不需要做这样的处理。长期股权投资采用权益法核算的,应当分别以"投资成本""损益调整""其他综合收益"和"其他权益变动"等明细科目进行明细核算。

(1)"投资成本"明细科目的会计核算

①初始投资成本大于取得投资时应享有被投资单位可辨认净资产公允价值份额的,该部分差额是投资方在取得投资过程中通过作价体现出的与所取得股权份额相对应的商誉价值,这种情况下不要求对长期股权投资的成本进行调整。

②初始投资成本小于取得投资时应享有被投资单位可辨认净资产公允价值份额的,两者之间的差额体现为双方在交易作价过程中转让方的让步,该部分经济利益的流入应计入取得投资当期的营业外收入,同时调整增加长期股权投资的账面价值。

例8—18 2022年3月,A公司取得B公司30%的股权,支付银行存款7 000万元。在取得B公司的股权后,能够对B公司施加重大影响。不考虑相关税费等其他因素影响。

资料一:假定取得投资时,被投资单位净资产账面价值为20 000万元(假定被投资单位各项可辨认净资产的公允价值与其账面价值相同)。

要求:根据资料一,判断是否需要调整长期股权投资的账面价值并说明理由,编制相关会计分录。

【答案】不需要调整长期股权投资的账面价值。理由:长期股权投资的初始投资成本7 000万元大于取得投资时应享有被投资单位可辨认净资产公允价值的份额6 000万元(20 000×30%),该差额1 000万元不调整长期股权投资的账面价值。

借:长期股权投资——投资成本　　　　　　　　　　　　　7 000
　　贷:银行存款　　　　　　　　　　　　　　　　　　　　　7 000

资料二,假定取得投资时被投资单位可辨认净资产的公允价值为24 000万元。

要求:根据资料二,判断是否需要调整长期股权投资的账面价值并说明理由,编制相关会计分录。

【答案】需要调整长期股权投资的账面价值。理由:长期股权投资的初始投资成本7 000万元小于取得投资时应享有被投资单位可讲认净资产公允价值的份额7 200万元(24 000×30%),该差额200万元应计入取得投资当期的营业外收入。

借:长期股权投资——投资成本　　　　　　　　　　　　　7 200

贷：银行存款　　　　　　　　　　　　　　　　　　　　　7 000
　　营业外收入　　　　　　　　　　　　　　　　　　　　　 200

【提示】
初始投资成本＝7 000 万
调整后的长期股权投资的入账价值＝7 200 万
(2)"损益调整"明细科目的会计核算
①对被投资单位实现净损益的调整
采用权益法核算的长期股权投资，在确认应享有(或分担)被投资单位的净利润(或净亏损)时，在被投资单位账面净利润的基础上，应考虑以下因素的影响进行适当调整。

A. 对投资时点的调整

a. 被投资单位采用的会计政策和会计期间与投资方不一致的，应按投资方的会计政策和会计期间对被投资单位的财务报表进行调整，在此基础上确定被投资单位的净损益。

b. 以取得投资时被投资单位固定资产、无形资产等的公允价值为基础计提的折旧额或摊销额，以及有关资产减值准备金额等对被投资单位净利润的影响。

此外，如果被投资单位发行了分类为权益的可累积优先股等类似的权益工具，无论被投资单位是否宣告分配优先股股利，投资方计算应享有被投资单位的净利润时，均应将归属于其他投资方的累积优先股股利予以扣除。根据被投资单位实现的经调整后的净利润计算应享有的份额，借记"长期股权投资——损益调整"科目，贷记"投资收益"科目。亏损时，编制相反会计分录。

B. 对内部交易的调整

对于投资方与其联营企业及合营企业之间发生的未实现内部交易损益应予抵销。即，投资方与联营企业及合营企业之间发生的未实现内部交易损益，按照应享有的比例计算归属于投资方的部分，应当予以抵销，在此基础上确认投资损益。投资方与被投资单位发生的内部交易损失，按照资产减值准则等规定属于资产减值损失的，应当全额确认。

未实现内部交易损益的抵销，应当分别以顺流交易和逆流交易进行会计处理。顺流交易是指投资方向其联营企业或合营企业投出或出售资产。逆流交易是指联营企业或合营企业向投资方出售资产。未实现内部交易损益体现在投资方或其联营企业、合营企业持有的资产账面价值中的，在计算确认投资损益时应予抵销。

②被投资单位宣告发放股利或利润

权益法下，投资单位分得的现金股利或利润，应抵减"长期股权投资——损益调整"明细科目。在被投资单位宣告分派现金股利或利润时，借记"应收股利"，贷记"长期股权投资——损益调整"。

被投资单位分派的股票股利，属于所有者权益内部变动，不涉及被投资单位所有者权益发生增减变动，所以投资企业不做账务处理，但应于除权日在备查簿中登记，注明所增加的股数，以反映股份的变化情况。

③超额亏损的确认

投资企业确认被投资单位发生的净亏损，应当以长期股权投资的账面价值以及其他实质上构成对被投资单位净投资的长期权益减记至零为限，投资企业负有承担额外损失义务的除外。在确认应分担被投资单位发生的亏损时，应当按照以下顺序进行处理。

首先，减记长期股权投资的账面价值。

其次,在长期股权投资的账面价值减记至零的情况下,对于未确认的投资损失,应当以其他实质上构成对被投资单位净投资的长期权益账面价值为限继续确认投资损失,冲减长期权益的账面价值。

最后,在进行上述处理后,按照投资合同或协议约定投资企业仍承担额外损失义务的,应按预计承担的义务确认预计负债,计入当期投资损失。

除上述情况,仍未确认的应分担的被投资单位的损失,应在账外备查登记。被投资单位以后期间实现盈利的,扣除未确认的亏损分担额后,应按与上述顺序相反的顺序处理,减记已确认预计负债的账面余额、恢复长期应收款和长期股权投资的账面价值,同时确认投资收益。

(3)"其他综合收益"明细科目的会计核算

①被投资单位其他综合收益发生变动的,投资方应当按照归属于本企业的部分,相应调整长期股权投资的账面价值,同时增加或减少其他综合收益,借记"长期股权投资——其他综合收益",贷记"其他综合收益",或做相反的会计分录。

②投资方在后续处置股权投资但对剩余股权仍采用权益法核算时,应按处置比例将其他综合收益转入处置当期投资收益或留存收益;对剩余股权终止权益法核算时,将其他综合收益全部转入处置当期投资收益或留存收益。

(4)"其他权益变动"明细科目的会计核算

被投资单位除净损益、其他综合收益以及利润分配以外的所有者权益的其他变动的因素,主要包括被投资单位接受其他股东的资本性投入、被投资单位发行可分离交易的可转债中包含的权益成分、以权益结算的股份支付和其他股东对被投资单位增资导致投资方持股比例变动等。投资方应按所持股权比例计算应享有的份额,调整长期股权投资的账面价值,同时计入资本公积(其他资本公积),并在备查簿中予以登记。

投资方在后续处置股权投资但对剩余股权仍采用权益法核算时,应按处置比例将这部分的资本公积转入当期投资收益;对剩余股权终止权益法核算时,将这部分资本公积全部转入当期投资收益。

五、长期股权投资的减值和处置

(一)长期股权投资的减值

长期股权投资在按照规定进行核算确定其账面价值的基础上,如果存在减值迹象的,应对长期股权投资的可回收金额进行估计。长期股权投资的可回收金额是指长期股权投资的公允价值减去处置费用后的净额与长期股权投资的预计未来现金流量的现值两者之间的较高者。

长期股权投资的期末计价,应遵循可收回金额与账面价值孰低法原则。投资账面价值高于可收回金额的,按其差额借记"资产减值损失"科目,贷记"长期股权投资减值准备"科目。上述长期股权投资的减值准备一经计提,不得转回。

(二)长期股权投资的处置

处置长期股权投资时,按照实际取得的价款与长期股权投资账面价值的差额确认为投资损益,并应同时结转已计提的长期股权投资减值准备。

处置采用权益法核算的长期股权投资时,应当采用与被投资单位直接处置相关资产或负债相同的基础,对相关的其他综合收益进行会计处理。按照上述原则可以转入当期损益的其他综合收益,应按结转的长期股权投资的投资成本比例结转原计入其他综合收益的金额,借记或贷记"其他综合收益"科目,贷记或借记"投资收益"科目。

处置采用权益法核算的长期股权投资时,还应按结转的长期股权投资的投资成本比例结转原记入"资本公积——其他资本公积"科目的金额,借记或贷记"资本公积——其他资本公积"科目,贷记或借记"投资收益"科目。

例8—19 甲公司持有乙公司40%的股权,该项长期股权投资采用权益法核算。甲公司将持有的乙公司股份转让10%,长期股权投资各明细科目的金额为:成本624万元,损益调整借方72万元,可转入损益的其他综合收益48万元,其他权益变动借方12万元。处置该项投资收到的价款为210万元。不考虑相关税费等其他因素影响。甲公司会计处理如下:处置该项投资的收益=210－(624＋72＋48＋12)÷40%×10%＋12＋3=36(万元)

借:银行存款	2 100 000
贷:长期股权投资——乙公司——投资成本	1 560 000
——损益调整	180 000
——其他综合收益	120 000
——其他权益变动	30 000
投资收益	210 000
借:其他综合收益	120 000
资本公积——其他资本公积	30 000
贷:投资收益	150 000

本章小结

1. 金融资产概述:金融资产的范围,金融资产的分类方法及类型。

2. 交易性金融资产:取得的确认与计量,持有期间现金股利的宣告与发放核算,期末计量,交易性金融资产出售的计量。

3. 债权投资:债券取得的确认与计量,持有期间利息收入的确认与计量,期末计量,债券到期的计量。

4. 其他债权投资:债券取得的确认与计量,持有期间利息收入的确认与计量,期末计量,债券出售的计量。

5. 其他权益工具投资:股票取得的确认与计量,持有期间现金股利的宣告与发放核算,期末计量,股票出售的计量。

6. 长期股权投资:同一控制下企业合并形成的股权投资计量,非同一控制下企业合并形成的股权投资计量,后续计量成本法和权益法,长期股权投资期末减值准备的计提,长期股权投资的处置。

课后练习

一、单项选择题

1. 下列各项中,不属于金融资产的是( )。
   A. 固定资产　　　　　　　　　　B. 长期股权投资
   C. 银行存款　　　　　　　　　　D. 其他应收款

2.2022年10月12日,WD公司以每股10元的价格从二级市场购入ACD公司股票10万股,支付价款100万元,另支付相关交易费用2万元。WD公司将购入的ACD公司股票直接指定为以公允价值计量且其变动计入其他综合收益的金融资产核算。WD公司2022年10月12日购入ACD公司股票的入账价值是(　　)。

　　A. 102万元　　　　　　　　　　B. 100万元
　　C. 98万元　　　　　　　　　　　D. 180万元

3. WD公司将非交易性权益工具投资指定为以公允价值计量且其变动计入其他综合收益的金融资产;资产负债表日,WD公司按公允价值计量该资产;处置时WD公司应将原计入其他综合收益对应处置部分的金额转出,计入(　　)。

　　A. 投资收益　　　　　　　　　　B. 资本公积
　　C. 营业外收入　　　　　　　　　D. 留存收益

4. 2022年1月1日,WD公司从二级市场购入ACD公司分期付息、到期还本的债券12万张,以银行存款支付价款1 050万元,另支付相关交易费用12万元。该债券系ACD公司于2021年1月1日发行,每张债券面值为100元,期限为3年,票面年利率为5%,每年年末支付当年度利息。WD公司将该债券分类为以摊余成本计量的金融资产,不考虑其他因素,WD公司持有的ACD公司债券至到期累计应确认的投资收益是(　　)万元。

　　A. 120　　　　　　　　　　　　B. 258
　　C. 270　　　　　　　　　　　　D. 318

5. 下列各项中,不应计入相关金融资产初始入账价值的是(　　)。

　　A. 取得以摊余成本计量的金融资产时发生的交易费用
　　B. 取得以公允价值计量且其变动计入当期损益的金融资产时发生的交易费用
　　C. 取得以公允价值计量且其变动计入其他综合收益的金融资产时发生的交易费用
　　D. 发行长期债券发生的交易费用

6. 2022年2月5日,WD公司以14元/股的价格购入ACD公司股票100万股,支付手续费1.4万元。WD公司将该股票投资分类为交易性金融资产。2022年12月31日,ACD公司股票价格为18元/股。2023年2月20日,ACD公司分配现金股利,WD公司实际获得现金股利16万元;3月20日,WD公司以23.2元/股的价格将其持有的ACD公司股票全部出售。不考虑其他因素,WD公司因持有ACD公司股票在2023年确认的投资收益是(　　)。

　　A. 520万元　　　　　　　　　　B. 536万元
　　C. 936万元　　　　　　　　　　D. 933.2万元

7. WD公司2022年3月25日支付价款2 230万元(含已宣告但尚未发放的现金股利60万元)取得一项股权投资,另支付交易费用10万元,WD公司将其划分为以公允价值计量且其变动计入其他综合收益的金融资产核算。2022年5月10日,WD公司收到购买价款中包含的现金股利60万元。2022年12月31日,该项股权投资的公允价值为2 105万元。WD公司购入的该项以公允价值计量且其变动计入其他综合收益的金融资产的入账价值为(　　)万元。

　　A. 2 230　　　　　　　　　　　B. 2 170
　　C. 2 180　　　　　　　　　　　D. 2 105

7. 2022年6月2日,WD公司自二级市场购入ACD公司股票1 000万股,支付价款8 000万元(与公允价值相等),另支付佣金等费用16万元。WD公司将购入的上述ACD公司股票划分为以公允价值计量且其变动计入当期损益的金融资产。2022年12月31日,ACD公司股票的市场价格为每股10元。2023年2月20日,WD公司以每股11元的价格将所持的ACD公司股票全部出售,在支付交易费用33万元后实际取得价款10 967万元。不考虑其他因素,WD公司出售ACD公司股票应确认的投资收益是( )。

  A. 2 967   B. 2 951

  C. 2 984   D. 3 000

8. WD公司取得债务工具,以收取合同现金流量和出售债务工具为目标的业务模式,应划分的金融资产为( )

  A. 以公允价值计量且其变动计入当期损益的金融资产

  B. 以摊余成本计量的金融资产

  C. 以公允价值计量且其变动计入其他综合收益的金融资产

  D. 流动资产

9. 关于长期股权投资后续计量的核算表述正确的是( )。

  A. 处置净收益计入营业外收入   B. 合营企业采用成本法核算

  C. 联营企业采用成本法核算   D. 子公司采用成本法核算

10. 用成本法核算长期股权投资,被投资单位宣告发放现金股利时,投资企业应按所持股份份额进行的会计处理正确的是( )。

  A. 冲减投资收益   B. 增加投资收益

  C. 冲减长期股权投资   D. 增加资本公积

11. 关于同一控制下的企业合并形成的长期股权投资,下列表述中正确的是( )。

  A. 初始投资成本一般为支付的现金、转让非现金资产及所承担债务的账面价值

  B. 合并方取得的净资产账面价值份额与支付对价账面价值(或发行股份面值总额)的差额,应先调整资本公积(资本溢价或股本溢价),资本公积(资本溢价或股本溢价)不足冲减再调整留存收益

  C. 直接相关费用均应计入初始投资成本

  D. 同一控制下的企业合并,是指参与合并的各方在合并后受同一方或相同的多方最终控制,且该控制并非暂时性的

12. 2022年1月20日,甲公司以银行存款2 000万元及一项土地使用权取得其母公司控制的乙公司80%的股权,并于当日起能够对乙公司实施控制。合并日,该土地使用权的账面价值为6 400万元(假定尚未开始摊销),公允价值为8 000万元;乙公司净资产的账面价值为12 000万元,公允价值为12 500万元。假定甲公司与乙公司的会计年度和采用的会计政策相同,不考虑其他因素,甲公司的下列会计处理中,正确的是( )。

  A. 确认长期股权投资10 000万元,不确认资本公积

  B. 确认长期股权投资10 000万元,确认资本公积1 600万元

  C. 确认长期股权投资9 600万元,确认资本公积1 200万元

  D. 确认长期股权投资9 600万元,冲减资本公积400万元

13. 2022年1月5日,甲公司以银行存款2 400万元取得对乙公司的长期股权投资,另支付相关税费10万元。甲公司采用成本法核算该长期股权投资。2022年3月10日,乙公司宣告发放2021年度现金股利共400万元。假设不考虑其他因素,甲公司2022年3月末该项长期股权投资的账面余额为( )万元。

A. 2 000　　　　　　　　　　　　　B. 2 390
C. 2 400　　　　　　　　　　　　　D. 2 410

14. 甲公司2022年1月5日支付价款4 000万元购入乙公司30%的股份,准备长期持有,另支付相关税费40万元,购入时乙公司可辨认净资产的公允价值为24 000万元。甲公司取得投资后对乙公司具有重大影响。假定不考虑其他因素,甲公司因确认投资而影响利润的金额为(　　)万元。

A. -40　　　　　　　　　　　　　B. 0
C. 3 160　　　　　　　　　　　　　D. 3 200

15. 甲公司用600万元购入乙公司股票,占30%股份,另支付交易费用20万元,具有重大影响,乙公司可辨认净资产的公允价值1 800万元,该投资初始入账金额为(　　)万元。

A. 560　　　　　　　　　　　　　B. 620
C. 600　　　　　　　　　　　　　D. 540

16. 甲公司出资2 000万元,取得了乙公司80%的控股权,假如购买股权时乙公司的净资产账面价值为3 000万元,甲、乙公司合并前后不受同一方控制。则甲公司确认的长期股权投资初始投资成本为(　　)万元。

A. 2 000　　　　　　　　　　　　　B. 3 000
C. 1 600　　　　　　　　　　　　　D. 2 400

17. 企业发行权益性证券取得的长期股权投资,不构成企业合并的情况下,应当按照发行权益性证券的(　　)作为初始投资成本。

A. 账面价值　　　　　　　　　　　　B. 公允价值
C. 支付的相关税费　　　　　　　　　D. 市场价格

18. 2021年初甲公司购入乙公司30%的股权,成本为120万元,2021年末长期股权投资的可收回金额为100万元,因此计提长期股权投资减值准备20万元,2022年末该项长期股权投资的可收回金额为140万元,则2018年末甲公司应恢复长期股权投资减值准备为(　　)万元。

A. 20　　　　　　　　　　　　　　B. 40
C. 60　　　　　　　　　　　　　　D. 0

19. 2022年1月1日,甲公司以3 200万元购入乙公司30%的股份,另支付相关费用16万元,采用权益法核算。取得投资时,乙公司所有者权益的账面价值为10 000万元(与可辨认净资产的公允价值相同)。乙公司2022年度实现净利润600万元。假定不考虑其他因素,甲公司该长期股权投资2022年12月31日的账面余额为(　　)万元。

A. 3 180　　　　　　　　　　　　　B. 3 196
C. 3 216　　　　　　　　　　　　　D. 3 396

20. 下列各项应确认为投资损益的是(　　)。
A. 投资性房地产出租期间所取得的租金收入
B. 为取得长期股权投资发生的相关交易费用
C. 采用成本法核算的长期股权投资处置时实际取得的价款与其账面价值的差额
D. 采用权益法核算的长期股权投资持有期间收到被投资方宣告发放的股票股利

21. 甲公司持有F公司40%的股权,2021年12月31日,长期股权投资的账面价值为2 400万元。F公司2022年发生净亏损8 000万元。甲公司账上有应收F公司长期应收款

600万元(符合长期权益的条件),同时,根据投资合同的约定,甲公司需要承担F公司额外损失弥补义务100万元且符合预计负债的确认条件,假定取得投资时被投资单位各资产、负债的公允价值等于其账面价值,双方采用的会计政策、会计期间相同。甲公司2022年度应确认的投资损益为(　　)万元。

A. —3 200　　　　　　　　　　B. 2 400

C. —3 000　　　　　　　　　　D. —3 100

22. 长期股权投资采用权益法核算时,下列各项中,影响"长期股权投资——其他权益变动"科目余额的因素是(　　)。

A. 被投资单位实现净利润

B. 以权益结算的股份支付导致资本公积增加

C. 被投资单位宣告分配现金股利

D. 投资企业与被投资单位之间的未实现内部交易损益

23. 2022年12月31日,甲公司以货币资金取得乙公司30%的股权,初始投资成本为2 000万元,投资时乙公司可辨认净资产的公允价值为7 000万元,甲公司取得投资后即派人参与乙公司的生产经营决策,但无法对乙公司实施控制。假定不考虑其他因素,该项投资对甲公司2022年度损益的影响金额为(　　)万元。

A. 50　　　　　　　　　　　　B. 100

C. 150　　　　　　　　　　　　D. 250

24. 在成本法下,被投资单位宣告分派现金股利时,投资企业应按享有的部分计入(　　)科目。

A. 长期股权投资　　　　　　　B. 投资收益

C. 资本公积　　　　　　　　　D. 营业外收入

25. 下列投资中,不应作为长期股权投资核算的是(　　)

A. 对子公司的投资

B. 对联营企业的投资

C. 对合营企业的投资

D. 在活跃市场中有报价、公允价值能可靠计量的没有控制、共同控制或重大影响的权益性投资

二、多项选择题

1. 2021年6月13日,WD公司支付价款212万元从二级市场购入ACD公司发行的10万股普通股,每股价格为21.2元(其中含已宣告但未发放的现金股利0.2元/股),另支付交易费用1万元。WD公司将该股票投资指定为以公允价值计量且其变动计入当期损益的金融资产。当年年末ACD公司股票市价为23元/股、2022年2月WD公司以240万元的价款处置上述资产,发生交易费用1.2万元。下列有关WD公司对该交易性金融资产的处理,说法正确的有(　　)。

A. 交易性金融资产的入账价值为212万元

B. 上述交易对WD公司2022年损益的影响为19万元

C. 2022年交易性金融资产的处置损益为10万元

D. 2022年交易性金融资产的处置投资收益为28.8万元

2. 下列关于直接指定为以公允价值计量且其变动计入其他综合收益的非交易性权益工具投资的后续计量的表述，不正确的有（   ）。

A. 该金融资产按照公允价值进行后续计量
B. 该金融资产持有期间分配的现金股利应确认为投资收益
C. 该金融资产期末公允价值的变动应计入公允价值变动损益
D. 该金融资产的减值转回应冲减信用减值损失

3. 以摊余成本法计量的金融资产发生的事项中，会导致其摊余成本发生增减变动的有（   ）。

A. 计提减值准备
B. 采用实际利率法摊销利息调整
C. 分期付息的情况下，按照债券面值和票面利率计算的应收利息
D. 到期一次还本付息的情况下，按照债券面值和票面利率计算的应计利息

4. 导致成本法核算的长期股权投资的账面价值发生增减变动的有（   ）。

A. 确认长期股权投资减值损失
B. 减少或追加投资
C. 持有期间被投资单位其他综合收益变动
D. 持有投资期间被投资单位宣告发放现金股利

5. 在同一控制下的企业合并中，合并方取得的净资产账面价值与支付的合并对价账面价值（或发行股份面值总额）的差额，可能调整（   ）。

A. 利润分配未分配利润　　　　B. 资本公积
C. 营业外收入　　　　　　　　D. 投资收益

6. 下列有关长期股权投资的表述中，不正确的有（   ）。

A. 长期股权投资在取得时，应按取得投资的公允价值入账
B. 企业合并取得长期股权投资而发行债券支付的手续费、佣金等应计入初始投资成本
C. 企业取得长期股权投资时，实际支付的价款中包含的已宣告但尚未发放的现金股利应计入初始投资成本
D. 投资企业在确认应享有被投资单位净损益的份额时，不需对被投资单位的账面净利润进行调整

7. 下列关于非同一控制下企业合并的表述中，正确的有（   ）。

A. 以权益性证券作为合并对价的，与发行有关的佣金、手续费等，应从所发行权益性证券的发行溢价收入中扣除，权益性证券的溢价收入不足冲减的，应冲减盈余公积和未分配利润
B. 非同一控制下企业合并过程中发生的审计、法律服务、评估咨询等中介费用，应于发生时计入当期损益
C. 以发行债券方式进行的企业合并，与发行有关的佣金、手续费等应计入债券的初始计量金额中，如是折价发行，则增加折价金额；如是溢价发行，则减少溢价金额
D. 对于合并成本小于享有被投资方可辨认净资产公允价值份额的差额，应计入营业外收入

8. 下列各项中不影响成本法核算下的长期股权投资账面价值的有（   ）。

A. 被投资单位实现净利润　　　　B. 被投资单位资本公积变动

C. 被投资单位收到现金捐赠　　　　D. 被投资单位发放股票股利

9. 下列各项中,在长期股权投资持有期间应确认为当期投资收益的有(　　)。

A. 收到长期股权投资购买价款中包含的尚未发放的现金股利

B. 成本法下,应享有被投资方宣告发放现金股利的相应份额

C. 权益法下,被投资方宣告发放现金股利

D. 权益法下,应享有被投资方实现净利润的相应份额

10. 下列各项中,能引起权益法核算的长期股权投资账面价值发生变动的有(　　)。

A. 被投资单位实现净利润

B. 被投资单位宣告发放股票股利

C. 被投资单位宣告发放现金股利

D. 被投资单位除净损益、其他综合收益及利润分配外的其他所有者权益变动

11. A公司2022年有关长期股权投资业务如下:2022年2月C公司宣告分配现金股利6 000万元,2022年3月25日收到现金股利。2022年6月20日将其股权全部出售,收到价款20 000万元。该股权为2020年4月20日以相关资产作为对价取得C公司70%的股权并取得控制权。对价的相关资产包括:固定资产(账面价值为1 600万元,公允价值为2 000万元,增值税销项税额320万元)、库存商品(账面价值为3 600万元,公允价值为4 000万元,增值税销项税额640万元)、投资性房地产(账面价值为4 000万元,公允价值为6 980万元)。A公司与C公司的控股股东没有关联方关系。下列有关A公司长期股权投资会计处理的表述中,正确的有(　　)。

A. 初始投资成本为13 940万元

B. 处置C公司股权时长期股权投资的账面价值为13 940万元

C. C公司宣告分配现金股利,A公司确认投资收益为4 200万元

D. 处置C公司股权确认的投资收益为6 060万元

12. 下列有关长期股权投资处置的说法中正确的有(　　)。

A. 采用成本法核算的长期股权投资,处置长期股权投资时,其账面价值与实际取得价款的差额,应当计入当期损益

B. 采用权益法核算的长期股权投资,因被投资单位除净损益以外所有者权益的其他变动而计入所有者权益的,处置该项投资时应当将原计入所有者权益部分的金额按相应比例转入当期损益

C. 采用成本法核算的长期股权投资,处置长期股权投资时,其账面价值与实际取得价款的差额,应当计入所有者权益

D. 采用权益法核算的长期股权投资,因被投资单位除净损益以外所有者权益的其他变动而计入所有者权益的,处置该项投资时不应将原计入所有者权益的部分转入当期损益,应按其账面价值与实际取得价款的差额,计入当期损益

13. 下列长期股权投资中,应采用权益法核算的有(　　)。

A. 对子公司的投资

B. 对合营企业的投资

C. 对联营企业的投资

D. 对被投资单位不具有重大影响,并且在活跃市场中没有报价、公允价值不能可靠计量的金融资产投资

14. 按企业会计准则规定，下列项目中，不应记入"投资收益"科目的有（   ）。

A. 成本法核算下，被投资企业实现盈利

B. 持有的交易性金融资产确认的股利收益

C. 权益法下，被投资企业宣告发放现金股利

D. 成本法下，被投资企业宣告发放现金股利

15. 长期股权投资采用权益法核算的，下列各项中，属于投资企业确认投资收益应考虑的因素有（   ）。

A. 被投资单位实现净利润

B. 被投资单位资本公积增加

C. 被投资单位宣告分派现金股利

D. 投资企业与被投资单位之间的未实现内部交易损益

16. 权益法下，投资方不应计入投资收益的事项有（   ）。

A. 在持有期间收到现金股利

B. 转让长期股权投资时取得的实际价款与其账面价值的差额

C. 被投资方宣告分配现金股利

D. 被投资方发放股票股利

17. 长期股权投资采用权益法核算的，由当设置的明细科目有（   ）。

A. 成本　　　　　　　　　　B. 长期股权投资减值准备

C. 损益调整　　　　　　　　D. 其他权益变动

18. 下列长期股权投资中，应采用成本法核算的有（   ）。

A. 同一控制下企业合并形成的长期股权投资

B. 投资企业对合营企业的长期股权投资

C. 投资企业对联营企业的长期股权投资

D. 非同一控制下的企业合并形成的长期股权投资

19. 采用权益法核算时，下列事项中，不会引起长期股权投资账面价值发生增减变动的有（   ）。

A. 被投资企业宣告分派现金股利　　B. 获得被投资企业分派的股票股利

C. 收到被投资企业分派的现金股利　　D. 被投资企业进行增资扩股

20. 企业处置长期股权投资时，正确的处理方法有（   ）。

A. 处置长期股权投资时，持有期间计提的减值准备也应一并结转

B. 采用权益法核算的长期股权投资，因被投资单位除净损益、利润分配以及其他综合收益以外所有者权益的其他变动而计入所有者权益的，处置该项投资时应当将原计入所有者权益的部分转入营业外收入

C. 权益法减资仍采用权益法核算的，因被投资方除净损益、其他综合收益和利润分配以外的其他所有者权益变动而确认的所有者权益，应当全部结转入当期投资收益

D. 处置长期股权投资，其账面价值与实际取得价款的差额，应当计入投资收益

三、判断题

1. 购买子公司股权发生的手续费直接计入当期损益。（   ）

2. 购买交易性金融资产发生的手续费直接计入当期损益。（   ）

3. 购买以摊余成本法计量的金融资产发生的手续费直接计入当期损益。（   ）

4. 企业划分为以公允价值计量且其变动计入当期损益金融资产的股票、债券,应当按照取得时的公允价值和相关的交易费用作为初始确认金额。（   ）

5. 企业在非同一控制下的企业合并中确认的或有对价构成金融资产的,该金融资产应当分类为以公允价值计量且其变动计入当期损益的金融资产。（   ）

6. 以公允价值计量且其变动计入其他综合收益的金融资产重分类为以摊余成本计量的金融资产的,应当以其在重分类日的公允价值作为新的账面余额。（   ）

7. 采用权益法计算的长期股权投资。其初始成本大于投资时,应有被投资单位可辨认净资产公允价值份额的,应调整已确认的初始投资成本。（   ）

8. 对于同一控制下的控股合并,合并方应以所取得的对方账面净资产的份额作为长期股权投资成本。（   ）

9. 非同一控制下的企业合并,合并成本以企业作为对价所付出的资产、发生或者承担的负债以及发行权益性证券的公允价值进行计量,所支付的非货币性资产在购买日的公允价值与账面价值的差额计入资本公积。（   ）

10. 企业以合并以外的其他方式取得的长期股权投资,作为对价而发行的债券涉及的佣金、手续费应计入长期股权投资的成本。（   ）

11. 采用权益法核算的长期股权投资的初始投资成本大于投资时应享有被投资单位可辨认净资产公允价值份额的,其差额不调整长期股权投资的初始投资成本。（   ）

12. 企业持有的长期股权投资发生减值的,减值损失一经确认,即使以后期间价值得以回升,也不得转回。（   ）

13. 企业持有的长期股权投资发生减值的,应将其减值损失计入营业外支出。（   ）

14. 同一控制下的企业合并,确定的初始投资成本与支付的现金、转让的非现金资产等的账面价值之间的差额,应当计入当期损益。（   ）

15. 非同一控制下的企业合并,确定的初始投资成本与支付的现金、转让的非现金资产等的账面价值之间的差额,应当调整资本公积和留存收益。（   ）

16. 在成本法下,长期股权投资应当按照初始投资成本计量。任何情况下都不得调整长期股权投资的成本。（   ）

17. 成本法下,被投资单位宣告分派的现金股利,投资单位应按持股比例计算确认为投资收益。（   ）

18. 权益法下,如无法合理确定取得投资时被投资单位各项可辨认资产公允价值的,可以按照被投资单位的账面净利润与持股比例计算的结果确认投资收益。（   ）

19. 采用权益法核算时,被投资单位实现净损益会引起长期股权投资账面价值发生变动,被投资单位分配现金股利不会引起长期股权投资账面价值发生变动。（   ）

四、业务题

1. A公司2020年至2022年有关长期股权投资的业务如下。

(1)2020年1月1日,A公司以银行存款2 400万元取得B公司30%的股权,A公司采用权益法核算该项长期股权投资。2020年1月1日B公司可辨认净资产的公允价值为10 000万元。取得投资时B公司各项可辨认资产、负债的公允价值与账面价值均相等。

(2)2020年4月3日,A公司销售给B公司一批甲商品,该批商品成本为800万元,售价为1 200万元,截至2020年年末,B公司将该批商品的30%出售给外部第三方。

(3)2020年B公司实现净利润880万元。

(4)2021年5月3日,B公司销售给A公司一批乙商品,该批商品成本为1 000万元,售价为1 600万元,截至2021年年末,A公司购入的该批乙商品均未对外出售。B公司2020年从A公司购入的甲商品剩余部分在2021年未对外出售。

(5)2021年B公司发生亏损400万元。

(6)截至2022年年末,B公司2020年从A公司购入的甲商品剩余部分已全部出售给外部第三方;A公司2021年自B公司购入的乙商品已全部出售给外部第三方。

(7)2022年B公司实现净利润500万元。

要求:编制A公司上述有关投资业务的会计分录(金额单位以万元表示)。

2. WD公司为母公司,甲公司为其子公司,相关资料如下。

(1)2022年1月1日,WD公司以银行存款5 200万元自集团外部购入A公司80%的股份,取得其控制权,A公司2022年1月1日股东权益总额为7 000万元,其中股本为4 000万元、资本公积为1 500万元、盈余公积为1 250万元、未分配利润为250万元。A公司2022年1月1日可辨认净资产的公允价值为7 100万元(包含一项无形资产的公允价值高于账面价值的差额100万元,预计尚可使用的年限为10年,采用直线法摊销)。A公司2022年1月1日至6月30日实现净利润为405万元,提取盈余公积40.5万元。

(2)2022年7月1日,甲公司发行5 500万股普通股(每股面值1元)作为对价,自WD公司购入A公司80%的股份,取得其控制权。甲公司以银行存款支付股票登记发行费100万元和评估审计等费用200万元。

(3)2022年8月20日,A公司宣告分配现金股利12 000万元,股票股利20 000万股(每股面值1元)。

(4)甲公司于2022年8月26日收到现金股利、股票股利。

(5)2022年度A公司实现净利润9 000万元。

(6)2023年3月20日,A公司宣告分配2022年度现金股利8 000万元。

要求:(1)判断WD公司对A公司80%股权投资所属企业的合并类型,说明理由并编制2022年1月1日相关投资的会计分录。

(2)判断甲公司对A公司80%股权投资所属企业的合并类型,说明理由并编制2022年7月1日相关投资的会计分录。

(3)编制甲公司2022年8月因A公司宣告分配和收到现金股利、股票股利的相关会计分录。

(4)编制甲公司2023年3月20日,因A公司宣告分配现金股利的相关会计分录。

3. 甲公司2021年至2023年间对丙公司(非上市公司)投资业务相关资料如下。

(1)2021年1月1日,甲公司以银行存款2 000万元购入丙公司股份,另支付相关税费10万元,甲公司持有的股份对丙公司的财务和经营决策具有重大影响,甲公司持有的股份占丙公司有表决权股份的20%,被投资方固定资产账面原价为1 000万元,预计使用年限为10年,净残值为零,用直线法计提折旧,已经使用4年,公允价值为960万元,2021年3月,丙公司可辨认净资产的公允价值为9 500万元。

(2)2021年4月1日,丙公司宣告分派2015年度的现金股利100万元。

(3)2021年5月10日,甲公司收到丙公司分派的2015年度现金股利。

(4)2021年11月1日,丙公司因投资性房地产转换而调整增加其他综合收益150万元。

(5)2021年度,丙公司实现净利润400万元。

(6)2021年4月2日,丙公司召开股东大会,审议董事会于2022年3月1日提出的2021年度利润分配方案。审议通过的利润分配方案为:按净利润的10%提取法定盈余公积;按净利润的5%提取任意盈余公积金;分配现金股利120万元。该利润分配方案于当日对外公布。

(7)2022年,丙公司发生净亏损600万元。

(8)2022年12月31日,由于丙公司当年发生亏损,甲公司对丙公司投资的预计可收回金额为1 850万元。

(9)2023年3月20日甲公司出售对丙公司的全部投资,收到出售价款1 950万元,已存入银行(假定不存在已宣告但未发放的现金股利)。

要求:编制甲公司对丙公司长期股权投资的会计分录。

4.甲公司发生的有关长期股权投资的业务如下。

(1)2021年1月1日,甲公司支付1 200万元取得乙公司100%的股权(甲、乙公司合并前后不存在关联关系),投资当时乙公司可辨认净资产的公允价值为1 000万元。

(2)2021年1月1日至2022年12月31日,乙公司的净资产增加了150万元,其中按购买日公允价值计算实现的净利润100万元,其他综合收益增加50万元。

(3)2023年1月8日,甲公司转让乙公司6%的股权,收取现金960万元存入银行,转让后甲公司对乙公司的持股比例为40%,能对其施加重大影响。2023年1月8日,即甲公司丧失对乙公司的控制权日,乙公司剩余40%股权的公允价值为640万元。假定甲、乙公司提取盈余公积的比例均为10%。假定乙公司未分配现金股利,并不考虑其他因素。

要求:编制甲公司对乙公司长期股权投资的会计分录。

5.WD公司于2022年2月取得ACD公司10%的股权,对ACD公司不具有控制、共同控制或重大影响,ACD公司将其分类为以公允价值计量且其变动计入其他综合收益的金融资产,投资成本为1 800万元。2022年6月1日,WD公司又以3600万元取得ACD公司15%的股权,当日ACD公司可辨认净资产的公允价值为24 000万元。取得该部分股权后,WD公司能够对ACD公司施加重大影响,对该项长期股权投资转为权益法核算。2022年6月1日,WD公司对ACD公司投资的原10%股权的公允价值为2 600万元,原计入其他综合收益的累计公允价值变动收益为240万元。

第九章 职工薪酬核算岗位

学习目标

○ 知识目标
  1. 熟悉职工薪酬的构成；
  2. 熟悉职工薪酬的核算。

○ 能力目标
  1. 掌握职工薪酬的账务处理；
  2. 掌握非货币性福利的核算。

○ 素质目标
  掌握职工薪酬涉及的税法知识，依法纳税。

思政案例导入

匠心铸就梦想，技能成就人生

"工匠精神"的提出具有传承性和时代性。我们国家所提出的工匠精神来源于古代的四大发明和一些优秀工匠，比如庖丁和鲁班。在大力传承传统文化的背景下，工匠精神被赋予了时代意义，让工匠精神既可以体现在物质生产领域，也可以体现在非物质生产领域。对于一个企业来说，在发展过程中有一些非常重要的要素，比如专注、完美、精准、标准、人本、创新等，均能够影响到企业的发展水平，而这也与工匠精神的内涵相契合"。人力资源管理是企业获得健康发展的关键性工作内容，通过开展人才招聘、工作设计、薪酬绩效考核、制定激励制度、人才开发这些工作，可以保障企业拥有专业化的人才队伍，助力企业发展。通过调整公司中与员工薪酬直接关联的职级体系，将薪酬回报向技术岗位和专业通道倾斜。这样让员工知道，即使不做管理者，他们也可以拿到与管理者一样甚至更高的工资，这是对工匠精神的培育能够起到直接的激励作用。

人力资源部门通过制定内部的规则，营造关注和培育工匠精神的文化氛围，制定与员工薪酬直接关联的职级体系来体系工匠精神；会计人员则通过做好"归集与分配职工薪酬费用"核算，对工作高度专注、精益求精、严谨细致传承工匠精神。

第一节　职工薪酬概述

职工主要是指与企业订立劳动合同的所有人员,含全职、兼职和临时职工,也包括虽未与企业订立劳动合同但由企业正式任命的人员。未与企业订立劳动合同或未由企业正式任命,但向企业提供的服务与职工提供的服务类似的人员,也属于职工的范畴,包括通过企业与劳务中介公司签订用工合同而向企业提供服务的人员。

职工薪酬是指企业为获得职工提供的服务而给予各种形式的报酬以及其他相关支出。职工薪酬的形式有短期薪酬、离职后福利、辞退福利和其他长期职工福利。主要包括职工工资、奖金、津贴和补贴;职工福利费;医疗保险费、养老保险费、工伤保险费等社会保险费;住房公积金;工会经费和职工教育经费;非货币性福利;因解除与职工的劳动关系给予的补偿;其他与获得职工提供的服务相关支出等。

1. 短期薪酬

短期薪酬是指企业在职工提供相关服务的年度报告期间结束后 12 个月内需要全部予以支付的职工薪酬。短期薪酬具体包括:职工工资、奖金、津贴和补贴,职工福利费,医疗保险费、工伤保险费和生育保险费等社会保险费,住房公积金,工会经费和职工教育经费,短期带薪缺勤,短期利润分享计划,非货币性福利以及其他短期薪酬。

2. 离职后福利

离职后福利是指企业为获得职工提供的服务而在职工退休或与企业解除劳动关系后,提供的各种形式的报酬和福利。

3. 辞退福利

辞退福利是指企业在职工劳动合同到期之前解除与职工的劳动关系,或者为鼓励职工自愿接受裁减而给予职工的补偿。

4. 其他长期职工福利

其他长期职工福利是指除短期薪酬、离职后福利、辞退福利之外所有的职工薪酬,包括长期带薪缺勤、长期残疾福利、长期利润分享计划等。

核算职工薪酬的发生和支付,需要设置"应付职工薪酬"科目。本科目可按"工资""职工福利""社会保险费""住房公积金""工会经费""职工教育经费"等进行明细核算。

第二节　短期职工薪酬核算

一、货币性职工薪酬

1. 应付工资

工资是企业支付给职工的劳动报酬。工资总额是企业在一定时期内直接支付给本企业职工的全部劳动报酬总额,包括基本工资、各种奖金、各种津贴和补贴、加班加点工资等。应付工资是企业对职工个人的一种负债,在会计上应在"应付职工薪酬"科目下设置"工资"明细科目进行核算。"应付职工薪酬——工资"科目的贷方反映应付而尚未支付给职工的工资;借方反映实际支付给职工的工资。大多数企业本期的职工工资往往在下一期支付,这样,在本期期末尚未支付的工资,就形成了需要确认的企业对职工的负债。

例 9—1 钟泰有限公司 2022 年 4 月底计算本月份职工工资,生产工人工资为 10 500 元,生产部门管理人员工资为 4 000 元,管理部门人员工资为 4 800 元,有关会计分录如下:

　　借:生产成本　　　　　　　　　　　　　　　　　　　　10 500
　　　　制造费用　　　　　　　　　　　　　　　　　　　　4 000
　　　　管理费用　　　　　　　　　　　　　　　　　　　　4 800
　　　　贷:应付职工薪酬——工资　　　　　　　　　　　　　　　　19 300

2. 应付福利费

企业职工除按劳计酬外,还享受一定的福利。按工人工资的一定比例从费用中提取的,主要用于职工个人的福利费开支,在支用之前视为企业的负债,在会计实务中,对于从费用中提取的福利费,企业通过"应付职工薪酬"科目下设置"职工福利"明细科目进行核算。企业提取福利费时,借记"生产成本""制造费用""管理费用"等科目,贷记本科目;支用福利费时,借记本科目,贷记"库存现金""银行存款"等科目。

例 9—2 以例 9—1 中的资料为例,实际发放的工资总额为 19 300 元。按工资总额的 14% 计提福利费,相应的会计分录如下。

　　借:生产成本　　　　　　　　　　　　　　　　　　　　1 470
　　　　制造费用　　　　　　　　　　　　　　　　　　　　560
　　　　管理费用　　　　　　　　　　　　　　　　　　　　672
　　　　贷:应付职工薪酬——职工福利　　　　　　　　　　　　2 702

3. 社会保险费和住房公积金

社会保险费是指企业按国务院、各地方政府规定的基准和比例计算,向社会保险机构缴纳的医疗保险费、养老保险费、失业保险费、工伤保险费和生育保险费。住房公积金指企业按照国家规定的基准和比例计算,向住房公积金管理机构缴存的住房公积金。医疗保险费、养老保险费、失业保险费、工伤保险费和生育保险费以及住房公积金即"五险一金"。

对于"五险一金",企业应按照国务院、所在地方政府或企业年金计划规定的标准计量应付职工薪酬义务,分别通过"应付职工薪酬"科目下设置"社会保险费"和"住房公积金"明细科目进行核算。

4. 工会经费和职工教育经费

工会经费和职工教育经费指企业为了改善职工文化生活、为职工学习先进技术和提高文化水平和业务素质,用于开展工会活动和职工教育及职业技能培训等相关支出。企业应按国家相关规定,分别按照职工工资总额的 2% 和 1.5% 计量应付职工薪酬义务,分别通过"应付职工薪酬"科目下设置"工会经费"和"职工教育经费"明细科目进行核算。

例 9—3 以例 9—1 中的资料为例,实际发放的工资总额为 19 300 元。根据所在地政府规定,分别按工资总额的 10%、12%、2%、10.5%、2%、1.5% 计提医疗保险费、养老保险费、失业保险费、住房公积金以及工会经费和职工教育经费。

应计入生产成本的职工薪酬金额 = 10 500 × (10% + 12% + 2% + 10.5% + 2% + 1.5%) = 3 990(元)

应计入制造费用的职工薪酬金额 = 4 000 × (10% + 12% + 2% + 10.5% + 2% + 1.5%) = 1 520(元)

应计入管理费用的职工薪酬金额 = 4 800 × (10% + 12% + 2% + 10.5% + 2% + 1.5%) = 1 824(元)

相应的会计分录如下:

借:生产成本	3 990
制造费用	1 520
管理费用	1 824
贷:应付职工薪酬——社会保险费	4 632
——住房公积金	2 026.5
——工会经费	386
——职工教育经费	289.5

二、非货币性职工薪酬

企业以其生产的产品作为非货币性福利提供给职工的,应按该产品的公允价值和相关税费,计量应计入成本费用的职工薪酬金额。相关收入及其成本的确认计量和相关税费的处理,与正常商品销售相同。以外购商品作为非货币性福利的,应按商品的公允价值和相关税费,计量应计入成本费用的职工薪酬金额。

例9—4 钟泰公司是一家空调生产企业,生产工人900人,厂部管理人员100人。公司以其生产成本为1 500元的空调和外购高压锅作为福利发放给职工。该型号空调的售价为每台2 500元,高压锅增值税专用发票注明每个不含税价为300元,增值税税率为13%。

空调售价总额＝1 500×900＋1 500×100＝1 350 000＋150 000＝1 500 000(元)

空调销项税额＝1 500×900×13%＋1 500×100×13%＝175 500＋19 500＝195 000(元)

公司决定发放福利时:

借:生产成本	1 579 500
管理费用	175 500
贷:应付职工薪酬——非货币性福利	1 755 000

实际发放时:

借:应付职工薪酬——非货币性福利	1 755 000
贷:主营业务收入	1 500 000
应缴税费——应缴增值税(销项税额)	195 000
借:主营业务成本	1 500 000
贷:库存商品	1 500 000

高压锅售价总额＝300×900＋300×100＝270 000＋30 000＝300 000(元)

高压锅进项税额＝300×900×17%＋300×100×17%＝45 900＋5 100＝51 000(元)

公司决定发放福利时:

借:生产成本	315 900
管理费用	35 100
贷:应付职工薪酬——非货币性福利	351 000

购买高压锅时:

借:应付职工薪酬——非货币性福利	351 000
贷:银行存款	351 000

本章小结

1. 职工薪酬概述：职工的范围、职工薪酬的含义，职工薪酬的构成，以及应付职工薪酬的核算。

2. 应付短期薪酬的核算：应付货币性职工薪酬如工资、福利费、社会保险费和职工教育经费等会计处理和非货币性福利的会计处理。

课后练习

一、单项选择题

1. 下列项目中，不属于企业职工范围的是（　　）。
   A. 临时职工
   B. 监事会成员
   C. 为企业提供审计服务的注册会计师
   D. 内部审计委员会成员

2. A企业为企业管理人员发放非货币性福利，领用企业自产产品一批，该产品的账面价值为42 000元，市场价格63 000元（不含增值税），增值税税率为13%。则A企业就该事项应确认的应付职工薪酬为（　　）元。
   A. 50 190   B. 42 000
   C. 73 710   D. 63 000

3. 下列项目中，不通过应付职工薪酬核算的是（　　）。
   A. 无偿提供给职工使用的住房计提的折旧费
   B. 无偿提供给职工使用的租赁住房等资产的租金
   C. 以现金结算的股份支付
   D. 以权益结算的股份支付

4. 按照生产工人工资的2%计提工会经费，借方应该通过（　　）科目核算。
   A. 管理费用   B. 生产成本
   C. 制造费用   D. 销售费用

5. 企业为鼓励生产车间职工自愿接受裁减而给予的补偿，应该计入（　　）科目。
   A. 生产成本   B. 管理费用
   C. 制造费用   D. 财务费用

6. 下列事项中，不通过"应付职工薪酬"科目核算的是（　　）。
   A. 发放管理人员工资
   B. 交纳生产工人的医疗保险费
   C. 为管理层提供非货币性福利
   D. 支付离退休人员工资

7. 企业确认的辞退福利，应当计入的会计科目是（　　）。
   A. 生产成本   B. 制造费用
   C. 管理费用   D. 营业外支出

二、多项选择题

1. 下列各项中,应纳入职工薪酬核算的有(　　)。
   A. 工会经费　　　　　　　　B. 职工养老保险费
   C. 职工住房公积金　　　　　D. 辞退职工经济补偿

2. 关于非货币性职工薪酬,说法正确的有(　　)。
   A. 企业将拥有的房屋等资产无偿提供给职工使用的,应当根据受益对象,按照该住房的公允价值计入相关资产成本或当期损益,同时确认应付职工薪酬
   B. 企业以其自产产品作为非货币性福利发放给职工的,应当根据受益对象,按照产品的账面价值,计入相关资产成本或当期损益,同时确认应付职工薪酬
   C. 企业租赁住房等资产供职工无偿使用的,应当根据受益对象,将每期应付的租金计入相关资产成本或当期损益,并确认应付职工薪酬
   D. 难以认定受益对象的非货币性福利,直接计入当期损益

3. 下列各项中,属于辞退福利的有(　　)。
   A. 职工劳动合同到期前,不论职工本人是否愿意,企业决定解除与职工的劳动关系而给予的货币性补偿
   B. 职工劳动合同到期前,不论职工本人是否愿意,企业决定解除与职工的劳动关系而给予的非货币性补偿
   C. 职工劳动合同到期前,为鼓励职工自愿接受裁减而给予的货币性补偿
   D. 职工劳动合同到期前,为鼓励职工自愿接受裁减而给予的非货币性补偿

4. 下列职工薪酬中,可以计入产品成本的有(　　)。
   A. 住房公积金　　　　　　　B. 非货币性福利
   C. 职工工资　　　　　　　　D. 辞退福利

三、判断题

1. 辞退工作一般应当在一年内实施完毕,但因付款程序等原因使部分款项推迟至一年后支付的,视为符合应付职工薪酬的确认条件。(　　)

2. 企业在职工提供服务的会计期末以后,一年以上到期的应付职工薪酬,应当选择恰当的折现率,以应付职工薪酬折现后的金额,计入相关成本或当期的损益。(　　)

3. 完成等待期内的服务或者达到规定业绩以后才可以行权的以现金结算的股份支付在等待期内的每一个资产负债表日,依然要按照账面价值进行计量。(　　)

4. 企业提供给职工配偶和子女的福利不属于职工薪酬。(　　)

5. 职工薪酬是指为获得职工提供的服务而给予各种形式的报酬和其他相关支出,包括提供给职工的全部货币性薪酬和非货币性福利。(　　)

四、业务题

1. 甲公司发生工资薪酬情况:基本生产车间生产甲产品发生工资为40 000元,车间管理人员职工资10 000元,为开发专利产品发生职工工资30 000元(假设按规定可予以资本化),行政管理部门人员职工工资20 000元。要求编制费用分配会计分录

2. 甲公司按照工资薪酬10%的比例缴存住房公积金,具体为:基本生产车间生产甲产品发生住房公积金费用为4 000元,车间管理人员住房公积金费用1 000元,为开发专利产品发

生住房公积金费用3 000元(假设按规定可予以资本化),行政管理部门人员住房公积金费用2 000元。费用分配会计分录和缴存时,代扣应由职工承担的10%会计分录,要求为甲公司编制相关会计分录。

3. 某企业2023年6月应付工资总额785 000元,工资费用分配汇总表中列示的产品生产人员工资为450 000元,车间管理人员工资为70 000元,企业行政管理人员工资为165 000元,医务人员工资为100 000元。要求为该企业编制相关会计分录。

4. 丙公司为总部各部门经理级别以上职工提供汽车免费使用,同时为副总裁以上高级管理人员每人租赁一套住房,该公司总部共有部门经理以上职工25名,每人提供一辆桑塔纳汽车免费使用,假定每辆桑塔纳汽车每月计提折旧500元;该公司共有副总裁以上高级管理人员5名,公司为其每人租赁一套面积为100平方米带有家具和电器的公寓,月租金为每套4 000元。要求为该企业编制相关会计分录。

5. 甲公司是一家彩电生产企业,有职工200名,其中一线生产工人为170名,总部管理人员为30名。2023年2月,甲公司决定以其生产的液晶彩色电视机作为个人福利发放给职工。该彩色电视机单位成本为10 000元,单位计税价格(公允价值)为14 000元,适用的增值税税率为13%。要求为该企业编制相关会计分录。

6. 乙公司为白酒生产企业,有职工300名,其中:生产工人250人、行政管理人员30人、车间管理人员20人。所生产白酒增值税率13%,消费税率20%。春节期间用自产白酒300箱发放职工福利,每人一箱。每箱成本100元,每箱售价150元。

7. 甲公司为增值税一般纳税人,生产应税消费品适用的增值税税率为13%,消费税率10%。2023年1月发生与职工薪酬有关的交易或事项如下。

(1)对生产车间使用的设备进行日常维修,应付企业内部维修人员工资1.2万元。

(2)对以经营租赁方式租入的生产线进行改良,应付企业内部改良工程人员工资3万元。

(3)为公司总部下属25为部门经理每人配备汽车一辆免费使用,假定每辆汽车每月计提折旧0.08万元。

(4)将50箱自产白酒作为福利分配给本公司职工,每人一箱,其中生产产品工人30人,车间管理人员5人,行政管理人员15人,该白酒生产成本为1.2万元/箱,市场售价为1.5万元/箱。

(5)月末,分配职工工资150万元,其中直接生产产品人员工资105万元,车间管理人员工资15万元,企业行政管理人员工资20万元,专设销售机构人员工资10万元。

(6)银行提取现金130万元备发工资。

(7)用银行存款发放职工工资,其中:按规定计算代扣代交职工个人所得税10万元,扣收代职工垫付款6万元,代扣职工养老保险4万元。

(8)以库存现金支付职工李某生活困难补助0.3万元。

(9)以银行存款缴纳为职工支付的医疗保险费5万元。

要求:编制甲公司2023年1月的会计分录。

第十章 税务核算岗位

学习目标

○ **知识目标**

1. 了解企业经营活动中涉及的税负;
2. 了解增值税、消费税、城市维护建设税和教育费附加等税种的概念。

○ **能力目标**

1. 掌握增值税的账务处理;
2. 掌握消费税的账务处理。

○ **素质目标**

正确进行税负核算,依法纳税。

思政案例导入

水产公司偷税案

2008年,浙江实业有限公司向温岭市农行借款2 600万元用于新厂房的建设投资,所发生的借款利息支出176万多元,记入"财务费用"科目,未按规定进行资本化处理,在企业所得税申报时未作纳税调整,少缴企业所得税。温岭地方税务局稽查局追缴该公司企业所得税、滞纳金、处罚款合计78万元。

商务酒店少计收入涉税案:2008年6月,路桥地方税务局稽查局开展了全区餐饮业税务大检查。检查人员发现,一家酒店的实际营业收入与申报的征管资料不符,将该单位提供的酒店客户住宿登记资料与已申报纳税的营业收入相对照,发现其有隐匿营业收入问题。

台州商务国际旅行社有限公司天台门市部不按规定取得发票被处罚:2007到2009年度,该公司取得云南昆明、湖南张家界等地旅行社开具的服务业统一发票,这些发票经当地税务机关鉴定为假发票。

企业在一定时期内取得的营业收入和实现的利润,要按照规定向国家税务机关缴纳各种税金,主要包括增值税、消费税、城市维护建设税、土地增值税、房产税、车船使用税、资源税、印花税等。其中绝大多数税金需要预先估计或经税务部门核定应纳数额,这些应交的税金在尚未交纳之前构成了企业的一种流动负债。在会计实务中设置"应交税费"科目来核算应交而未交的各种税金,并按税种分设相应的明细科目。

第一节 应交增值税

增值税是就货物或应税劳务的增值部分征收的一种税。按照增值税暂行条例规定,企业购入货物或接受应税劳务支付的增值税(即进项税额),可以从销售货物或提供应税劳务按规定应交纳的增值税(即销项税额)中抵扣。

企业应交的增值税,在"应交税费"科目下设置"应交增值税"二级科目进行核算。另外,根据应交增值税的构成内容,"应交增值税"二级科目下还应设置相应专栏进行明细核算。"应交增值税"明细科目的借方发生额,反映企业购进货物或接受应税劳务支付的进项税额、实际已交纳的增值税等;贷方发生额,反映销售货物或提供应税劳务应交纳的增值税额等。

增值税的纳税人分为一般纳税人和小规模纳税人,下面分别说明一般纳税人和小规模纳税人的增值税核算。

一、一般纳税人应纳增值税的会计处理

1. 应纳增值税的计算

增值税税率有基本税率13%、低税率9%、6%和零税率四档。

一般纳税人销售或者进口货物(另有列举的货物除外);销售货物,增值税税率为13%。

一般纳税人销售或者进口以下货物,增值税税率为9%:粮食等农产品、食用植物油、食用盐;自来水、暖气、冷气、热水、煤气、石油液化气、天然气、二甲醚、沼气、居民用煤炭制品;图书、报纸、杂志、录像制品、电子出版物;饲料、化肥、农药、农机、农膜;国务院规定的其他货物。

一般纳税人购进农产品进项税额扣除率为9%;购进用于生产或者委托加工13%税率货物的农产品,按照10%扣除率计算进项税额。

一般纳税人的营改增项目中税率为13%的项目为:有形动产租赁服务。税率为9%的项目为:交通运输服务、邮政服务、基础电信服务、建筑服务、销售不动产、不动产租赁服务和转让土地使用权。税率为6%的项目为:增值电信服务、金融服务、研发技术服务、信息技术服务;文化创意服务、物流辅助服务、鉴证咨询服务、广播影视服务、商务辅助服务、其他现代服务、文化体育服务、教育医疗服务、旅游娱乐服务、餐饮住宿服务、居民日常服务、其他生活服务;转让技术、商标、著作权、商誉、自然资源和其他权益性无形资产使用权或所有权。

本期销项税额的计算公式为:

$$本期销项税额 = 本期销售额 \times 增值税税率$$

【注意】

公式中的本期销售额为不含增值税的销售额。若销售额为含税销售额,应在计算本期销项税额时,将含税销售额换成不含税的销售额。计算公式为:

$$不含税销售额 = 含税销售额 \div (1+增值税税率)$$

按规定,企业购入货物或接受劳务,必须具备增值税专用发票、完税凭证、购入免税农产品或收购废旧物资时的收购凭证以及外购货物所支付的运杂费的运费单据等,其进项税才能予以扣除。

满足进项税抵扣条件时,企业应纳增值税的计算公式为:

$$应纳增值税＝本期销项税额－本期进行税额$$

2. 会计科目设置

企业应交的增值税,在"应交税费"科目下设置"应交增值税"明细账户。

"应交增值税"明细账户采用多栏式,在借贷方分设以下几个专栏:

"进项税额",记录企业购入货物或提供应税劳务已支付的增值税额。

"已交税金",记录企业已经向税务局缴纳的增值税。

"销项税额",记录企业销售货物或提供应税劳务应支付的增值税税额。

"进项税额转出",记录企业因购进货物、在产品、产成品等发生非正常损失以及其他不能从销项税额中抵扣的原因,而按规定应转出的进项税额。

3. 主要账务处理

采购业务发生时,按采购成本,借记"材料采购""在途物资"或"原材料""库存商品"等;按可抵扣的增值税额,借记"应交税费——应交增值税(进项税额)";按应付或实付金额,贷记"应付账款""应付票据""银行存款"等。

销售业务发生时,按营业收入和应收取的增值税额,借记"应收账款""应收票据""银行存款"等;按专用发票注明的增值税额,贷记"应交税费——应交增值税(销项税额)";按实现的营业收入,贷记"主营业务收入""其他业务收入"等。

实行"免、抵、退"的企业,按应收出口退税额,借记"其他应收款",贷记"应交税费——应交增值税(出口退税)"。

企业缴纳的增值税,借记"应交税费——应交增值税(已交税金)",贷记"银行存款"。

例 10-1 钟泰有限公司购入一批原材料,增值税专用发票上注明的原材料价款为 5 000 000 元,增值税额为 650 000 元。货款已经支付,材料已经到达并验收入库,则企业应作如下会计处理:

借:原材料	5 000 000
应交税费——应交增值税(进项税额)	650 000
贷:银行存款	5 650 000

例 10-2 钟泰有限公司销售产品一批,价款 400 000 元,应收取的增值税额为 52 000 元,款项尚未收到,则会计处理如下。

借:应收账款	452 000
贷:主营业务收入	400 000
应交税费——应交增值税(销项税额)	52 000

二、小规模纳税人应纳增值税的会计处理

小规模纳税人企业具有以下特点。

(1)小规模纳税人企业销售货物或者提供应税劳务,一般情况下,只能开具普通发票,不能开具增值税专用发票,进项税额不得抵扣;

(2)小规模纳税人企业销售货物或提供应税劳务,实行简易办法计算应纳税额,按照销售额的一定比例计算;

(3)小规模纳税人企业的销售额不包括其应纳税额。

小规模纳税人确定销售额与一般纳税人是一致的,所不同的是小规模纳税人销售货物或

提供应税劳务,按照销售额的3%计算应纳增值税额,其计算公式如下:

$$应纳税额=不含税销售额×征收率3\%$$

$$不含税销售额=含税销售额÷(1+征收率3\%)$$

小规模纳税人的以下项目采用3%征收率:销售货物或者加工、修理修配劳务,销售应税服务、无形资产;一般纳税人发生按规定适用或者可以选择适用简易计税方法计税的特定行为,但适用5%征收率的除外。

小规模纳税人的以下项目采用5%征收率:销售不动产;符合条件的经营租赁不动产(土地使用权);转让营改增前取得的土地使用权;房地产开发企业销售、出租自行开发的房地产老项目;符合条件的不动产融资租赁;选择差额纳税的劳务派遣、安全保护服务;一般纳税人提供人力资源外包服务。

税收优惠政策:个人出租住房,按照5%的征收率减按1.5%计算应纳税额。纳税人销售旧货;小规模纳税人(不含其它个人)以及符合规定情形的一般纳税人销售自己使用过的固定资产,可依3%征收率减按2%征收增值税。特殊时期所制定的针对小规模纳税人的其他税收优惠政策。

例10—3 假定钟泰公司核定为小规模纳税企业。本期购入原材料,按照增值税专用发票上记载的原材料成本为500 000元,支付的增值税额为65 000元,企业开出、承兑商业汇票,材料尚未收到。该企业本期销售产品,含税价格为800 000元,货款尚未收到,根据上述经济业务,企业应作如下会计处理。

(1)购进材料时

借:在途物资　　　　　　　　　　　　　　　　　　　565 000
　　贷:应付票据　　　　　　　　　　　　　　　　　　　　565 000

(2)销售产品时

不含税价格=800 000÷(1+3%)=776 699(元)
应交增值税=776 699×3%=23 301(元)

借:应收账款　　　　　　　　　　　　　　　　　　　800 000
　　贷:主营业务收入　　　　　　　　　　　　　　　　　776 699
　　　　应交税费——应交增值税　　　　　　　　　　　　23 301

第二节　应交消费税

国家在普遍征收增值税的基础上,选择部分消费品(如烟酒、化妆品、贵重首饰及珠宝玉石、小汽车等),再征收一道消费税,以正确引导消费方向。

一、销售产品应交消费税

消费税与增值税不同,消费税属于价内税,即营业收入中包含消费税,或消费税应由营业收入来补偿。消费税实行从价定率、从量定额或者从价定率和从量定额复合计税方法计算应纳税额。

实行从价定率办法计征的应纳税额的税基为不含增值税的销售额,计算公式如下:

$$应纳税额=销售额×税率$$

实行从量定额办法计征的应纳税额的销售数量是指应税消费品的数量,计算公式如下:

$$应纳税额=销售数量×单位税额$$

企业按规定应交的消费税,在"应交税费"科目下设置"应交消费税"明细科目进行核算。"应交消费税"明细科目的借方发生额,反映实际交纳的消费税和待扣的消费税;贷方发生额,反映按规定应交纳的消费税;期末贷方余额,反映尚未交纳的消费税;期末借方余额,反映多交或待扣的消费税。在核算消费税时,可设置"税金及附加"科目。该科目属于费用类科目。企业结转应交消费税时,应根据应纳税额借记"税金及附加"科目,贷记"应交税费——应交消费税"科目;实际缴纳消费税时,应借记"应交税费——应交消费税"科目,贷记"银行存款"科目。

例 10—4 钟泰有限公司本期销售化妆品一批,含增值税销售收入 339 000 元,该产品的增值税税率为 13%,消费税税率为 30%。产品已经发出,款项尚未收到。该企业的会计处理如下:

应税消费品销售额=339 000÷(1+13%)=300 000(元)
应纳消费税税额=300 000×30%=90 000(元)

借:应收账款　　　　　　　　　　　　　　　　　　　　351 000
　　贷:主营业务收入　　　　　　　　　　　　　　　　　　300 000
　　　　应交税费——应交增值税(销项税额)　　　　　　　51 000
借:税金及附加　　　　　　　　　　　　　　　　　　　 90 000
　　贷:应交税费——应交消费税　　　　　　　　　　　　　90 000

二、视同销售应交消费税

企业将自产的应税消费品用于被企业生产非应税消费品、在建工程、管理部门、非生产机构、提供劳务以及用于馈赠、赞助、集资、广告、样品、职工福利、奖励等方面,均应视同销售,计算缴纳消费税。

例 10—5 某企业根据发生的有关视同销售业务,编制会计分录如下。

管理部门领用自产的应税消费品甲产品 1 件,实际成本为 5 000 元,同类产品的销售价格为 10 000 元,消费税税率为 20%。

借:管理费用　　　　　　　　　　　　　　　　　　　　 7 000
　　贷:库存商品　　　　　　　　　　　　　　　　　　　　5 000
　　　　应交税费——应交消费税　　　　　　　　　　　　　2 000

将自产的应税消费品乙产品一批对外捐赠,实际成本为 200 000 元,同类产品的销售价格为 400 000 元,增值税税率为 13%,采用从价定率办法计算缴纳消费税,消费税税率为 20%。

借:营业外支出　　　　　　　　　　　　　　　　　　　452 000
　　贷:主营业务收入　　　　　　　　　　　　　　　　　 400 000
　　　　应交税费——应交增值税(销项税额)　　　　　　　52 000
借:税金及附加　　　　　　　　　　　　　　　　　　　 80 000
　　贷:应交税费——应交消费税　　　　　　　　　　　　 80 000
借:主营业务成本　　　　　　　　　　　　　　　　　　200 000
　　贷:库存商品　　　　　　　　　　　　　　　　　　　200 000

三、委托加工应交消费税

企业委托外单位加工应税消费品,按税法规定,应由受托方在向委托方交货时代扣代缴消费税。

企业收回委托加工的应税消费品,如果用于连续生产应税消费品,按税法规定,缴纳的消费税可以抵扣,应借记"应交税费——应交消费税"科目,贷记"银行存款"等科目;在企业最终销售应交消费品时,再根据其销售额计算应交的全部消费税,借记"税金及附加"科目,贷记"应交税费——应交消费税"科目;应交的全部消费税扣除收回委托加工应税消费品时缴纳的消费税为应补交的消费税。缴纳消费税时,借记"应交税费——应交消费税"科目,贷记"银行存款"科目。

企业收回委托加工的应税消费品,如果不再加工而直接出售,则缴纳的消费税应计入收回的应税消费品的成本,借记"委托加工物资"等科目,贷记"银行存款"等科目;在应税消费品出售时,不必再计算缴纳消费税。如果以高于受托方的计税价格出售的,不属于直接出售,需按规定申报缴纳消费税,在计税时准予扣除受托方已代收代缴的消费税。

第三节 应交房产税、土地增值税、城市维护建设税等

一、房产税、土地使用税、车船使用税

房产税是指以我国境内的房产为征税对象,按照房产的评估值或房产租金收入向产权所有人征收的一种税。土地使用税是对城市、县城、建制镇和工矿区范围内使用土地的单位和个人开征的一种税,以纳税人实际占用的土地面积为计税依据,依照规定税额计算征收,其目的是调节土地级差收入,提高土地使用效益,加强土地管理。车船使用税由拥有并且使用车船的单位和个人交纳,车船使用税按照适用税额计算交纳。

企业按规定计算应交的房产税、土地使用税、车船使用税时,借记"管理费用"科目,贷记"应交税费—应交房产税(或土地使用税、车船使用税)"科目;上交时,借记"应交税费——应交房产税(或土地使用税、车船使用税)"科目,贷记"银行存款"科目。

二、土地增值税

土地增值税是对有偿转让国有土地使用权、地上建筑物及其附着物的单位、个人,就其转让房地产所取得的增值额而征收的一种税。

企业转让土地使用权时,按实际收到金额,借记"银行存款",按应交土地增值税,贷记"应交税费——应交土地增值税",同时冲销土地使用权的账面值,贷记"无形资产",按其差额,借记"营业外支出"或贷记"营业外收入"。

三、城市维护建设税和教育费附加

城市维护建设税和教育费附加都是附加税费,按流转税(增值税、消费税)的一定比例计算交纳。城市维护建设税和教育费附加均属于价内税,应由营业收入来补偿。

企业结转应交的城市维护建设税、教育费附加时,借记"税金及附加",贷记"应交税费——应交城市维护建设税""应交税费——应交教育费附加"科目。实际缴纳城市维护建设税与教育费附加时,应借记"应交税费——应交城市维护建设税""应交税费——应交教育费附加"科目,贷记"银行存款"等科目。

本章小结

1. 应交增值税：增值税概念，一般纳税人应交增值税的核算与账务处理，小规模纳税人应交增值税的核算与账务处理。

2. 应交消费税：消费税概念，销售商品应交消费税的账务处理，视同销售应交消费税的账务处理，委托加工商品应交消费税的账务处理。

3. 其他税种：房产税、土地使用税、车船税、土地增值税、城市维护建设税和教育费附加的账务处理。

课后练习

一、单项选择题

1. 某企业委托外单位加工材料一批，该批委托加工材料为应税消费品（非金银饰品）。该批材料收回后，直接用于销售。该企业应于提货时，将受托单位代扣代交的消费税记入（　　）。

   A."委托加工材料"科目的借方　　B."应交税费—应交消费税"科目的借方
   C."应交税费应交消费税"科目的贷方　　D."税金及附加"科目的借方

2. 下列税金中，不需要通过"应交税费"科目核算的是（　　）。

   A. 耕地占用税　　B. 土地使用税
   C. 土地增值税　　D. 资源税

3. 某小规模纳税企业月初久交增值税为 3 000 元。本月购进材料成本为 80 000 元、支付的增值税额为 13 600 元，产品含税销售收入为 1 060 000 元，计算的增值税额为 60 000 元，本月月末应交增值税为（　　）。

   A. 60 000 元　　B. 63 000 元
   C. 46 400 元　　D. 49 400 元

4. 某企业（小规模纳税企业）出售应税消费品一批，取得含增值税价款 212 000 元（增值税征收率为 3%），该消费品适用的消费税税率为 10%，应记入"应交税费 - 应交消费税"账户贷方的金额为（　　）。

   A. 21 200 元　　B. 20 000 元
   C. 19 928 元　　D. 22 552.19 元

5. 委托加工应纳消费税产品收回后，用于继续加工生产应纳消费税产品的，由受托方代扣代交的消费税，应计入的科目是（　　）。

   A. 生产成本　　B. 应交税费
   C. 委托加工物资　　D. 主营业务成本

6. 企业购进货物用于非应税项目时，该货物负担的增值税额应当计入（　　）。

   A. 应交税费—应交增值税　　B. 货物的采购成本
   C. 营业外支出　　D. 管理费用

二、多项选择题

1. 下列项目属于一般纳税企业"应交税费—应交增值税"账户的核算专栏的有( )。
   A. 进项税额   B. 销项税额
   C. 已交税金   D. 未交增值税

2. 下列税金中,应记入"税金及附加"科目的有( )。
   A. 增值税   B. 消费税
   C. 资源税   D. 城市维护建设税

3. 一般纳税企业进行增值税的核算时,下列业务中属于进项税额转出的有( )。
   A. 在建工程领用生产材料
   B. 辅助生产领用材料
   C. 购进货物入库后发生非常损失
   D. 购进货物直接用于非应税项目

三、业务题

1. 甲企业为增值税一般纳税人,增值税税率为13%,其他未及事项均按税法有关规定处理。有关经济业务如下。

   (1)购买生产用A材料一批,购买价款50万元,增值税6.5万元,材料已验收入库,货款尚未支付

   (2)购进生产用B材料一批,购买价款30万元,增值税3.9万元,款项用商业汇票结算。甲企业签发并承兑商业承兑汇票一张,其面值为33.9万元,期限为6个月,票面利率6%。

   (3)向其他单位捐赠产品一批,成本8万元,计税售价10万元。

   (4)销售产品一批,售价100万元,增值税13万元,货款及增值税均未收到。

   (5)在建工程领用产品一批,成本25万元,计税售价30万元。

   (6)上缴增值税7.1万元,其中1.1万元为上月份应缴的增值税,6万元为本月应缴的增值税。

   要求:根据以上经济业务编制会计分录。

第十一章 债务资金核算岗位

学习目标

知识目标
1. 了解各种负债的特点；
2. 熟悉实际利率法；
3. 掌握利息支出资本化条件；
4. 掌握借款利息支出的计算。

能力目标
1. 掌握短期借款的账务处理；
2. 掌握长期借款的账务处理；
3. 掌握应付债券的账务处理。

素质目标
正确处理借款利息的账务处理，依法纳税。

思政案例导入

树立理性的消费观和财富观、提升风险意识

"校园贷"是大学生解决资金不足的常用手段。但因大学生缺乏对贷款(筹资)知识的了解，导致部分学生陷进高额利息和逾期还款的恶性循环状态，虽然教育部曾在 2017 年教育部新闻发布会上表示任何网络贷款机构都不允许向在校大学生发放贷款。但近期"校园贷"又出现高发，2020 年 10 月中消协发布了"校园贷"诈骗 2020 年上半年再现高发的警示。随后，教育部也发布了学生警惕不良"网络贷款"的提醒。"校园贷"实质就是大学生的筹资行为，将筹资管理和校园贷结合，通过"校园贷"案例要清晰认识到"校园贷"的"非法性"，认识到披着"低息"外衣的"校园贷"是如何滚出巨额账单的。现阶段在校的大学生要树立理性的消费观和财富观，不要盲目超前消费、过度消费，珍惜个人信用，时刻保持风险意识，选择合法、安全的筹资渠道，筹资前要明确资金的利息率、计息周期和其他相关筹资费用和用资费用，筹资后，恪守借款合同，履约还款。

第一节　短期借款

短期借款是指企业从银行或其他金融机构借入的、偿还期在一年以内或者在超过一年的一个营业周期以内的款项。

当企业由于季节性生产、到期偿还债务或经营资金出现暂时周转困难等原因导致企业资金不足时,为了满足正常经营需要而向银行或其他金融机构申请贷款。企业借入款项时,应签订借款合同,注明借款金额、借款利率和还款时间。因此,短期借款的核算内容包括本金和利息两部分;而按借款程序,短期借款的核算则可分为短期借款的取得、短期借款的利息费用、短期借款的偿还三部分。

取得短期借款时,应按借款本金数额,借记"银行存款"科目,贷记"短期借款"科目。"短期借款"科目应按债权人及借款种类等设置明细账。

企业取得短期借款而发生的利息应确认为费用,作为财务费用处理,计入当期损益。银行或其他金融机构一般按季度在季末结算借款利息,每季度的前两个月不支付利息。当企业按月核算利息时,借记"财务费用",贷记"应付利息";支付利息时,按已计息部分,借记"应付利息",按尚未计息部分,借记"财务费用",贷记"银行存款"。当企业不需按月核算利息时,若短期借款的借款期跨会计年度,则在资产负债表日,按借款日到资产负债表日尚未支付利息金额,借记"财务费用",贷记"应付利息";待支付利息时,按资产负债表日已计息部分,借记"应付利息",按资产负债表日至到期日的利息金额,借记"财务费用",贷记"银行存款"。

例 11-1　钟泰有限公司 2022 年 9 月 1 日从银行取得 80 000 元借款,期限为 6 个月,年利率为 6%,到期一次还本付息。账务处理如下。

(1)借款发生时

　　借:银行存款　　　　　　　　　　　　　　　　　　　　　　80 000
　　　贷:短期借款　　　　　　　　　　　　　　　　　　　　　　　　80 000

(2)当年 12 月 31 日时,计算尚未支付利息

尚未支付的利息 = 80 000 × 6% × 4/12 = 1 600

　　借:财务费用　　　　　　　　　　　　　　　　　　　　　　1 600
　　　贷:应付利息　　　　　　　　　　　　　　　　　　　　　　　　1 600

(3)到期还本付息

　　借:短期借款　　　　　　　　　　　　　　　　　　　　　　80 000
　　　应付利息　　　　　　　　　　　　　　　　　　　　　　　1 600
　　　财务费用　　　　　　　　　　　　　　　　　　　　　　　800
　　　贷:银行存款　　　　　　　　　　　　　　　　　　　　　　　　82 400

第二节　长期借款

长期借款是指企业从银行或其他金融机构借入的、偿还期在一年以上的各种款项。它一般用于固定资产购置、固定资产建造工程以及流动资金的正常需要等方面。

企业应设置"长期借款"科目核算长期借款,并下设"本金""利息调整"等进行明细核算。企业取得长期借款时,应借记"银行存款""在建工程"等科目,贷记本科目;归还长期借款时,借

记本科目,贷记"银行存款"科目。

对于长期借款的利息费用,应按照权责发生制,予以资本化或费用化,分别借记"在建工程"或"财务费用"。

例 11—2 钟泰有限公司为建造一栋厂房,2022 年 1 月 1 日借入期限为两年的专门借款 100 万元,已存入银行,利率为 9%,每年付息一次,期满一次还清本金。2022 年初,以银行存款支付工程价款 60 万,2023 年初又支付工程费用 40 万。该厂房于 2023 年 8 月底完工达到可使用状态。其账务处理如下。

(1)借入资金

  借:银行存款   1 000 000

    贷:长期借款   1 000 000

(2)2022 年初支付工程款时

  借:在建工程   600 000

    贷:银行存款   600 000

(3)2022 年末计算利息=1 000 000×9%=90 000 元

  借:在建工程   90 000

    贷:应付利息   90 000

(4)2023 年初支付借款利息

  借:应付利息   90 000

    贷:银行存款   90 000

(5)2023 初支付工程款时

  借:在建工程   400 000

    贷:银行存款   400 000

(6)厂房交付使用时

  借:在建工程(2023 年 1~8 月利息)   60 000

    贷:应付利息   60 000

  借:固定资产   1 150 000

    贷:在建工程   1 150 000

(7)2023 年末,计算 9~12 月应计入财务费用的利息

  借:财务费用   30 000

    贷:应付利息   30 000

(8)2024 年初支付利息

  借:应付利息   90 000

    贷:银行存款   90 000

(9)到期还本时

  借:长期借款   1 000 000

    贷:银行存款   1 000 000

第三节　应付债券

一、应付债券的性质和分类

1. 应付债券的定义

企业应付债券是企业为筹措长期资金而按照法定程序发行的、承诺在规定期限内还本付息的一种有价证券。债券上载明着面值、利率、付息日和期限等内容。因债券的期限超过了一年，所以属于长期负债。

2. 应付债券的分类

企业发行的债券，可以按下列几种方式分类。

(1)按有无担保品分类，可分为抵押债券和信用债券。抵押债券是指以特定的资产作为担保，能保证其还本付息的债券。一旦债券发行人违约，持券代表如银行或信托公司就可将抵押物出售，以抵偿积欠债券持有人的款项。信用债券又称无担保债券，是指没有任何抵押物作为担保，完全基于企业良好的信誉而发行的债券。由于该债券没有具体的资产作为担保，其风险较大，因此其利率也较高。

(2)按是否记名分类，可分为记名债券和不记名债券。记名债券是指债券票面上载有持有人姓名，并在企业保留持有人名册的一种债券。债券到期，债券持有人可持记名债券凭本人身份证明或其他有关证明文件领取本息。若将债券转让，须由原持有人背书，并须到发行企业办理过户手续。不记名债券是指债券上不记载持券人姓名的债券。此类债券通常附有息票，所以又称息票债券。付息时，持券人只需将息票剪下，凭此领取债券利息，为此，息票也是一种有价证券。转让这种债券，不需原持有人背书。

(3)按还本方式分类，可分为一次还本债券和分期还本债券。一次还本债券是指同期发行的全部债券的本金于到期日一次偿还的债券。分期还本债券，即同期发行的债券的本金分在不同的到期日分次偿还的债券。

(4)按是否可转为股票分类，分为可转换债券和不可转换债券。可转换债券又称可调换债券。是指在债券发行时就规定债权人在某时间，按规定的价格和条件，可将该债券换成发行企业的优先股或普通股股票。

二、一般公司债券的账务处理

1. 科目设置

对企业发行的债券需要设置"应付债券"科目进行核算，核算内容包括债券本金和利息。"应付债券"科目按"面值""利息调整""应计利息"进行明细核算。

2. 债券发行时的账务处理

债券发行有三种方式，即面值发行、溢价发行、折价发行。其他条件不变的情况下，债券的票面利率高于同期银行存款利率时，可按超过债券票面价值的价格发行(溢价发行)，溢价是企业以后各期多付利息而事先得到的补偿；若债券的票面利率低于同期银行存款利率，可按低于债券面值的价格发行(折价发行)，折价是企业以后各期少付利息而预先给投资者的补偿；若债券票面利率与同期银行存款利率相同，可按票面价格发行(面值发行)。溢价或折价是发行债券的企业在债券存续期间内对利息费用的一种调整。

无论按哪种方式发行,按实际收到的金额借记"银行存款"等,按债券票面价值贷记"应付债券——面值",按实际收到的金额与票面价值间的差额,贷记或借记"应付债券——利息调整"。

3. 债券利息的相关账务处理

债券的票面利息是债券发行人按面值和票面利率计算的,定期支付给债券持有人的利息。利息费用的计算采用实际利率法。当债券发行时实际利率与票面利率相差较大时,利息费用按摊余成本法和实际利率法计算确定;当发行时实际利率与票面利率相差不大时,利息费用按票面利率计算确定。

用实际利率法来计算利息费用的计算公式如下。

票面利息＝面值×票面利率

当期利息费用＝摊余成本(债券每期初账面价值)×实际利率(市场利率)

折价发行时：

利息调整＝当期利息费用－票面利息

债券该期期初账面价值＝上期期初账面价值＋利息调整

溢价发行时：

利息调整＝票面利息－当期利息费用

债券该期期初账面价值＝上期期初账面价值－利息调整

资产负债表日,对于分期付息、一次还本的债券,企业应按应付债券的摊余成本法和实际利率法计算确定的债券利息费用,借记"财务费用""在建工程""制造费用"等,按票面利率计算确定的应付未付利息,贷记"应付利息",按其差额借记或贷记"应付债券——利息调整";对于一次还本付息的债券,按摊余成本法和实际利率法计算确定的债券利息费用,借记"财务费用""在建工程""制造费用"等,按票面利率计算确定的应付未付利息,贷记"应付债券——应计利息",按其差额借记或贷记"应付债券——利息调整"

例11—3 钟泰有限公司2022年1月1日,发行3年期、面值1 000万元、票面利率15%、每年年末付息一次、到期还本的债券,市场利率10%(3年期复利现值系数0.751,年金现值系数为2.487)。债券已全部售出,不考虑发行费用,溢价采用实际利率法。

要求:计算债券发行价格,计算并编制债券溢价摊销表,编制相关会计分录。

(1)计算债券发行价格(理论价格)。

债券发行价格＝1 000×0.751+1 000×15%×2.487＝11 240 500(元)

债券溢价＝11 240 500－10 000 000＝1 240 500(元)

(2)计算并编制债券溢价摊销表。

单位:元

付息日期	名义利息	实际利息	应摊溢价	未摊溢价	账面价值
(1)	(2)	(3)	(4)	(5)	(6)
2022-1-1				1 240 500	11 240 500
2022-12-31	1 500 000	1 124 050	375 950	864 550	10 864 550
2023-12-31	1 500 000	1 086 455	413 545	451 005	10 451 005
2024-12-31	1 500 000	1 048 995	451 005		10 000 000

注:2024年度属于最后一年,利息调整摊销额应采用倒挤的方法计算,所以应是＝1 240 500－375 950－413 545＝451 005(元)

(3)会计分录

①2022年1月1日发行债券时

借:银行存款　　　　　　　　　　　　　　　　　　　　　　11 240 500
　　贷:应付债券——面值　　　　　　　　　　　　　　　　　　　　　10 000 000
　　　　　　——利息调整　　　　　　　　　　　　　　　　　　　　　1 240 500

②2022年12月31日计算利息费用

借:财务费用等　　　　　　　　　　　　　　　　　　　　　　1 124 050
　　应付债券——利息调整　　　　　　　　　　　　　　　　　　375 950
　　贷:应付利息　　　　　　　　　　　　　　　　　　　　　　　　　1 500 000
借:应付利息　　　　　　　　　　　　　　　　　　　　　　　1 500 000
　　贷:银行存款　　　　　　　　　　　　　　　　　　　　　　　　　1 500 000

③2023年12月31日计算利息费用

借:财务费用等　　　　　　　　　　　　　　　　　　　　　　1 086 455
　　应付债券——利息调整　　　　　　　　　　　　　　　　　　413 545
　　贷:应付利息　　　　　　　　　　　　　　　　　　　　　　　　　1 500 000
借:应付利息　　　　　　　　　　　　　　　　　　　　　　　1 500 000
　　贷:银行存款　　　　　　　　　　　　　　　　　　　　　　　　　1 500 000

④2024年12月31日计算利息费用

借:财务费用等　　　　　　　　　　　　　　　　　　　　　　1 048 995
　　应付债券——利息调整　　　　　　　　　　　　　　　　　　451 005
　　贷:应付利息　　　　　　　　　　　　　　　　　　　　　　　　　1 500 000
借:应付利息　　　　　　　　　　　　　　　　　　　　　　　1 500 000
　　贷:银行存款　　　　　　　　　　　　　　　　　　　　　　　　　1 500 000

2024年12月31日归还债券本金

借:应付债券——面值　　　　　　　　　　　　　　　　　　　10 000 000
　　贷:银行存款　　　　　　　　　　　　　　　　　　　　　　　　　10 000 000

三、可转换公司债券的账务处理

为了吸引投资者,发行企业允许公司债券持有者在将来一定日期后将其转换为普通股票,这种债券称为可转换债券。我国发行可转换公司债券采取记名式无纸化发行方式,债券最短期限为3年,最长期限为5年。企业发行的可转换公司债券在"应付债券"科目下设置"可转换公司债券"明细科目核算。

企业发行的可转换公司债券,应当在初始确认时将其包含的负债成份和权益成份进行分拆,将负债成份确认为应付债券,将权益成份确认为资本公积。在进行分拆时,应当先对负债成份的未来现金流量进行折现确定负债成份的初始确认金额,再按发行价格总额扣除负债成份初始确认金额后的金额确定权益成份的初始确认金额。发行可转换公司债券发生的交易费用,应当在负债成份和权益成份之间按照各自的相对公允价值进行分摊。企业应按实际收到的款项,借记"银行存款"等科目,按可转换公司债券包含的负债成份面值,贷记"应付债券——

可转换公司债券(面值)"科目,按权益成分的公允价值,贷记"其他权益工具"科目,按借贷双方之间的差额,借记或贷记"应付债券——可转换公司债券(利息调整)"科目。

例11—4 钟泰有限公司经批准于2022年1月1日按面值发行5年期一次还本付息的可转换公司债券200 000 000元,款项已收存银行,债券票面年利率为6%。债券发行1年后可转换为普通股股票,初始转股价为每股10元,股票面值为每股1元。债券持有人若在当期付息前转换股票的,应按债券面值和应计利息之和除以转股价,计算转换的股份数。假定2023年1月1日债券持有人将持有的可转换公司债券全部转换为普通股股票,钟泰公司发行可转换公司债券时二级市场上与之类似的没有附带转换权的债券市场利率为9%。钟泰有限公司的账务处理如下。

(1) 2022年1月1日发行可转换公司债券时:

借:银行存款	200 000 000
应付债券——可转换公司债券(利息调整)	23 343 600
贷:应付债券——可转换公司债券(面值)	200 000 000
其他权益工具	23 343 600

可转换公司债券负债成分的公允价值为:
200 000 000×0.6499+200 000 000×6%×3.8897=176 656 400(元)
注:0.6499和3.8897分别是复利现值系数和年金现值系数,可查表也可用公式直接计算得出,在此略。

可转换公司债券权益成分的公允价值为:
200 000 000−176 656 400=23 343 600(元)

(2) 2022年12月31日确认利息费用时:

借:财务费用等	15 899 076
贷:应付债券——可转换公司债券(应计利息)	12 000 000
——可转换公司债券(利息调整)	3 899 076

(3) 2023年1月1日债券持有人行使转换权时:
转换的股份数为:
(200 000 000+12 000 000)/10=21 200 000(股)

借:应付债券——可转换公司债券(面值)	200 000 000
——可转换公司债券(应计利息)	12 000 000
其他权益工具	23 343 600
贷:股本	21 200 000
应付债券——可转换公司债券(利息调整)	19 444 524
资本公积——股本溢价	194 699 076

企业发行附有赎回选择权的可转换公司债券,其在赎回日可能支付的利息补偿金,即债券约定赎回期届满日应当支付的利息减去应付债券票面利息的差额,应当在债券发行日至债券约定赎回届满日期间计提应付利息,计提的应付利息,分别计入相关资产成本或财务费用。

第四节　长期应付款

长期应付款是指除长期借款、应付债券以外,企业发生的长期负债。对此,企业应设置"长期应付款"科目进行核算。

企业购入有关资产超过正常信用条件延期支付价款,实质上具有融资性质的,应按购买价款的现值,借记"固定资产""在建工程""无形资产""研发支出"等科目,按应支付的金额,贷记"长期应付款"科目,按其差额,借记"未确认融资费用"科目。

按期支付价款时,借记"长期应付款"科目,贷记"银行存款"科目。同时,未确认融资费用应当在信用期间内采用实际利率法进行摊销,确定当期的利息费用,借记"财务费用""在建工程""研发支出"等科目,贷记"未确认融资费用"科目。

例 11—5 钟泰有限公司2022年1月1日以分期付款方式购入一台设备,总价款为150万元。购货合同约定购买日首付60万元,以后每年年末支付30万元,分3年支付。于2024年12月31日全部付清。假设银行同期贷款利率为10%。[(P/A,10%,3)=2.486 9]

钟泰有限公司有关会计处理如下。

(1)2022年1月1日购入时。

分期应付款的应付本金=三年分期付款300 000元的年金现值

$\quad\quad\quad$=300 000×(P/A,10%,3)=300 000×2.4869=746 070(元)

总价款的现值=600 000+746 070=1 346 070(元)

未确认融资费用=1 500 000-1 346 070=153 930(元)

$\quad$借:固定资产 $\quad\quad\quad\quad\quad\quad\quad\quad\quad\quad\quad\quad\quad\quad\quad\quad\quad$ 1 346 070
$\quad\quad\;$未确认融资费用 $\quad\quad\quad\quad\quad\quad\quad\quad\quad\quad\quad\quad\quad\;\;$ 153 930
$\quad$贷:长期应付款 $\quad\quad\quad\quad\quad\quad\quad\quad\quad\quad\quad\quad\quad\quad\quad\quad\quad$ 900 000
$\quad\quad\;$银行存款 $\quad\quad\quad\quad\quad\quad\quad\quad\quad\quad\quad\quad\quad\quad\quad\quad\quad\quad\;\;$ 600 000

(2)按期支付价款、分摊未确认融资费用。

合同付款期内采用实际利率法分摊融资费用。

实际利率法下融资费用的分摊

单位:元

日期	每期付款金额	确认的融资费用	应付本金减少额	应付本金余额
(1)	(2)	(3)=期初(5)×10%	(4)=(2)-(3)	期末(5)=(5)-(4)
2022.1.1				746 070
2022.12.31	300 000	74 607	225 393	520 677
2023.12.31	300 000	52 067.70	247 932.30	272 744.70
2024.12.31	300 000	27 255.30	272 744.70	0
合 计	900 000	153 930	746 070	

2022年12月31日,支付第一期付款:

$\quad$借:长期应付款 $\quad\quad\quad\quad\quad\quad\quad\quad\quad\quad\quad\quad\quad\quad\quad\quad\quad$ 300 000
$\quad\quad$贷:银行存款 $\quad\quad\quad\quad\quad\quad\quad\quad\quad\quad\quad\quad\quad\quad\quad\quad\quad\;$ 300 000
$\quad$借:财务费用 $\quad\quad\quad\quad\quad\quad\quad\quad\quad\quad\quad\quad\quad\quad\quad\quad\quad\quad\;$ 74 607
$\quad\quad$贷:未确认融资费用 $\quad\quad\quad\quad\quad\quad\quad\quad\quad\quad\quad\quad\quad\quad\;\;$ 74 607

2023年12月31日,支付第二期应付款:

$\quad$借:长期应付款 $\quad\quad\quad\quad\quad\quad\quad\quad\quad\quad\quad\quad\quad\quad\quad\quad\quad$ 300 000
$\quad\quad$贷:银行存款 $\quad\quad\quad\quad\quad\quad\quad\quad\quad\quad\quad\quad\quad\quad\quad\quad\quad\;$ 300 000

借：财务费用　　　　　　　　　　　　　　　　52 067.70
　　　　贷：未确认融资费用　　　　　　　　　　　　52 067.70
2024年12月31日，支付第二期应付款：
　　借：长期应付款　　　　　　　　　　　　　　　300 000
　　　　贷：银行存款　　　　　　　　　　　　　　300 000
　　借：财务费用　　　　　　　　　　　　　　　　27 255.30
　　　　贷：未确认融资费用　　　　　　　　　　　　27 255.30

第五节　借款费用

一、借款费用概述

借款费用是企业因借入资金所付出的代价，它包括借款利息、折价或者溢价的摊销、辅助费用以及因外币借款而发生的汇兑差额等。对于企业发生的权益性融资费用，不应包括在借款费用中。但承租人根据租赁会计准则所确认的融资租赁所发生的融资费用属于借款费用。例如企业发行公司股票的佣金，由于发行公司股票属于公司权益性融资性质，则所发生的佣金不属于借款费用范畴而应当冲减溢价。

（一）借款费用的范围

1. 因借款而发生的利息

因借款而发生的利息包括企业向银行或者其他金融机构等借入资金发生的利息、发行公司债券发生的利息，以及为购建或者生产符合资本化条件的资产而发生的带息债务所承担的利息等。

2. 因借款而发生的折价或溢价的摊销

因借款而发生的折价或溢价主要指发行债券等发生的折价或者溢价。其实质是对债券票面利息的调整，即将债券票面利率调整为实际利率，属于借款费用的范畴。

3. 因外币借款而发生的汇兑差额

因外币借款而发生的汇兑差额是指由于汇率变动导致市场汇率与账面汇率出现差异，从而对外币借款本金及其利息的记账本位币金额所产生的影响金额。由于汇率的变化往往和利率的变化联动，它是企业外币借款所需承担的风险，因此，因外币借款相关汇率变化所导致的汇兑差额属于借款费用的有机组成部分。

4. 因借款而发生的辅助费用

因借款而发生的辅助费用是指企业在借款过程中发生的诸如手续费、佣金和印刷费等费用，由于这些费用是因安排借款而发生的，也属于借入资金所付出的代价，是借款费用的构成部分。

（二）借款费用资本化的资产范围

根据《企业会计准则第17号——借款费用》规定，符合资本化条件的资产，是指需要经过相当长时间的购建或生产活动才能达到预定可使用或者可销售状态的固定资产、投资性房地产、存货等资产。建造合同成本、确认为无形资产的开发支出等在符合条件的情况下，也可以认定为符合资本化条件的资产。

符合资本化条件的存货主要包括房地产开发企业开发的用于对外出售的房地产开发产

品、企业制造的用于对外出售的大型机械设备等,这类存货通常需要经过相当长时间的建造或者生产过程,才能达到预定可销售状态。其中,"相当长时间"应当是指为资产的购建或者生产所必要的时间,通常为 1 年以上(含 1 年)。如某公司借款用于建造期为两个月的简易厂房的建造,虽然该借款用于固定资产的建造,但由于该资产建造时间较短,不属于需要经过相当长时间的购建才能达到预定可使用状态的资产,因此所发生的相关借款费用不应以资本化计入在建工程成本,而应计入当期财务费用。

二、借款费用的确认

借款费用的确认主要解决的是将每期发生的借款费用资本化、计入相关资产的成本,还是将有关借款费用化、计入当期损益的问题。

(一)借款费用的确认原则

借款可以分为专门借款和一般借款两类。专门借款是指为购建或生产符合资本化条件的资产而专门借入的款项;一般借款指除专门借款外的其他借款。根据《企业会计准则第 17 号——借款费用》规定,企业发生的借款费用,可直接归属于符合资本化条件的资产的购建或生产的,应予以资本化,计入相关资产成本;其他借款费用,应当在发生时根据其发生额确认为费用,计入当期损益。

企业只有发生在资本化期间内的有关借款费用,才允许资本化,资本化期间的确定是借款费用确认和计量的重要前提。借款费用资本化期间,是指从借款费用开始资本化时点到停止资本化时点的期间,但不包括借款费用暂停资本化的期间。

(二)借款费用资本化的期间

根据《企业会计准则第 17 号——借款费用》规定,借款费用同时满足下列条件的,才能开始资本化。

1. 资产支出已经发生

资产支出包括为购建或者生产符合资本化条件的资产而以支付现金、转移非现金资产或者承担带息债务形式发生的支出。在为购建固定资产或生产需要相当长时间才能达到预定可使用或者可销售状态的存货以及投资性房地产时,以支付现金、转移非现金资产或者承担带息债务形式发生的支出,都会导致公司资源的流出,即占用了借款资金,因此它们应当承担相应的借款费用。

支付现金是指用货币资金支付符合资本化条件的资产的购建或者生产支出,如某企业用现金或者银行存款购买为建造或者生产符合资本化条件的资产所需用材料,支付有关职工薪酬,向工程承包商支付工程进度款等。

转移非现金资产是指企业将自己的非现金资产直接用于符合资本化条件的资产的购建或者生产,如某企业将自己生产的产品,包括自己生产的水泥、钢材等,用于符合资本化条件的资产的建造或者生产,企业同时还将自己生产的产品向其他企业换取用于符合资本化条件的资产的建造或者生产所需用工程物资的,这些产品成本均属于资产支出。

承担带息债务是指企业为了购建或者生产符合资本化条件的资产所需用物资等而承担的带息应付款项(如带息应付票据)。企业以赊购方式购买这些物资所产生的债务可能带息,也可能不带息。如果企业赊购这些物资承担的是不带息债务,就不应当将购买价款计入资产支出,因为该债务在偿付前不需要承担利息,也没有占用借款资金。企业只有等到实际偿付债务,发生了资源流出时,才能将其作为资产支出。如果企业赊购物资承担的是带息债务,则企业要为这笔债务付出代价，支付利息，与企业向银行借入款项用以支付资产支出在性质上是一致的。所以，企业为购建或者生产符合资本化条件的资产而承担的带息债务应当作为资产支出，当该带息债务发生时，视同资产支出已经发生。

2. 借款费用已经发生

是指企业已经发生了因购建或者生产符合资本化条件的资产而专门借入款项的借款费用或者所占用的一般借款的借款费用。

3. 为使资产达到预定可使用或者可销售状态所必要的购建或者生产活动已经开始

所谓"为使资产达到预定可使用或者可销售状态所必要的购建或者生产活动"主要指固定资产的实体建造活动或存货的生产活动，如主体设备的安装等。这些活动是使这些资产达到预定可使用状态所必需的，企业往往因此而发生与这些活动有关的、无法避免的借款费用。但它不包括仅仅持有资产但没有发生为改变资产形态而进行的实质上的建造或者生产活动，如购置了建设写字楼的建筑用地，但尚未开始任何与实体建造相关的活动，则不认为为使资产达到预定可使用或者可销售状态所必要的购建或者生产活动已经开始。

以上三个条件缺一不可，即三个条件必须同时满足，借款费用才允许开始被资本化。

（三）借款费用暂停资本化的时间

符合资本化条件的资产在购建或者生产过程中发生非正常中断且中断时间连续超过3个月的，应当暂停借款费用的资本化。中断期间发生的借款费用应当确认为费用，计入当期损益，直至资产的购建或生产活动重新开始。中断的原因必须是非正常中断，属于正常中断的，相关借款费用仍可资本化。

非正常中断通常是由于企业管理决策上的原因或者其他不可预见的原因等所导致的中断，如企业因与施工方发生了质量纠纷，或者工程、生产用料没有及时供应，或者资金周转发生了困难，或者施工、生产发生了安全事故，或者发生了与资产购建、生产有关的劳动纠纷等原因，导致资产购建或者生产活动发生的中断。某些地区的工程在建造过程中，由于可预见的不可抗力因素（如雨季或冰冻季节等原因）导致施工出现停顿，则属于正常中断。

（四）借款费用停止资本化的时点

所购建或者生产的符合资本化条件的资产达到预定可使用或者可销售状态时，借款费用应当停止资本化。在其之后发生的借款费用，应当在发生时根据其发生额确认为费用，计入当期损益。购建或者生产符合资本化条件的资产达到预定可使用或者可销售状态，可从下列几个方面进行判断。

(1)符合资本化条件的资产的实体建造（包括安装）或者生产工作已经全部完成或者实质上已经完成。

(2)所购建或者生产的符合资本化条件的资产与设计要求、合同规定或者生产要求相符或者基本相符，即使有极个别与设计、合同或者生产要求不相符的地方，也不影响其正常使用或者销售。

(3)继续发生在所购建或生产的符合资本化条件的资产上的支出金额很少或者几乎不再发生。

所购建或者生产的资产如果分别建造、分别完工的，企业应当区别情况界定借款费用停止资本化的时点。

所购建或者生产的符合资本化条件的资产的各部分分别完工，且每部分在其他部分继续建造或者生产过程中可供使用或者可对外销售，且为使该部分资产达到预定可使用或可销售状态所必要的购建或者生产活动实质上已经完成的,应当停止与该部分资产相关的借款费用的资本化,因为该部分资产已经达到了预定可使用或者可销售的状态。

三、借款费用的计量

(一)借款利息费用资本化金额的计算

(1)为购建或者生产符合资本化条件的资产而借入专门借款的,应当以专门借款当期实际发生的利息费用,减去将尚未动用的借款资金存入银行取得的利息收入或进行暂时性投资取得的投资收益后的金额确定。

(2)为购建或者生产符合资本化条件的资产而占用了一般借款的,企业应当根据累计资产支出超过专门借款部分的资产支出加权平均数乘以所占用一般借款的资本化率,计算确定一般借款应予资本化的利息金额。资本化率应当根据一般借款加权平均利率计算确定。

(3)每一会计期间的利息资本化金额,不应当超过当期相关借款实际发生的利息金额。

企业在确定每期利息(包括折价或溢价的摊销)资本化金额时,应当首先判断符合资本化条件的资产在购建或者生产过程所占用的资金来源,如果所占用的资金是专门借款资金,则应当在资本化期间内,根据每期实际发生的专门借款利息费用,确定应予资本化的金额。在企业将闲置的专门借款资金存入银行取得利息收入或者进行暂时性投资获取投资收益的情况下,企业还应当将这些相关的利息收入或者投资收益从资本化金额中扣除,以如实反映符合资本化条件的资产的实际成本。

例11-6 钟泰有限公司于2022年1月1日正式动工兴建一幢厂房,工期预计为1年零6个月,工程采用出包方式,分别于2022年1月1日支付1 500万元、2022年7月1日支付2 500万元和2023年1月1日支付1 500万元的工程进度款。

为建造厂房于2022年1月1日专门借款1 500万元,借款期限为2年,年利率为6%。除此之外,没有其他专门借款。

在厂房建造过程中占用了两笔一般借款,具体资料如下。

(1)期限为2021年12月1日至2024年12月1日的长期借款1 000万元,年利率为6%,按年支付利息。

(2)发行公司债券1亿元,于2021年1月1日发行,期限为5年,年利率为8%,按年支付利息。

本例中全年按360天计算。公司为建造该厂房支出金额计算具体如下。

日　期	每期资产支出金额(万元)	累计资产支出金额(万元)
2022年1月1日	1 500	1 500
2022年7月1日	2 500	4 000
2023年1月1日	1 500	5 500
总　计	5 500	——

(1)计算专门借款利息资本化金额。

2022年专门借款利息资本化金额=1 500×6%=90(万元)

(2)计算一般借款资本化金额。

在建造厂房过程中,自2022年7月1日起已经有2 500万元占用了一般借款,另外,2023

年1月1日支出的1 500万元也占用了一般借款。计算这两笔资产支出的加权平均数如下。

2022年占用了一般借款的资产支出加权平均数＝2 500×180/360＝1 250(万元)

一般借款利息资本化率＝(1 000×6％＋10 000×8％)/(1 000＋10 000)＝7.82％

2022年应予资本化的一般借款利息金额＝1 250×7.82％＝97.75(万元)

2023年占用了一般借款的资产支出加权平均数＝(2 500＋1 500)×180/360＝2 000(万元)

则2023年应予资本化的一般借款利息金额＝2 000×7.82％＝156.4万元。

(3)根据上述计算结果,公司建造厂房应予资本化的利息金额如下。

2022年利息资本化金额＝90＋97.75＝187.75(万元)

2023年利息资本化金额＝156.4(万元)

(4)实际发生利息。

2022年实际发生利息＝(1 500＋1 000)×6％＋10 000×8％＝950(万元)

2023年1月日至6月30日实际发生利息＝(1 500×6％＋1 000×6％＋10 000×8％)×180/360＝475(万元)

(5)有关账务处理如下。

2022年12月31日：

借:在建工程		1 877 500
财务费用		7 622 500
贷:应付利息		9 500 000

2023年6月30日：

借:在建工程		1 564 000
财务费用		3 186 000
贷:应付利息		4 750 000

(二)借款辅助费用资本化金额的确定

辅助费用是企业为了安排借款而发生的必要费用,包括借款手续费(如发行债券手续费)、佣金等。如果企业不发生这些费用,就无法取得借款,因此辅助费用是企业借入款项所付出的一种代价,是借款费用的有机组成部分。

对于企业发生的专门借款辅助费用,在所购建或者生产的符合资本化条件的资产达到预定可使用或者可销售状态之前发生的,应当在发生时根据其发生额予以资本化;在所购建或者生产的符合资本化条件的资产达到预定可使用或者可销售状态之后所发生的,应当在发生时根据其发生额确认为费用,计入当期损益。上述资本化或计入当期损益的辅助费用的发生额,是指根据《企业会计准则第22号——金融工具确认和计量》,按照实际利率法所确定的金融负债交易费用对每期利息费用的调整额。借款实际利率与合同利率差异较小的,也可以采用合同利率计算确定利息费用。一般借款发生的辅助费用,也应当按照上述原则确定其发生额并进行处理。

考虑到借款辅助费用与金融负债交易费用是一致的,其会计处理也应当保持一致。根据《企业会计准则第22号——金融工具确认和计量》的规定,除以公允价值计量且其变动计入当期损益的金融负债之外,其他金融负债相关的交易费用应当计入金融负债的初始确认金额。为购建或者生产符合资本化条件的资产的专门借款或者一般借款,通常都属于除以公允价值计量且其变动计入当期损益的金融负债之外的其他金融负债。对于这些金融负债所发生的辅助费用需要计入借款的初始确认金额,即抵减相关借款的初始金额,从而影响以后各期实际利息的计算。换言之,由于辅助费用的发生将导致相关借款实际利率的上升,从而需要对各期利息费用做相应调整,在确定借款辅助费用资本化金额时可以结合借款利息资本化金额一起计算。

(三)外币专门借款汇兑差额资本化金额的确定

当企业为购建或者生产符合资本化条件的资产所借入的专门借款为外币借款时,由于企业取得外币借款日、使用外币借款日和会计结算日往往并不一致,而外汇汇率又在随时发生变化,因此,外币借款会产生汇兑差额。相应地,在借款费用资本化期间内,为购建固定资产而专门借入的外币借款所产生的汇兑差额,是购建固定资产的一项代价,应当予以资本化,计入固定资产成本。出于简化核算的考虑,借款费用准则规定,在资本化期间内,外币专门借款的本金及其利息的汇兑差额,应当予以资本化,计入符合资本化条件的资产的成本。而除外币专门借款之外的其他外币借款的本金及其利息所产生的汇兑差额应当作为财务费用,计入当期损益。

本章小结

1. 负债按偿还期限的不同可分为流动负债和长期负债。负债按偿还形式的不同可分为货币性负债和非货币性负债。

2. 各项流动负债应当按实际发生数额记账。在确定入账金额时,有两种不同情况:一是按合同、协议上规定的金额入账,如应付账款;二是期末按经营情况确定的金额入账,如应交税费。

3. 长期借款是一般用于固定资产购置、建造工程等长期资金需要方面的,偿还期在一年以上的各种金融机构借款。

4. 应付债券是企业为筹措长期资金而对外发行的债券。因债券的期限超过了一年,所以属于长期负债。应付债券的面值、溢价或折价应分别记录、反映,溢价或折价可以按直线法或实际利率法摊销。

5. 借款费用是指企业因借款而发生的利息、折溢价摊销、因外币借款而发生的汇兑差额以及辅助费用等,符合资本化条件的借款费用应予以资本化。

课后练习

一、单项选择题

1. 企业按照规定向住房公积金管理机构缴存的住房公积金应该贷记的科目是( )。
   A. 其他应付款　　　　　　　　B. 管理费用
   C. 应付职工薪酬　　　　　　　D. 其他应交款

2. 企业在无形资产研究阶段发生的职工薪酬应当( )。
   A. 计入无形资产成本　　　　　B. 计入在建工程成本
   C. 计入长期待摊费用　　　　　D. 计入当期损益

3. 下列职工薪酬中,不应根据职工提供服务的受益对象计入成本费用的是( )。
   A. 因解除与职工的劳动关系给予的补偿
   B. 构成工资总额的各组成部分

C. 工会经费和职工教育经费

D. 医疗保险费、养老保险费、失业保险费、工伤保险费和生育保险费等社会保险费

4. 某股份有限公司于2022年1月1日溢价发行4年期、到期一次还本付息的公司债券,债券面值为100万元,票面年利率为10%,发行价格为90万元。债券溢价采用实际利率法摊销,假定实际利率是7.5%。该债券2022年度发生的利息费用为(　　)万元。

　　A. 6.5　　　　　　　　　　　　B. 10
　　C. 6.75　　　　　　　　　　　　D. 7.5

5. 洪江公司2022年1月1日按面值发行3年期可转换公司债券,每年1月1日付息、到期一次还本的债券,面值总额为10 000万元,票面年利率为4%,实际利率为6%。债券包含的负债成分的公允价值为9 465.4万元,2023年1月1日某债券持有人将其持有的5 000万元本公司可转换公司债券转换为100万股普通股(每股面值1元)。洪江公司按实际利率法确认利息费用。该公司发行此项债券时应确认的"资本公积—其他资本公积"的金额是(　　)万元。

　　A. 9 800　　　　　　　　　　　B. 0
　　C. 267.3　　　　　　　　　　　D. 534.6

6. 企业以溢价方式发行债券时,每期实际负担的利息费用是(　　)。

　　A. 按实际利率计算的利息费用
　　B. 按票面利率计算的应计利息减去应摊销的溢价
　　C. 按实际利率计算的应计利息加上应摊销的溢价
　　D. 按票面利率计算的应计利息加上应摊销的溢价

7. 就发行债券的企业而言,所获债券的溢价收入实质是(　　)。

　　A. 为以后少付利息而付出的代价　　B. 为以后多付利息而得到的补偿
　　C. 本期利息收入　　　　　　　　　D. 以后期间的利息收入

8. 甲公司于2022年1月1日发行面值总额为1 000万元、期限为5年的债券,该债券票面利率为6%,每年年初付息、到期一次还本,发行价格总额为1 043.27万元,利息调整采用实际利率法摊销,实际利率为5%。2022年12月31日,该应付债券的账面余额为(　　)万元。

　　A. 1 000　　　　　　　　　　　　B. 1 060
　　C. 1 035.43　　　　　　　　　　D. 1 095.43

9. 某公司按面值发行可转换公司债券10 000万元,年利率4%,一年后有80%转换为股本,按账面余额每100元债券转换为普通股5股,股票面值1元,转换应计入资本公积为(　　)万元。

　　A. 7 200　　　　　　　　　　　B. 7 600
　　C. 9 880　　　　　　　　　　　D. 7 904

10. 下列税金中,与企业计算损益无关的是(　　)。

　　A. 消费税　　　　　　　　　　　B. 一般纳税企业的增值税
　　C. 所得税　　　　　　　　　　　D. 城市建设维护税

11. 小规模纳税企业购入原材料取得的增值税专用发票上注明:货款20 000元,增值税2 600元,在购入材料的过程中另支付运杂费600元。则该企业原材料的入账价值为(　　)元。

　　A. 24 000　　　　　　　　　　　B. 20 600

C. 20 540　　　　　　　　　　　D. 22 600

12. 企业如果发生无法支付的应付账款时,应计入(　　)。
   A. 营业外收入　　　　　　　　B. 管理费用
   C. 营业外支出　　　　　　　　D. 资本公积

13. 甲企业为一般纳税企业,采用托收承付结算方式从其他企业购入原材料一批,货款为100 000元,增值税为13 000元,对方代垫的运杂费2 000元,该原材料已经验收入库。该购买业务所发生的应付账款入账价值为(　　)元。
   A. 113 000　　　　　　　　　　B. 100 000
   C. 117 000　　　　　　　　　　D. 102 000

二、多项选择题

1. 下列各项中,应通过"应付职工薪酬"科目核算的有(　　)。
   A. 基本工资　　　　　　　　　B. 经常性奖金
   C. 养老保险费　　　　　　　　D. 股份支付

2. 下列属于职工薪酬中所说的职工的是(　　)。
   A. 全职、兼职职工　　　　　　B. 董事会成员
   C. 内部审计委员会成员　　　　D. 劳务用工合同人员

3. 如果债券发行费用大于发行期间冻结资金所产生的利息收入,按其差额应该计入的科目有(　　)。
   A. 财务费用　　　　　　　　　B. 在建工程
   C. 管理费用　　　　　　　　　D. 长期待摊费用

4. 企业发行公司债券的方式有(　　)。
   A. 折价发行　　　　　　　　　B. 溢价发行
   C. 面值发行　　　　　　　　　D. 在我国不能折价发行

5. 企业发行的应付债券产生的利息调整,每期摊销时可能计入的账户有(　　)。
   A. 在建工程　　　　　　　　　B. 长期待摊费用
   C. 财务费用　　　　　　　　　D. 待摊费用
   E. 应收利息

6. 下列表述正确的是(　　)。
   A. 可转换公司债券到期必须转换为股份
   B. 可转换公司债券在未转换成股份前,要按期计提利息,并进行利息调整
   C. 可转换公司债券在转换成股份后,仍要按期计提利息,并进行利息调整
   D. 可转换公司债券转换为股份时,不确认转换损益
   E. 可转换公司债券转换为股份时,按债券的账面价值转为股本

7. 对于营业税来说,工业企业在核算时可能借记的科目有(　　)。
   A. 营业税金及附加　　　　　　B. 营业费用
   C. 固定资产清理　　　　　　　D. 其他业务成本

8. 下列税金中,不考虑特殊情况时,会涉及抵扣情形的有(　　)。
   A. 一般纳税人购入货物用于生产所负担的增值税
   B. 委托加工收回后用于连续生产的应税消费品

C. 取得运费发票的相关运费所负担的增值税
D. 从小规模纳税人购入货物取得普通发票的增值税

9. 按照规定,可以计入税金及附加科目的税金有( )。
A. 土地增值税　　　　　　　　B. 消费税
C. 城市维护建设税　　　　　　D. 土地使用税
E. 营业税

10. 下列税金中,应该计入在建工程或固定资产成本的有( )。
A. 耕地占用税　　　　　　　　B. 车辆购置税
C. 契税　　　　　　　　　　　D. 土地增值税

11. 下列属于应该计入管理费用科目的税金有( )。
A. 城市维护建设税　　　　　　B. 矿产资源补偿费
C. 车船使用税　　　　　　　　D. 土地使用税

12. 下列业务中,企业通常视同销售处理的有( )。
A. 销售代销货物　　　　　　　B. 在建工程领用企业外购的库存商品
C. 企业将自产的产品用于集体福利　D. 在建工程领用企业外购的原材料
E. 企业将委托加工的货物用于投资

13. 长期借款所发生的利息支出、汇兑损失等借款费用,可能计入以下科目的有( )。
A. 开办费　　　　　　　　　　B. 长期待摊费用
C. 财务费用　　　　　　　　　D. 管理费用
E. 在建工程

14. 下列属于长期应付款核算内容的是( )。
A. 以分期付款方式购入固定资产、无形资产等发生的应付款项
B. 应付融资租赁款
C. 矿产资源补偿费
D. 职工未按期领取的工资
E. 采用补偿贸易方式引进国外设备发生的应付款项

15. 在核算应付利息时,涉及的科目有( )。
A. 在建工程　　　　　　　　　B. 制造费用
C. 管理费用　　　　　　　　　D. 财务费用

三、判断题

1. 完成等待期内的服务或达到规定业绩条件以后才可行权的以现金结算的股份支付,在等待期内的每个资产负债表日,依然按照账面价值计量。（　）

2. 企业发行的一般公司债券,应区别是面值发行,还是溢价或折价发行,分别记入"应付债券——一般公司债券(面值)、(溢价)或(折价)"科目。（　）

3. 企业发行的可转换公司债券,应当在初始确认时将其包含的负债成分和权益成分进行分拆,将所包含的负债成分面值贷记资本公积——其他资本公积,按权益成分的公允价值,贷记应付债券——可转换公司债券(面值)。（　）

4. 企业购买固定资产如果延期支付的购买价款超过了正常信用条件,实质上具有融资性质的,所购资产的成本应当以实际支付的总价款为基础确认。（　）

四、综合题

1. 中山股份有限公司为一般纳税企业,适用的增值税税率为13%。该企业发行债券及购建设备的有关资料如下。

(1)2022年1月1日,经批准发行3年期面值为5 000 000元的公司债券。该债券每年末计提利息后予以支付、到期一次还本,票面年利率为3%,发行价格为4 861 265万元,发行债券筹集的资金已收到。利息调整采用实际利率法摊销,经计算的实际利率为4%。假定该债券于每年年末计提利息。

(2)2022年1月10日,利用发行上述公司债券筹集的资金购置一台需要安装的设备,增值税专用发票上注明的设备价款为3 500 000元,增值税额为455 000元,价款及增值税已由银行存款支付。购买该设备支付的运杂费为105 000元。

(3)该设备安装期间领用生产用材料一批,成本为300 000元,该原材料的增值税额为39 000元;应付安装人员工资150 000元;用银行存款支付的其他直接费用201 774.7元。2013年6月30日,该设备安装完成并交付使用。该设备预计使用年限为5年,预计净残值为50 000元,采用双倍余额递减法计提折旧。

(4)2023年4月30日,因调整经营方向,将该设备出售,收到价款2 200 000元,并存入银行。另外,用银行存款支付清理费用40 000元。假定不考虑与该设备出售有关的税费。

(5)假定设备安装完成并交付使用前的债券利息符合资本化条件全额资本化且不考虑发行债券筹集资金存入银行产生的利息收入。

要求:(1)编制发行债券时的会计分录。

(2)编制2022年12月31日、2023年12月31日有关应付债券的会计分录。

(3)编制该固定资产安装以及交付使用的有关会计分录。

(4)计算固定资产计提折旧的总额。

(5)编制处置该固定资产的有关分录。

(6)编制债券到期的有关会计分录。

第十二章
权益资金核算岗位

学习目标

知识目标
1. 熟悉实收资本(股本)的含义及内容；
2. 熟悉资本公积的含义及内容；
3. 熟悉其他综合收益的含义及内容；
4. 熟悉盈余公积和未分配利润的含义及内容。

能力目标
1. 掌握不同组织形式下投入资本的账务处理；
2. 掌握资本公积以及库存股的账务处理；
3. 掌握盈余公积和未分配利润的账务处理。

素质目标
熟悉企业股利政策，正确看待企业分红。

思政案例导入

防范高送转炒作风险

义翘神州发布2021年度利润分配预案：公司拟10股转增9股派现100元(含税)。公司净利同比下降36.15%，却大额分红和高转股，为哪般？受此影响，2月28日，义翘神州大幅高开8.18%。截至收盘，义翘神州收报352元，上涨5.78%，成交5.21亿元。

义翘神州2021年度净利同比下降36.15%，为何还推出大额分红和高转股？

专业人士认为，义翘神州股价高、股本小。其2021年度分红总金额达6.8亿元，其中约50%的现金分红进了控股股东的腰包。义翘神州高分红和高送转方案令人瞩目，相当于给上市公司打了一个广告。值得注意的是，上市公司高送转实质是股本拆细，企业业绩高成长才是支撑股价的关键。若股价已透支多年业绩且业绩下滑，这类股票的高送转风险是巨大的，投资者需防范高送转炒作风险。

义翘神州通过高送转，或许能够短期刺激股价，但从长远来看，投资者参与炒作需谨慎。

所有者权益是指企业资产扣除负债后由所有者享有的剩余权益,即企业所有者对企业净资产的要求权。所有者权益根据其核算的内容和要求,可分为实收资本(或股本)、资本公积、其他综合收益、盈余公积和未分配利润等。其中,盈余公积和未分配利润统称为留存收益。

第一节 实收资本

按照我国有关法律规定,投资者设立企业首先必须投入资本。实收资本是投资者投入资本形成法定资本的价值,所有者向企业投入的资本,在一般情况下无需偿还,可以长期使用。实收资本的构成比例,即投资者的出资比例或股东的股份比例,通常是确定所有者在企业所有者权益中所占的份额和参与企业财务经营决策的基础,也是企业进行利润分配或股利分配的依据,同时还是企业清算时确定所有者对净资产的要求权的依据。

一、实收资本的确认与计量的基本要求

企业应当设置"实收资本"科目,核算企业接受投资者投入的实收资本,股份有限公司应将该科目改为"股本"。投资者可以用现金投资,也可以用现金以外的其他有形资产投资,符合国家规定比例的,还可以用无形资产投资。企业收到投资时,一般应做如下会计处理。收到投资人投入的现金,应在实际收到或者存入企业开户银行时,按实际收到的金额,借记"银行存款"科目,以实物资产投资的,应在办理实物产权转移手续时,借记有关资产科目,以无形资产投资的,应按照合同、协议或公司章程规定移交有关凭证时,借记"无形资产"科目,按投入资本在注册资本或股本中所占份额,贷记"实收资本"或"股本"科目,按其差额,贷记"资本公积——资本溢价"或"资本公积——股本溢价"等科目。

二、不同组织形式实收资本的核算

由于企业的组织形式不同,所有者实收资本的会计核算方法也有所不同。下面分别介绍不同组织形式的企业实收的资本核算。

(一)股份有限公司的投入资本核算

股份公司与其他企业比较,最显著的特点就是将企业的全部资本划分为等额股份,并通过发行股票的方式来筹集资本。股份公司设置"股本"总分类账户进行股票发行的会计核算,为了提供企业股份的构成情况,企业应该在"股本"总分类账户下,按普通股、优先股及股东单位或姓名设置明细分类账。此外,还可设置股本备查簿,详细记录企业核定的股本总额、股份总数及每股面值等情况。

1. 股票发行的核算

企业的股本应该在核定的股本范围内通过发行股票取得。企业发行股票取得的收入与股本总额往往不一致。但需要强调的是,在发行有面值的股票时,无论发行价格与面值是否一致,记入"股本"总分类账户的金额总是按股票面值计算的股本,即股票的面值与股份总数的乘积。公司发行股票取得的收入大于股本总额,称为溢价发行;小于股本总额,称为折价发行;等于股本总额,称为面值发行。按照有关规定,我国不允许企业折价发行股票。因此,在采用溢价发行股票的情况下,企业应将按股票面值计算的部分记入"股本"总分类账户,其余部分在扣除发行手续费、佣金等发行费用后记入"资本公积"总分类账户。

例12—1 钟泰有限公司2022年1月1日按每股价格1.5元溢价发行普通股500 000

股,该股票每股面值为1元。手续费按发行收入的1%支付。应做如下会计处理。

实收价款=1.5×500 000−(1.5×500 000×1%)=750 000−75 000=675 000(元)

普通股本=1×500 000=500 000(元)

股本溢价=675 000−500 000=175 000(元)

借:银行存款	675 000
贷:股本——普通股	500 000
资本公积——股本溢价	175 000

2. 发行费用的会计处理

设立股份公司有两种方式:募集式和发起式。

发起式设立的特点是公司的股份全部由发起人认购,不向发起人以外的任何人募集股份。因股东是固定的,所以无需聘请证券商如证券公司向社会广泛募集,一般情况下,其筹集费用很低。

募集式设立的特点是公司股份除发起人认购外,还可以采用向其他法人或自然人发行股票的方式进行募集。采用募集式募集资本的,需由发起人聘请证券发行商发行股票,由于发行的股票数量大,从广大投资者认购到实际出缴资金,需要进行大量的工作,所以支付给证券商的发行费用一般较高,在会计上应进行特别处理:采用溢价发行股票的,其应付给证券商的费用应从溢价收入中扣除,并按扣除手续费后的数额计入"资本公积"。溢价收入不够冲减的,冲减盈余公积和未分配利润。

例12—2 钟泰有限公司委托发行100 000普通股,每股面值100元,发行价格150元,1%手续费。

应做如下会计处理。

实收价款=150×100 000×(1−1%)=14 850 000(元)

股本=100×100 000=10 000 000(元)

股本溢价=溢价收入−手续费
=(150−100)×100 000−150×100 000×1%=14 850 000−10 000 000=4 850 000(元)

借:银行存款	14 850 000
贷:股本	10 000 000
资本公积——股本溢价	4 850 000

(二)一般企业投入资本的核算

一般企业是指除股份有限公司以外的企业,如国有企业、有限责任公司等。

在会计核算上,单独把国有独资有限责任公司作为一种类型,因为这类企业组建时所有者投入的资本全部作为实收资本入账,不发行股票,不会产生股票溢价发行收入,也不会在追加投资时,为维持一定的投资比例而产生资本公积。而其他类型的企业,所有者投入的资本不一定全部作为实收资本。

有限责任公司创立时,各投资者按照合同、协议或公司章程投入企业的资本,应全部记入"实收资本"账户,企业的实收资本应等于企业的注册资本。企业增资扩股时,如有新投资者加入,为了维护原有投资者的权益,新投资者的投资额,并不一定全部作为实收资本处理。新投资者缴纳的出资额按约定比例计算的在注册资本中所占份额的部分,应记入"实收资本"账户,大于注册资本部分应记入"资本公积"账户。

例 12-3　钟泰有限责任公司由甲、乙、丙三位股东出资设立,设立时甲投入银行存款 200 000 元,乙投入厂房一幢原价为 500 000 元,经评估确认价值为 250 000 元,丙投入商标权一项,公允价值为 200 000 元。设立当时公司注册资本为 600 000 元,甲乙丙各占 1/3。三年后,该企业留存收益为 200 000 元。这时,又有投资者丁愿出 200 000 元,而取得该公司 20% 的股份。

(1) 公司设立时的会计处理如下。

　　借:银行存款　　　　　　　　　　　　　　　　　　　　　　200 000
　　　　固定资产——厂房　　　　　　　　　　　　　　　　　　250 000
　　　　无形资产——商标权　　　　　　　　　　　　　　　　　200 000
　　　　贷:实收资本——甲投资者　　　　　　　　　　　　　　200 000
　　　　　　　　　——乙投资者　　　　　　　　　　　　　　200 000
　　　　　　　　　——丙投资者　　　　　　　　　　　　　　200 000
　　　　　　资本公积——资本溢价　　　　　　　　　　　　　 50 000

(2) 公司收到投资者丁投入资金时的会计处理如下。

设投资者丁投入资金中记入实收资本的金额为 x 元,则

$$x/(600\ 000+x)\times 100\%=20\%$$

得到

$$x=150\ 000(元)$$

同时得到公司增加的资本公积金额为:200 000-150 000=50 000(元)

作分录如下。

　　借:银行存款　　　　　　　　　　　　　　　　　　　　　　200 000
　　　　贷:实收资本——丁投资者　　　　　　　　　　　　　　150 000
　　　　　　资本公积——资本溢价　　　　　　　　　　　　　 50 000

三、投入资本的增减变动

一般情况下,企业的实收资本应相对固定不变,但在某些特定情况下,实收资本也可能发生增减变化。我国《企业法人登记管理条例》中规定,除国家另有规定外,企业的注册资本应当与实有资本相一致。该条例还规定,企业法人实有资本比原注册资本数额增加或减少超过 20% 时,应持资金证明或者验资证明,向原登记机关申请变更登记。这表明,企业的实收资本,一般情况下,不得随意增减,如要增减,应具备一定的条件。

(一)实收资本增加的核算

1. 企业增加资本的一般途径

企业增加资本的途径一般有三条:一是将资本公积转为实收资本或者股本。按照《公司法》的规定,法定公积金(资本公积和盈余公积)转为资本时,所留存的该项公积金不得少于转增前公司注册资本的 25%。会计上应借记"资本公积——资本溢价"或"资本公积——股本溢价"科目,贷记"实收资本"或"股本"科目。二是将盈余公积转为实收资本。会计上应借记"盈余公积"科目,贷记"实收资本"或"股本"科目。这里要注意的是,资本公积和盈余公积均属所有者权益,转为实收资本或者股本时,企业如为独资企业的,核算比较简单,直接结转即可;如为股份有限公司或有限责任公司的,应按原投资者所持股份的同比例增加各股东的股权。三是所有者(包括原企业所有者和新投资者)的投入。企业接受投资者投入的资本,借记"银行存

款""固定资产""无形资产"和"长期股权投资"等科目,贷记"实收资本"或"股本"等科目。

2. 股份有限公司发放股票股利

股份公司以发放股票股利的方法实现增资。采用发放股票股利的形式实现增资的,在发放股票股利时,股份公司应当按照实际发放的股票股利金额,借记"利润分配"账户,按实际发放股票的面值,贷记"股本"账户,其差额贷记"资本公积"账户。股份公司是按照股东原来持有的股数分配股票股利的,如股东所持股份按比例分配的股利不足一股时,应采用恰当的方法处理。例如,股东会决议按股票面值的10%发放股票股利时(假如新股发行价格及面额与原股相同),对于所持股票不足10股的股东,将会发生不能领取一股的情况。在这种情况下,有两种方法可供选择:一是将不足一股的股票股利改为现金股利,用现金支付;二是由股东相互转让,凑为整股。无论采用哪种方法,都将改变企业的股权结构。

(二)实收资本减少的核算

股份有限公司因减少注册资本而回购本公司股份的,应按实际支付的金额,借记"库存股"科目,贷记"银行存款"等科目。注销库存股时,应按股票面值和注销股数计算的股票面值总额,借记"股本"科目,按注销库存股的账面余额,贷记"库存股"科目,按其差额,冲减股票发行时原记入资本公积的溢价部分,借记"资本公积——股本溢价"科目,回购价格超过上述冲减"股本"及"资本公积——股本溢价"科目的部分,应依次借记"盈余公积""利润分配——未分配利润"等科目;如回购价格低于回购股份所对应的股本,所注销库存股的账面余额与所冲减股本的差额作为增加股本溢价处理,按回购股份所对应的股本面值,借记"股本"科目,按注销库存股的账面余额,贷记"库存股"科目,按其差额,贷记"资本公积——股本溢价"科目。

例12—4 钟泰有限公司2022年12月31日的股本为80 000 000股,面值为1元,资本公积(股本溢价)20 000 000元,盈余公积30 000 000元。经股东大会批准,钟泰公司以现金回购本公司股票10 000 000股并注销。假定钟泰公司按每股2元回购股票,不考虑其他因素,钟泰公司的会计处理如下。

(1)回购本公司股票时。

借:库存股 20 000 000
  贷:银行存款 20 000 000 库存股成本=10 000 000×2=40 000 000(元)

(2)注销本公司股票时。

借:股本 10 000 000
  资本公积——股本溢价 10 000 000
  贷:库存股 20 000 000

应冲减的资本公积=10 000 000×2-10 000 000×1=20 000 000(元)

第二节 资本公积与其他综合收益

一、资本公积

资本公积是企业收到投资者超出其在企业注册资本(或股本)中所占份额的投资,以及直接计入所有者权益的利得和损失等。资本公积包括资本溢价(或股本溢价)和直接计入所有者权益的利得和损失等。

资本溢价(或股本溢价)是企业收到投资者超出其在企业注册资本(或股本)中所占份额的

投资。形成资本溢价(或股本溢价)的原因有溢价发行股票、投资者超额缴入资本等。

直接计入所有者权益的利得和损失是指不应计入当期损益、会导致所有者权益发生增减变动的、与所有者投入资本或者向所有者分配利润无关的利得或者损失。

资本公积一般应当设置"资本(或股本)溢价""其他资本公积"明细科目核算。

(一)资本溢价(或股本溢价)的会计处理

在公司创立时,出资者认缴的出资额全部记入"实收资本"科目。在企业重组并有新的投资者加入,为了维护原有投资者的权益,新加入的投资者的出资额,并不一定全部作为实收资本处理。这是因为,在企业正常经营过程中投入的资金即使与企业创立时投入的资金在数量上一致,但其获利能力不一致。企业创立时,从投入资金、到取得投资回报,需要的时间长、风险大,在这个过程中资本利润率很低。而企业进行正常生产经营后,在正常情况下,资本利润率要高于企业初创阶段。因此,相同数量的投资,由于出资时间不同,其对企业的影响程度不同,由此而带给投资者的权力也不同,往往前者大于后者。所以,新加入的投资者要付出大于原有投资者的出资额,才能取得与原有投资者相同的投资比例。另外,不仅原投资者原有的投资从质量上发生了变化,就是从数量上也可能发生变化,这是因为企业经营过程中实现利润的另一部分,留在企业,形成留存收益,而留存收益也属于投资者权益,但其未转入实收资本。新加入的投资者如与原投资者共享这部分留存收益,也要求其付出大于原有投资者的出资额,才能取得与原投资者相同的投资比例。投资者投入的资本中按其投资比例计算的出资额部分,应记入"实收资本"科目,超过部分应记入"资本公积"项目。

股份有限公司是以发行股票的方式筹集股本,股票是企业签发的证明股东按其所持股份享有权利和承担义务的书面证明。国家规定,实收股本总额应与注册资本相等。因此,为提供企业股本总额及其构成及注册资本等信息,在采用与股票面值相同的价格发行股票的情况下,企业发行股票取得的收入,应全部记入"股本"科目;在采用溢价发行股票的情况下,企业发行股票取得的收入,相当于股票面值部分记入"股本"科目,超出股票面值的溢价收入记入"资本公积"科目。这里要注意,委托证券商代理发行股票需支付的手续费、佣金等,应从溢价发行收入中扣除,企业应按扣除手续费、佣金后的数额记入"资本公积"科目。

(二)其他资本公积的会计处理

其他资本公积,指除资本溢价(或股本溢价)项目以外所形成的资本公积,其中主要包括直接计入所有者权益的利得和损失。

1. 以权益法核算的长期股权投资

长期股权投资采用权益法核算的,在持股比例不变的情况下,被投资单位除净损益以外所有者权益的其他变动,企业按持股比例计算应享有的份额,如果是利得,应当增加长期股权投资的账面价值,同时增加资本公积(其他资本公积);如果是损失应当做相反的会计分录。当处置采用权益法核算的长期股权投资时,应当将原记入资本公积的相关金额转入投资收益。

2. 以权益结算的股份支付

以权益结算的股份支付换取职工或其他方提供服务的,应按照确定的金额,记入"管理费用"等科目,同时增加资本公积(其他资本公积)。在行权日,应按实际行权的权益工具数量计算确定的金额,借记"资本公积——其他资本公积"科目,按记入实收资本或股本的金额,贷记"实收资本"或"股本"科目,并将其差额记入"资本公积——资本溢价"或"资本公积——股本溢价"。

二、其他综合收益

其他综合收益是指企业根据其他会计准则规定未在当期损益中确认的各项利得和损失。主要内容如下。

1. 采用权益法核算的长期股权投资

采用权益法核算的长期股权投资，按照被投资单位实现其他综合收益以及持股比例计算应享有或分担的金额，调整长期股权投资的账面价值，同时增加或减少其他综合收益。会计处理为：借记（或贷记）"长期股权投资——其他综合收益"科目，贷记（或借记）"其他综合收益"。待该项股权投资处置时，将原计入其他综合收益的金额转入当期损益。

2. 存货或自用房地产转换为投资性房地产

企业将作为存货的房地产转换为采用公允价值模式计量的投资性房地产时，应当按该项房地产在转换日的公允价值，借记"投资性房地产——成本"科目，原已计提跌价准备的，借记"存货跌价准备"科目，按其账面余额，贷记"开发产品"等科目；同时，转换日的公允价值小于账面价值的，按其差额，借记"公允价值变动损益"科目，转换日的公允价值大于账面价值的，按其差额，贷记"其他综合收益"科目。

企业将自用的建筑物等转换为采用公允价值模式计量的投资性房地产时，应当按该项房地产在转换日的公允价值，借记"投资性房地产——成本"科目，原已计提减值准备的，借记"固定资产减值准备"科目，按已计提的累计折旧等，借记"累计折旧"等科目，按其账面余额，贷记"固定资产"等科目；同时，转换日的公允价值大于账面价值的，按其差额，贷记"其他综合收益"科目。

待该项投资性房地产处置时，因转换计入其他综合收益的部分应转入当期的其他业务成本，借记"其他综合收益"科目，贷记"其他业务成本"科目。

3. 其他债券投资和其他权益工具投资公允价值的变动

以公允价值计量且其变动计入其他综合收益的金融资产公允价值变动形成的利得，除减值损失和外币货币性金融资产形成的汇兑差额外，借记"其他债权投资"或"其他权益工具投资"科目，贷记"其他综合收益"科目，公允价值变动形成的损失，做相反的会计分录。

4. 金融资产的重分类

将其他债权投资重分类为采用成本或摊余成本计量的金融资产，在重分类日该金融资产的公允价值或账面价值作为成本或摊余成本，该金融资产没有固定到期日的，与该金融资产相关、原直接计入所有者权益的利得或损失，应当仍然计入"其他综合收益"科目，在该金融资产被处置时转出，计入当期损益。

将债权投资重分类为其他债权投资，并以公允价值进行后续计量，重分类日，该投资的账面价值与其公允价值之间的差额计入"其他综合收益"科目，在该可供出售金融资产发生减值或终止确认时转出，计入当期损益。

按照金融工具确认和计量的规定应当以公允价值计量，但以前公允价值不能可靠计量的其他债权投资，企业应当在其公允价值能够可靠计量时改按公允价值计量，将相关账面价值与公允价值之间的差额计入"其他综合收益"科目，在其发生减值或终止确认时将上述差额转出，计入当期损益。

第三节　留存收益

留存收益是指企业从历年实现的利润中提取或形成的留存于企业内部的积累,它来源于企业的生产经营活动所实现的利润,包括盈余公积和未分配利润。

一、盈余公积

(一)盈余公积的来源

盈余公积是指企业按照规定从净利润中提取的各种积累资金。公司制企业的盈余公积分为法定盈余公积和任意盈余公积。两者的区别就在于其各自计提的依据不同。前者以国家的法律或行政规章为依据提取;后者则由企业自行决定提取。

根据《公司法》等有关法规的规定,企业当年实现的净利润。一般应当按照如下顺序进行分配。

1. 提取法定公积金

公司制企业的法定公积金按照税后利润的10%的比例提取(非公司制企业也可按照超过10%的比例提取),在计算提取法定盈余公积的基数时,不应包括企业年初的未分配利润。公司法定公积金累计额为公司注册资本的50%以上时,可以不再提取法定公积金。公司的法定公积金不足以弥补以前年度亏损的,在提取法定公积金之前,应当先用当年的利润弥补亏损。

2. 提取任意公积金

公司从税后利润中提取法定公积金后,经股东会或者股东大会决议,还可以从税后利润中提取任意公积金。非公司制企业经类似权力机构批准也可提取任意盈余公积。

3. 向投资者分配利润或股利

公司弥补亏损和提取公积金后所余的税后利润,有限责任公司的股东按照实缴的出资比例分取红利,但是,全体股东约定不按照出资比例分取红利的除外;股份有限公司按照股东持有的股份比例分配,但股份有限公司章程规定不按持股比例分配的除外。

股东会、股东大会或者董事会违反规定,在公司弥补亏损和提取法定公积金之前向股东分配利润的,股东必须将违反规定分配的利润退还公司。公司持有的本公司股份不得分配利润。

(二)盈余公积的用途

企业提取盈余公积主要可以用于以下几个方面。

1. 弥补亏损

企业发生亏损时,应由企业自行弥补。弥补亏损的渠道主要有三条:一是用以后年度的税前利润弥补。按照现行制度规定,企业发生亏损时,可以用以后五年内实现的税前利润弥补,即税前利润弥补亏损的期间为五年。二是用以后年度的税后利润弥补。企业发生的亏损经过五年期间未弥补足额的,尚未弥补的亏损应用所得税后的利润弥补。三是以盈余公积弥补亏损。企业以提取的盈余公积弥补亏损时,应当由公司董事会提议,并经股东大会批准。

2. 转增资本

企业将盈余公积转增资本时,必须经股东大会决议批准。在实际将盈余公积转增资本时,要按股东原有持股比例结转。

企业提取的盈余公积,无论是用于弥补亏损,还是用于转增资本,只不过是在企业所有者权益内部做结构上的调整,比如企业以盈余公积弥补亏损时,实际是减少盈余公积留存的数额,以此抵补未弥补亏损的数额,并不引起企业所有者权益总额的变动;企业以盈余公积转增资本时,也只是减少盈余公积结存的数额,但同时增加企业实收资本或股本的数额,也并不会引起所有者权益总额的变动。

3. 扩大企业生产经营

盈余公积的用途,并不是指其实际占用形态,提取盈余公积也并不是单独将这部分资金从企业资金周转过程中抽出。企业盈余公积的结存数,实际只表现为企业所有者权益的组成部分,表明企业生产经营资金的一个来源而已。其形成的资金可能表现为一定的货币资金,也可能表现为一定的实物资产,如存货和固定资产等,随同企业的其他来源所形成的资金进行循环周转,用于企业的生产经营。

(三)盈余公积的核算

为了反映盈余公积的形成及使用情况,企业应设置"盈余公积"科目。企业应当分别以"法定盈余公积""任意盈余公积"进行明细核算。外商投资企业还应分别以"储备基金""企业发展基金"进行明细核算。

企业提取盈余公积时,借记"利润分配——提取法定盈余公积""利润分配——提取任意盈余公积"科目,贷记"盈余公积——法定盈余公积""盈余公积—任意盈余公积"科目。

企业用盈余公积弥补亏损或转增资本时,借记"盈余公积",贷记"利润分配——盈余公积补亏""实收资本"或"股本"科目。经股东大会决议,用盈余公积派送新股,按派送新股计算的金额,借记"盈余公积"科目,按股票面值和派送新股总数计算的股票面值总额,贷记"股本"科目。

二、未分配利润

从数量上来讲,未分配利润是期初的未分配利润,加上本期实现的净利润,减去提取的各种盈余公积和分出利润后的余额。未分配利润有两层含义:一是没有分给企业投资者,留待以后年度处理;二是未指定特定用途,可用于满足企业扩大生产经营活动的资金需要,也可用于弥补以后年度的亏损,还可以留待以后年度向投资者分配利润或股利。

年度终了,企业将全部实现的净利润,自"本年利润"科目转入"利润分配—未分配利润"科目,如为盈利,应借记"本年利润"科目,贷记"利润分配—未分配利润"科目;如为亏损,作相反分录。同时,将利润分配科目下的其他明细科目的余额,转入"未分配利润"明细科目。

在进行未分配利润的会计核算时,应注意"未分配利润"明细科目的余额,反映企业累积未分配利润或累积未弥补亏损。

由于各种原因,一些企业的利润不能在年度终了时全部分配完毕。比如有的需经董事会审议经股东会批准;有的需经董事会批准;有的需经有关部门批准,等等,需要将上年度的部分利润留待以后年度进行分配。另外,出于平衡各会计年度的投资回报水平,以丰补歉,留有余地等原因,企业可能留有一部分利润不予分配,上年的未分配利润与第二年实现的净利润一并分配,而第二年实现的净利润也可能又有一部分留下不予分配,一年年的存下来,因此,"未分配利润"明细科目的贷方余额,反映的是历年积累的未分配利润。同样道理,上一年度未弥补亏损,留待以后年度弥补,第二年若有利润可以弥补,若无利润,或又发生亏损,第一年亏损加上第二年亏损并继续滚存下去,所以,"未分配利润"明细科目的借方余额反映的是历年累计的亏损。

例12—5 钟泰有限公司发生下列经济业务。

(1)委托银河证券公司代理发行普通股股票 400 万股,每股面值 1 元,每股按 1.2 元的价格发行。公司与受托单位约定,按发行收入的 3% 收取手续费,并从发行收入中扣除。

(2)2022 年实现净利润 1 500 万元,2023 年 4 月 10 日该公司董事会提出如下议案:提取法定盈余公积 150 万元,提取任意盈余公积 150 万元,分配现金股利 1 000 万元。

(3)公司董事会决议并通过股东大会批准,以盈余公积 85 万元弥补以前年度未弥补的亏损。

(4)公司经批准用盈余公积 50 万元转增股本。

编制会计分录如下。

(1)发行普通股股票

  借:银行存款   465 600
    贷:股本——普通股   400 000
      资本公积——股本溢价   65 600

(2)提取盈余公积,分配现金股利

  借:利润分配——提取法定盈余公积   1 500 000
      ——提取任意盈余公积   1 500 000
      ——应付利润   10 000 000
    贷:盈余公积——法定盈余公积   1 500 000
        ——任意盈余公积   1 500 000
      应付股利   10 000 000

(3)以盈余公积弥补以前年度未弥补的亏损

  借:盈余公积   850 000
    贷:利润分配——盈余公积补亏   850 000

(4)用盈余公积转增股本

  借:盈余公积   500 000
    贷:股本   500 000

本章小结

1. 所有者权益又称净权益,是指企业所有者对企业净资产的要求权,是企业全部资产减去负债后的余额。所有者权益按形成来源,可分为投入资本和留存利润。投入资本可以进一步划分为实收资本和资本公积。留存利润可以进一步划分为盈余公积和未分配利润。

2. 投资者可以用现金投资、用实物资产投资和用无形资产投资等形式投入资本。对于除股份有限公司以外的企业,投入资本通过"实收资本"账户核算;股份有限公司将企业资本划分为等额股份,并通过发行股票的方式来筹集资本,其发行股票的会计核算主要通过"股本"账户进行,核算公司发行股票的面值部分。

3. 投入资本中包括的资本或股本产生的溢价,通过"资本公积"账户核算。除资本溢价(或股本溢价)项目以外所形成的资本公积,主要包括直接计入所有者权益的利得和损失。库存股是指由公司购回而没有注销、并由该公司持有的已发行股份。库存股在回购后并不注销,而由公司自己持有。企业应设置"库存股"账户。其他综合收益主要包括金融资产重分类、以公允价值计量且其变动计入其他综合收益的金融资产、长期股权投资权益法核算、自用房地产转为投资性房地产和且公允价值大于账面价值时。

4. 盈余公积的会计核算包括来源和用途两部分。未分配利润的核算,是通过"利润分配"账户下的"未分配利润"明细账户进行核算的。

课后练习

一、单项选择题

1. 某股份有限公司发行股票5 000万股,面值1元/股,发行价1.02元/股,发行股票前该公司"资本公积——股本溢价""资本公积——其他资本公积""盈余公积"和"利润分配——未分配利润"科目的贷方余额分别为0万元、30万元、200万元和160万元。该公司发行股票发生的手续费、佣金等交易费用150万元。该公司应冲减盈余公积的金额是(   )万元。

A. 150　　　　　　　　　　　　B. 20
C. 120　　　　　　　　　　　　D. 50

2. 某股份有限公司按法定程序报经批准采用收购本公司股票方式减资,该公司收购本公司股票100万股,收购价格0.9元/股,面值1元/股,发生的佣金、印花税等交易费用1.5万元。该公司应增加的资本公积(股本溢价)的金额是(   )万元。

A. 1.5　　　　　　　　　　　　B. 8.5
C. 10　　　　　　　　　　　　　D. 11.5

3. 股份有限公司按法定程序报经批准采用收购本公司股票方式减资的,购回股票支付的价款(含交易费用)超过其面值总额的,如果资本公积(股本溢价)不足冲减的,应最先冲减(   )。

A. 资本公积——其他资本公积　　B. 股本
C. 未分配利润　　　　　　　　　D. 盈余公积

4. 将"本年利润"科目和"利润分配"科目下的其他有关明细科目的余额转入"未分配利润"明细科目后,"未分配利润"明细科目的贷方余额,就是(   )。

A. 当年实现的净利润　　　　　　B. 累计留存收益
C. 累计实现的净利润　　　　　　D. 累计未分配的利润数额

5. 经股东大会或类似机构决议,用资本公积转增资本时,应冲减(   )。

A. 资本公积(资本溢价或股本溢价)　B. 资本公积(其他资本公积)
C. 留存收益　　　　　　　　　　D. 未分配利润

6. 某企业于2008年成立,(假定所得税率为33%)当年发生亏损80万元,2009年至2014年每年实现利润总额为10万元,则2006年年底该企业"利润分配——未分配利润"科目的借方余额为(   )。

A. 20万元　　　　　　　　　　　B. 20.2万元
C. 23.30万元　　　　　　　　　 D. 40万元

7. 企业增资扩股时,投资者实际缴纳的出资额大于其按约定比例计算的其在注册资本中所占的份额部分,应作为(   )。

A. 资本公积　　　　　　　　　　B. 实收资本
C. 盈余公积　　　　　　　　　　D. 营业外收入

8. 某股份制公司委托某证券公司代理发行普通股100 000股,每股面值1元,每股按1.2

元的价格出售。按协议,证券公司从发行收入中收取3‰的手续费,从发行收入中扣除。则该公司计入资本公积的数额为（　　）元。

A. 16 400 B. 100 000
C. 116 400 D. 0

9. 企业用当年实现的利润弥补亏损时,应作的会计处理是（　　）。
A. 借记"本年利润"科目,贷记"利润分配——未分配利润"科目
B. 借记"利润分配——未分配利润"科目,贷记"本年利润"科目
C. 借记"利润分配——未分配利润"科目,贷记"利润分配——未分配利润"科目
D. 无需专门作会计处理

10. 采用权益法核算长期股权投资时,对于被投资企业因其他债权投资公允价值变动影响损益,期末因该事项投资企业应按所拥有的表决权资本的比例计算应享有的份额,将其计入（　　）。
A. 资本公积 B. 投资收益
C. 其他综合收益 D. 营业外收入

二、多项选择题

1. 下列各项中,引起非公司制企业实收资本增加的有（　　）。
A. 接受现金资产投资 B. 盈余公积转增资本
C. 资本公积转增资本 D. 追加对被投资单位的投资

2. 下列各项中,关于未分配利润描述正确的有（　　）。
A. 未分配利润是企业所有者权益的组成部分
B. 可留待以后年度进行分配,但不得用于弥补亏损
C. 可留待以后年度进行分配的当年结余利润
D. 可留待以后年度进行分配的历年结存利润

3. 股份有限公司发行股票发生的交易费用,可能借记（　　）科目。
A. 资本公积 B. 财务费用
C. 盈余公积 D. 利润分配

4. 下列各项中属于资本公积来源的有（　　）。
A. 资本溢价 B. 股本溢价
C. 处置无形资产形成的利得
D. 权益法下被投资单位因吸收新投资者而增加的资本溢价中投资企业按应享有的份额而增加的数额

5. 直接计入所有者权益的利得应是同时具备以下（　　）特点的经济利益的总流入。
A. 不应计入当期损益 B. 会导致所有者权益增加
C. 与所有者投入资本无关 D. 由企业非日常活动所形成

6. 直接计入所有者权益的损失应是同时具备以下（　　）特点的经济利益的流出。
A. 不应计入当期损益 B. 会导致所有者权益减少
C. 与向所有者分配利润无关 D. 由企业非日常活动所形成

7. 企业"利润分配"科目的核算内容包括（　　）。
A. 企业利润的分配 B. 企业亏损的弥补

C. 历年分配后的未分配利润　　　　D. 历年弥补后的未弥补亏损

8. "利润分配"科目下可设置(　　)等明细科目进行明细核算。

A. 提取法定盈余公积　　　　B. 提取法定公益金

C. 盈余公积补亏　　　　D. 未分配利润

9. 下列各项中,能引起盈余公积发生增减变动的有(　　)。

A. 提取任意盈余公积　　　　B. 以盈余公积转增资本

C. 用任意盈余公积弥补亏损　　　　D. 用盈余公积派送新股

10. 下列各项中,属于所有者权益的有(　　)。

A. 坏账准备　　　　B. 资本溢价

C. 应付股利　　　　D. 任意盈余公积

11. 下列各项中,能够影响企业资本公积的有(　　)。

A. 划转无法支付的应付账款　　　　B. 接受固定资产的捐赠

C. 利用国家拨款形成的固定资产　　　　D. 权益法下被投资方回购的股票

三、判断题

1. 企业接受非现金资产投资时,应按投资合同或协议约定的价值(不公允的除外)计入"实收资本"或"股本"科目。(　　)

2. 股份有限公司按法定程序报经批准采用收购本公司股票方式减资的,购回股票支付的价款(含交易费用)低于其面值总额的,应依次增加资本公积(股本溢价)、盈余公积和未分配利润。(　　)

3. 企业在非日常活动中形成的利得都应直接增加资本公积。(　　)

4. 无论是利得还是损失都存在直接计入所有者权益的和计入当期损益的。(　　)

5. "利润分配——未分配利润"科目贷方仅登记转入的本年利润额。(　　)

6. 企业用以后年度的税前利润弥补亏损时,应借记"本年利润"科目,贷记"利润分配——其他转入"科目。(　　)

7. 在按面值发行股票的情况下,公司发行股票支付的手续费、佣金等发行费用,直接计入当期财务费用。(　　)

8. 企业的盈余公积包括:法定盈余公积、任意盈余公积。(　　)

9. 用盈余公积转增资本不影响所有者权益总额的变化,但会使企业净资产减少。(　　)

四、计算分析题

1. 东方公司2021年年初未分配利润300 000元,任意盈余公积200 000元,当年实现税后利润为1 800 000元,公司董事会决定按10%提取法定盈余公积,25%提取任意盈余公积,分派现金股利500 000元。

东方公司现有股东情况如下:A公司占25%,B公司占30%,C公司占10%,D公司占5%,其他占30%。2023年5月,经公司股东大会决议,以任意盈余公积500 000元转增资本,并已办妥转增手续。2023年度东方公司亏损350 000元。

要求:(1)根据以上资料,编制2022年有关利润分配的会计处理。

(2)编制东方公司盈余公积转增资本的会计分录。

(3)编制2023年末结转亏损的会计分录,并计算未分配利润的年末金额。

（盈余公积和利润分配的核算写明明细科目）

2.2023年12月15日，A、B、C共同投资设立甲股份有限公司，注册资本为4 000 000元，A、B、C持股比例分别为60%、25%和15%。甲公司已如期收到各投资者一次缴足的款项。2024年2月12日，甲股份有限公司发行普通股20 000 000股，每股面值1元，每股发行价格5元，股款100 000 000元已全部收到，不考虑发行过程中的税费等因素。

要求：做出甲股份有限公司的账务处理。

3. 甲股份有限公司年初未分配利润为0，本年实现净利润1 500 000元，本年提取法定盈余公积150 000元，宣告发放现金股利560 000元。假定不考虑其他因素，请做出甲股份有限公司结转利润、提取盈余公积及宣告发放现金股利的会计处理。

五、案例分析题

某公司年终利润分配前的有关资料如下。

上年未分配利润1 000万元，本年度税后利润2 000万元，股本（500万股，每股1元）500万元，资本公积100万元，盈余公积400万元（含公益金），所有者权益4 000万元，每股市价40元。

该公司决定：本年按规定比例15%提取盈余公积（含公益金），发放股票股利10%（即股东每持10股可得1股），并且按发放股票股利后的股数派发现金股利每股0.1元。

要求：假设股票每股市价与每股账面价值成正比例关系，计算利润分配后的未分配利润、盈余公积、资本公积、流通股数和预计每股市价。

第十三章 损益核算岗位

学习目标

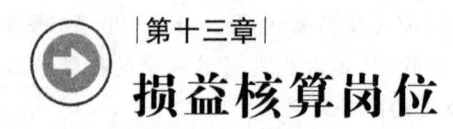

○ **知识目标** 1. 掌握收入、费用和利润的概念及分类；
2. 理解各种收入的确认条件；
3. 掌握期间费用的内容、利润的构成和分配顺序。

○ **能力目标**
掌握收入的会计处理；
掌握费用的会计处理；
掌握利润的会计处理。

○ **素质目标**
正确计量收入和费用,客观反映企业的盈利能力

思政案例导入

会计人员应当诚实守信、客观公正、遵守准则

2021年11月,某公司因产品销售不畅,新产品研发受阻。公司财会部预测公司本将发生800万元亏损。刚刚上任的公司总经理责成总会计师王某千方百计实现当年盈利目标,并说:"实在不行,可以对会计报表做一些会计技术处理。"总会计师很清楚本公司亏损已成定局,要落实总经理的盈利目标,只能在财务会计报告上做手脚。总会计师感到左右为难:如果不按总经理的意见去办,自己以后在公司不好待下去;如按照总经理的意见办,对自己也有风险。为此,总会计师思想负担很重,不知如何是好。最后总会计师王某拒绝总经理的要求。因为总经理的要求不仅违反了《会计法》第四条"单位负责人对本单位的会计工作和会计资料的真实性、完整性负责",第五条"任何单位或者个人不得以任何方式授意、指使、强令会计机构、会计人员伪造、变造会计凭证、会计账簿和其他会计资料,提供虚假财务会计报告",也违背了会计职业道德中的会计人员应当诚实守信、客观公正、遵守准则的要求。

第一节 收 入

一、收入概述

(一)收入的概念

收入是指企业在日常活动中形成的、会导致所有者权益增加的、与所有者投入资本无关的经济利益的总流入。日常活动是指企业为完成其经营目标所从事的经常性活动以及与之相关的其他活动。企业为获得市场地位、竞争优势都有其所从事的主要业务、主要产品和相应的经营模式,为如实反映企业的业绩驱动因素、业绩变化是否符合行业发展状况等情况,按照企业主要经营业务等经常性经营活动实现的收入,通常将收入分为主营业务收入和其他业务收入,例如,制造业企业的产品销售收入是其主营业务收入,生产产品用的材料销售收入或出租包装物等收入则属于其他业务收入;又如,商业银行的利息收入是其主营业务收入。

(二)收入的管理

企业加强收入核算与监督的目标是保证收入的真实、完整,保证销售折让、折扣等可变对价的正确合理,保证客户信用管理和货款的及时足额收回,反映企业向客户转让商品的模式及其相应的销售政策和策略等销售决策的科学性、合理性。

收入核算和监督的基本要求是:确认收入的方式应当反映其向客户转让商品或提供服务的模式,收入的金额应当反映企业因转让商品或提供服务而预期有权收取的对价金额。通过收入确认和计量能进一步如实地反映企业的生产经营成果,准确核算企业实现的损益。

二、收入的确认与计量

按照《企业会计准则第14号——收入》(2017)的相关规定,收入确认和计量的基本步骤大致分为以下五步。

(一)识别与客户订立的合同

合同是指双方或多方之间订立有法律约束力的权利义务的协议。合同有书面形式、口头形式以及其他形式。合同的存在是企业确认客户合同收入的前提,企业与客户之间的合同一经签订,企业即享有从客户取得与转移商品和服务对价的权利,同时负有向客户转移商品和服务的履约义务。

1. 收入确认原则

企业应当在履行了合同中的履约义务,即在客户取得相关商品控制权时确认收入取得相关商品的控制权,是指客户能够主导该商品的使用并从中获得几乎全部经济利益。也包括有能力阻止其他方主导该商品的使用并从中获得经济利益。取得商品控制权包括三个要素:一是客户必须拥有现时权利,能够主导该商品的使用并从中获得几乎全部经济利益。如果客户只能在未来的某一期间主导该商品的使用并从中获益,则表明其尚未取得该商品的控制权。二是客户有能力主导该商品的使用,即客户在其活动中有权使用该商品,或者能够允许或阻止其他方使用该商品。三是客户能够获得几乎全部的经济利益。商品的经济利益是指商品的潜在现金流量,既包括现金流入的增加,也包括现金流出的减少。客户可以通过使用、消耗、出售、处置、交换、抵押或持有等多种方式直接或间接地获得商品的经济利益。

需要说明的是,本章所称的客户是指与企业订立合同以向该企业购买其日常活动产出的商品并支付对价的一方;所称的商品包括商品和服务。本章的收入不涉及企业对外出租资产收取的租金、进行债权投资收取的利息、进行股权投资取得的现金股利以及保费收入等。

2. 收入确认的前提条件

企业与客户之间的合同同时满足下列五项条件的,企业应当在客户取得相关商品控制权时确认收入。

(1)合同各方已批准该合同并承诺将履行各自义务。

(2)该合同明确了合同各方与所转让商品相关的权利和义务。

(3)该合同有明确的与所转让商品相关的支付条款。

(4)该合同具有商业实质,即履行该合同将改变企业未来现金流量的风险、时间分布或金额。

(5)企业因向客户转让商品而有权取得的对价很可能收回。

(二)识别合同中的单项履约义务

履约义务是指合同中企业向客户转让可明确区分商品或服务的承诺。企业应当将向客户转让可明确区分商品(或者商品的组合)的承诺以及向客户转让一系列实质相同且转让模式相同的、可明确区分商品的承诺作为单项履约义务。例如,企业与客户签订合同,向其销售商品并提供安装服务,该安装服务简单,除该企业外其他供应商也可以提供此类安装服务,该合同中销售商品和提供安装服务为两项单项履约义务。若该安装服务复杂且商品需要按客户定制的要求修改,则合同中销售商品和提供安装服务合并为单项履约义务。

(三)确定交易价格

交易价格是指企业因向客户转让商品而预期有权收取的对价金额,不包括企业代第三方收取的款项(如增值税)以及企业预期将退还给客户的款项。合同条款所承诺的对价,可能是固定金额、可变金额或两者兼有。

例 13—1 甲企业与客户签订合同为其建造一栋厂房,约定的价款为 100 万元,4 个月完工,交易价格为固定金额 100 万元;假如合同中约定若提前 1 个月完工,客户将额外奖励甲企业 10 万元,甲企业对合同估计工程提前 1 个月完工的概率为 95%。

请计算甲企业该项业务的交易价格。

本例中甲企业对合同估计工程提前 1 个月完工的概率为 95%,则预计有权收取的对价为 110 万元,即交易价格应包括固定金额 100 万元和可变金额 10 万元,总计为 110 万元。

(四)将交易价格分摊至各单项履约义务

当合同中包含两项或多项履约义务时,需要将交易价格分摊至各单项履约义务,分摊的方法是在合同开始日,按照各单项履约义务所承诺商品的单独售价(企业向客户单独销售商品的价格)的相对比例,将交易价格分摊至各单项履约义务。通过分摊交易价格,使企业分摊至各单项履约义务的交易价格能够反映其因向客户转让已承诺的相关商品而有权收取的对价金额。

例 13—2 甲企业与客户签订合同,向其销售 A、B、C 三件产品,不含增值税的合同总价款为 10 000 元。A、B、C 产品的不含增值税单独售价分别为 5 000 元、3 500 元和 7 500 元,合计 16 000 元。

本例中甲企业应按照 A、B、C 产品各单项履约义务所承诺商品的单独售价的相对比例进行分摊:

A 产品应当分摊的交易价格 = 5 000 ÷ 16 000 × 10 000 = 3 125(元)

B产品应当分摊的交易价格=3 500÷16 000×10 000=2 187.5(元)
C产品应当分摊的交易价格=7 500÷16 000×10 000=4 687.5(元)

(五)履行各单项履约义务时确认收入

当企业将商品转移给客户,客户取得了相关商品的控制权,意味着企业履行了合同履约义务,此时,企业应确认收入。企业将商品控制权转移给客户,可能是在某一时段内(即履行履约义务的过程中)发生,也可能在某一时点(即履约义务完成时)发生。企业应当根据实际情况,首先判断履约义务是否满足在某一时段内履行的条件,如不满足,则该履约义务属于在某一时点履行的履约义务。

收入确认和计量的五个步骤中,第一步、第二步和第五步主要与收入的确认有关。第三步和第四步主要与收入的计量有关。

需要说明的是,一般而言,确认和计量任何一项合同收入应考虑全部的五个步骤。但履行某些合同义务确认收入不一定都经过五个步骤,如企业按照第二步确定某项合同仅为单项履约义务时,可以从第三步直接进入第五步确认收入,不需要第四步(分摊交易价格)。

三、会计科目设置

企业为了核算与客户之间的合同产生的收入及相关的成本费用,一般需要设置"主营业务收入""其他业务收入""主营业务成本""其他业务成本""合同取得成本""合同履约成本""合同资产""合同负债"等科目。其中"主营业务收入"科目核算企业确认的销售商品、提供服务等主营业务的收入。该科目贷方登记企业主营业务活动实现的收入,借方登记期末转入"本年利润"科目的主营业务收入,结转后该科目应无余额。该科目可按主营业务的种类进行明细核算。

"其他业务收入"科目核算企业确认的除主营业务活动以外的其他经营活动实现的收入,包括出租固定资产、出租无形资产、出租包装物和商品和销售材料等实现的收入。该科目贷方登记企业其他业务活动实现的收入,借方登记期末转入"本年利润"科目的其他业务收入,结转后该科目应无余额。该科目可按其他业务的种类进行明细核算。

"主营业务成本"科目核算企业确认销售商品、提供服务等主营业务收入时应结转的成本。该科目借方登记企业应结转的主营业务成本,贷方登记期末转入"本年利润"科目的主营业务成本,结转后该科目应无余额。该科目可按主营业务的种类进行明细核算。

"其他业务成本"科目核算企业确认的除主营业务活动以外的其他经营活动所形成的成本,包括出租固定资产的折旧额、出租无形资产的摊销额、出租包装物的成本或摊销额、销售材料的成本等。该科目借方登记企业应结转的其他业务成本,贷方登记期末转入"本年利润"科目的其他业务成本,结转后该科目应无余额。该科目可按其他业务的种类进行明细核算。

"合同取得成本"科目核算企业取得合同发生的、预计能够收回的增量成本。该科目借方登记发生的合同取得的成本,贷方登记摊销的合同取得的成本,期末借方余额,反映企业尚未结转的合同取得的成本。该科目可按合同进行明细核算。

"合同履约成本"科目核算企业为履行当前或预期取得的合同所发生的、不属于其他企业会计准则规范范围且按照收入准则应当确认为一项资产的成本。该科目借方登记发生的合同履约成本,贷方登记摊销的合同履约成本,期末借方余额,反映企业尚未结转的合同履约成本。该科目可按合同分别设置"服务成本""工程施工"等明细科目进行明细核算。

"合同资产"科目核算企业已向客户转让商品而有权收取对价的权利,且该权利取决于时间流逝之外的其他因素(如履行合同中的其他履约义务)。该科目借方登记因已转让商品而有权收取的对价金额,贷方登记取得无条件收款权的金额,期末借方余额,反映企业已向客户转让商品而有权收取的对价金额。该科目按合同进行明细核算。

"合同负债"科目核算企业已收或应收客户对价而应向客户转让商品的义务。该科目贷方登记企业在向客户转让商品之前,已经收到或已经取得无条件收取合同对价权利的金额;借方登记企业向客户转让商品时冲销的金额;期末贷方余额,反映企业在向客户转让商品之前,已经收到的合同对价或已经取得的无条件收取合同对价权利的金额。该科目按合同进行明细核算。

此外,企业发生减值的,还应当设置"合同履约成本减值准备""合同取得成本减值准备""合同资产减值准备"等科目进行核算,如表13-1所示。

表13-1

科目名称	核算内容	借方	贷方	余额
主营业务收入	企业确认销售商品、提供服务等主营业务收入	期末转入"本年利润"科目的主营业务收入	企业主营业务活动实现的收入	无余额
其他业务收入	企业确认的除主营业务收入以外的其他经营活动实现的收入	期末转入"本年利润"科目的其他业务收入	企业其他业务活动实现的收入	无余额
主营业务成本	企业确认销售商品、提供服务等主营业务收入时应结转的成本	企业应结转的主营业务成本	期末转入"本年利润"科目的主营业务成本	无余额
其他业务成本	企业确认除主营业务收入以外的其他经营活动所形成的成本	企业应结转的其他业务成本	期末转入"本年利润"科目的其他业务成本	无余额
合同取得成本	企业取得合同发生的、预计能够收回的增量成本	发生的合同取得的成本	摊销的合同取得的成本	企业尚未结转的合同取得的成本(借方)
合同履约成本	企业为履行当前或预期取得的合同所发生的、不属于其他企业会计准则规范范围且按照收入准则应当确认为一项资产的成本	发生的合同履约成本	摊销的合同履约成本	企业尚未结转的合同履约成本(借方)
合同资产	企业已向客户转让商品而有权收取对价的权利,且该权利取决于时间流逝之外的其他因素	因已转让商品而有权收取的对价金额	取得无条件收款权的金额	企业已向客户转让商品而有权收取的对价金额(借方)
合同负债	企业已收或应收客户对价而应向客户转让商品的义务	企业向客户转让商品时冲销的金额	企业在向客户转让商品之前,已经收到或已经取得无条件收取合同对价权利的金额	企业在向客户转让商品之前,已经收到的合同对价或已经取得的无条件收取合同对价权利的金额(贷方)

四、一般商品销售收入的账务处理

(一)一般商品销售收入的确认

企业一般商品销售属于在某一时点履行的履约义务。对于在某一时点履行的履约义务,企业应当在客户取得相关商品控制权的时点确认收入。在判断控制权是否转移时,企业应当综合考虑下列迹象。

(1)企业就该商品享有现时收款的权利,即客户就该商品负有现时付款的义务。例如,甲企业与客户签订销售商品合同,约定客户有权定价且在收到商品无误后10日内付款。在客户收到甲企业开具的发票、商品验收入库后,客户能够自主确定商品的销售价格或商品的使用情况,此时甲企业享有收款的权利,客户负有现时付款的义务。

(2)企业已将该商品的法定所有权转移给客户,即客户已拥有该商品的法定所有权。例如,房地产企业向客户销售商品房,在客户付款后取得房屋产权证时,表明企业已将该商品房的法定所有权转移给了客户。

(3)企业已将该商品实物转移给客户,即客户已占有该商品的实物。例如,企业与客户签订交款提货合同,在企业销售商品并送货到客户指定地点,客户验收合格并付款。表明企业已将该商品的实物转移给了客户,即客户已占有该商品的实物。

(4)企业已将该商品所有权上的主要风险和报酬转移给客户,即客户已取得该商品所有权上的主要风险和报酬。例如,甲房地产公司向客户销售商品房办理产权转移手续后,该商品房价格上涨或下跌带来的利益或损失全部属于客户,表明客户已取得了该商品房所有权上的主要风险和报酬。

(5)客户已接受该商品。例如,企业向客户销售为其定制生产的节能设备,客户收到并验收合格后办理入库手续,表明客户已接受了该商品。

(6)其他表明客户已取得商品控制权的迹象。

(二)现金结算方式销售业务的账务处理

企业以现金结算方式对外销售商品,在客户取得相关商品控制权的时点确认收入,按实际收到的款项,借记"库存现金""银行存款"等科目,按实现的收入贷记"主营业务收入"科目,按应交的增值税,贷记"应交税费——应交增值税(销项税额)"科目。

例13—3 2022年6月1日,甲公司向乙公司销售一批商品,开具的增值税专用发票上注明售价为100 000元,增值税税额为13 000元;当日甲公司收到乙公司支付的款项存入银行;该批商品的实际成本为90 000元;乙公司收到商品并验收入库。

本例中甲公司已经收到乙公司支付的货款,客户乙公司收到商品并验收入库,因此该项业务为单项履约义务且属于在某一时点履行的履约义务。甲公司应编制如下会计分录。

(1)确认收入时:

借:银行存款	113 000
贷:主营业务收入	100 000
应交税费——应交增值税(销项税额)	13 000

(2)结转销售商品成本:

借:主营业务成本	90 000
贷:库存商品	90 000

（三）委托收款结算方式销售业务的账务处理

企业以委托收款结算方式对外销售商品，在其办妥委托收款手续且客户取得相关商品控制权的时点确认收入，按应收的款项，借记"应收账款"科目，按实现的收入贷记"主营业务收入"科目，按应交的增值税，贷记"应交税费——应交增值税（销项税额）"科目；在实际收到款项时，借记"银行存款"科目，贷记"应收账款"科目。

例 13—4 2022年7月1日，甲公司向乙公司赊销一批商品，开具的增值税专用发票上注明售价为50 000元，增值税税额为6 500元；甲公司以银行存款1 090元代乙公司垫付运费。当日乙公司收到商品并验收入库，甲公司将委托收款凭证和债务证明提交开户银行，办妥托收手续；该批商品的实际成本为40 000元。

7月6日，甲公司收到银行转来的收款通知，货款已全部收存银行。

本例中甲公司已向银行办妥委托收款手续，客户乙公司收到商品并验收入库，因此，该项业务为单项履约义务且属于在某一时点履行的履约义务。甲公司应编制如下会计分录。

(1)7月1日，确认收入时：

借：应收账款		57 590
贷：主营业务收入		50 000
应交税费——应交增值税（销项税额）		6 500
银行存款		1 090

同时，结转销售商品成本：

借：主营业务成本		40 000
贷：库存商品		40 000

(2)7月6日，收到收款通知：

借：银行存款		57 590
贷：应收账款		57 590

（四）商业汇票结算方式销售业务的账务处理

企业以商业汇票结算方式对外销售商品，在收到商业汇票且客户取得相关商品控制权的时点确认收入，按收到商业汇票的票面金额，借记"应收票据"科目，按实现的收入贷记"主营业务收入"科目，按应交的增值税，贷记"应交税费——应交增值税（销项税额）"科目。

例 13—5 甲公司向乙公司销售一批商品，开具的增值税专用发票上注明售价为300 000元，增值税税额为39 000元；甲公司收到乙公司开出的不带息银行承兑汇票一张，票面金额为339 000元，期限为3个月；该批商品成本为240 000元；乙公司收到商品并验收入库。

本例中甲公司已经收到乙公司开出的不带息银行承兑汇票，客户乙公司收到商品并验收入库，因此，该项业务为单项履约义务且属于在某一时点履行的履约义务。甲公司应编制如下会计分录。

(1)确认收入时：

借：应收票据		339 000
贷：主营业务收入		300 000
应交税费——应交增值税（销项税额）		39 000

(2)结转销售商品成本：

借：主营业务成本		240 000
贷：库存商品		240 000

(五)赊销方式销售业务的账务处理

企业以赊销方式对外销售商品,在客户取得相关商品控制权的时点确认收入,按应收的款项,借记"应收账款"科目,按实现的收入贷记"主营业务收入"科目,按应交的增值税,贷记"应交税费——应交增值税(销项税额)"科目;在实际收到款项时,借记"银行存款"科目,贷记"应收账款"科目。

例 13-6 2022年7月1日,甲公司向乙公司赊销一批商品,开具的增值税专用发票上注明售价为10 000元,增值税税额为1 300元;双方约定两个月内支付货款。当日乙公司收到商品并验收入库;该批商品的实际成本为8 000元。

8月31日,甲公司收到乙公司支付的货款11 300元存入银行。

本例中甲公司与乙公司约定两个月内付款,客户乙公司收到商品并验收入库,因此。该项业务为单项履约义务且属于在某一时点履行的履约义务。甲公司应编制如下会计分录。

(1)7月1日,确认收入时:

借:应收账款　　　　　　　　　　　　　　　　　　　　　11 300
　　贷:主营业务收入　　　　　　　　　　　　　　　　　　10 000
　　　　应交税费——应交增值税(销项税额)　　　　　　　　1 300

同时,结转销售商品成本:

借:主营业务成本　　　　　　　　　　　　　　　　　　　　8 000
　　贷:库存商品　　　　　　　　　　　　　　　　　　　　　8 000

(2)8月31日,收到货款时:

借:银行存款　　　　　　　　　　　　　　　　　　　　　11 300
　　贷:应收账款　　　　　　　　　　　　　　　　　　　　11 300

例 13-7 2022年4月1日,甲公司与客户签订合同,向其销售A、B两种商品。A商品的单独售价为6 000元,B商品的单独售价为24 000元,合同价款为25 000元合同约定,A商品于合同开始日交付,B商品在一个月之后交付,当两项商品全部交付之后,甲公司才有权收取25 000元的合同对价。上述价格均不包含增值税。A、B商品的实际成本分别为4 200元和18 000元。假定A商品和B商品分别构成单项履约义务,其控制权在交付时转移给客户。2022年5月1日,甲公司交付B商品,开具的增值税专用发票上注明售价为25 000元,增值税税额为3 250元。2022年6月1日甲公司收到客户支付的货款存入银行。

本例中甲公司将A商品交付给客户之后,与该商品相关的履约义务已经履行,但需要等到后续交付B商品时,才具有无条件收取合同对价的权利,因此,甲公司应当将因交付A商品而有权收取的对价确认为合同资产,而不是应收账款。

甲公司应先将交易价格25 000元分摊至A、B商品两项履约义务:

分摊至A商品的合同价款=6 000÷(6 000+24 000)×25 000=5 000(元)
分摊至B商品的合同价款=24 000÷(6 000+24 000)×25 000=20 000(元)

甲公司应编制如下会计分录。

(1)4月1日,交付A商品时:

借:合同资产　　　　　　　　　　　　　　　　　　　　　5 000
　　贷:主营业务收入　　　　　　　　　　　　　　　　　　5 000
借:主营业务成本　　　　　　　　　　　　　　　　　　　　4 200
　　贷:库存商品　　　　　　　　　　　　　　　　　　　　4 200

(2)5月1日,交付B商品时:

借:应收账款　　　　　　　　　　　　　　　　　　　28 250
　　贷:合同资产　　　　　　　　　　　　　　　　　　　　5 000
　　　　主营业务收入　　　　　　　　　　　　　　　　　20 000
　　　　应交税费——应交增值税(销项税额)　　　　　　3 250
借:主营业务成本　　　　　　　　　　　　　　　　　　18 000
　　贷:库存商品　　　　　　　　　　　　　　　　　　　18 000

(3)6月1日,收到货款时:

借:银行存款　　　　　　　　　　　　　　　　　　　28 250
　　贷:应收账款　　　　　　　　　　　　　　　　　　28 250

(六)发出商品业务的账务处理

企业按合同发出商品,合同约定客户只有在商品售出取得价款后才支付货款。企业向客户转让商品的对价未达到"很可能收回"收入确认条件。在发出商品时,企业不应确认收入,将发出商品的成本记入"发出商品"科目,借记"发出商品"科目,贷记"库存商品"科目。如已发出的商品被客户退回,应编制相反的会计分录。"发出商品"科目核算企业商品已发出但客户没有取得商品控制权的商品成本。当收到货款或取得收取货款权利时,确认收入,借记"银行存款""应收账款"科目,贷记"主营业务收入"科目,贷记"应交税费——应交增值税(销项税额)"科目;同时结转已销商品成本。借记"主营业务成本"科目,贷记"发出商品"科目。

例13—8　2022年7月10日,甲公司向乙公司销售一批商品,开出的增值税专用发票上注明的销售价款为200 000元,增值税税额为26 000元,款项尚未收到;该批商品成本为120 000元。甲公司在销售时已知乙公司的资金周转发生困难,但为了减少存货积压,同时也为了维持与乙公司长期建立的商业合作关系,甲公司仍将商品发往乙公司且办妥托收手续。假定甲公司发出该批商品时其增值税纳税义务尚未发生。

本例中由于乙公司资金周转存在困难,因而甲公司在货款回收方面存在较大的不确定性,与该批商品所有权有关的风险和报酬没有转移给乙公司。根据在某一时点履行的履约义务的收入确认条件,甲公司在发出商品且办妥托收手续时不能确认收入。

甲公司发出商品时应编制如下会计分录。

借:发出商品　　　　　　　　　　　　　　　　　　　120 000
　　贷:库存商品　　　　　　　　　　　　　　　　　　120 000

例13—9　甲公司与乙公司均为增值税一般纳税人。2022年6月1日,甲公司与乙公司签订委托代销合同,甲公司委托乙公司销售W商品2 000件,W商品当日发出。每件成本为70元。合同约定乙公司应按每件100元对外销售,甲公司按不含增值税的销售价格的10%向乙公司支付手续费。除非这些商品在乙公司存放期间内由于乙公司的责任发生毁损或丢失,否则在W商品对外销售之前,乙公司没有义务向甲公司支付货款。乙公司不承担包销责任,没有售出的W商品须退回给甲公司,同时,甲公司也有权要求收回W商品或将其销售给其他的客户。

2022年6月乙公司实际对外销售1 000件,开出的增值税专用发票上注明的售价为100 000元,增值税税额为13 000元。2022年6月30日,甲公司收到乙公司开具的代销清单和代销手续费增值税专用发票(增值税税率为6%),以及扣除代销手续费后的货款;甲公司开具相应的增值税专用发票。

本例中,甲公司将 W 商品发送至乙公司后。乙公司虽然已经承担 W 商品的实物保管责任,但仅为接受甲公司的委托销售 W 商品,并根据实际销售的数量赚取一定比例的手续费。甲公司有权要求收回 W 商品或将其销售给其他的客户,乙公司并不能主导这些商品的销售,这些商品对外销售与否、是否获利以及获利多少等不由乙公司控制。乙公司没有取得这些商品的控制权。因此,甲公司将 W 商品发送至乙公司时不应确认收入,而应当在乙公司将 W 商品销售给最终客户时确认收入。

甲公司应编制如下会计分录。

(1)6 月 1 日,发出商品时:

  借:发出商品   140 000
    贷:库存商品   140 000

(2)6 月 30 日,收到代销清单、代销手续费发票时:

  借:应收账款——乙公司   113 000
    贷:主营业务收入   100 000
      应交税费——应交增值税(销项税额)   13 000
  借:主营业务成本   70 000
    贷:发出商品   70 000
  借:销售费用——代销手续费   10 000
    应交税费——应交增值税(进项税额)   600
    贷:应收账款——乙公司   10 600

(3)6 月 30 日,收到乙公司支付的货款时:

  借:银行存款   102 400
    贷:应收账款——乙公司   102 400

乙公司应编制如下会计分录。

(1)6 月 1 日,收到商品:

  借:受托代销商品——甲公司   200 000
    贷:受托代销商品款——甲公司   200 000

(2)6 月对外销售时:

  借:银行存款   113 000
    贷:受托代销商品——甲公司   100 000
      应交税费——应交增值税(销项税额)   13 000

(3)6 月 30 日,收到甲公司开具的增值税专用发票:

  借:受托代销商品款——甲公司   100 000
    应交税费——应交增值税(进项税额)   13 000
    贷:应付账款——甲公司   113 000

(4)6 月 30 日,支付货款并计算代销手续费:

  借:应付账款——甲公司   113 000
    贷:银行存款   102 400
      其他业务收入——代销手续费   10 000
      应交税费——应交增值税(销项税额)   600

(七)材料销售业务的账务处理

企业在日常活动中发生对外销售不需用的原材料、随同商品对外销售单独计价的包装物等业务。企业销售原材料、包装物等存货取得收入的确认和计量原则比照商品销售。企业销售原材料、包装物等存货确认的收入作为其他业务收入处理,结转的相关成本作为其他业务成本处理。

例13—10 甲公司向乙公司销售一批原材料,开具的增值税专用发票上注明售价为20 000元,增值税税额为2 600元;甲公司收到乙公司支付的款项存入银行;该批原材料的实际成本为15 000元;乙公司收到原材料并验收入库。

本例中甲公司已经收到乙公司支付的货款,乙公司收到原材料并验收入库,该项业务为单项履约义务且属于在某一时点履行的履约义务。甲公司应编制如下会计分录。

(1)确认收入时:

借:银行存款　　　　　　　　　　　　　　　　　　　　　22 600
　　贷:其他业务收入　　　　　　　　　　　　　　　　　　　20 000
　　　　应交税费——应交增值税(销项税额)　　　　　　　　2 600

(2)结转销售原材料成本:

借:其他业务成本　　　　　　　　　　　　　　　　　　　15 000
　　贷:原材料　　　　　　　　　　　　　　　　　　　　　15 000

(八)销售退回业务的账务处理

销售退回是指企业因售出商品在质量、规格等方面不符合销售合同规定条款的要求,客户要求企业予以退货。企业销售商品发生退货,表明企业履约义务的减少和客户商品控制权及其相关经济利益的丧失。已确认销售商品收入的售出商品发生销售退回的,除属于资产负债表日后事项的外,企业收到退回的商品时,应退回货款或冲减应收账款并冲减主营业务收入和增值税销项税额,借记"主营业务收入""应交税费——应交增值税(销项税额)"等科目,贷记"银行存款""应收票据""应收账款"等科目。收到退回商品验收入库,按照商品成本,借记"库存商品"科目,贷记"主营业务成本"科目。

例13—11 2022年5月20日,甲公司销售一批商品,增值税专用发票上注明售价为400 000元,增值税税额为52 000元;客户收到该批商品并验收入库;当日收到客户支付的货款存入银行。该批商品成本为300 000元。该项业务属于在某一时点用行的履约义务并确认销售收入。

2022年7月20日,该批部分商品质量出现严重问题,客户将该批商品的50%退回给甲公司。甲公司同意退货,于退货当日支付退货款,并按规定向客户开具了增值税专用发票(红字)。

假定不考虑其他因素,甲公司应编制如下会计分录。

(1)5月20日,确认收入时:

借:银行存款　　　　　　　　　　　　　　　　　　　　　452 000
　　贷:主营业务收入　　　　　　　　　　　　　　　　　　400 000
　　　　应交税费——应交增值税(销项税额)　　　　　　　52 000

同时,结转销售商品成本:

借:主营业务成本　　　　　　　　　　　　　　　　　　　300 000
　　贷:库存商品　　　　　　　　　　　　　　　　　　　　300 000

(2)7月20日,商品的50%销售退回时:
　　借:主营业务收入　　　　　　　　　　　　　　　　　200 000
　　　应交税费——应交增值税(销项税额)　　　　　　　 26 000
　　　　贷:银行存款　　　　　　　　　　　　　　　　　　　　226 000
　　借:库存商品　　　　　　　　　　　　　　　　　　　150 000
　　　　贷:主营业务成本　　　　　　　　　　　　　　　　　　150 000

五、可变对价的账务处理

(一)可变对价的管理

企业与客户的合同中约定的对价金额可能是固定的,也可能会因折扣、价格折让返利、退款、奖励积分、激励措施、业绩奖金和索赔等因素而变化。此外,根据一项或多项或有事项的发生而收取不同对价金额的合同,也属于可变对价的情形。

若合同中存在可变对价,企业应当对计入交易价格的可变对价进行估计。企业应当按照期望值或最可能发生金额确定可变对价的最佳估计数。但是,企业不能在两种方法之间随意进行选择。期望值是按照各种可能发生的对价金额及相关概率计算确定的金额;最可能发生的金额是一系列可能发生的对价金额中最可能发生的单一金额,即合同最可能产生的单一结果。此外,需要注意的是,企业确定可变对价金额之后,计入交易价格的可变对价金额还应满足限制条件,即包含可变对价的交易价格,应当不超过在相关不确定性消除时,累计已确认的收入极可能不会发生重大转回的金额。

(二)可变对价的账务处理

例13—12　2022年6月1日,甲公司向乙公司销售一批商品,增值税专用发票上注明售价为600 000元,增值税税额78 000元,款项尚未收到;该批商品成本为540 000元。该项业务属于在某一时点履行的履约义务。2020年6月20日,乙公司在验收过程中发现商品外观上存在瑕疵,但基本上不影响使用,要求甲公司在价格上(不含增值税税额)给予5%的减让。假定甲公司已确认收入。甲公司同意价格折让,并按规定向乙公司开具了增值税专用发票(红字)。2022年6月30日,甲公司收到乙公司支付的货款存入银行。

甲公司应编制如下会计分录。

(1)6月1日,确认收入时:
　　借:应收账款　　　　　　　　　　　　　　　　　　678 000
　　　　贷:主营业务收入　　　　　　　　　　　　　　　　　　600 000
　　　　　　应交税费——应交增值税(销项税额)　　　　　　　78 000
同时,结转销售商品成本:
　　借:主营业务成本　　　　　　　　　　　　　　　　540 000
　　　　贷:库存商品　　　　　　　　　　　　　　　　　　　　54 0000
(2)6月20日,发生销售折让30 000元(600 000×5%)时:
　　借:主营业务收入　　　　　　　　　　　　　　　　 30 000
　　　应交税费——应交增值税(销项税额)　　　　　　　 3 900
　　　　贷:应收账款　　　　　　　　　　　　　　　　　　　　33 900
(3)6月30日,收到货款时:
　　借:银行存款　　　　　　　　　　　　　　　　　　644 100

　　　　贷：应收账款　　　　　　　　　　　　　　　　　　　　　　　644 100

例13—13　甲公司为增值税一般纳税人，2022年9月1日销售A商品5 000件并开具增值税专用发票，每件商品的标价为200元(不含增值税)，A商品适用的增值税税率为13%；每件商品的实际成本为120元；由于是成批销售，甲公司给予客户1%的商业折扣，并在销售合同中规定现金折扣条件为2/20，N/30，且计算现金折扣时不考虑增值税；当日A商品发出，客户收到商品并验收入库。甲公司基于对客户的了解，预计客户20天内付款的概率为90%，20天后付款的概率为10%，2022年9月18日收到客户支付的货款。

　　本例中，该项销售业务属于在某一时点履行的履约义务。对于商业折扣，甲公司从应确认的销售商品收入中予以扣除；对于现金折扣，甲公司认为按照最可能发生金额能够更好地预测其有权获取的对价金额。因此，甲公司应确认的销售商品收入的金额=200×(1-10%)×5 000×(1-2%)=882 000(元)；增值税销项税额=200×(1-10%)×5 000×13%=117 000(元)。

　　甲公司应编制如下会计分录。
　　(1)9月1日，确认收入、结转成本：
　　借：应收账款　　　　　　　　　　　　　　　　　　　　　　　999 000
　　　　贷：主营业务收入　　　　　　　　　　　　　　　　　　　　882 000
　　　　　　应交税费——应交增值税(销项税额)　　　　　　　　　　117 000
　　借：主营业务成本　　　　　　　　　　　　　　　　　　　　　　600 000
　　　　贷：库存商品　　　　　　　　　　　　　　　　　　　　　　600 000
　　(2)9月18日，收到货款：
　　借：银行存款　　　　　　　　　　　　　　　　　　　　　　　　999 000
　　　　贷：应收账款　　　　　　　　　　　　　　　　　　　　　　999 000

例13—14　甲公司是一家电生产销售企业，销售家电适用的增值税税率为13%。2022年6月，甲公司向零售商乙公司销售1 000台W型冰箱。每台价格为3 000元。合同价款合计300万元。每台W型冰箱的成本为2 000元。乙公司收到W型冰箱并验收入库。甲公司向乙公司提供价格保护，同意在未来6个月内，如果同款冰箱售价下降，则按照合同价格与最低售价之间的差额向乙公司支付差价。甲公司根据以往执行类似合同的经验，预计各种结果发生的概率如表13—2所示。

表13—2　　　　　　　　　　　冰箱售价下降的概率估计

未来6个月内的降价金额(元/台)	概率(%)
0	40
200	30
400	20
600	10

注：上述价格均不包含增值税。

　　本例中该项销售业务属于在某一时点履行的履约义务。甲公司认为期望值能够更好地预测其有权获取的对价金额。在该方法下，甲公司估计交易价格为每台2 800元(3 000×40%+2 800×30%+2 600×20%+2 400×10%)。

2022年6月,甲公司应编制如下会计分录。
(1)确认收入时:
借:应收账款   3 164 000
    贷:主营业务收入   2 800 000
        应交税费——应交增值税(销项税额)   364 000
(2)结转销售商品成本:
借:主营业务成本   2 000 000
    贷:库存商品   2 000 000

六、在某一时段内完成的商品销售收入的账务处理

对于在某一时段内履行的履约义务,企业应当在该段时间内按照履约进度确认收入,履约进度不能合理确定的除外。

满足下列条件之一的,属于在某一时段内履行的履约义务。

(1)客户在企业履约的同时即取得并消耗企业履约所带来的经济利益。

(2)客户能够控制企业履约过程中在建的商品。

(3)企业履约过程中所产出的商品具有不可替代的用途,且该企业在整个合同期间内有权就累计至今已完成的履约部分收取款项。

具有不可替代的用途,是指因合同限制或实际可行性限制,企业不能轻易地将商品用于其他用途。有权就累计至今已完成的履约部分收取款项,是指在由于客户或其他方原因终止合同的情况下,企业有权就累计至今已完成的履约部分收取能够补偿其已发生成本和合理利润的款项,并且该权利具有法律约束力。

企业应当考虑商品的性质,采用实际测量的完工进度、评估已实现的结果、时间进度、已完工或交付的产品等产出指标,或采用投入的材料数量、花费的人工工时、机器工时、发生的成本和时间进度等投入指标确定恰当的履约进度,并且在确定履约进度时应当扣除那些控制权尚未转移给客户的商品和服务。通常,企业按照累计实际发生的成本占预计总成本的比例(即成本法)确定履约进度。累计实际发生的成本包括企业向客户转移商品过程中所发生的直接成本和间接成本,如直接人工、直接材料、分包成本以及其他与合同相关的成本。

对于每一项履约义务,企业只能采用一种方法来确定其履约进度,并加以一贯运用。对于类似情况下的类似履约义务,企业应当采用相同的方法确定履约进度。资产负债表日,企业按照合同的交易价格总额乘以履约进度扣除以前会计期间累计已确认的收入后的金额,确认当期收入。当履约进度不能合理确定时,企业已经发生的成本预计能够得到补偿的,应当按照已经发生的成本金额确认收入,直到履约进度能够合理确定为止。

(一)合同成本与合同负债

1. 合同取得成本

企业为取得合同发生的增量成本预期能够收回的,应作为合同取得成本确认为一项资产。增量成本是指企业不取得合同就不会发生的成本,也就是企业发生的与合同直接相关,但又不是所签订合同的对象或内容(如建造商品或提供服务)本身所直接发生的费用。如销售佣金,若预期可通过未来的相关服务收入予以补偿,该销售佣金(即增量成本)应在发生时确认为一项资产,即合同取得成本。

企业为取得合同发生的、除预期能够收回的增量成本之外的其他支出,如无论是否取得合

同均会发生的差旅费、投标费、为准备投标资料发生的相关费用等,应当在发生时计入当期损益,除非这些支出明确由客户承担。

2. 合同履约成本

企业为履行合同可能会发生各种成本,企业在确认收入的同时应当对这些成本进行分析,若不属于存货、固定资产、无形资产等规范范围且同时满足下列条件的,应当作为合同履约成本确认为一项资产。

(1)该成本与一份当前或预期取得的合同直接相关。主要包括以下几个方面。①与合同直接相关的成本:a. 直接人工(如支付给直接为客户提供所承诺的服务人员的工资、奖金等)。b. 直接材料(如为履行合同耗用的原材料、辅助材料、构配件、零件、半成品的成本和周转材料的摊销及租赁费用等)。c. 制造费用或类似费用(如组织和管理相关生产、施工、服务等活动发生的费用,包括车间管理人员的职工薪酬、劳动保护费、固定资产折旧费及修理费、物料消耗、取暖费、水电费、办公费、差旅费、财产保险费、工程保修费和临时设施摊销费等)。②明确由客户承担的成本以及仅因该合同而发生的其他成本(如支付给分包商的成本、机械使用费、设计和技术援助费用、施工现场二次搬运费、生产工具和用具使用费、检验试验费、工程定位复测费、工程点交费用及场地清理费等)。(2)该成本增加了企业未来用于履行(包括持续履行)履约义务的资源。(3)该成本预期能够收回。

企业应当在下列支出发生时,将其计入当期损益:一是管理费用。除非这些费用明确由客户承担。二是非正常消耗的直接人工和制造费用(或类似费用),这些支出为履行合同发生,但未反映在合同价格中。三是与履约义务中已履行(包括已全部履行或部分履行)部分相关的支出,即该支出与企业过去的履约活动相关。四是无法在尚未履行的与已履行(或已部分履行)的履约义务之间区分的相关支出。

3. 合同负债

合同负债是指企业已收或应收客户对价而应向客户转让商品的义务。需要说明的是对于尚未向客户履行转让商品的义务而已收或应收客户对价中的增值税部分,因不符合合同负债的定义,不应确认为合同负债。

(二)合同取得成本及销售收入的账务处理

企业对已确认为资产的合同取得成本,应当采用与该资产相关的商品收入确认相同的基础进行摊销,计入当期损益。为简化实务操作,该资产摊销期限不超过一年的,可以在发生时计入当期损益。

企业发生合同取得成本时,借记"合同取得成本"科目,贷记"银行存款""应付职工薪酬"等科目;对合同取得成本进行摊销时,借记"销售费用"等科目,贷记"合同取得成本"科目。

例13—15 甲公司是一家咨询公司,为增值税一般纳税人,对外提供咨询服务,适用的增值税税率为6%。2022年甲公司通过竞标赢得一个服务期为5年的客户,该客户每年年末支付含税咨询费1 908 000元。为取得与该客户的合同,甲公司聘请外部律师进行尽职调查支付相关费用15 000元,为投标而发生的差旅费10 000元,支付销售人员佣金60 000元。甲公司预期这些支出未来均能够收回。此外,甲公司根据其年度销售目标、整体盈利情况及个人业绩等,向销售部门经理支付年度奖金10 000元。

在本例中,甲公司因签订该客户的合同而向销售人员支付的佣金属于取得合同发生的增量成本,应当将其作为合同取得成本确认为一项资产;甲公司聘请外部律师进行尽职调查发生的支出、为投标发生的差旅费以及向销售部门经理支付的年度奖金(不能直接归属于可识别的合同)不属于增量成本,应当于发生时直接计入当期损益。甲公司应编制如下会计分录。

(1)支付与取得合同相关的费用:

借:合同取得成本　　　　　　　　　　　　　　　　　　　60 000
　　管理费用　　　　　　　　　　　　　　　　　　　　　　25 000
　　　贷:银行存款　　　　　　　　　　　　　　　　　　　　　　85 000

(2)每月确认服务收入,摊销合同取得成本:

每月服务收入=[1 908 000÷(1+6%)]÷12=150 000(元)
每月摊销合同取得成本=60 000÷5÷12=1 000(元)

借:应收账款　　　　　　　　　　　　　　　　　　　　　159 000
　　贷:主营业务收入　　　　　　　　　　　　　　　　　　　　150 000
　　　　应交税费——应交增值税(销项税额)　　　　　　　　　　9 000
借:销售费用　　　　　　　　　　　　　　　　　　　　　　1 000
　　贷:合同取得成本　　　　　　　　　　　　　　　　　　　　1 000

(3)确认销售部门经理奖金时:

借:销售费用　　　　　　　　　　　　　　　　　　　　　10 000
　　贷:应付职工薪酬　　　　　　　　　　　　　　　　　　　　10 000

(4)发放销售部门经理奖金时:

借:应付职工薪酬　　　　　　　　　　　　　　　　　　　10 000
　　贷:银行存款　　　　　　　　　　　　　　　　　　　　　　10 000

(三)合同履约成本及销售收入的账务处理

企业对已确认为资产的合同履约成本,应当采用与该资产相关的商品收入确认相同的基础进行摊销,计入当期损益。

企业发生合同履约成本时,借记"合同履约成本"科目,贷记"银行存款""应付职工薪酬""原材料"等科目;对合同履约成本进行摊销时,借记"主营业务成本""其他业务成本"等科目,贷记"合同履约成本"科目。涉及增值税的,还应进行相应的处理。

例 13—16　甲公司为增值税一般纳税人,装修服务适用的增值税税率为9%。2022年12月1日,甲公司与乙公司签订一项为期3个月的装修合同。合同约定装修价款为500 000元,增值税税额为45 000元,装修费用每月月末按完工进度支付。2022年12月31日,经专业测量师测量后,确定该项劳务的完工程度为25%。乙公司按完工进度支付价款及相应的增值税款。截至2022年12月31日,甲公司为完成该合同累计发生劳务成本100 000元(假定均为装修人员薪酬),估计还将发生劳务成本300 000元。

假定该业务属于甲公司的主营业务,全部由其自行完成;该装修服务构成单项履约义务,并属于在某一时段内履行的履约义务;甲公司按照实际测量的完工进度确定履约进度。

甲公司应编制如下会计分录。

(1)实际发生劳务成本:

借:合同履约成本　　　　　　　　　　　　　　　　　　100 000
　　贷:应付职工薪酬　　　　　　　　　　　　　　　　　　　100 000

(2)2022年12月31日确认劳务收入、结转劳务成本:

2022年12月31日应确认的劳务收入=500 000×25%-0=125 000(元)

借:银行存款　　　　　　　　　　　　　　　　　　　　136 250

            贷：主营业务收入   125 000
                应交税费——应交增值税(销项税额)   11 250
        借：主营业务成本   100 000
            贷：合同履约成本   100 000

2023年1月31日,经专业测量师测量后,确定该项劳务的完工程度为70%;乙公司按完工进度支付价款同时支付对应的增值税款。2023年1月,为完成该合同发生劳务成本180 000元(假定均为装修人员薪酬)。为完成该合同估计还将发生劳务成本120 000元。甲公司应编制如下会计分录。

(1)实际发生劳务成本：
        借：合同履约成本   180 000
            贷：应付职工薪酬   180 000

(2)2023年1月31日,确认劳务收入、结转劳务成本：
2023年1月31日应确认的劳务收入＝500 000×70%－125 000＝225 000(元)
        借：银行存款   245 250
            贷：主营业务收入   225 000
                应交税费——应交增值税(销项税额)   20 250
        借：主营业务成本   180 000
            贷：合同履约成本   180 000

2023年2月28日,装修完工。乙公司验收合格,按完工进度支付价款同时支付对应的增值税款。2023年2月,为完成该合同发生劳务成本120 000元(假定均为装修人员薪酬)。甲公司应编制如下会计分录。

(1)实际发生劳务成本：
        借：合同履约成本   120 000
            贷：应付职工薪酬   120 000

(2)2023年2月28日,确认劳务收入、结转劳务成本：
2023年2月28日应确认的劳务收入＝500 000－125 000－225 000＝150 000(元)
        借：银行存款   163 500
            贷：主营业务收入   150 000
                应交税费——应交增值税(销项税额)   13 500
        借：主营业务成本   120 000
            贷：合同履约成本   120 000

例13—17 甲公司为增值税一般纳税人,经营一家健身俱乐部。2022年7月1日,某客户与甲公司签订合同,成为甲公司的会员并向甲公司支付会员费3 816元,可在未来的12个月内在该俱乐部健身,且没有次数的限制。该业务适用的增值税税率为6%。

本例中,客户在会籍期间可随时来俱乐部健身,且没有次数限制,客户已使用俱乐部健身的次数不会影响其未来继续使用的次数。甲公司在该合同下的履约义务是承诺随时准备在客户需要时为其提供健身服务,因此,该履约义务属于在某一时段内履行的履约义务,并且该履约义务在会员的会籍期间内随时间的流逝而被履行。

甲公司应按照直线法确认收入。每月应当确认的收入＝[3 816÷(1＋6%)]÷12＝300(元)

甲公司应编制如下会计分录。
(1)7月1日,收到会员费时:
　　借:银行存款　　　　　　　　　　　　　　　　　　3 816
　　　　贷:合同负债　　　　　　　　　　　　　　　　　　3 600
　　　　　　应交税费——待转销项税额　　　　　　　　　216
(2)7月31日,确认收入,同时将对应的待转销项税额确认为销项税额:
　　借:合同负债　　　　　　　　　　　　　　　　　　300
　　　　应交税费——待转销项税额　　　　　　　　　　18
　　　　贷:主营业务收入　　　　　　　　　　　　　　　300
　　　　　　应交税费——应交增值税(销项税额)　　　　18
以后11个月内每月确认收入会计分录同上。

例13—18 甲公司经营一家酒店,为增值税一般纳税人,适用的增值税税率为6%,该酒店是甲公司的自有资产。2022年12月甲公司计提与酒店经营直接相关的酒店、客房以及客房内的设备家具等折旧120 000元、酒店土地使用权摊销费用65 000元。经计算,当月确认房费、餐饮等服务含税收入424 000元,全部存入银行。

本例中,甲公司经营酒店主要是通过提供客房服务赚取收入,而客房服务的提供直接依赖于酒店物业(包含土地)以及家具等相关资产,这些资产折旧和摊销属于甲公司为履行与客户的合同而发生的合同履约成本。已确认的合同履约成本在收入确认时予以摊销,计入营业成本。甲公司应编制如下会计分录。

(1)确认资产折旧、摊销费用:
　　借:合同履约成本　　　　　　　　　　　　　　　　185 000
　　　　贷:累计折旧　　　　　　　　　　　　　　　　　120 000
　　　　　　累计摊销　　　　　　　　　　　　　　　　　65 000
(2)12月确认酒店服务收入,摊销合同履约成本:
　　借:银行存款　　　　　　　　　　　　　　　　　　424 000
　　　　贷:主营业务收入　　　　　　　　　　　　　　　400 000
　　　　　　应交税费——应交增值税(销项税额)　　　　24 000
　　借:主营业务成本　　　　　　　　　　　　　　　　185 000
　　　　贷:合同履约成本　　　　　　　　　　　　　　　185 000

第二节　费　用

一、费用概述

费用包括企业日常活动所发生的经济利益的总流出,主要指企业为取得营业收入进行产品销售等营业活动所发生的营业成本、税金及附加和期间费用。

(一)费用的分类

1. 营业成本

企业为生产产品、提供劳务等发生的可归属于产品成本、劳务成本等的费用,应当在确认销售商品收入、提供劳务收入等时,将已销售的商品、已提供劳务的成本确认为营业成本(包括主营业务成本和其他业务成本)。

2. 税金及附加

税金及附加是指企业经营活动应负担的相关税费,包括消费税、城市维护建设税、教育费附加、资源税、土地增值税、房产税、环境保护税、城镇土地使用税、车船税及印花税等。

3. 期间费用

期间费用是指企业日常活动发生的不能计入特定核算对象的成本,而应计入发生当期损益的费用,包括销售费用、管理费用和财务费用。

期间费用是企业日常活动中所发生的经济利益的流出,通常不计入特定的成本核算对象,是因为期间费用是企业为组织和管理整个经营活动所发生的费用。与可以确定特定成本核算对象的材料采购、产成品生产等没有直接关系,因而于发生时直接计入当期损益。

(1)销售费用

销售费用是指企业销售商品和材料、提供服务的过程中发生的各种费用,包括企业在销售商品过程中发生的保险费、包装费、展览费、广告费、商品维修费、预计产品质量保证损失、运输费和装卸费等,以及为销售本企业商品而专设的销售机构(含销售网点、售后服务网点等)的职工薪酬、业务费、折旧费等经营费用。企业发生的与专设销售机构相关的固定资产修理费用等后续支出也属于销售费用。销售费用是与企业销售商品活动有关的费用,但不包括销售商品本身的成本,该成本属于主营业务成本。

(2)管理费用

管理费用是指企业为组织和管理生产经营发生的各种费用,包括企业在筹建期间内发生的开办费、董事会和行政管理部门在企业的经营管理中发生的以及应由企业统一负担的公司经费(包括行政管理部门职工薪酬、物料消耗、低值易耗品摊销、办公费和差旅费等)、行政管理部门负担的工会经费、董事会费(包括董事会成员津贴、会议费和差旅费等)、聘请中介机构费、咨询费(含顾问费)、诉讼费、业务招待费、技术转让费和研究费用等。企业行政管理部门发生的固定资产修理费用等后续支出,也作为管理费用核算。

(3)财务费用

财务费用是指企业为筹集生产经营所需资金等而发生的筹资费用,包括利息支出(减利息收入)、汇兑损益以及相关的手续费等。

(二)费用的确认与计量

费用应按照权责发生制确认,凡应属于本期发生的费用,不论其款项是否支付,均确认为本期费用;反之,不属于本期发生的费用,即使其款项已在本期支付,也不确认为本期费用。

期间费用包含以下两种情况:一是企业发生的不符合或者不再符合资产确认条件的支出,应当在发生时确认为费用,计入当期损益。二是企业发生的交易或者事项导致其承担了一项负债,而又不确认为一项资产的,应当在发生时确认为费用计入当期损益。

二、费用的账务处理

(一)税金及附加的账务处理

企业应当设置"税金及附加"科目,核算企业经营活动发生的消费税、城市维护建设税、教育费附加、资源税、房产税、环境保护税、城镇土地使用税、车船税及印花税等相关税费。企业按规定计算确定的与经营活动相关的消费税、城市维护建设税、资源税、教育费附加、房产税、环境保护税、城镇土地使用税和车船税等税费,应借记"税金及附加"科目,贷记"应交税费"科目。期末,应将"税金及附加"科目余额转入"本年利润"科目,结转后,"税金及附加"科目无余额。

企业交纳的印花税,不会发生应付未付税款的情况,不需要预计应纳税金额,同时也不存在与税务机关结算或者清算的问题。因此,企业交纳的印花税不通过"应交税费"科目核算,于购买印花税票时,直接借记"税金及附加"科目,贷记"银行存款"科目。

例 13—19 2022年8月31日,某公司取得应纳消费税的销售商品收入3 000 000元,该商品适用的消费税税率为25%。该公司应编制如下会计分录。

(1)计算确认应交消费税税额:

消费税税额=3 000 000×25%=750 000(元)

借:税金及附加　　　　　　　　　　　　　　　　　　750 000
　　贷:应交税费——应交消费税　　　　　　　　　　　　　750 000

(2)实际交纳消费税时:

借:应交税费——应交消费税　　　　　　　　　　　　750 000
　　贷:银行存款　　　　　　　　　　　　　　　　　　　　750 000

例 13—20 2022年9月,某公司当月实际缴纳的增值税450 000元,消费税150 000元,适用的城市维护建设税税率为7%,教育费附加征收比率为3%。该公司应编制与城市维护建设税、教育费附加有关的会计分录如下。

(1)计算确认应交城市维护建设税和教育费附加时:

城市维护建设税税额=(450 000+150 000)×7%=42 000(元)

教育费附加=(450 000+15 0000)×3%=18 000(元)

借:税金及附加　　　　　　　　　　　　　　　　　　60 000
　　贷:应交税费——应交城市维护建设税　　　　　　　　　42 000
　　　　　　　　——应交教育费附加　　　　　　　　　　　18 000

(2)实际交纳城市维护建设税和教育费附加时:

借:应交税费——应交城市维护建设税　　　　　　　　42 000
　　　　　　——应交教育费附加　　　　　　　　　　18 000
　　贷:银行存款　　　　　　　　　　　　　　　　　　　　60 000

例 13—21 2022年12月,某公司一幢房产的原值为2 000 000元,已知房产税税率为1.2%,当地规定的房产税扣除比例为30%。该公司应编制如下会计分录。

(1)计算确认应交房产税税额:

房产税税额=2 000 000×(1-30%)×1.2%=16 800(元)

借:税金及附加　　　　　　　　　　　　　　　　　　16 800
　　贷:应交税费——应交房产税　　　　　　　　　　　　　16 800

(2)实际交纳房产税时:

借:应交税费——应交房产税　　　　　　　　　　　　16 800
　　贷:银行存款　　　　　　　　　　　　　　　　　　　　16 800

例 13—22 2022年12月,某公司按规定当月实际应交车船税24 000元,应交城镇土地使用税50 000元。该公司应编制如下会计分录。

(1)确认应交车船税和城镇土地使用税时:

借:税金及附加　　　　　　　　　　　　　　　　　　74 000

```
    贷：应交税费——应交车船税                                   24 000
              ——应交城镇土地使用税                            50 000
  (2)实际交纳车船税和城镇土地使用税时：
    借：应交税费——应交车船税                                   24 000
              ——应交城镇土地使用税                            50 000
       贷：银行存款                                              74 000
```

(二)销售费用的账务处理

企业应设置"销售费用"科目。核算销售费用的发生和结转情况。该科目借方登记企业所发生的各项销售费用,贷方登记期末转入"本年利润"科目的销售费用,结转后,"销售费用"科目应无余额。"销售费用"科目应按销售费用的费用项目进行明细核算。

例13—23 甲公司为增值税一般纳税人,2022年6月1日为宣传新产品发生广告费,取得的增值税专用发票上注明的价款为100 000元、增值税税额为6 000元,价税款项用银行存款支付。该公司应编制如下会计分录。

```
   借：销售费用                                              100 000
      应交税费——应交增值税(进项税额)                         6 000
      贷：银行存款                                            106 000
```

例13—24 甲公司为增值税一般纳税人,2022年6月10日销售一批产品,取得的增值税专用发票上注明的运输费为7 000元、增值税税额为630元,取得的增值税普通发票上注明的装卸费价税合计为3 000元,上述款项均用银行存款支付。该公司应编制如下会计分录。

```
   借：销售费用                                               10 000
      应交税费——应交增值税(进项税额)                           630
      贷：银行存款                                             10 630
```

例13—25 甲公司为增值税一般纳税人,2022年6月15日用银行存款支付所销产品保险费合计31 800元,取得的增值税专用发票上注明的保险费为30 000元、增值税税额为1 800元。该公司应编制如下会计分录。

```
   借：销售费用                                               30 000
      应交税费——应交增值税(进项税额)                         1 800
      贷：银行存款                                             31 800
```

例13—26 2022年6月,甲公司销售部共发生费用220 000元,其中：销售人员薪酬100 000元,销售部专用办公设备和房屋的折旧费50 000元,业务费70 000元(用银行存款支付)。假设不考虑其他因素,该公司应编制如下会计分录。

```
   借：销售费用                                              220 000
      贷：应付职工薪酬                                        100 000
         累计折旧                                             50 000
         银行存款                                             70 000
```

例13—27 承例13—23至例13—26,2022年6月30日,甲公司将"销售费用"科目余额360 000元结转至"本年利润"科目。该公司应编制如下会计分录：

```
   借：本年利润                                              360 000
      贷：销售费用                                            360 000
```

(三)管理费用的账务处理

企业应设置"管理费用"科目,核算管理费用的发生和结转情况。"管理费用"科目借方登记企业发生的各项管理费用,贷方登记期末转入"本年利润"科目的管理费用,结转后,"管理费用"科目应无余额。"管理费用"科目按管理费用的费用项目进行明细核算。商品流通企业管理费用不多的,可不设"管理费用"科目,相关核算内容可并入"销售费用"科目核算。

例 13—28 甲公司为增值税一般纳税人,2022 年 9 月 10 日,行政管理部门用银行存款支付接待客户的住宿费和餐费,取得的增值税专用发票上注明的住宿费为 10 000 元、增值税税额为 600 元,取得的增值税普通发票上注明的餐费为 5 000 元、增值税税额为 300 元。该公司应编制如下会计分录。

借:管理费用　　　　　　　　　　　　　　　　　　　　　　　　　15 300
　　应交税费——应交增值税(进项税额)　　　　　　　　　　　　　　 600
　贷:银行存款　　　　　　　　　　　　　　　　　　　　　　　　　 15 900

例 13—29 2022 年 9 月,甲公司行政管理部发生费用 180 000 元,其中:行政管理人员薪酬 150 000 元。报销行政管理人员差旅费 10 000 元(假定报销人员均未预借差旅费)。其他办公费、水电费 20 000 元(均用银行存款支付)。假设不考虑增值税等因素,该公司应编制如下会计分录。

借:管理费用　　　　　　　　　　　　　　　　　　　　　　　　　180 000
　贷:应付职工薪酬　　　　　　　　　　　　　　　　　　　　　　　150 000
　　　库存现金　　　　　　　　　　　　　　　　　　　　　　　　　 10 000
　　　银行存款　　　　　　　　　　　　　　　　　　　　　　　　　 20 000

例 13—30 2022 年 9 月,甲公司计提行政管理部固定资产折旧 50 000 元,摊销公司行政管理部用无形资产成本 80 000 元。该公司应编制如下会计分录。

借:管理费用　　　　　　　　　　　　　　　　　　　　　　　　　130 000
　贷:累计折旧　　　　　　　　　　　　　　　　　　　　　　　　　 50 000
　　　累计摊销　　　　　　　　　　　　　　　　　　　　　　　　　 80 000

例 13—31 例 13—28 至例 13—30,2022 年 9 月 30 日,甲公司将"管理费用"科目余额 325 300 元结转至"本年利润"科目。该公司应编制如下会计分录。

借:本年利润　　　　　　　　　　　　　　　　　　　　　　　　　325 300
　贷:管理费用　　　　　　　　　　　　　　　　　　　　　　　　　325 300

(四)财务费用的账务处理

企业应设置"财务费用"科目,核算财务费用的发生和结转情况。"财务费用"科目借方登记企业发生的各项财务费用,贷方登记期末转入"本年利润"科目的财务费用,结转后,"财务费用"科目应无余额。"财务费用"科目应按财务费用的费用项目进行明细核算。

例 13—32 2022 年 12 月 1 日,甲公司向银行借入生产经营用短期借款 360 000 元,期限 6 个月,年利率 5%。该借款本金到期后一次归还,利息分月预提,按季支付。

该公司每月月末,预提当月应计利息=360 000×5%÷12=1 500(元)。12 月 31 日应编制如下会计分录。

借:财务费用——利息支出　　　　　　　　　　　　　　　　　　　　1 500
　贷:应付利息　　　　　　　　　　　　　　　　　　　　　　　　　　1 500

例 13—33 2022 年 12 月 21 日,甲公司支付本月应负担的短期借款利息 25 000 元。该公司应编制如下会计分录。

借：财务费用——利息支出 25 000
　　贷：银行存款 25 000

例13—34 2022年12月21日，甲公司收到开户银行转来活期存款利息清单1 000元。该公司应编制如下会计分录。

借：银行存款 1 000
　　贷：财务费用——利息收入 1 000

例13—35 2022年12月31日，甲公司将"财务费用"科目余额21 500元结转至"本年利润"科目。该公司应编制如下会计分录。

借：本年利润 21 500
　　贷：财务费用 21 500

第三节　利　润

一、利润的构成

利润包括收入减去费用后的净额、直接计入当期利润的利得和损失等。利得是指由企业非日常活动所形成的、会导致所有者权益增加的、与所有者投入资本无关的经济利益的流入。损失是指由企业非日常活动所发生的、会导致所有者权益减少的、与向所有者分配利润无关的经济利益的流出。

（一）营业利润

按照利润表的列报要求，营业利润的构成内容如下。

营业利润＝营业收入－营业成本－税金及附加－销售费用－管理费用－研发费用－财务费用＋其他收益＋投资收益（－投资损失）＋净敞口套期收益（－净敞口套期损失）＋公允价值变动收益（－公允价值变动损失）－信用减值损失－资产减值损失＋资产处置收益（－资产处置损失）

其中，

营业收入是指企业经营业务所实现的收入总额，包括主营业务收入和其他业务收入。

营业成本是指企业经营业务所发生的实际成本总额，包括主营业务成本和其他业务成本。

研发费用是指企业计入管理费用的进行研究与开发过程中发生的费用化支出，以及计入管理费用的自行开发无形资产的摊销。

其他收益主要是指与企业日常活动相关，除冲减相关成本费用以外的政府补助，以及其他应计入其他收益的内容。

投资收益（或损失）是指企业以各种方式对外投资所取得的收益（或损失）。

公允价值变动收益（或损失）是指企业交易性金融资产等公允价值变动形成的应计入当期损益的利得（或损失）。

信用减值损失是指企业计提各项金融资产信用减值准备所确认的信用损失。

资产减值损失是指企业计提有关资产减值准备所形成的损失。

资产处置收益（或损失）反映企业出售划分为持有待售的非流动资产（金融工具、长期股权投资和投资性房地产除外）或处置组（子公司和业务除外）时确认的处置利得或损失，以及处置未划分为持有待售的固定资产、在建工程、生产性生物资产及无形资产而产生的处置利得或损失,还包括非货币性资产交换中换出非流动资产产生的利得或损失。

(二)利润总额

$$利润总额=营业利润+营业外收入-营业外支出$$

其中,

营业外收入是指企业发生的与其日常活动无直接关系的各项利得。

营业外支出是指企业发生的与其日常活动无直接关系的各项损失。

(三)净利润

$$净利润=利润总额-所得税费用$$

其中所得税费用是指企业确认的应从当期利润总额中扣除的所得税费用。

二、营业外收入与营业外支出

(一)营业外收入

1. 营业外收入核算的内容

营业外收入是指企业确认的与其日常活动无直接关系的各项利得。营业外收入并不是企业经营资金耗费所产生的。实际上是经济利益的净流入,不需要与有关的费用进行配比。营业外收入主要包括非流动资产毁损报废收益、与企业日常活动无关的政府补助盘盈利得、捐赠利得等。

其中,

非流动资产毁损报废收益,是指因自然灾害等发生毁损、已丧失使用功能而报废非流动资产所产生的清理收益。

与企业日常活动无关的政府补助,指企业从政府无偿取得货币性资产或非货币性资产,且与企业日常活动无关的利得。

盘盈利得是指企业对现金等资产清查盘点时发生盘盈,报经批准后计入营业外收入的金额。

捐赠利得是指企业接受捐赠产生的利得。

2. 营业外收入的账务处理

企业应设置"营业外收入"科目,核算营业外收入的取得及结转情况。该科目贷方登记企业确认的营业外收入。借方登记期末将"营业外收入"科目的余额转入"本年利润"科目的营业外收入,结转后,"营业外收入"科目无余额。"营业外收入"科目可按营业外收入项目进行明细核算。

(1)企业确认处置非流动资产毁损报废收益时,借记"固定资产清理""银行存款""待处理财产损溢"等科目,贷记"营业外收入"科目。

例 13—36 甲公司将固定资产报废清理的净收益 9 800 元转作营业外收入,应编制如下会计分录。

借:固定资产清理　　　　　　　　　　　　　　　　　　　　9 800
　　贷:营业外收入　　　　　　　　　　　　　　　　　　　　　　9 800

(2)企业确认盘盈利得、捐赠利得计入营业外收入时,借记"库存现金""待处理财产损溢"等科目,贷记"营业外收入"科目。

例 13—37 甲公司在现金清查中盘盈 200 元,按管理权限报经批准后转入营业外收入,应编制如下会计分录。

①发现盘盈时：
借：库存现金　　　　　　　　　　　　　　　　　　　　　　　200
　　贷：待处理财产损溢　　　　　　　　　　　　　　　　　　　　　200

②经批准转入营业外收入时：
借：待处理财产损溢　　　　　　　　　　　　　　　　　　　　　200
　　贷：营业外收入　　　　　　　　　　　　　　　　　　　　　　　200

(3) 期末，应将"营业外收入"科目余额转入"本年利润"科目，借记"营业外收入"科目，贷记"本年利润"科目。

例13—38　承例13—36和例13—37，甲公司本期营业外收入总额为10 000元，期末结转本年利润，应编制如下会计分录。

借：营业外收入　　　　　　　　　　　　　　　　　　　　　10 000
　　贷：本年利润　　　　　　　　　　　　　　　　　　　　　　　10 000

(二) 营业外支出

1. 营业外支出的核算内容

营业外支出是指企业发生的与其日常活动无直接关系的各项损失，主要包括非流动资产毁损报废损失、捐赠支出、盘亏损失、非常损失和罚款支出等。

其中，

非流动资产毁损报废损失，是指因自然灾害等发生毁损、已丧失使用功能而报废非流动资产所产生的清理损失。

捐赠支出是指企业对外进行捐赠发生的支出。

盘亏损失主要是指对于财产清查盘点中盘亏的资产，查明原因并报经批准计入营业外支出的损失。

非常损失是指企业对于因客观因素（如自然灾害等）造成的损失，扣除保险公司赔偿后应计入营业外支出的净损失。

罚款支出是指企业支付的行政罚款、税务罚款，以及其他违反法律法规、合同协议等而支付的罚款、违约金、赔偿金等支出。

2. 营业外支出的账务处理

企业应设置"营业外支出"科目，核算营业外支出的发生及结转情况。该科目借方登记确认的营业外支出，贷方登记期末将"营业外支出"科目的余额转入"本年利润"科目的营业外支出，结转后"营业外支出"科目无余额。"营业外支出"科目可按营业外支出项目进行明细核算。

(1) 企业确认处置非流动资产毁损报废损失时，借记"营业外支出"科目，贷记"固定资产清理""无形资产"等科目。

例13—39　2022年9月1日。甲公司的一项非专利技术因被其他新技术所替代，公司决定将其转入报废处理；该项非专利技术原值为1 000 000元，已摊销700 000元未计提减值准备。该公司应编制如下会计分录。

借：营业外支出　　　　　　　　　　　　　　　　　　　　300 000
　　累计摊销　　　　　　　　　　　　　　　　　　　　　　700 000
　　贷：无形资产　　　　　　　　　　　　　　　　　　　　　1 000 000

(2) 确认盘亏、罚款支出计入营业外支出时，借记"营业外支出"科目，贷记"待处理财产损溢""库存现金"等科目。

例 13—40 2022 年 9 月 10 日,甲公司发生原材料自然灾害损失 100 000 元;9 月 15 日,经批准全部转为营业外支出。该公司对原材料采用实际成本进行日常核算,应编制如下会计分录。

(1)9 月 10 日,发生原材料自然灾害损失时:

借:待处理财产损溢　　　　　　　　　　　　　　　　　　　　100 000
　　贷:原材料　　　　　　　　　　　　　　　　　　　　　　　　　100 000

(2)9 月 15 日,经批准转为营业外支出时:

借:营业外支出　　　　　　　　　　　　　　　　　　　　　　　100 000
　　贷:待处理财产损溢　　　　　　　　　　　　　　　　　　　　100 000

例 13—41 2022 年 9 月 21 日,甲公司用银行存款支付税款滞纳金 30 000 元,应编制如下会计分录。

借:营业外支出　　　　　　　　　　　　　　　　　　　　　　　 30 000
　　贷:银行存款　　　　　　　　　　　　　　　　　　　　　　　　 30 000

(3)期末,应将"营业外支出"科目的余额转入"本年利润"科目,借记"本年利润"科目,贷记"营业外支出"科目。

例 13—42 承例 13—39 至例 13—41,2022 年 9 月 30 日,甲公司本期营业外支出总额为 430 000 元,期末结转本年利润,应编制如下会计分录。

借:本年利润　　　　　　　　　　　　　　　　　　　　　　　　430 000
　　贷:营业外支出　　　　　　　　　　　　　　　　　　　　　　　430 000

三、所得税费用

企业的所得税费用包括当期所得税和递延所得税两部分,其中,当期所得税是指当期应交所得税。递延所得税包括递延所得税资产和递延所得税负债。递延所得税资产是指以未来期间很可能取得用来抵扣可抵扣暂时性差异的应纳税所得额为限确认的一项资产。递延所得税负债是指根据应纳税暂时性差异计算的未来期间应付所得税的金额。

(一)应交所得税

应交所得税是指企业按照企业所得税法规定计算确定的针对当期发生的交易和事项。应交纳给税务部门的所得税金额,即当期应交所得税。应纳税所得额是在企业税前会计利润(即利润总额)的基础上调整确定的,计算公式为

应纳税所得额＝税前会计利润＋纳税调整增加额－纳税调整减少额

纳税调整增加额主要包括企业所得税法规定允许扣除的项目中,企业已计入当期费用但超过税法规定扣除标准的金额(如超过企业所得税法规定标准的职工福利费、工会经费职工教育经费、业务招待费、公益性捐赠支出、广告费和业务宣传费等),以及企业已计入当期损失但企业所得税法规定不允许扣除项目的金额(如税收滞纳金、罚金、罚款等)。

纳税调整减少额主要包括按企业所得税法规定允许弥补的亏损和准予免税的项目。如前 5 年内未弥补亏损、国债利息收入以及符合条件的居民企业之间的股息、红利等权益性投资收益等。

例 13—43 下列各项中,企业在计算应纳税所得额时应在利润总额基础上进行纳税调增的内容有(　　)。

A. 企业投资国债取得利息收入 5 000 元
B. 企业支付的税收滞纳金 10 000 元
C. 企业从其投资的居民企业取得的现金股利 30 000 元
D. 企业支付超过企业所得税法规定标准的职工福利费 6 000 元

【解析】 答案为选项 B、D。选项 A、C 属于纳税调整减少的内容。

企业当期应交所得税的计算公式为：应交所得税＝应纳税所得额×适用税率

例 13—44 甲公司 2020 年度利润总额（税前会计利润）为 19 800 000 元，适用的所得税税率为 25％。甲公司全年实发工资、薪金为 2 000 000 元，职工福利费 300 000 元，工会经费 50 000 元，职工教育经费 210 000 元；经查，甲公司当年营业外支出中有 120 000 元为税收滞纳罚金。假定甲公司全年无其他纳税调整因素。

企业所得税法规定，企业发生的合理的工资、薪金支出准予据实扣除；企业发生的职工福利费支出，不超过工资、薪金总额 14％ 的部分准予扣除；企业拨缴的工会经费，不超过工资、薪金总额 2％ 的部分准予扣除；除国务院财政、税务主管部门另有规定外，企业发生的职工教育经费支出，不超过工资、薪金总额 8％ 的部分准予扣除，超过部分准予结转以后纳税年度扣除。

本例中，按企业所得税法规定，企业在计算当期应纳税所得额时，可以扣除工资、薪金支出 2 000 000 元，扣除职工福利费支出 280 000 元（2 000 000×14％），工会经费支出 40 000 元（2 000 000×2％），职工教育经费支出 160 000 元（2 000 000×8％）。甲公司有两种纳税调整因素：一是已计入当期费用但超过企业所得税法规定标准的费用支出；二是已计入当期营业外支出但按企业所得税法规定不允许扣除的税收滞纳金，这两种因素均应调整增加应纳税所得额。甲公司当期所得税的计算如下。

纳税调整增加额＝（300 000－280 000）＋（50 000－40 000）＋（210 000－160 000）＋120 000＝200 000（元）

应纳税所得额＝税前会计利润＋纳税调整增加额＝19 800 000＋200 000＝20 000 000（元）

当期应交所得税额＝20 000 000×25％＝5 000 000（元）

例 13—45 2022 年甲公司全年利润总额（即税前会计利润）为 10 200 000 元其中包括本年实现的国债利息收入 200 000 元，所得税税率为 25％。假定公司全年无其他纳税调整因素。

按照企业所得税法的有关规定，企业购买国债的利息收入免交所得税，即在计算应纳税所得额时可将其扣除。甲公司当期所得税的计算如下。

应纳税所得额＝税前会计利润－纳税调整减少额＝10 200 000－2 000＝10 000 000（元）

当期应交所得税额＝10 000 000×25％＝2 500 000（元）

（二）所得税费用的账务处理

根据企业会计准则的规定，企业计算确定的当期所得税和递延所得税之和，即为应从当期利润总额中扣除的所得税费用。即

所得税费用＝当期所得税＋递延所得税

其中，

递延所得税＝（递延所得税负债的期末余额－递延所得税负债的期初余额）－（递延所得税资产的期末余额－递延所得税资产的期初余额）

企业应设置"所得税费用"科目，核算企业所得税费用的确认及其结转情况。期末应将"所得税费用"科目的余额转入"本年利润"科目，借记"本年利润"科目，贷记"所得税费用"科目，结

转后,"所得税费用"科目应无余额。

例 13—46 2022 年甲公司应交所得税税额为 5 000 000 元;递延所得税负债年初数为 400 000 元,年末数为 500 000 元;递延所得税资产年初数为 250 000 元,年末数为 200 000 元。

甲公司所得税费用的计算如下。

递延所得税=(500 000-400 000)-(200 000-250 000)=150 000(元)

所得税费用=5 000 000+150 000=5 150 000(元)

甲公司应编制如下会计分录。

借:所得税费用　　　　　　　　　　　　　　　　　　5 150 000
　　贷:应交税费——应交所得税　　　　　　　　　　　　　5 000 000
　　　　递延所得税负债　　　　　　　　　　　　　　　　　100 000
　　　　递延所得税资产　　　　　　　　　　　　　　　　　 50 000

四、本年利润的账务处理

(一)本年利润的结转方法

会计期末,结转本年利润的方法有表结法和账结法两种。

1. 表结法

表结法下,各损益类科目每月月末只需结计出本月发生额和月末累计余额,不结转到"本年利润"科目,只有在年末时才将全年累计余额结转入"本年利润"科目。但每月月末要将损益类科目的本月发生额合计数填入利润表的本月数栏,同时将本月末结计的余额填入利润表的本年累计数栏,通过利润表计算反映各期的利润(或亏损)。表结法下,年中损益类科目无须结转入"本年利润"科目,从而减少了转账环节和工作量,同时并不影响利润表的编制及有关损益指标的利用。

2. 账结法

账结法下,每月月末均需编制转账凭证,将在账上结计出的各损益类科目的余额结转入"本年利润"科目。结转后"本年利润"科目的本月余额反映当月实现的利润或发生的亏损,"本年利润"科目的本年余额反映本年累计实现的利润或发生的亏损。账结法在各月均可通过"本年利润"科目提供当月及本年累计的利润(或亏损)额,但增加了转账环节和工作量。

(二)结转本年利润的会计处理

企业应设置"本年利润"科目,核算企业本年度实现的净利润(或发生的净亏损)。

会计期末,企业应将"主营业务收入""其他业务收入""其他收益""营业外收入"等科目的余额分别转入"本年利润"科目的贷方,将"主营业务成本""其他业务成本""税金及附加""销售费用""管理费用""财务费用""信用减值损失""资产减值损失""营业外支出"及"所得税费用"等科目的余额分别转入"本年利润"科目的借方。企业还应将"投资收益""公允价值变动损益"和"资产处置损益"科目的净收益转入"本年利润"科目的贷方,将"投资收益""公允价值变动损益"和"资产处置损益"科目的净损失转入"本年利润"科目的借方。结转后"本年利润"科目如为贷方余额,表示当年实现的净利润;如为借方余额,表示当年发生的净亏损。

年度终了,企业还应将"本年利润"科目的本年累计余额转入"利润分配——未分配利润"科目。如"本年利润"为贷方余额,借记"本年利润"科目,贷记"利润分配——未分配利润"科目;如为借方余额,做相反的会计分录,借记"利润分配——未分配利润"科目,贷记"本年利润"科目。结转后,"本年利润"科目应无余额。

例13—47 乙公司2022年有关损益类科目的年末余额如表13—3所示(该公司采用表结法年末一次结转损益类科目,所得税税率为25%)。

表13—3　　　　　　　　　　　2022年损益类科目余额　　　　　　　　　　单位:元

科目名称	借或贷	结账前余额
主营业务收入	贷	6 000 000
其他业务收入	贷	700 000
其他收益	贷	150 000
投资收益	贷	1 000 000
营业外收入	贷	50 000
主营业务成本	借	4 000 000
其他业务成本	借	400 000
税金及附加	借	80 000
销售费用	借	500 000
管理费用	借	770 000
财务费用	借	300 000
营业外支出	借	250 000

乙公司2022年末结转本年利润,应编制如下会计分录。

(1)将各损益类科目余额结转至"本年利润"科目:

①结转各项收入、利得类科目:

　　借:主营业务收入　　　　　　　　　　　　　6 000 000
　　　　其他业务收入　　　　　　　　　　　　　　700 000
　　　　其他收益　　　　　　　　　　　　　　　　150 000
　　　　投资收益　　　　　　　　　　　　　　　1 000 000
　　　　营业外收入　　　　　　　　　　　　　　　 50 000
　　　　贷:本年利润　　　　　　　　　　　　　7 900 000

②结转各项费用、损失类科目:

　　借:本年利润　　　　　　　　　　　　　　　6 300 000
　　　　贷:主营业务成本　　　　　　　　　　　4 000 000
　　　　　　其他业务成本　　　　　　　　　　　　400 000
　　　　　　税金及附加　　　　　　　　　　　　　 80 000
　　　　　　销售费用　　　　　　　　　　　　　　500 000
　　　　　　管理费用　　　　　　　　　　　　　　770 000
　　　　　　财务费用　　　　　　　　　　　　　　300 000
　　　　　　营业外支出　　　　　　　　　　　　　250 000

(2)经过上述结转后,"本年利润"科目的贷方发生额合计7 900 000元减去借方发生额合计6 300 000元即为税前会计利润1 600 000元。

(3)假设乙公司2022年度不存在所得税纳税调整以及递延所得税因素。

(4)当期应交所得税额=1 600 000×25%=400 000(元)
①确认所得税费用:
借:所得税费用 400 000
　　贷:应交税费——应交所得税 400 000
②将所得税费用转入"本年利润"科目:
借:本年利润 400 000
　　贷:所得税费用 400 000
(5)将"本年利润"科目年末余额1 200 000元(7 900 000－6 300 000－400 000)转入"利润分配——未分配利润"科目:
借:本年利润 1 200 000
　　贷:利润分配——未分配利润 1 200 000

本章小结

1. 收入、费用和利润的概念。收入是指企业在日常活动中形成的、会导致所有者权益增加的、与所有者投入资本无关的经济利益的总流入。费用是指企业在日常活动中发生的、会导致所有者权益减少的、与向所有者分配利润无关的经济利益的总流出。利润是指企业在一定会计期间的经营成果,包括收入减去费用后的净额、直接计入当期利润的利得和损失等。

收入、费用的分类。收入主要按交易的性质分类和按在经营业务中所占的比重分类。费用最基本的是按照费用的经济内容分类和按照费用的经济用途分类。

2. 收入确认与计量的五步法模型:识别合同、识别合同中的履约义务、识别合同的交易价格、将交易价格分配至各履约义务、每履行一项履约义务,对收入进行计量。

3. 期间费用的内容,利润的构成和分配顺序。期间费用是指企业在生产经营过程中发生的销售费用、管理费用和财务费用。

利润分为营业利润、利润总额和净利润三个层次。利润的分配顺序是:提取法定盈余公积;提取任意盈余公积;应付现金股利或利润;转作股本的股票股利。

4. 收入、费用和利润的会计处理。收入的会计处理包括销售商品收入、提供劳务收入、让渡使用权收入和建造合同收入。费用的会计处理侧重期间费用。利润的会计处理包括利润形成和利润分配。

课后练习

一、单项选择题

1. 下列各项中,不属于企业收入的是(　　)。
   A. 企业销售代制品取得的收入　　B. 企业出售无形资产所得的价款
   C. 企业销售材料所得的价款　　　D. 企业进行股权投资所取得的股利收入
2. 在收取手续费的代销方式下,受托方按(　　)确认收入。
   A. 受托代销商品的成本　　　　　B. 受托代销商品的实际售价
   C. 应收取的手续费　　　　　　　D. 受托代销商品的售价与应收取的手续费之和
3. 企业结转因自然灾害而毁损固定资产的净损失时,应借记(　　)科目。

A. 营业外支出——非流动资产处置损失　B. 营业外支出——盘亏损失
C. 营业外支出——非常损失　　　　　D. 固定资产清理

4. 下列关于企业采用表结法于会计期末结转本年利润的表述不正确的是(　　)。
A. 各损益类科目每月月末需结出本月发生额
B. 各损益类科目每月月末需结出月末累计余额
C. 各损益类科目每月月末需将本月发生额结转到"本年利润"科目
D. 在年末时需将各损益类科目的全年累计余额结转入"本年利润"科目

5. 某企业"生产成本"科目的期初余额为10万元，本期为生产产品发生直接材料费用80万元，直接人工费用15万元，制造费用20万元，企业行政管理费用10万元，本期结转完工产品成本100万元。假定该企业只生产一种产品，期末"生产成本"科目的余额为(　　)万元。
A. 5　　　　　　　　　　　　　　B. 15
C. 25　　　　　　　　　　　　　　D. 35

6. 在下列各项税金中，应在利润表中的"营业税金及附加"项目反映的是(　　)。
A. 车船使用税　　　　　　　　　　B. 城市维护建设税
C. 印花税　　　　　　　　　　　　D. 房产税

7. 某企业2022年度的利润总额为1 000万元，其中包括本年收到的国库券利息收入10万元；全年计税工资为400万元，实发工资为350万元，企业所得税税率为25％。该企业2002年所得税费用为(　　)万元。
A. 265　　　　　　　　　　　　　B. 260
C. 262.5　　　　　　　　　　　　D. 235

8. 下列各项中，不属于企业收入的是(　　)。
A. 销售自制半成品取得的价款
B. 无形资产出租的收入
C. 在视同买断的代销方式下，企业作为受托方销售所代销的商品而取得的价款
D. 企业代国家收取的增值税

9. 下列各项中，在发出商品时，企业应确认销售商品收入的是(　　)。
A. 在收取手续费方式下发出委托代销商品
B. 发出分期收款销售的商品
C. 在一般销售方式下按合同规定发出商品，并于发出商品的当天办妥托收手续
D. 将商品销售给目前现金流转严重困难的老客户

10. 下列各项中属于收入的是(　　)。
A. 接受捐赠获得的现金资产　　　　B. 物流公司代其他运输企业收取的运输费
C. 溢价发行债券获得的溢价　　　　D. 出租包装物取得的租金

11. 企业发生的存货盘亏经批准转销后不应借记(　　)科目。
A. 管理费用　　　　　　　　　　　B. 其他应收款
C. 生产成本　　　　　　　　　　　D. 营业外支出

12. 下列各项中，对企业净利润产生影响的是(　　)。
A. 提取法定盈余公积　　　　　　　B. 盈余公积补亏
C. 纳税调整增加额　　　　　　　　D. 向投资者分配利润

13. "本年利润"科目年末贷方的余额，表示(　　)。

A. 历年累计实现的利润总额　　　　　B. 历年累计实现的净利润
C. 当年实现的利润总额　　　　　　　D. 当年实现的净利润

14. 某企业取得的下列各项收入中,不属于让渡资产使用权所取得的收入是(　　)。
    A. 债券利息收入　　　　　　　　　　B. 进行股权投资而取得的股利收入
    C. 出租固定资产而取得的租金收入　　D. 出售无形资产而取得的价款

15. 企业"发出商品"科目的期末余额应并入资产负债表(　　)项目反映。
    A. 发出商品　　　　　　　　　　　　B. 营业成本
    C. 库存商品　　　　　　　　　　　　D. 存货

16. 下列关于企业采用表结法于会计期末结转本年利润的表述不正确的是(　　)。
    A. 各损益类科目每月月末需结出本月发生额
    B. 各损益类科目每月月末需结出月末累计余额
    C. 各损益类科目每月月末需将本月发生额结转到"本年利润"科目
    D. 在年末时需将各损益类科目的全年累计余额结转入"本年利润"科目

17. 下列各项中,不属于"主营业务成本"科目核算内容的是(　　)。
    A. 本期销售商品、提供劳务的实际成本
    B. 期末转入"本年利润"科目的成本
    C. 因销售退回而冲减的主营业务成本
    D. 因销售折让而减少的收入金额

18. 采用视同买断方式代销商品的,委托方通常应在(　　)时确认收入。
    A. 发出商品　　　　　　　　　　　　B. 收到代销清单
    C. 受托方销售商品　　　　　　　　　D. 收到代销商品的价款

19. 如果劳务的开始和完成分属不同的会计期间,且企业在资产负债表日提供劳务交易的结果不能可靠估计的,在(　　)的情况下,应按已收或者预计能够收回的金额确认劳务收入,将已经发生的劳务成本计入当期损益,不确认劳务收入。
    A. 已经发生的劳务成本预计全部能够得到补偿
    B. 已经发生的劳务成本预计部分能够得到补偿
    C. 已经发生的劳务成本预计全部不能得到补偿
    D. 已经收回部分合同金额,但已经发生的劳务成本不能全部得到补偿

20. 某企业当期主营业务收入200万元,主营业务成本130万元,营业税金及附加10万元,其他业务收入30万元,其他业务成本20万元,销售费用10万元,管理费用20万元,财务费用贷方余额2万元,营业外支出5万元,假如不考虑其他因素,则该企业当期的营业利润是(　　)万元。
    A. 60　　　　　　　　　　　　　　　B. 38
    C. 42　　　　　　　　　　　　　　　D. 37

21. 企业对外提供的劳务发生的支出一般先通过(　　)科目归集。
    A. 生产成本　　　　　　　　　　　　B. 主营业务成本
    C. 其他业务成本　　　　　　　　　　D. 劳务成本

22. 企业发生的与专设销售机构相关的固定资产修理费用等后续支出,应在发生时计入(　　)。
    A. 制造费用　　　　　　　　　　　　B. 管理费用

C. 销售费用 D. 其他业务成本

23. 下列各项中属于直接计入当期利润损失的有（　　）。
   A. 预计产品质量保证损失 B. 捐赠支出
   C. 资产减值损失 D. 公允价值变动损失

24. 企业所得税的核算应该采用（　　）。
   A. 资产负债表债务法 B. 应付税款法
   C. 递延法 D. 账结法

25. 企业收到用于补偿已发生的政策性损失的财政拨款时，借记银行存款科目的同时，贷记的会计科目为（　　）。
   A. 银行借款 B. 资本公积
   C. 营业外收入 D. 实收资本

26. 下列各项，不影响企业营业利润的项目是（　　）。
   A. 劳务收入 B. 财务费用
   C. 出售包装物收入 D. 出售无形资产净收益

27. 某企业2021年发生亏损100万元，2022年实现税前会计利润600万元，其中包括国债利息收入50万元；在营业外支出中有税收滞纳金罚款70万元；所得税率为25%。则企业2022年的所得税费用为（　　）万元。
   A. 148.5 B. 171.6
   C. 130 D. 204.6

28. 根据《企业会计准则》的规定，企业支付的税款滞纳金应当计入（　　）。
   A. 财务费用 B. 其他业务成本
   C. 营业 D. 销售费用

29. 某工业企业2022年度主营业务收入为4 000万元，营业成本为3 510万元，其他业务收入为20万元，其他业务成本为10万元，财务费用为10万元，营业外收入为20万元，营业外支出为10万元，所得税税率为25%。假定不考虑其他因素，该企业2022年度的净利润应为（　　）万元。
   A. 335 B. 125
   C. 345 D. 348.4

30. 下列项目中，应计入营业外支出的是（　　）。
   A. 计提坏账准备
   B. 管理不善造成的存货盘亏损失
   C. 购买交易性金融资产所支付的相关费用
   D. 自然灾害造成的固定资产损失

31. 某企业于2022年9月接受一项产品安装任务，安装期5个月，合同总收入30万元，年度预收款项12万元，余款在安装完成时收回，预计总成本为25万元。2022年末请专业测量师测量，产品安装程度为60%。该项劳务影响2022年度利润总额的金额为（　　）万元。
   A. 不影响当年利润 B. 当年利润增加3万元
   C. 当年利润增加15万元 D. 当年利润增加30万元

32. 委托方采用收取手续费的方式代销商品，受托方在商品销售后应按（　　）确认收入。
   A. 商品售价 B. 收取的手续费

C. 销售价款和手续费之和 D. 销售价款和增值税之和

33. 某企业本期营业利润为100万元,管理费用为15万元,投资收益为30万元,营业外收入10万元,营业外支出20万元,所得税税率25%。假定不考虑其他因素,该企业本期净利润为( )万元。
   A. 60.3 B. 22.5
   C. 100 D. 110

34. 下列各项中,不属于政府补助的是( )。
   A. 财政拨款 B. 财政贴息
   C. 先征后返的税款 D. 免征的税款

35. 某企业2022年3月份发生的费用有:计提车间固定资产折旧10万元,行政管理部门固定资产折旧5万元,生产工人工资10万元,发生车间管理人员工资4万元,行政管理人员工资5万元,支付广告费30万元,计提生产经营的短期借款利息20万元,支付劳动保险费10万元。则该企业当期的期间费用总额为( )万元。
   A. 50 B. 60
   C. 70 D. 100

36. 某企业"生产成本"科目的期初余额为20万元,本期为生产产品发生直接材料费用100万元,直接人工费用57万元,制造费用43万元,企业行政管理费用80万元。假定该企业只生产一种产品,本期结转完工的产品成本160万元。期末"生产成本"科目的余额为( )万元。
   A. 30 B. 40
   C. 60 D. 70

37. 某企业采用委托代销方式销售商品一批,商品成本为8 000元,采用收取手续费的方式,合同约定的结算款项为10 000元,增值税1 700元,手续费为售价的5%,当受托人销售该商品后交来代销清单时,款项尚未结算,委托方不正确的处理是( )。
   A. 应收账款11 200元 B. 财务费用500元
   C. 主营业务收入10 000元 D. 主营业务成本8 000元

二、多项选择题

1. 下列各项中,不应计入商品销售收入的有( )。
   A. 应收取的代垫运杂费 B. 应收取增值税销项税额
   C. 预计可能发生的现金折扣 D. 实际发生的商业折扣

2. 某企业取得的下列各项收入中,属于让渡资产使用权所取得收入的有( )。
   A. 进行股权投资而取得的股利收入 B. 出租包装物取得的租金收入
   C. 销售材料取得的收入 D. 让渡无形资产使用权取得的使用费收入

3. 下列各项中,最终应计入产品成本的有( )。
   A. 机器设备的折旧费 B. 生产工人的工资
   C. 报销车间管理人员的医药费 D. 支付某行政管理人员5个月的病假工资

4. 收入是企业在日常活动中产生的经济利益的总流入。下列各项中,属于收入的有( )。
   A. 销售商品收入 B. 提供劳务收入

C. 销售原材料收入 D. 出租固定资产收入

5. 下列各项中,最终应计入产品生产成本的有( )。
   A. 发生的生产工人工资 B. 计提的生产工人福利费
   C. 支付的生产工人医药费 D. 支付的离退休人员医药费

6. 下列各项,属于企业期间费用的有( )。
   A. 销售费用 B. 制造费用
   C. 管理费用 D. 财务费用

7. 下列各项中,属于工业企业其他业务收入的有( )。
   A. 材料销售收入
   B. 销售商品收入
   C. 包装物出租收入
   D. 销售随同商品出售且单独计价的包装物取得的收入

8. 下列各项中,属于收入特点的有( )。
   A. 收入是企业在日常活动中形成的经济利益的总流入
   B. 收入一定导致企业资产的增加
   C. 收入会导致企业所有者权益的增加
   D. 收入与所有者投入资本无关

9. 一般情况下,在劳务完成时确认收入,并将发生的有关支出直接借记"主营业务成本"科目的劳务有( )。
   A. 饮食 B. 远洋运输
   C. 理发 D. 照相

10. 下列各项中,应通过"销售费用"科目核算的有( )。
    A. 销售商品发生的运输费 B. 工业企业购入材料支付的保险费
    C. 为销售商品而发生的招待费 D. 随同商品出售且不单独计价的包装物成本

11. 企业支付给职工或为职工支付的各项薪酬,可能借记的科目有( )。
    A. 生产成本 B. 制造费用
    C. 管理费用 D. 销售费用

12. 下列各项中,影响营业利润的有( )。
    A. 主营业务收入 B. 管理费用
    C. 投资收益 D. 其他业务成本

13. 下列各项中,应借记"营业外支出"科目的有( )。
    A. 出售无形资产净损失 B. 矿产资源补偿费
    C. 公益性捐赠支出 D. 诉讼费

14. 下列( )条件均能满足时,劳务交易的结果能够可靠地估计。
    A. 收入的金额能够可靠地计量
    B. 相关的经济利益很可能流入企业
    C. 交易的完成进度能够可靠地确定
    D. 交易中已经发生和将发生的能够可靠地计量

15. 下列各项中属于让渡资产使用权收入的有( )。
    A. 企业对外出租固定资产收取的租金收入 B. 转让商标权的使用权收取的使用费收入

C. 从事代理服务收取的代理费收入　　D. 进行债券投资收取的利息收入

16. 下列各项中,不应计入商品销售收入的有( )。
A. 应收取的代垫运杂费　　B. 应收取增值税销项税额
C. 预计可能发生的现金折扣　　D. 实际发生的商业折扣

17. 下列各项中,应计入"其他业务成本"科目的有( )。
A. 出售包装物应结转的包装物成本　　B. 经营租赁方式租出固定资产的折旧费
C. 转让专利权的使用权应交纳的营业税　　D. 因销售材料应交纳的教育费附加

18. 下列各项中属于费用的有( )。
A. 生产成本　　B. 劳务成本
C. 主营业务成本　　D. 营业税金及附加

19. 某企业取得的下列各项收入中,应属于让渡资产使用权所取得收入的有( )。
A. 进行股权投资而取得的股利收入　　B. 出租包装物取得的租金收入
C. 销售材料取得的收入　　D. 让渡无形资产使用权取得的使用费收入

20. 下列各项中,最终应计入产品成本的有( )。
A. 机器设备的折旧费　　B. 生产工人的工资
C. 报销车间管理人员的医药费　　D. 支付某行政管理人员5个月的病假工资

21. 下列事项中,应分期确认让渡资产使用权的使用费的收入金额的有( )。
A. 合同或协议规定一次性收取手续费,不提供后续服务的
B. 合同或协议规定一次性收取手续费,提供后续服务的
C. 合同或协议规定分期收取手续费,提供后续服务的
D. 合同或协议规定分期收取手续费,不提供后续服务的

22. 下列各项中属于费用的有( )。
A. 当期已销商品的成本　　B. 车间生产工人的职工薪酬
C. 固定资产报废净损失　　D. 出租固定资产的累计折旧

23. 下列各项中应通过"营业税金及附加"科目核算的有( )。
A. 主营业务应负担的营业税　　B. 其他业务应负担的教育费附加
C. 房产税　　D. 矿产资源补偿费

24. 下列各项中应计入销售费用的有( )。
A. 业务招待费
B. 商品维修费
C. 销售本企业商品而专设的销售机构的业务费
D. 预计产品质量保证损失

25. 下列各项中影响营业利润的有( )。
A. 其他业务收入　　B. 公允价值变动收益
C. 投资损失　　D. 财务费用

26. 下列各项中,属于政府补助的有( )。
A. 直接减免的税款　　B. 财政拨款
C. 税收返还　　D. 行政划拨的土地使用权

27. 下列各项,按规定应计入营业外支出的有( )。
A. 无形资产出售净收益　　B. 捐赠支出

C. 固定资产盘亏净损失　　　　　　　D. 计提的坏账准备

28. 下列各项,影响企业营业利润的有(　　)。
A. 管理费用　　　　　　　　　　　　B. 财务费用
C. 所得税费用　　　　　　　　　　　D. 商品销售成本

29. 下列各科目的余额,期末应结转到"本年利润"科目的有(　　)。
A. 营业外收入　　　　　　　　　　　B. 营业外支出
C. 投资收益　　　　　　　　　　　　D. 以前年度损益调整

30. 下列有关收入确认的表述中,正确的有(　　)。
A. 在同一会计年度内开始并完成的劳务,公司应按完工百分比法确认各月收入
B. 在提供劳务交易的结果不能可靠估计的情况下,已经发生的劳务成本预计能够得到补偿时,公司应在资产负债表日按已经发生的劳务成本确认收入
C. 劳务的开始和完成分属不同的会计年度,在劳务的结果能够可靠地计量的情况下,公司应在资产负债表日按完工百分比法确认收入
D. 在资产负债表日,已发生的合同成本预计全部不能收回时,公司应将已发生的成本确认为当期损益,不确认收入

31. 下列各科目中,能够反映已经发出但尚未确认销售收入的商品成本的有(　　)。
A. 库存商品　　　　　　　　　　　　B. 发出商品
C. 委托代销商品　　　　　　　　　　D. 生产成本

32. 下列各项中,应计入营业外收入的有(　　)。
A. 接受捐赠　　　　　　　　　　　　B. 盘盈固定资产
C. 出售固定资产取得的净收益　　　　D. 转让交易性金融资产的净收益

33. 下列各项中,应计入财务费用的包括(　　)。
A. 汇兑损失　　　　　　　　　　　　B. 利息支出
C. 诉讼费　　　　　　　　　　　　　D. 购货单位享受的现金折扣

34. 按我国企业会计准则规定,下列项目中不应确认为收入的有(　　)。
A. 销售商品收取的增值税
B. 出售飞机票时代收的保险费
C. 旅行社代客户购买景点门票收取的款项
D. 销售商品代垫的运杂费

35. 下列项目中属于营业外支出的有(　　)。
A. 固定资产盘亏　　　　　　　　　　B. 出售无形资产净损失
C. 水灾损失　　　　　　　　　　　　D. 捐赠设备支出

36. 下列各项中,应计入管理费用的有(　　)。
A. 管理人员薪酬　　　　　　　　　　B. 在建工程人员的薪酬
C. 工会经费　　　　　　　　　　　　D. 职工教育经费

37. 确认商品销售收入时所指的商品所有权上的主要风险包括(　　)。
A. 商品被盗
B. 商品报废
C. 在零售交易中,顾客对购买的商品不满意可以退货
D. 卖方仅仅为了到期收款而保留商品的法定产权

38. 企业交纳的下列各种税金中,可能通过"营业税金及附加"科目核算的有( )。
   A. 增值税销项税额　　　　　　B. 消费税
   C. 城市维护建设税　　　　　　D. 印花税
39. 下列各项中,应在发生时直接确认为期间费用的有( )。
   A. 管理人员薪酬　　　　　　　B. 广告费支出
   C. 固定资产安装工人薪酬　　　D. 专设销售机构的薪酬
40. 下列各项中,影响营业利润的项目有( )。
   A. 营业成本　　　　　　　　　B. 营业税金及附加
   C. 营业外收入　　　　　　　　D. 管理费用和财务费用
41. 下列各科目,年末应无余额的有( )。
   A. 管理费用　　　　　　　　　B. 所得税费用
   C. 库存商品　　　　　　　　　D. 应收账款
42. 下列发放补助的部门,作为政府的有( )。
   A. 财政　　　　　　　　　　　B. 税务
   C. 世界银行　　　　　　　　　D. 联合国

三、判断题

1. 如劳务的开始和完成分属不同的会计期间,应按完工百分比法确认收入。（ ）
2. 企业以银行存款偿还一项负债形成的支出构成企业的一项费用。（ ）
3. 某企业2013年末结账前"利润分配——未分配利润"科目的借方余额20万元,系2009年发生的未弥补亏损,当年实现的利润总额为180万元,如不考虑其他因素,则该企业2013年应纳税所得额为160万元。（ ）
4. 现金折扣和销售折让,均应在实际发生时计入当期财务费用。（ ）
5. 工业企业为拓展销售市场所发生的业务招待费,应计入销售费用。（ ）
6. 企业将生产的电梯销售给某一客户,并负责电梯的安装工作,但至会计期末安装工作尚未完成,则该企业在会计期末不应确认该电梯的销售收入。（ ）
7. 企业销售商品满足收入确认条件时,应当按照已收或应收的合同或协议价款确认销售商品收入金额。（ ）
8. 如果合同或协议规定一次性收取让渡资产使用权的使用费,且不提供后续服务的,应当视同销售该项资产一次性确认收入。（ ）
9. 出售无形资产的净收益属于计入当期损益的利得。（ ）
10. 企业让渡资产使用权的使用费收入,一般通过"其他业务收入"科目核算;所让渡资产计提的摊销额等,一般通过"其他业务成本"科目核算。（ ）
11. 企业发生的固定资产修理费用应在发生时计入管理费用。（ ）
12. 企业发生或收到的现金折扣都通过"财务费用"科目核算。（ ）
13. 投资收益是指企业对外投资所取得的收益,减去发生的投资损失和计提的投资减值准备后的净额。（ ）
14. 企业为客户提供的现金折扣应在实际发生时冲减当期收入。（ ）
15. 如劳务的开始和完成分属不同的会计年度,就应按完工百分比法确认收入。（ ）
16. 在提取法定盈余公积以前,可以向投资者分配利润。（ ）

17. 按规定,企业发生的现金折扣应冲减主营业务收入。（　　）

18. 某企业年初有上年形成的亏损25万元,当年实现利润总额10万元。假设企业本期无纳税调整事项。则企业当年无需缴纳企业所得税。（　　）

19. 按企业会计准则的规定,企业发生的销售折让应作为财务费用处理。（　　）

20. 制造费用与管理费用不同,本期发生的管理费用直接影响本期损益,而本期发生的制造费用不一定影响本期的损益。（　　）

21. 政府给予企业的货币性或非货币性资产,就属于政府补助。（　　）

22. 企业收到的政府补助为非货币性资产的,如果没有注明价值,且没有活跃交易市场,不能可靠取得公允价值,应按该资产未来现金流量的现值作为入账价值。（　　）

23. 企业只要符合政府补助政策的规定,均能取得政府补助。（　　）

四、账务处理题

1. 某企业2022年度结转前损益类科目的余额如表13—4所示。

表13—4　　　某企业2022年度结转前损益类科目的余额　　　单位:万元

会计科目	借方余额	贷方余额
主营业务收入		2 000
其他业务收入		200
投资收益		150
营业外收入		110
公允价值变动损益		38
主营业务成本	1 400	
营业税金及附加	50	
其他业务成本	120	
销售费用	70	
管理费用	162	
财务费用	20	
资产减值损失	26	
营业外支出	50	

(1)表13—4中除"所得税"科目外不存在其他未列损益类科目。

(2)无纳税调整事项。

(3)该企业适用的所得税税率为25%。

(4)年初未弥补的亏损102万元(该亏损发生于2016年,已超过税前弥补的期限),该企业权力机构决定分别按净利润的10%提取法定盈余公积,向投资者分配利润200万元。

要求:根据上述资料,计算营业利润、利润总额、应纳税所得额、应交所得税、所得税费用、净利润和期末未分配利润并编制相关的会计分录(所得税按资产负债表负债法核算,金额单位可用万元表示)。

2. 甲企业自2020年4月1日起为乙企业开发一项系统软件。合同约定工期为两年,合同总收入为100 000元,2020年4月1日乙企业支付项目价款50 000元,余款于软件开发完成时收取。4月1日,甲企业收到乙企业支付的该项目价款50 000元,并存入银行。该项目预计总成本为40 000元。其他相关资料如下。

时　　间	收款金额(元)	累计实际发生成本(元)	开发程度
2020年4月1日	50 000	—	—
2021年12月31日	—	16 000	40%
2022年12月31日	—	34 000	85%
2023年4月1日	—	41 000	100%

该项目于2023年4月1日完成并交付给乙企业,但余款尚未收到。甲企业按开发程度确定该项目的完工程度。假定为该项目发生的实际成本均用银行存款支付。

要求:编制甲企业全部与开发此项目有关的会计分录。

3.甲企业的部分商品委托其他单位销售,发生如下业务。

委托D企业代销200件商品,销售价(不含税)150元/件,实际成本95元/件,D企业按不含税销售额的15%收取代销手续费,并向甲企业结清代销款。

要求:编制甲企业有关会计分录。(两企业均为增值税一般纳税人)

4.顺达股份有限公司(以下简称顺达公司)系工业企业,为增值税一般纳税人,适用的增值税税率为13%,适用的所得税税率为25%。销售单价除标明为含税价格外,均为不含增值税价格。

顺达公司2022年12月发生如下业务。

(1)12月3日,向甲企业赊销A产品50件,单价为20 000元,单位销售成本为10 000元。

(2)12月15日,向丁企业销售材料一批,价款为700 000元,该材料发出成本为500 000元。当日收取面值为819 000元的票据一张。

(3)12月18日,丙企业要求退回本年11月25日购买的20件A产品。该产品销售单价为20 000元,单位销售成本为10 000元,其销售收入400 000元已确认计账,价款尚未收取。经查明退货原因系发货错误,同意丙企业退货,并办理退货手续和开具红字增值税专用发票。

(4)12月20日,收到外单位租用本公司办公用房下一年度租金600 000元,款项已收存银行。

(5)12月21日,甲企业来函提出12月3日购买的A产品质量不完全合格。经协商同意按销售价款的10%给予折让,并办理退款手续和开具红字增值税专用发票。

(6)12月31日,计算本月应交纳的城市维护建设税8 377.6元,其中产品销售应交纳7 544.6元,销售材料应交纳833元;教育费附加3 590.4元,其中产品销售应交纳3 233.4元,销售材料应交纳357元。

要求:根据上述业务编制相关的会计分录。

(答案中的金额以元为单位;"应交税费"科目须写出二级和三级明细科目,其他科目可不写出明细科目)

5.宏德公司年终结账前有关损益类科目的年末余额如下。

单位:元

收入科目	结账前期末余额	费用科目	结账前期末余额
主营业务收入	950 000	主营业务成本	650 000
其他业务收入	200 000	其他业务成本	150 000
投资收益	15 000	营业税金及附加	36 000
营业外收入	41 500	销售费用	40 000
		管理费用	120 000
		财务费用	25 000
		营业外支出	70 000

12月31日又发生下列业务。

(1)现金清查中发现库存现金较账面余额多出1 500元,无法查明原因,经批准可做相关处理。

(2)公司营业外支出中有1 000元为非公益性捐赠。

(3)经查公司该年超过计税工资标准发放的工资数额为3 500元。

(4)本年国债收入4 000元已入账。

要求:(1)根据上述业务编制有关会计分录。

(2)将损益类科目结转"本年利润"科目(该公司平时采用表结法计算利润)。

(3)计算公司当年应纳所得税并编制有关会计分录(所得税税率为25%,除上述已指出的外,无其他纳税调整因素)。

6. 甲公司为增值税一般纳税企业,适用的增值税税率为13%。2012年3月份发生下列销售业务。

(1)3日,向A公司销售商品1 000件,每件商品的标价为80元。为了鼓励多购商品,甲公司同意给予A公司10%的商业折扣。开出的增值税专用发票上注明的售价总额为72 000元,增值税额为12 240元。商品已发出,货款已收存银行。

(2)5日,向B公司销售商品一批,开出的增值税专用发票上注明的售价总额为60 000元,增值税额为10 200元。甲公司为了及早收回货款,在合同中规定的现金折扣条件为:2/10,1/20,n/30。

(3)13日,收到B公司的扣除享受现金折扣后的全部款项,并存入银行。假定计算现金折扣时不考虑增值税。

(4)15日,向C公司销售商品一批,开出的增值税专用发票上注明的售价总额为90 000元,增值税额为15 300元。货款尚未收到。

(5)20开,C公司发现15日所购商品不符合合同规定的质量标准,要求甲公司在价格上给予6%的销售折让。甲公司经查明后,同意给予折让并取得了索取折让证明单,开具了增值税专用发票(红字)。

要求:编制甲公司上述销售业务的会计分录。

("应交税费"科目要求写出明细科目;本题不要求编制结转销售成本的会计分录)

7. 汇丰公司为增值税一般纳税企业,2022年1~3月发生如下业务。

(1)1月8日,汇丰公司采用托收承付结算方式销售一批商品,开出的增值税专用发票上注明的售价为 300 000 元,增值税税额为 51 000 元;商品已经发出,并已向银行办妥托收手续;该批商品的成本为 210 000 元。

(2)2 月 12 日,汇丰公司向明远公司销售一批商品,开出的增值税专用发票上注明的售价为 400 000 元,增值税税额为 68 000 元;汇丰公司已收到明远公司支付的货款 468 000 元,并将提货单送交明远公司;该批商品成本为 180 000 元。

(3)3 月 6 日,汇丰公司向环宇公司销售商品一批,开出的增值税专用发票上注明的售价为 500 000 元,增值税额为 85 000 元;汇丰公司收到环宇公司开出的不带息银行承兑汇票一张,票面金额为 585 000 元,期限为 2 个月;该批商品已经发出,汇丰公司以银行存款代垫运杂费 2 000 元;该批商品成本为 360 000 元。

要求:做出汇丰公司的账务处理。

8. 甲公司为增值税一般纳税企业,2022 年 1 月 1 日,甲公司与乙公司签订协议,采用预收款方式向乙公司销售一批商品。该批商品实际成本为 700 000 元。协议约定,该批商品销售价格为 900 000 元,增值税额为 153 000 元;乙公司应在协议签订时预付 60% 的货款(按销售价格计算),剩余贷款于 2 个月后支付。3 月 7 日,甲公司委托丙公司销售商品 50 件,商品已经发出,每件成本为 30 元。合同约定丙公司应按每件 50 元对外销售,甲公司按售价的 10% 向丙公司支付手续费。丙公司对外实际销售 25 件,开出的增值税专用发票上注明的销售价格为 1 250 元,增值税税额为 212.50 元,款项已经收到。甲公司收到丙公司开具的代销清单时,向丙公司开具一张相同金额的增值税专用发票。假定:甲公司发出商品时纳税义务尚未发生;甲公司采用实际成本核算,丙公司采用进价核算代销商品。

要求:做出甲公司与丙公司相关账务处理。

9. 某咨询公司于 2022 年 4 月 1 日与客户签订一项咨询合同。合同规定,咨询期为 2 年,咨询费为 120 000 元,客户分三次等额支付,第一次在项目开始时支付,第二次在项目中期支付,第三次在项目结束时支付。估计总成本为 80 000 元(假定均为咨询人员薪酬),其中,2022 年发生成本 19 000 元,2013 年发生成本 40 000 元,2014 年发生成本 21 000 元。假定成本估计十分准确,咨询费也很可能收回,该公司按照已提供的劳务占应提供劳务总量的比例(按时间比例)确定该项劳务的完工程度,该公司按年度编制财务报表。

要求:做出该公司相关会计处理。

10. 甲公司 2022 年 12 月申请某国家级研发补贴。申报书中的有关内容如下:本公司于 2021 年 1 月启动数字印刷技术开发项目,预计总投资 180 万元、为期 3 年,已投入资金 60 万元。项目还需新增投资 120 万(其中,购置固定资产 40 万元、场地租赁费 20 万元、人员费 50 万元、市场营销 10 万元),计划自筹资金 60 万元、申请财政拨款 60 万元。2022 年 1 月 1 日,主管部门批准了甲公司的申报,签订的补贴协议规定:批准甲公司补贴申请,共补贴款项 60 万元,分两次拨付。合同签订日拨付 30 万元,结项验收时支付 30 万元(如果不能通过验收,则不支付第二笔款项)。甲公司于 2024 年项目完工,并通过验收,于 5 月 1 日实际收到拨付 30 万元。

要求:做出甲公司的会计处理。

11. 甲公司 2022 年度按企业会计准则计算的税前会计利润为 5 000 000 元,所得税税率为 25%,当年按税法核定的全年计税工资为 1 000 000 元,甲公司全年实发工资为 900 000 元。甲公司递延所得税负债年初数为 200 000 元,年末数为 250 000 元,递延所得税资产年初数为 125 000 元,年末数为 100 000 元。

要求:做出甲公司的会计处理。

五、案例分析题

1. 资料:宁远股份有限公司(本题下称"宁远公司")系上市公司,主要从事电子设备的生产和销售,为增值税一般纳税人,适用的增值税税率为13%。

2023年3月31日,宁远公司监事会在对财务会计资料审查过程中发现以下会计处理情况。

(1)2022年10月15日,宁远公司与甲公司签订协议,采用支付手续费的方式委托甲公司销售400台A设备,代销协议规定的销售价格为每台10万元,宁远公司按甲公司销售每台A设备价格5%支付手续费。至2022年12月31日,宁远公司累计向甲公司发出400台A设备。每台A设备的成本为8万元。

2022年12月31日,宁远公司收到甲公司转来的代销清单,注明已销售A设备300台,同时开出增值税专用发票,确认主营业务收入4 000万元,确认主营业务成本3 200万元,同时对增值税和销售费用进行了处理。

(2)2022年12月1日,宁远公司与乙公司签订合同,以每台20万元的价格向乙公司销售50台B设备。每台B设备成本为15万元。同时,宁远公司与乙公司签订补充合同,约定宁远公司在2023年4月30日以每台25万元的价格购回B设备。当日,宁远公司开出增值税专用发票,注明的增值税额为130万元,款项已收存银行。2022年12月31日,50台B设备已发出,宁远公司确认主营业务收入1 000万元,确认主营业务成本750万元,同时对增值税进行了处理。

(3)2022年11月25日,宁远公司与戊公司签订合同,为戊公司培训20名设备维护人员,分两期培训,每期培训10人,时间为30天;培训费用总额为40万元,培训开始日支付15万元,余款在第二期培训结束时支付。

2022年12月1日,宁远公司开始第一期培训,同时收到戊公司支付的培训费15万元并存入银行。至2022年12月31日,宁远公司已培训10人,发生培训支出18万元(以银行存款支付)。2022年12月28日,戊公司由于遭受自然灾害,生产经营发生严重困难,宁远公司预计25万元培训费难以收回。宁远公司认为,第一期培训班已经结束,为此确认劳务收入20万元,确认劳务成本18万元。

(4)2023年3月22日,庚公司诉宁远公司违约案判决,法院一审判决宁远公司赔偿庚公司50万元经济损失。宁远公司和庚公司均表示不再上诉。宁远公司尚未向庚公司支付该赔偿款。

该诉讼案系宁远公司未按照合同约定向庚公司发货所引起的,庚公司通过法律程序要求宁远公司赔偿部分经济损失。2022年12月31日,该诉讼案件尚未作出判决,宁远公司已按估计赔偿金额40万元确认预计负债。该诉讼判决后,宁远公司将该诉讼损失50万元列示在2022年利润表的"营业外支出"项目中;将尚未支付的赔偿款列示在资产负债表的"其他应付款"科目中。

(5)2022年12月宁远公司因第三业务部长期亏损,决定进行重大业务重组。按照重组计划,需要发生直接重组支出500万元。该重组业务所涉及的人员、实施计划等详细计划已于2022年年末对外公布。宁远公司认为,该支出将在2023年发生,应该在直接重组支出发生时进行会计处理;但因事情重大,上述重组事项已在会计报表附注中做了披露。

要求：分析、判断宁远公司对事项(1)至(5)的会计处理是否正确？并分别简要说明理由。如不正确，请说明正确的会计处理。

2. 资料：汉水股份有限公司（以下简称汉水公司）为一家服装生产企业，其产品享誉海内外。该公司适用的所得税税率为25％，所得税按照《企业会计准则第18号——所得税》的有关规定进行核算。汉水公司近年来连续盈利，预计在相当长的时间内保持盈利势头不变。

2022年发生的有关情况如下。

(1)10月8日汉水公司用闲置资金购入900万元证券，作为交易性金融资产，至年末，该批证券没有出售，其年末公允价值为980万元。汉水公司按照《企业会计准则第22号——金融工具确认和计量》的规定，将该批证券按980万元列示在资产负债表中。按照税法规定，可以在税前抵扣的为初始购入成本。

(2)本年5月生产的一批服装，入库成本为460万元，由于服装面料不符合流行风格、款式过时，滞销积压到年末。汉水公司根据《企业会计准则第1号——存货》，对该批服装计提了120万元的存货跌价准备，年末资产负债表中列示的该批存货金额为340万元。

(3)汉水公司于2021年12月从国外进口一种先进的服装加工设备，投入使用后服装档次提高了一大步，成为畅销产品。考虑到该设备技术进步快，作为新设备使用强度大，故采用年数总和法计提折旧。该设备的原始成本为3 200万元，预计净残值200万元，预计使用年限5年。按照税法规定，该设备采用直线法计提折旧，预计使用年限和预计净残值与会计核算规定一致。

(4)2022年3月起，汉水公司投入3 000万元用于开发新产品，其中研究费用2 000万元，已全部费用化，计入了当期管理费用；开发费用1 000万元符合资本化条件，于10月转入无形资产，并从当月起按5年期限采用直线法摊销。按照税法规定，新产品研究开发费可以在开发当期抵扣。

(5)2022年6月，汉水公司与某公司签订了房屋租赁协议，租用该公司的临街房1 400平方米用作服装的展销厅。协议规定，从2022年7月1日起，租期3年，每月租金10万元，在2023年6月支付第1年租金，后两年租金依次后推。在年末汉水公司资产负债表中已列示该项应付租金60万元。

要求：①分析说明事项(1)中，2022年末交易性金融资产的计税基础是多少？是否产生暂时性差异？

②分析说明事项(2)中，2022年末存货是否产生暂时性差异？如果存在暂时性差异，指出属于何种暂时性差异。

③分析说明事项(3)中，2022年末固定资产的账面价值和计税基础是否相等？是否产生应纳税暂时性差异？

④计算事项(4)中无形资产的计税基础，并指出暂时性差异的种类和金额。

⑤分析说明事项(5)中由于租金形成的负债的计税基础，并指出该负债是否形成暂时性差异。

第十四章 财务报表

学习目标

○ **知识目标**
1. 理解财务报表列报的基本要求；
2. 掌握资产负债表的基本结构和编制方法；
3. 掌握利润表的基本结构和编制方法；
4. 掌握现金流量表的基本结构和编制方法；
5. 掌握所有者权益变动表的基本结构和编制方法。

○ **能力目标**
1. 掌握编制资产负债表的能力；
2. 掌握编制利润表的能力；
3. 掌握编制现金流量表的能力；
4. 掌握编制所有者权益变动表的能力。

○ **素质目标**
正确编制财务报表，提供有助于信息使用者决策的信息。

思政案例导入

树立科学思维、系统思维、辩证思维意识

当前提升财务思维能力应对数字时代的挑战，是当前财务人员必须面对的课题。《孙子兵法》中的三个思维特点可以帮助财务人员转变思维模式，树立五种财务战略思维。

要么适应时代的转变，要么被时代所抛弃。在数字化转型的今天，传统财务遭遇了极大的挑战。传统管理模式在技术创新的冲击下风雨飘摇，财务人员不能再"自娱自乐"，必须转型发展。转型首先要转变思维方式，此时不妨回头从传统智慧中汲取养分，提升思维能力，获得驾驭变化的智慧和力量。提升财务思维的五个启示：一是树立系统的财务战略思维。"财者，为国之命而万事之本。"一个好的财务战略，为企业总战略增加助力；一个不好的财务战略，为企业总战略增加阻力。什么是好的财务战略？可以借鉴《孙子兵法》中的"五事"模式："道"是使命、愿景、价值观，"天"是所处的大环境、大趋势，"地"是财务资源，"将"是财务人才，"法"是财

务组织。能够结合企业自身定位,清晰构建财务之"五事",就是一个好的财务战略。二是树立合利的价值投资思维。投资是财务战略的核心问题,是企业扩张和提升盈利的重要途径。市场从来不缺乏投资机会,企业不可能抓住所有的机会,"途有所不由,军有所不击,城有所不攻,地有所不争",有所为而有所不为。"合利而动,不合利而止","利"即企业战略利益。不轻易分散战略资源,集中配置在成功的关键要素和战略的关键节点上,即使牺牲局部或暂时的利益换来战略先机,亦是"合利"。三是树立共生的财务生态思维。在"利己"的维度上,有两种思维模式:"对我最有利"和"对我们最有利"。前者是有限思维,是"百战百胜"的"胜";而后者是无限思维,"不战而胜"的"胜"。有限思维有限得利,无限思维无限得利。以有限思维的方式参与,信任、合作、创新的机会就会减少;以无限思维的方式参与,就能享受到信任、合作、创新带来的好处。因此,在多变的商业环境中,财务应以共同的价值导向推动企业场景升级,将企业内部资源和外部市场结合,打通经营资金流、上下游资金流、金融机构和资本市场,形成共生而营的资金生态;在多部门合作的管理运作中,财务必须融入业务,以业务为中心、以客户价值创造为导向,打造协同而强的内部管理生态。四是树立赋能的财务数字思维。孙子强调"知己知彼,百战不殆",谁掌握的信息多,谁的胜算就大。受技术水平约束,孙子对当时最先进的信息获取方法做了详细的分析。2 000多年后,进入万物智能互联的时代,每时每刻都产生海量的数据信息,物理世界每一个事物在数字世界里被映射。大数据技术的突破,数据的重要性被重新定义。今天的决策者面临的往往不是信息不够,而是信息泛滥,以致无法区别到底哪些是有用的,哪些是无用的。数字让全物互联、全景交互成为可能,将物理世界数字化,再将生产数据与管理数据相融合,产生更大的业务价值。财务天生就是和数据打交道的,成为企业数据中心是未来财务的关键职能。从财务数据的角度去理解企业的整体业务活动和部门之间的相互关系,去理解自己的行业、战略,最终才能洞悉行业和企业未来的发展机会。拥有了数字思维能力的财务,才能让数据赋能业务,才能挖掘数据价值转化为企业价值。

第一节 财务会计报告概述

财务会计报告是指企业对外提供的反映企业某一特定日期财务状况和某一会计期间经营成果、现金流量等会计信息的文件。财务会计报告包括财务报表和其他应当在财务报告中披露的相关信息和资料。

一、财务报表的概念与作用

财务报表是对企业财务状况、经营成果和现金流量的结构性表述。财务报表至少应当包括下列组成部分:资产负债表、利润表、现金流量表、所有者权益(或股东权益)变动表、附注等。财务报表是企业财务报告的重要内容。

财务报表使用者包括现有和潜在的投资者、债权人、职工、业务关联企业、有关政府部门和社会公众等,不同的使用者对财务报表所提供的信息有不同的要求。财务报表为满足不同的信息使用者,具有以下作用。

1. 反映企业管理层受托责任的履行情况

现代企业制度的基本特征就是产权分离,使股东与企业管理者之间出现委托与受托的关系。股东把资金投入公司,委托管理人员进行经营管理。他们为了确保自己的切身利益,保证其投入资本的完整与增值,就需要了解管理者对受托经济资源的经营管理情况。为此,就需要通过财务报表所提供的信息,来了解企业资产的保管、使用情况,监督企业的生产经营管理,以保护自身的合法权益。

2. 有助于投资者和债权人等会计信息的使用者进行合理的决策

随着经济的发展,企业筹资、投资活动的日益频繁,企业与社会上各方面的经济联系越来越密切,在企业的外部形成了投资者、债权人组成的与企业有着经济利益关系的集团。投资者和债权人可以通过对企业财务报表的分析,了解企业的财务状况及生产经营情况,分析企业的偿债能力和盈利能力,预测企业未来的发展趋势,从而对企业的财务状况做出准确的判断,作为进行投资、信贷、融资等方面决策的依据。

3. 财务报表是诸多经济合同制定与执行的依据

从某种意义上说,现代企业是在市场经济条件下以法律章程为规范而由若干合同或契约组成的经济实体。企业与股东、债权人、职工、政府、业务关联企业等等都存在多种契约关系,其中很多契约的条款都涉及会计数据。如报酬合同、借款合同、政府课税的依据,等等。财务报表里的数据已成为这些契约制定与执行的重要依据。

4. 财务报表能帮助企业管理层改善经营管理,协调企业与相关利益集团的关系

在现代企业中,相关利益集团是企业各种资源的提供者,任何企业的生存与发展都必须依赖他们的贡献、配合与协作。企业管理层的主要职能就是鼓励和激发各种集团保持或扩大对企业的贡献,协调企业与相关利益集团,以及各利益集团之间的关系。企业管理层通过财务报表,可以全面、系统、总括地了解企业的生产经营运作情况,检查、分析财务成本计划和有关方针政策的执行情况,及时发现经营活动中存在的问题,迅速做出决策,使企业计划和经营方针更为科学、合理,进而最大限度地调动各相关利益集团的积极性。

5. 财务报表能够帮助国家有关部门实现其经济与社会目标

企业是国民经济的细胞,通过对企业财务报表提供的资料进行汇总分析,国家有关部门可以考核国民经济总体的运行情况,从中发现国民经济运行中存在的问题,对宏观经济运行做出准确的决策,通过各种经济杠杆和政策倾斜,发挥市场经济在优化资源配置中的基础性作用。

二、财务报表的分类

1. 按财务报表编报期间的不同,可以分为中期财务报表和年度财务报表

中期财务报表是以短于一个完整会计年度的报告期间为基础编制的财务报表,包括月报、季报和半年报等。中期财务报表至少应当包括资产负债表、利润表、现金流量表和附注,其中,中期资产负债表、利润表和现金流量表应当是完整报表,其格式和内容应当与年度财务报表相一致。与年度财务报表相比,中期财务报表中的附注披露可适当简略。

2. 按财务报表编报主体的不同,可以分为个别财务报表和合并财务报表

个别财务报表是由企业在自身会计核算基础上对账簿记录进行加工而编制的财务报表,它主要用以反映企业自身的财务状况、经营成果和现金流量情况;合并财务报表是以母公司和子公司组成的企业集团为会计主体,根据母公司和所属子公司的财务报表,由母公司编制的综合反映企业集团财务状况、经营成果及现金流量的财务报表。

为反映企业各地区、各业务群的经营情况及经营成果,还应编制分部报告。

三、财务报表列报的基本要求

会计信息质量是财务工作的灵魂,企业在编制财务报表时,必须遵循以下要求。

1. 遵循各项会计准则进行确认和计量

企业应当根据实际发生的交易和事项,遵循各项具体会计准则的规定进行确认和计量,并在此基础上编制财务报表。企业应当在附注中对遵循企业会计准则编制的财务报表做出声明,只有遵循了企业会计准则的所有规定时,财务报表才应当被称为"遵循了企业会计准则"。

企业不应以在附注中披露代替对交易和事项的确认和计量,也就是说,企业如果采用不恰当的会计政策,不得通过在附注中披露等其他形式予以更正,企业应当对交易和事项进行确认和计量。

2. 列报基础

持续经营是会计的基本前提之一,是会计确认、计量及编制财务报表的基础。企业会计准则规范的是持续经营条件下企业对所发生交易和事项的确认、计量及报表列报;相反,如果企业出现了非持续经营,致使以持续经营为基础编制的财务报表不再合理,财务报表的编制应当采用其他基础,并在附注中声明财务报表未以持续经营为基础列报,同时,披露未以持续经营为基础的原因和财务报表的编制基础。

企业在编制财务报表过程中,管理层应当对企业持续经营的能力进行评价,需要考虑的因素包括市场经营风险、企业目前或长期的盈利能力、偿债能力、财务弹性以及企业管理层改变经营政策的意向等。评价后对企业持续经营的能力产生严重怀疑的,应当在附注中披露导致对持续经营能力产生重大怀疑的重要不确定因素。

非持续经营是企业在极端情况下出现的一种情况,非持续经营往往取决于企业所处的环境以及企业管理部门的判断。一般而言,企业如果存在以下情况之一,则通常表明其处于非持续经营状态:(1)企业已在当期进行清算或停止营业。(2)企业已经正式决定在下一个会计期间进行清算或停止营业。(3)企业已确定在当期或下一个会计期间没有其他可供选择的方案而将被迫进行清算或停止营业。企业处于非持续经营状态时,应当采用其他基础编制财务报表,比如破产企业的资产采用可变现净值计量、负债按照其预计的结算金额计量等。由于企业在持续经营和非持续经营环境下采用的会计计量基础不同,产生的经营成果和财务状况不同,因此,在附注中披露非持续经营的信息对财务报表的使用者而言非常重要。

3. 重要性和项目列报

重要性是判断项目是否单独列报的重要标准。所谓重要性,是指如果财务报表某项目的省略或错报会影响使用者据此做出经济决策的,则该项目具有重要性。企业在进行重要性判断时,应当根据所处环境,从项目的性质和金额大小两方面予以判断:一方面,应当考虑该项目的性质是否属于企业日常活动、是否对企业的财务状况和经营成果具有较大影响等因素;另一方面,判断项目金额大小的重要性,应当通过单项金额占资产总额、负债总额、所有者权益总额、营业收入总额、净利润等直接相关项目金额的比重加以确定。

财务报表是通过对大量的交易或其他事项进行处理而生成的,这些交易或其他事项按其性质或功能汇总归类而形成财务报表中的项目。关于项目在财务报表中是单独列报还是合并列报,应当依据重要性的原则来判断。总的原则是,如果某项目单个看不具有重要性,则可将其与其他项目合并列报;如具有重要性,则应当单独列报。

4. 列报的可比性

可比性是会计信息质量的一项重要质量要求,目的是使同一企业不同期间和同一期间不同企业的财务报表相互可比。为此,财务报表项目的列报应当在各个会计期间保持一致,不得随意变更,这一要求不仅只针对财务报表中的项目名称,还包括财务报表项目的分类、排列顺序等方面。

在以下规定的特殊情况下,财务报表项目的列报是可以改变的:(1)会计准则要求改变。(2)企业经营业务的性质发生重大变化后,变更财务报表项目的列报能够提供更可靠、更相关的会计信息。

5. 财务报表项目金额间的相互抵销

财务报表项目应当以总额列报,资产和负债、收入和费用不能相互抵销,即不得以净额列报,但企业会计准则另有规定的除外。这是因为,如果相互抵销,所提供的信息就不完整,信息的可比性大为降低,难以在同一企业不同期间以及同一期间不同企业的财务报表之间实现相互可比,报表使用者难以据此做出判断。比如,应付款不得与应收款相抵销,如果相互抵销就掩盖了交易的实质。再如,收入和费用反映了企业投入和产出之间的关系,是企业经营成果的两个方面,为了更好地反映经济交易的实质、考核企业经营管理水平以及预测企业未来现金流量,收入和费用不得相互抵销。

以下两种情况不属于抵销:(1)资产计提的减值准备,实质上意味着资产的价值确实发生了减损,资产项目应当按扣除减值准备后的净额列示,这样才反映了资产当时的真实价值,并不属于上面所述的抵销。(2)非日常活动并非企业主要的业务,且具有偶然性,从重要性来讲,非日常活动产生的损益以收入和费用抵销后的净额列示,对公允反映企业财务状况和经营成果影响不大,抵销后反而更能有利于报表使用者的理解。因此,非日常活动产生的损益应当以同一交易形成的收入扣减费用后的净额列示,并不属于抵销,例如非流动资产处置形成的利得和损失,应按处置收入扣除该资产的账面金额和相关销售费用后的余额列示。

6. 比较信息的列报

企业在列报当期财务报表时,至少应当提供所有列报项目上一个可比会计期间的比较数据,以及与理解当期财务报表相关的说明,目的是向报表使用者提供对比数据,提高信息在会计期间的可比性,以反映企业财务状况、经营成果和现金流量的发展趋势,提高报表使用者的判断与决策能力。

在财务报表项目的列报确需发生变更的情况下,企业应当对上期的比较数据按照当期的列报要求进行调整,并在附注中披露调整的原因和性质,以及调整的各项目金额。但是,在某些情况下,如果对上期的比较数据进行调整是不切实可行的,则应当在附注中披露不能调整的原因。

7. 会计报表表首的列报要求

财务报表一般分为表首、正表两部分,其中,在表首部分企业应当概括地说明下列基本信息:(1)编报企业的名称,如企业名称在所属当期发生了变更的,还应明确标明。(2)对资产负债表而言,须披露资产负债表日,而对利润表、现金流量表、所有者权益变动表而言,须披露报表涵盖的会计期间。(3)货币名称和单位,按照我国企业会计准则的规定,企业应当以人民币作为记账本位币列报,并标明金额单位,如人民币元、人民币万元等。(4)财务报表是合并报表的,应当予以标明。

8. 报告期间

企业至少应当编制年度财务报表。根据《中华人民共和国会计法》的规定,会计年度自公历1月1日起至12月31日止。因此,在编制年度财务报表时,可能存在年度财务报表涵盖的期间短于一年的情况,比如企业在年度中间(如3月1日)开始设立等,在这种情况下,企业应当披露年度财务报表的实际涵盖期间及其短于一年的原因,并应当说明由此引起财务报表项目与比较数据不具可比性这一事实。

第二节 资产负债表

一、资产负债表概述

1. 资产负债表的定义与作用

资产负债表是指反映企业在某一特定日期财务状况的会计报表。它反映企业在某一特定日期所拥有或控制的经济资源、所承担的现时义务和所有者对净资产的要求权。通过资产负债表,可以提供某一日期资产的总额及其结构,表明企业拥有或控制的资源及其分布情况,使用者可以一目了然地从资产负债表上了解企业在某一特定日期所拥有的资产总量及其结构;可以提供某一日期的负债总额及其结构,表明企业未来需要用多少资产或劳务清偿债务以及清偿时间;可以反映所有者所拥有的权益,据以判断资本保值、增值的情况以及对负债的保障程度。此外,资产负债表还可以提供进行财务分析的基本资料,如将流动资产与流动负债进行比较,计算出流动比率;将速动资产与流动负债进行比较,计算出速动比率等,可以表明企业的变现能力、偿债能力和资金周转能力,从而有助于报表使用者作出经济决策。

2. 资产负债表的结构

在我国,资产负债表采用账户式结构,报表分为左右两方,左方列示资产各项目,反映全部资产的分布及存在形态;右方列示负债和所有者权益各项目,反映全部负债和所有者权益的内容及构成情况。资产负债表左右双方平衡,资产总计等于负债和所有者权益总计,即"资产=负债+所有者权益"。此外,为了使使用者通过比较不同时点资产负债表的数据,掌握企业财务状况的变动情况及发展趋势,企业需要提供比较资产负债表,资产负债表还就各项目再分为"年初余额"和"期末余额"两栏分别填列。

二、资产负债表的列报要求

1. 分类别列报

资产负债表列报,最根本的目标就是应如实反映企业在资产负债表日所拥有的资源、所承担的负债以及所有者所拥有的权益。因此,资产负债表应当按照资产、负债和所有者权益三大类别分类列报。

2. 资产和负债按流动性列报

资产和负债应当按照流动性分别分为流动资产和非流动资产、流动负债和非流动负债列示。流动性,通常按资产的变现或耗用时间的长短或者负债的偿还时间的长短来确定。按照财务报表列报准则的规定,应先列报流动性强的资产或负债,再列报流动性弱的资产或负债。

判断流动资产、流动负债一般以一个正常营业周期为界限,一个正常营业周期是指企业从购买用于加工的资产起至实现现金或现金等价物的期间。正常营业周期通常短于一年,在一年内有几个营业周期。但是,也存在正常营业周期长于一年的情况,如房地产开发企业开发用于出售的房地产开发产品,造船企业制造的用于出售的大型船只等,从购买原材料进入生产,到制造出产品出售并收回现金或现金等价物的过程,往往超过一年,在这种情况下,与生产循环相关的产成品、应收账款、原材料尽管是超过一年才变现、出售或耗用,仍应作为流动资产列示。当正常营业周期不能确定时,应当以一年(12个月)作为正常营业周期。

3. 列报相关的合计、总计项目

资产负债表中的资产类至少应当列示流动资产、非流动资产的合计项目；负债类至少应当列示流动负债、非流动负债的合计项目；所有者权益类应当列示所有者权益的合计项目。

资产负债表遵循了"资产＝负债＋所有者权益"这一会计恒等式，把企业在特定时日所拥有的经济资源和与之相对应的企业所承担的债务及所有者的权益充分反映出来。因此，资产负债表应当分别列示资产总计项目和负债与所有者权益之和的总计项目，并且这二者的金额应当相等。

三、资产负债表的编制方法

根据财务报表列报准则的规定，企业需要提供比较资产负债表，以便报表使用者通过比较不同时点资产负债表的数据，掌握企业财务状况的变动情况及发展趋势。所以，资产负债表还就各项目再分为"年初余额"和"期末余额"两栏分别填列。

(一)年初余额栏的填列方法

资产负债表"年初余额"栏内各项数字，应根据上年末资产负债表的"期末余额"栏内所列数字填列。如果上年度资产负债表规定的各个项目的名称和内容同本年度不相一致，应对上年年末资产负债表各项目的名称和数字按照本年度的规定进行调整，填入表中"年初余额"栏内。

(二)期末余额栏的填列方法

资产负债表的"期末余额"栏内各项数字，一般应根据资产、负债和所有者权益类账户的期末余额填列。其填列方法如下。

1. 根据总账账户的余额直接填列。资产负债表中的有些项目，可直接根据有关总账账户的余额填列。例如，交易性金融资产、固定资产清理、长期待摊费用、递延所得税资产、短期借款、交易性金融负债、应付票据、应付职工薪酬、应交税费、应付利息、应付股利、其他应付款、递延所得税负债、实收资本、资本公积、库存股及盈余公积等项目，应当根据相关总账账户的余额直接填列。

2. 根据几个总账账户的余额计算填列。例如，"货币资金"项目，应当根据"库存现金""银行存款""其他货币资金"等账户期末余额合计填列。

3. 根据有关明细账户的余额计算填列。例如"应付账款"项目，需要根据"应付账款"和"预付账款"两个账户所属的相关明细账户的期末贷方余额计算填列；"应收账款"项目，需要根据"应收账款"和"预收账款"两个账户所属的相关明细账户的期末借方余额计算填列。

4. 根据总账账户和明细账户的余额分析计算填列。资产负债表的有些项目，需要依据总账账户和明细账户两者的余额分析填列，如"长期借款"项目，应根据"长期借款"总账账户余额扣除"长期借款"账户所属的明细账户中将在资产负债表日起一年内到期、且企业不能自主地将清偿义务展期的长期借款后的金额填列。

5. 根据总账账户与其备抵账户抵销后的净额填列。例如，"存货"项目，应当根据"原材料""库存商品""发出商品""周转材料"等账户期末余额，减去"存货跌价准备"账户期末余额后的金额填列；"持有至到期投资"项目，应当根据"持有至到期投资"账户期末余额，减去"持有至到期投资减值准备"账户期末余额后的金额填列；"固定资产"项目，应当根据"固定资产"账户期末余额，减去"累计折旧""固定资产减值准备"等账户期末余额后的金额填列。"无形资产"项目，应当根据"无形资产"账户的期末余额，减去"累计摊销""无形资产减值准备"等账户余额后的净额填列。

四、资产负债表编制实例

例 14—1 钟泰有限公司属于增值税一般纳税企业,适用的增值税税率为 13%,材料按实际成本计价进行日常核算。适用的所得税率为 25%。2021 年 12 月 31 日资产负债表和 2022 年 12 月 31 日科目余额表如表 14—1 和 14—2 所示。

表 14—1　　　　　　　　　　　　　　资产负债表　　　　　　　　　　　　　　会企 01 表

编制单位:钟泰有限公司　　　　　　　2021 年 12 月 31 日　　　　　　　　　　单位:元

资　产	期末余额	年初余额	负债及所有者权益	期末余额	年初余额
流动资产:			流动负债:		
货币资金		1 406 300	短期借款		300 000
交易性金融资产		15 000	交易性金融负债		0
应收票据		246 000	应付票据		200 000
应收账款		299 100	应付账款		953 800
预付款项		100 000	预收款项		0
应收利息		0	应付职工薪酬		110 000
应收股利		0	应交税费		36 600
其他应收款		5 000	应付利息		
存货		2 580 000	应付股利		
一年内到期的非流动资产		0	其他应付款		50 000
其他流动资产		100 000	一年内到期的非流动负债		1 000 000
流动资产合计		4 751 400	流动负债合计		2 651 400
非流动资产:			非流动负债:		
其他权益工具投资		0	长期借款		
债权投资		0	应付债券		
长期应收款		0	长期应付款		0
长期股权投资		250 000	专项应付款		
投资性房地产		0	预计负债		
固定资产		1 100 000	递延所得税负债		0
在建工程		1 500 000	其他非流动负债		
工程物资		0	非流动负债合计		600 000
无形资产		600 000	负债合计		3 251 400
开发支出		0	所有者权益(或股东权益)		
商誉		0	股本		5 000 000
长期待摊费用		0	资本公积		0
递延所得税资产		0	减:库存股		0

续表

资　产	期末余额	年初余额	负债及所有者权益	期末余额	年初余额
其他非流动资产		200 000	盈余公积		100 000
非流动资产合计		3 650 000	未分配利润		50 000
			所有者权益合计		5 150 000
资产总计		8 401 400	负债和所有者权益总计		8 401 400

企业法人：(签章)　　　　　　财务总监：(签章)　　　　　　制表：(签章)

表14-2　　　　　　　　　　　　科目余额表

2022年12月31日　　　　　　　　　　　　　　　　单位：元

科目名称	借方余额	科目名称	贷方余额
库存现金	2 000	短期借款	50 000
银行存款	805 831	应付票据	100 000
其他货币资金	7 300	应付账款	953 800
交易性金融资产	0	其他应付款	50 000
应收票据	66 000	应付职工薪酬	180 000
应收账款	600 000	应交税费	226 731
坏账准备	-1 800	应付利息	0
预付账款	100 000	应付股利	32 215.85
其他应收款	5 000	一年内到期的长期负债	0
在途物资	275 000	长期借款	1 160 000
原材料	49 250	股本	5 000 000
周转材料	38 050	盈余公积	124 770.4
库存商品	2 122 400	利润分配(未分配利润)	218 013.75
其他流动资产	100 000		
长期股权投资	250 000		
固定资产	2 401 000		
累计折旧	-170 000		
固定资产减值准备	-30 000		
工程物资	300 000		
在建工程	428 000		
无形资产	600 000		
累计摊销	-60 000		
递延所得税资产	7 500		
其他长期资产	200 000		
合　计	8 095 531	合　计	8 095 531

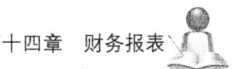

根据上述资料,编制钟泰股份有限公司2022年12月31日的资产负债表,如表14-3所示。

表14-3　　　　　　　　　　　　　资产负债表　　　　　　　　　　　会企01表

编制单位:钟泰有限公司　　　　　　　2022年12月31日　　　　　　　　　　单位:元

资　产	期末余额	年初余额	负债和所有者权益 (或股东权益)	期末余额	年初余额
流动资产:			流动负债:		
货币资金	815 131	1 406 300	短期借款	300 000	
交易性金融资产	0	15 000	交易性金融负债	0	0
应收票据	66 000	246 000	应付票据	100 000	200 000
应收账款	598 200	299 100	应付账款	953 800	953 800
预付账款	100 000	100 000	预收款项	0	
应收利息	0	0	应付职工薪酬	180 000	110 000
应收股利	0	0	应交税费	226 731	36 600
其他应收款	5 000	5 000	应付利息		
存货	2 484 700	2 580 000	应付股利	32 215.85	
一年内到期的非流动资产	0	0	其他应付款	50 000	50 000
其他流动资产	100 000	100 000	一年内到期的非流动负债	0	1 000 000
流动资产合计	4 169 031	4 751 400	流动负债合计	1 592 746.85	2 651 400
非流动资产:			非流动负债:		
其他权益工具投资	0	0	长期借款		
债权投资	0	0	应付债券		
长期应收款	0	0	长期应付款	0	0
长期股权投资	250 000	250 000	专项应付款		
投资性房地产	0	0	预计负债		
固定资产	2 201 000	1 100 000	递延所得税负债	0	0
在建工程	428 000	1 500 000	其他非流动负债		
工程物资	300 000	0	非流动负债合计	1 160 000	600 000
无形资产	540 000	600 000	负债合计	2 752 746.85	3 251 400
开发支出	0	0	所有者权益(或股东权益)		
商誉	0	0	股本	5 000 000	5 000 000
长期待摊费用	0	0	资本公积	0	0
递延所得税资产	7 500	0	减:库存股	0	0

续表

资　产	期末余额	年初余额	负债和所有者权益（或股东权益）	期末余额	年初余额
其他非流动资产	200 000	200 000	盈余公积	124 770.4	100 000
非流动资产合计	3 926 500	3 650 000	未分配利润	218 013.75	50 000
			所有者权益合计	5 342 784.15	5 150 000
资产总计	8 095 531	8 401 400	负债和所有者权益总计	8 095 531	8 401 400

企业法人:(签章)　　　　　　财务总监:(签章)　　　　　　制表:(签章)

第三节　利润表

一、利润表概述

1. 利润表的定义与作用

利润表是反映企业在一定会计期间经营成果的会计报表。例如,反映某年1月1日至12月31日经营成果的利润表,它反映的就是该期间的情况。

利润表的列报必须充分反映企业经营业绩的主要来源和构成,有助于报表的使用者判断净利润的质量及其风险,有助于使用者预测净利润的持续性,从而作出正确的决策。通过利润表,可以反映企业一定会计期间的收入实现情况,如实现的营业收入有多少、实现的投资收益有多少、实现的营业外收入有多少,等等;可以反映一定会计期间的费用耗费情况,如耗费的营业成本有多少,营业税费有多少,销售费用、管理费用、财务费用各有多少、营业外支出有多少,等等;可以反映企业生产经营活动的成果,即净利润的实现情况,据以判断资本保值、增值情况。将利润表中的信息与资产负债表中的信息相结合,还可以提供进行财务分析的基本资料,如将赊销收入净额与应收账款的平均余额进行比较,计算出应收账款的周转率;将销货成本与存货的平均余额进行比较,计算出存货周转率;将净利润与资产总额进行比较,计算出资产收益率等,可以表现企业资金周转情况以及企业的盈利能力和水平,便于报表使用者判断企业未来的发展趋势,作出经济决策。

2. 利润表的结构

常见的利润表结构主要有单步式和多步式两种。在我国,企业利润表采用多步式结构,按利润形成的主要环节列示一些中间性利润指标,分步计算当期损益。具体分三步编制。

第一步,以营业收入为基础,减去营业成本、营业税金及附加、销售费用、管理费用、财务费用、资产减值损失,加上公允价值变动收益(减去公允价值变动损失)和投资收益(减去投资损失),计算出营业利润;

第二步,以营业利润为基础,加上营业外收入,减去营业外支出,计算出利润总额;

第三步,以利润总额为基础,减去所得税费用,计算出净利润(或净亏损)。

此外,为了使报表使用者通过比较不同期间利润的实现情况,判断企业经营成果的未来发展趋势,企业需要提供比较利润表,利润表还就各项目再分为"本期金额"和"上期金额"两栏分别填列。

二、利润表的填列方法

(一)上期金额栏的填列方法

利润表中的"上期金额"栏应根据上年该期利润表"本期金额"栏内所列数字填列。如果上年该期利润表规定的各个项目的名称和内容同本期不相一致,应对上年该期利润表各项目的名称和数字按本期的规定进行调整,填入利润表"上期金额"栏内。

(二)本期金额栏的填列方法

利润表"本期金额"栏内各项数字一般应根据损益类账户的发生额分析填列。

1. "营业收入"项目,反映企业经营主要业务和其他业务所确认的收入总额,本项目应根据"主营业务收入"和"其他业务收入"科目的发生额分析填列。

2. "营业成本"项目,反映企业经营主要业务和其他业务所发生的成本总额。本项目应根据"主营业务成本"和"其他业务成本"账户的发生额分析填列。

3. "营业税金及附加"项目,反映企业经营业务应负担的消费税、营业税、城市建设维护税、资源税、土地增值税和教育费附加等。本项目应根据"营业税金及附加"账户的发生额分析填列。

4. "销售费用"项目,反映企业在销售商品过程中发生的包装费、广告费等费用和为销售本企业商品而专设的销售机构的职工薪酬、业务费等经营费用。本项目应根据"销售费用"账户的发生额分析填列。

5. "管理费用"项目,反映企业为组织和管理生产经营发生的管理费用。本项目应根据"管理费用"账户的发生额分析填列。

6. "财务费用"项目,反映企业筹集生产经营所需资金等而发生的筹资费用。本项目应根据"财务费用"账户的发生额分析填列。

7. "资产减值损失"项目,反映企业各项资产发生的减值损失。本项目应根据"资产减值损失"账户发生额分析填列。

8. "公允价值变动收益"项目,反映企业应当计入当期损益的资产或负债公允价值变动收益。本项目应根据"公允价值变动损益"账户的发生额分析填列,如为净损失,本项目以"—"号填列。

9. "投资收益"项目,反映企业以各种方式对外投资所取得的收益。本项目应根据"投资收益"账户的发生额分析填列。如为投资损失,本项目用"—"号填列。

10. "营业利润"项目,反映企业实现的营业利润。如为亏损,本项目以"—"号填列。

11. "营业外收入"项目,反映企业发生的与经营业务无直接关系的各项收入。本项目应根据"营业外收入"账户的发生额分析填列。

12. "营业外支出"项目,反映企业发生的与经营业务无直接关系的各项支出。本项目应根据"营业外支出"账户的发生额分析填列。

13. "利润总额"项目,反映企业实现的利润。如为亏损,本项目以"—"号填列。

14. "所得税费用"项目,反映企业应从当期利润总额中扣除的所得税费用。本项目应根据"所得税费用"账户的发生额分析填列。

15. "净利润"项目,反映企业实现的净利润。如为亏损,本项目以"—"号填列。

16. "基本每股收益"和"稀释每股收益"项目,应当根据每股收益准则的规定计算的金额填列。

17. "其他综合收益"项目,反映企业根据企业会计准则规定未在损益中确认的各项利得和损失扣除所得税影响后的净额;另外,企业应当在附注中详细披露其他综合收益各项目及其所得税影响,以及原计入其他综合收益、当期转入损益的金额等信息。

18. "综合收益总额"项目,反映企业净利润与其他综合收益的合计金额。

三、利润表编制实例

例 14—2 钟泰有限公司 2022 年度有关损益类科目本年累计发生净额如表 14—4 所示。

表 14—4　　　　　钟泰有限公司损益类科目 2022 年度累计发生净额　　　　　单位:元

科目名称	借方发生额	贷方发生额
主营业务收入		1 250 000
主营业务成本	750 000	
税金及附加	2 000	
销售费用	20 000	
管理费用	157 100	
财务费用	41 500	
资产减值损失	30 900	
投资收益		31 500
营业外收入		50 000
营业外支出	19 700	
所得税费用	85 300	

根据上述资料,编制钟泰有限公司 2022 年度利润表,如表 14—5 所示。

表 14—5　　　　　　　　　　利润表　　　　　　　　　　会企 02 表
编制单位:钟泰有限公司　　　　　　2022 年度　　　　　　　　单位:元

项 目	本期金额	上期金额
一、营业收入	1 250 000	略
减:营业成本	750 000	
税金及附加	2 000	
销售费用	20 000	
管理费用	157 100	
财务费用	41 500	
资产减值损失	30 900	
加:公允价值变动收益(损失以"一"号填列)	0	
投资收益(损失以"一"号填列)	31 500	
其中:对联营企业和合营企业的投资收益	0	

续表

项目	本期金额	上期金额
二、营业利润(亏损以"－"号填列)	280 000	
加:营业外收入	50 000	
减:营业外支出	19 700	
其中:非流动资产处置损失	0	
三、利润总额(亏损总额以"－"号填列)	310 300	
减:所得税费用	85 300	
四、净利润(净亏损以"－"号填列)	225 000	
五、每股收益:		
(一)基本每股收益	0.045	
(二)稀释每股收益	0.042	
六、其他综合收益		
七、综合收益总额		

企业法人:(签章)　　　　　　财务总监:(签章)　　　　　　制表:(签章)

例 14—3　易达股份有限公司 2021 年归属于普通股股东的净利润为 225 000 元,期初发行在外普通股股数 5 000 000 股,年内普通股股数未发生变化。2022 年 1 月 1 日,公司按面值发行 600 000 元的三年期可转换公司债券,债券每张面值 100 元,票面固定年利率为 2%,利息自发行之日起每年支付一次,即每年 12 月 31 日为付息日。该批可转换公司债券自发行结束 12 个月以后即可转换为公司股票,即转股期为发行 12 个月后至债券到期日止的期间。转股价格为每股 10 元,即每 100 元债券可转换为 10 股面值为 1 元的普通股。债券利息不符合资本化条件,直接计入当期损益,所得税税率为 25%。

假设不考虑可转换公司债券在负债和权益成分的分拆,且债券票面利率等于实际利率。2022 年度每股收益计算如下。

基本每股收益:225 000÷5 000 000=0.045(元/股)
假设转换所增加的净利润=600 000×2%×(1－25%)=9 000(元)
假设转换所增加的普通股股数=600 000/1=600 000(股)
增量股的每股收益=9 000/600 000=0.015(元/股)
增量股的每股收益小于基本每股收益,可转换公司债券具有稀释作用。
稀释每股收益=(225 000+9 000)/(5 000 000+600 000)=0.042(元/股)

第四节　现金流量表

一、现金流量表概述

(一)现金流量表的定义

现金流量表是指反映企业在一定会计期间的经营活动、投资活动和筹资活动的现金和现金等价物流入和流出情况的动态会计报表。从编制原则上看,现金流量表按照收付实现制编制,将利润表权责发生制下的盈利信息调整为收付实现制下的现金流量信息,便于信息使用者了解企业净利润的质量。从内容上看,现金流量表被划分为经营活动、投资活动和筹资活动三个部分,每类活动又分为各具体项目,这些项目从不同角度反映企业业务活动的现金流入与流出,弥补了资产负债表和利润表提供信息的不足。

(二)现金流量表的作用

企业现金充裕,就可以及时购入必要的材料物资和固定资产、及时支付工资、偿还债务、支付股利和利息等;反之,轻则影响企业的正常生产经营,重则危及企业的生存。因此,现金流量信息已经成为财务管理与企业战略的一个重要方面,受到企业管理者、投资者、债权人以及政府监管部门的关注。具体来讲,现金流量表有以下作用。

1. 现金流量表有助于评价企业的支付能力、偿债能力和周转能力。现金流量表所揭示的现金流量信息可以从现金角度对企业偿还长、短期债务和支付利息、股利或利润等支付能力作出进一步的分析,从而作出更可靠、更稳健的评价。因为一个企业创造了较多的利润,同时又产生了较多的现金流量净额,就具有了较强的偿债能力和支付能力。如果这个企业在创造了较多的利润的同时,继续扩大投资,包括用于购置固定资产或增加对外投资份额等,则现金流出量会大量增加,从而造成现金短缺,这就必然降低了偿债能力和支付能力。相反,如果创造的利润不多,但由于处置和变卖固定资产、无形资产或加大了直接融资,增加了现金流量净额,从而保持了较强的偿债能力和支付能力。因此,通过对三类活动所产生的现金流入信息和现金流出信息的分析,可以对企业的偿债能力、支付能力作出更准确、可靠的评价。

2. 现金流量表有助于预测企业未来现金流量。评价过去是为了预测未来。一个正常经营的企业,在创造利润的同时,还应创造现金收益。通过现金流量表所反映的企业过去一定期间的现金流量以及其他生产经营指标,可以了解企业现金的来源和用途是否合理,了解经营活动产生的现金流量有多少,企业在多大程度上依赖外部资金,就可据以预测企业未来现金流量,从而为企业编制现金流量预算、组织现金调度、合理节约地使用现金创造条件,为投资者和债权人评价企业未来的现金流量、作出投资和信贷决策提供必要信息。

3. 现金流量表有助于分析企业收益质量。利润表中列示的净利润指标,反映了一个企业的经营成果,这是体现企业经营业绩最重要的一个指标。但是,利润表是按照权责发生制编制的,它不能反映企业经营活动产生了多少现金,并且没有反映投资活动和筹资活动对企业财务状况的影响。而现金流量表中的现金流量是以收付实现制为基础的。一般来说,净利润增加,现金流量净额也增加,但在某些情况下,比如企业虽然大量销售了商品,但货款和劳务收入的款项却没能及时收回。由此影响了企业资金周转,收益质量不佳。因此,通过现金流量表,可以掌握企业经营活动、投资活动和筹资活动的现金流量,将经营活动产生的现金流量与净利润相比较,就可以从现金流量的角度了解净利润的质量。

4. 现金流量表可以对企业的投资活动和筹资活动做出评价。现金流量表将企业的业务活动按性质分为经营活动、投资活动和筹资活动。其中,投资活动是企业将一部分财力投入某一对象,以谋求更多收益的一种行为。现金流量表的投资活动包括对外投资(如长期股权投资)和对内投资(如扩建生产流水线)。筹资活动是企业根据财力的需求,而进行直接融资或间接融资的一种行为。一般来说,企业的投资和筹资活动都和经营活动密切相关,三类活动都应以提高获利能力为目标,做出全面的决策和安排。因此,对现金流量表中所揭示的投资活动所产生的现金流出信息和筹资活动所产生的现金流入和流出信息,可以结合经营活动所产生的现金流量信息和企业净收益进行具体分析,判断企业的投资活动和筹资活动所起的作用,例如,它对提高企业的整体获利能力有什么影响;是否有过度扩大企业经营规模,从而增加了企业的财务风险等做出判断和评价,并为未来的投资决策和筹资决策提供依据。

二、现金流量表的编制基础与结构

(一)现金流量表的编制基础

现金流量表是以现金及现金等价物为基础编制,划分为经营活动、投资活动和筹资活动。

1. 现金

现金是指企业库存现金以及可以随时用于支付的存款。不能随时用于支付的存款不属于现金。现金主要包括:(1)库存现金。库存现金是指企业持有可随时用于支付的现金,与"库存现金"账户的核算内容一致。(2)银行存款。银行存款是指企业存入金融机构、可以随时用于支取的存款,与"银行存款"账户核算内容基本一致,但不包括不能随时用于支取的存款。例如,不能随时支取的定期存款等不应作为现金;提前通知金融机构便可支取的定期存款则应包括在现金范围内。(3)其他货币资金。其他货币资金是只存放在金融机构的外埠存款、银行汇票存款、银行本票存款、信用卡存款、信用证保证金存款和存出投资款,与"其他货币资金"账户核算内容一致。

2. 现金等价物

现金等价物是指企业持有的期限短、流动性强、易于转换为已知金额的现金、价值变动风险很小的投资。判断一项投资是否属于现金等价物必须同时具备的四个条件:(1)期限短。(2)流动性强。(3)易于转换成已知金额的现金。(4)价值变动的风险较小。其中,期限短、流动性强所强调的是现金等价物的变现能力,期限短一般是指从购买之日起,3个月内到期的短期债券投资等;而易于转换成已知金额的现金、价值变动风险小则强调了现金等价物的支付能力的大小,企业作为短期投资而购入的可流通的股票,尽管期限短,变现的能力也很强,但由于其变现的金额并不确定,其价值变动的风险较大,因而不属于现金等价物。总之,企业应当根据具体情况,确定现金等价物的范围,一经确定不得随意变更。

在现金流量表中,现金及现金等价物被视为一个整体,企业现金形式的转换不会产生现金的流入和流出。例如,企业从银行提取现金,是企业现金存放形式的转换,并未流出企业,不构成现金流量。同样,现金与现金等价物之间的转换也不属于现金流量,例如,企业用现金购买三个月到期的国库券。

(二)现金流量表的结构

现金流量表由正表和补充资料两部分组成。其中,正表部分按照现金流量的性质分为经营活动的现金流量、投资活动的现金流量和筹资活动的现金流量。各部分又分别按收入项目和支出项目列示,以反映各类活动所产生的现金流入量和现金流出量,来展示各类现金流入和流出的原因。

补充资料包括三部分内容,一是将净利润调节为经营活动的现金流量,二是不涉及现金收支的重大投资和筹资活动,三是现金及现金等价物净变动等信息。

三、现金流量的分类

现金流量是指现金及现金等价物的流入和流出的数量。根据企业业务活动的性质和现金流量的来源,现金流量表将企业一定期间产生的现金流量分为经营活动产生的现金流量、投资活动产生的现金流量和筹资活动产生的现金流量。

(一)经营活动产生的现金流量

经营活动是指企业投资活动和筹资活动以外的所有交易和事项。各类企业由于行业特点不同,对经营活动的认定存在一定差异。对于工商企业而言,经营活动主要包括销售商品、提供劳务、购买商品、接受劳务和支付税费等。对于商业银行而言,经营活动主要包括吸收存款、发放贷款、同业存放和同业拆借等。对于保险公司而言,经营活动主要包括原保险业务和再保险业务等。对于证券公司而言,经营活动主要包括自营证券、代理承销证券、代理兑付证券、代理买卖证券等。

(二)投资活动产生的现金流量

投资活动是指企业长期资产的购建和不包括在现金等价物范围内的投资及其处置活动。长期资产是指固定资产、无形资产、在建工程和其他资产等持有期限在一年或一个营业周期以上的资产。这里所讲的投资活动,既包括实物资产投资,也包括金融资产投资。这里之所以将"包括在现金等价物范围内的投资"排除在外,是因为已经将包括在现金等价物范围内的投资视同现金。不同企业由于行业特点不同,对投资活动的认定也存在差异。例如,交易性金融资产所产生的现金流量,对于工商企业而言,属于投资活动现金流量,而对于证券公司而言,属于经营活动现金流量。

(三)筹资活动产生的现金流量

筹资活动是指导致企业资本及债务规模和构成发生变化的活动。这里所说的资本,既包括实收资本(股本),也包括资本溢价(股本溢价);这里所说的债务,指对外举债,包括向银行借款、发行债券以及偿还债务等。通常情况下,应付账款、应付票据等商业应付款等属于经营活动,不属于筹资活动。

此外,对于企业日常活动之外特殊的、不经常发生的特殊项目,如自然灾害损失、保险赔款、捐赠等,应当归并到相关类别中,并单独反映。比如,对于自然灾害损失和保险赔款,如果能够确指属于流动资产损失,应当列入经营活动产生的现金流量;属于固定资产损失,应当列入投资活动产生的现金流量。

四、现金流量表的编制原理

编制现金流量表通常有两种编制方法,即直接法和间接法。

(一)直接法

直接法是通过现金收入和支出的主要类别反映来自企业经营活动的现金流量。一般是以利润表中的营业收入为起算点,调整与经营活动有关项目的增减变动,从而计算出经营活动的现金流量。

(二)间接法

为遵守企业会计准则,企业的会计系统是按权责发生制设计的,而不是收付实现制。权责发生制会计经常隐藏对现金的影响,因此,将权责发生制下的利润调节为收付实现制下的现金就显得特别重要。间接法是以本期净利润为起算点,调整不涉及现金的收入、费用、营业外收支及有关项目的增减变动,剔除投资活动、筹资活动对现金流量的影响,从而计算出经营活动的现金流量。实际上就是将按权责发生制确定的净利润调整为现金净流入,并剔除投资活动和筹资活动对现金流量的影响。

采用直接法编报的现金流量表易于理解,它为决策提供了更多的信息,便于分析企业业务活动产生的现金流量的来源和用途,预测企业现金流量的未来前景;采用间接法编报现金流量表,便于将净利润与经营活动产生的现金流量净额进行比较,了解净利润与经营活动产生的现金流量差异的原因,从现金流量的角度分析净利润的质量。所以,我国企业会计准则规定企业采用直接法编报现金流量表正表,同时要求在附注中提供以净利润为基础调节到经营活动现金流量的信息。

五、现金流量表正表主要项目的编制说明

(一)经营活动产生的现金流量

经营活动现金流量是指企业投资活动和筹资活动以外的所有交易和事项所导致的现金流入和流出。

1. 经营活动流入的现金

(1)销售商品,提供劳务收到的现金

本项目反映企业销售商品、提供劳务实际收到的现金(含销售收入和应向购买者收取的增值税税额),包括本期销售商品、提供劳务收到的现金,以及前期销售和前期提供劳务本期收到的现金和本期预收的账款,扣除本期退回的本期销售的商品和前期销售的本期退回的商品支付的现金。企业销售材料和代购代销业务收到的现金,也在本项目反映。本项目可以根据"库存现金""银行存款""应收账款""应收票据""预收账款""主营业务收入"和"其他业务收入"等科目的记录分析填列。根据账户记录分析计算该项目的金额,通常可以采用以下公式计算。

销售商品、提供劳务收到的现金=本期销售商品、提供劳务的收入+与收入业务有关的增值税销项税额+应收账款(期初余额-期末余额)+应收票据(期初余额-期末余额)+预收账款(期末余额-期初余额)-本期计提的坏账准备-实际发生的现金折扣等特殊调整项目

值得注意的是,如果企业当期发生债务重组、非货币性交易等特殊事项时,还要做进一步的分析调整。

例14—4 钟泰有限公司2022年度有关资料如下:(1)应收账款项目:年初数100万元,年末数120万元。(2)应收票据项目:年初数40万元,年末数20万元。(3)预收款项项目:年初数80万元,年末数90万元。(4)主营业务收入6 000万元;(5)应交税费—应交增值税(销项税额)1 020万元;(6)其他有关资料如下:本期计提坏账准备5万元(该企业采用备抵法核算坏账损失),本期发生坏账回收2万元,收到客户用11.7万元商品(货款10万元,增值税1.7万元)抵偿前欠账款12万元。

销售商品、提供劳务收到的现金=(6 000+1 020)+(100-120)+(40-20)+(90-80)-5-12=7 013(万元)

(2)收到的税费返还

本项目反映企业收到返还的各种税费,如收到返还的增值税、消费税、营业税、关税、所得税及教育费附加返还等。本项目可以根据"库存现金""银行存款""营业外收入"和"其他应收款"等科目的记录分析填列。

(3)收到的其他与经营活动有关的现金

该项目反映企业除了上述各项外,收到的其他与经营活动有关的现金流入,如罚款收入、流动资产损失中由个人赔偿的现金、经营租赁的租金收入等。其他现金流入如价值较大的,应单列项目反映。本项目可以根据"库存现金""银行存款"和"营业外收入"等科目的记录分析填列。

2. 经营活动流出的现金

(1)购买商品、接受劳务支付的现金

本项目反映企业购买商品、接受劳务实际支付的现金,包括本期购入商品、接受劳务支付的现金(包括增值税进项税额),以及本期支付前期购入商品、接受劳务的未付款项和本期预付款项。本期发生的购货退回收到的现金应从本项目内扣除。该项目可以根据"库存现金""银行存款""应付账款""应付票据""预付账款""主营业务成本"和"其他业务成本"等科目的记录分析填列。根据账户记录分析计算该项目的金额,通常可以采用以下公式计算。

购买商品、接受劳务支付的现金
=本期的销售成本+与购买业务有关的增值税进项税额
+存货(期末余额-期初余额)
+预付账款(期末余额-期初余额)
+应付账款(期初余额-期末余额)
+应付票据(期初余额-期末余额)
-当期列入主营业务成本、存货项目的非"材料"费用(如:职工薪酬和折旧费等)
+未实现销售的存货减少数等特殊调整项目-非购买业务的存货增加数等特殊调整项目

例14—5 钟泰有限公司2022年度有关资料如下:(1)应付账款项目:年初数100万元,年末数120万元。(2)应付票据项目:年初数40万元,年末数20万元。(3)预付款项目:年初数80万元,年末数90万元。(4)存货项目的年初数为100万元,年末数为80万元。(5)主营业务成本4 000万元。(6)应交税费——应交增值税(进项税额)600万元。(7)其他有关资料如下:用固定资产偿还应付账款10万元,生产成本中直接工资项目含有本期发生的生产工人的工资费用100万元,本期制造费用的发生额为60万元(其中消耗的物料为5万元),工程项目领用的本企业产品10万元。

购买商品、接受劳务支付的现金=(4 000+600)+(80-100)+(100-120)+(40-20)+(90-80)-(10+100+55)+10

=4 435(万元)

(2)支付给职工以及为职工支付的现金

本项目反映企业实际支付给职工的现金以及为职工支付的现金,包括企业为获得职工提供的服务,本期实际给予各种形式的报酬以及其他相关支出,如支付给职工的工资、奖金、各种津贴和补贴等,以及为职工支付的其他费用。企业代扣代缴的职工个人所得税,也在本项目中反映。本项目不包括支付给在建工程人员的工资,支付的在建工程人员的工资,在"购建固定资产、无形资产和其他长期资产所支付的现金"项目中反映。

企业为职工支付的医疗、养老、失业、工伤、生育等社会保险基金、补充养老保险、住房公积金,企业为职工交纳的商业保险金,因解除与职工劳动关系给予的补偿,现金结算的股份支付,以及企业支付给职工或为职工支付的其他福利费用等,应根据职工的工作性质和服务对象,分别在"购建固定资产、无形资产和其他长期资产所支付的现金"和"支付给职工以及为职工支付的现金"项目中反映。

本项目可以根据"库存现金""银行存款"和"应付职工薪酬"等账户的记录分析填列。根据账户记录分析计算该项目的金额,通常可以采用以下公式计算。

支付给职工以及为职工支付的现金
=生产成本、制造费用、管理费用和销售费用的应付职工薪酬等费用
+应付职工薪酬(期初余额-期末余额)

—应付职工薪酬——在建工程、无形资产明细(期初余额—期末余额)

＋其他应收款——代垫款项明细(期末余额—期初余额)等

例 14—6 钟泰有限公司 2022 年度有关职工薪酬有关资料如下。

单位:元

项 目		年初数	本期分配或计提数	期末数
应付职工薪酬	生产工人工资	100 000	1 000 000	80 000
	车间管理人员工资	40 000	500 000	30 000
	行政管理人员工资	60 000	800 000	45 000
	在建工程人员工资	20 000	300 000	15 000

本期用银行存款支付离退休人员工资 500 000 元。假定应付职工薪酬本期减少数均以银行存款支付,应付职工薪酬为贷方余额。假定不考虑其他事项。

支付给职工以及为职工支付的现金
＝(1 000 000＋500 000＋800 000)＋(100 000＋40 000＋60 000)－(80 000＋30 000＋45 000)＝2 345 000 元。

(3)支付的各项税费

本项目反映企业当期实际上交税务部门的各种税金。包括本企业发生并支付的各种税费,以及本期支付以前各期发生的税费和本期预交的税费,包括所得税、增值税、消费税、营业税、印花税、房产税、土地增值税、车船使用税、教育费附加及矿产资源补偿费等。但不包括计入固定资产价值、实际支付的耕地占用税等,也不包括本期退回的增值税、所得税。本期退回的增值税、所得税在"收到的税费返还"项目中反映。该项目应根据"应交税费""库存现金""银行存款"等科目的记录分析填列。根据账户记录分析计算该项目的金额,通常可以采用以下公式计算。

支付的各项税费
＝所得税费用＋营业税金及附加
＋计入管理费用、存货、其他业务成本等的税费
＋交纳的增值税
＋除增值税外的应交税费(期初余额—期末余额)

例 14—7 钟泰有限公司 2022 年有关资料如下:(1)2021 年利润表中的所得税费用为 500 000 元(均为当期应交所得税产生的所得税费用)。(2)"应交税费——应交所得税"科目年初数为 20 000 元,年末数为 10 000 元。(3)另外企业当期还交纳了增值税 500 000 元,其中含在建工程领用自产的产品应交的增值税 40 000 元。假定不考虑其他税费。

支付的各项税费＝500 000＋(20 000－10 000)＋(500 000－40 000)＝970 000(元)

(4)支付的其他与经营活动有关的现金

本项目反映企业除上述各项目外,支付的其他与经营活动有关的现金流出,如罚款支出、经营租赁支付的租金、支付的差旅费、业务招待费和支付的保险费等。若其他现金流出价值较大的,应单列项目反映。该项目应根据"库存现金""银行存款""管理费用""营业外支出"等科目的记录分析填列。

例 14—8 钟泰有限公司 2022 年度发生的管理费用为 2 200 万元,其中,以现金支付退休

职工统筹退休金350万元和管理人员工资950万元,存货盘亏损失25万元,计提固定资产折旧420万元,无形资产摊销200万元,其余均以现金支付。

支付的其他与经营活动有关的现金＝2 200－950－25－420－200＝605(万元)

(二)投资活动产生的现金流量

现金流量表中的投资活动比通常所指的短期投资和长期投资范围要广,投资活动包括非现金等价物的短期投资和长期投资的购买与处置、固定资产的购建与处置、无形资产的购置与处置等。通过单独反映投资活动产生的现金流量,可以了解为获得未来收益和现金流量而导致资源转出的程度,以及以前资源转出带来的现金流入的信息。

1. 投资活动流入的现金

(1)收回投资所收到的现金

本项目反映企业出售、转让或到期收回除现金等价物以外的交易性金融资产、可供出售金融资产、长期股权投资等而收到的现金以及收回持有至到期投资的本金。不包括持有至到期投资收回的利息,以及收回的非现金资产。该项目可根据"交易性金融资产""可供出售金融资产""长期股权投资"和"持有至到期投资"等账户的记录分析填列。

(2)取得投资收益所收到的现金

本项目反映企业因各种权益性投资而分得的现金股利、利润,以及因持有至到期投资而取得的利息收入等。该项目可以根据"库存现金""银行存款"和"投资收益"等科目的记录分析填列。

(3)处置固定资产、无形资产和其他长期资产所收回的现金净额

本项目反映企业处置固定资产、无形资产和其他长期资产所取得的现金(包括因资产毁损收到的保险赔偿款),扣除为处置这些资产而支付的有关费用后的净额。但是,如果收回的现金为负数,则在"支付其他与投资活动有关的现金"项目中反映。由于自然灾害所造成的固定资产等长期资产损失而收到的保险赔偿收入,也在本项目反映。该项目可以根据"固定资产清理""库存现金""银行存款"等账户的记录分析填列。

(4)处置子公司及其他营业单位收到的现金净额

本项目反映企业处置子公司及其他营业单位所取得的现金,减去相关处置费用以及子公司及其他单位持有的现金和现金等价物后的净额。该项目可以根据"长期股权投资""库存现金""银行存款"等账户的记录分析填列。

(5)收到的其他与投资活动有关的现金

本项目反映企业除了上述各项目以外,收到的其他与投资活动有关的现金流入。例如,企业收回购买股票或债券时尚未领取的现金股利或已到付息期但尚未领取的利息。若其他与投资活动有关的现金流入价值较大的,应单列项目反映。该项目可以根据"应收股利""应收利息""银行存款"和"库存现金"等账户的记录分析填列。

2. 投资活动流出的现金

(1)购建固定资产、无形资产和其他长期资产所支付的现金

本项目反映企业购建固定资产、无形资产和其他长期资产所实际支付的现金,以及用现金支付的应由在建工程和无形资产负担的职工薪酬,不包括为购建固定资产而发生的借款利息资本化的部分,以及融资租入固定资产支付的租赁费。企业借款利息和融资租入固定资产支付的租赁费,在筹资活动产生的现金流量中单独反映。该项目可以根据"固定资产""在建工程""无形资产""库存现金"和"银行存款"等账户的记录分析填列。

例 14—9 钟泰有限公司 2022 年度发生下列有关业务。

(1)购买固定资产价款为 50 000 元,进项税额为 8 500 元,款项已付;

(2)购买工程物资价款为 10 000 元,进项税额为 1 700 元,款项已付;

(3)支付工程人员薪酬 6 000 元;

(4)预付工程价款 80 000 元;

(5)交付使用前长期借款利息 78 900 元,本年已支付;

(6)支付申请专利权的注册费、律师费等 68 000 元。

购建固定资产、无形资产和其他长期资产而支付的现金=58 500+11 700+6 000+80 000+68 000=224 200(元)

(2)投资所支付的现金

本项目反映企业取得除现金等价物以外的对其他企业的权益性投资和债权性投资所支付的现金,以及支付的佣金、手续费等附加费用。但取得的子公司及其他营业单位支付的现金净额除外。该项目可以根据"交易性金融资产""可供出售金融资产""持有至到期投资""长期股权投资""库存现金"和"银行存款"等账户的记录分析填列。

值得注意的是:企业购买股票和债券时,实际支付的价款中包含的已宣告但尚未领取的现金股利或已到付息期但尚未领取的债券的利息,由于属于垫支款,应在投资活动的"支付的其他与投资活动有关的现金"项目中反映;而企业收回购买股票和债券时支付的已宣告但尚未领取的现金股利或已到付息期但尚未领取的债券的利息,由于其不属于真正意义上的投资成本的收回,所以应在"收到的其他与投资活动有关的现金"项目中反映。

(3)取得子公司及其他营业单位支付的现金净额

本项目反映企业购买子公司及其他营业单位所支付的现金部分,减去子公司及其他营业单位持有的现金及现金等价物后的净额。该项目可以根据"长期股权投资""库存现金"和"银行存款"等账户的记录分析填列。

(4)支付的其他与投资活动有关的现金

本项目反映企业除了上述各项以外所支付的其他与投资活动有关的现金流出,如企业购买股票和债券时,实际支付的价款中包含的已宣告但尚未领取的现金股利或已到付息期但尚未领取的债券利息。其他现金流出如价值较大的,应单列项目反映。该项目可以根据"应收股利""应收利息""库存现金""银行存款"等账户的记录分析填列。

(三)筹资活动产生的现金流量

现金流量表需要单独反映筹资活动产生的现金流量,通过现金流量表中反映的筹资活动的现金流量,可以帮助投资者和债权人预计对企业未来现金流量的要求权,以及获得前期现金流入而付出的代价。

1. 筹资活动流入的现金

(1)吸收投资所收到的现金

本项目反映企业收到的投资者投入的现金,包括以发行股票方式筹集资金实际收到的款项净额(发行收入减去支付的佣金等发行费用后的净额)、发行债券实际收到的现金(发行收入减去支付的佣金等发行费用后的净额)等。以发行股票方式筹集资金而由企业直接支付的审计、咨询等费用,以及发行债券支付的发行费用在"支付的其他与筹资活动有关的现金"项目反映,不从本项目内扣除。该项目可以根据"实收资本(或股本)""资本公积""应付债券""库存现金"和"银行存款"等账户的记录分析填列。

(2)取得借款所收到的现金

本项目反映企业举借各种短期、长期借款所实际收到的现金。该项目可以根据"银行存款""短期借款"和"长期借款"账户的记录分析填列。

(3)收到的其他与筹资活动有关的现金

本项目反映企业除上述各项目外，收到的其他与筹资活动有关的现金流入，如接受现金捐赠等。若某项其他与筹资活动有关的现金流入价值较大的，应单列项目反映。该项目可以根据"银行存款""库存现金"和"营业外收入"等账户的记录分析填列。

2. 筹资活动流出的现金

(1)偿还债务所支付的现金

本项目反映企业以现金偿还债务的本金，包括偿还金融企业的借款本金、偿还债券本金等。企业偿还的借款利息、债券利息，在"偿付利息所支付的现金"项目反映，不包括在本项目内。该项目可以根据"短期借款""长期借款""应付债券""库存现金"和"银行存款"等账户的记录分析填列。

例 14—10 钟泰有限公司 2022 年度发生有关经济业务。

①偿还短期借款，本金 90 000 元，利息 300 元。

②偿还长期借款，本金 500 000 元，利息 6 600 元。

③支付到期一次还本付息的应付债券，面值 100 000 元，3 年期，利率 6%。

偿还债务所支付的现金＝90 000＋500 000＋100 000＝690 000(元)

(2)分配股利、利润和偿付利息所支付的现金

本项目反映企业实际支付的现金股利、利息以及支付给其他投资单位的利润等。该项可以根据"应付股利""应付利息""财务费用""库存现金"和"银行存款"等账户的借方分析填列。上例中：

分配股利、利润或偿付利息所支付的现金＝300＋6 600＋18 000＝24 900(元)

(3)支付的其他与筹资活动有关的现金

本项目反映企业除了上述各项外，支付的其他与筹资活动有关的现金流出，如捐赠现金支出、融资租入固定资产支付的租赁费等。若某项其他与筹资活动有关的现金流出金额较大的，应单列项目反映。该项目可以根据"营业外支出""长期应付款""银行存款"和"库存现金"等账户的借方分析填列。

(四)汇率变动对现金及现金等价物的影响

本项目反映企业外币现金流量及境外子公司的现金流量，按照现金流量发生日的即期汇率或即期汇率近似的汇率折算的人民币金额与"现金及现金等价物净增加额"中的外币现金净增加额，按资产负债表日的即期汇率折算的人民币金额之间的差额。

本项目一般根据下列方法填列：将现金流量表补充资料中的"现金及现金等价物净增加额"项目金额与现金流量表正表中的"经营活动产生的现金流量净额""投资活动产生的现金流量净额""筹资活动产生的现金流量净额"三项之和的差额倒轧出"汇率变动对现金及现金等价物的影响"。

六、现金流量表补充资料主要项目的编制说明

现金流量表补充资料也称附注。现金流量表补充资料包括将净利润调节为经营活动现金流量、不涉及现金收支的重大投资和筹资活动、现金及现金等价物净变动情况等项目。

企业应当采用间接法在现金流量表补充资料中披露将净利润调节为经营活动现金流量的信息。间接法是以净利润为出发点,净利润是利润表上反映的数字,在利润表中反映的净利润是按权责发生制确定的,其中有些收入、费用项目并没有实际发生现金流入和流出,通过对这些项目的调整,可将净利润调节为经营活动现金流量。采用间接法将净利润调节为经营活动的现金流量时,需要调整的项目可分为四类:一是实际没有支付现金的费用;二是实际没有收到现金的收益;三是不属于经营活动的损益;四是经营性应收应付项目的增减变动。

(一)将净利润调节为经营活动的现金流量

1. 资产减值准备

这里所指的资产减值准备包括:坏账准备、存货跌价准备、投资性房地产减值准备、长期股权投资减值准备、持有至到期投资减值准备、固定资产减值准备、在建工程减值准备、工程物资减值准备、生物性资产减值准备、无形资产减值准备及商誉减值准备等。企业计提的各项资产减值准备,包括在利润表中,属于利润的减除项目,但没有发生现金流出。所以,在将净利润调节为经营活动现金流量时,需要加回。本项目可根据"资产减值损失"科目的记录分析填列。

2. 固定资产折旧、油气资产折耗、生产性生物资产折旧

企业计提的固定资产折旧,有的包括在管理费用中,有的包括在制造费用中。计入管理费用中的部分,作为期间费用在计算净利润时从中扣除,但没有发生现金流出,在将净利润调节为经营活动现金流量时,需要予以加回。计入制造费用中的已经变现的部分,在计算净利润时通过销售成本予以扣除,但没有发生现金流出;计入制造费用中的没有变现的部分,既不涉及现金收支,也不影响企业当期净利润。由于在调节存货时,已经从中扣除,在此处将净利润调节为经营活动现金流量时,需要予以加回。同理,企业计提的油气资产折耗、生产性生物资产折旧,也需要予以加回。本项目可根据"累计折旧""累计折耗"和"生产性生物资产折旧"科目的贷方发生额分析填列。

3. 无形资产摊销和长期待摊费用摊销

企业对使用寿命有限的无形资产计提摊销时,计入管理费用或制造费用。长期待摊费摊销时,有的计入管理费用,有的计入营业费用,有的计入制造费用。计入管理费用等期间费用和计入制造费用中的已变现的部分,在计算净利润时已从中扣除,但没有发生现金流出;计入制造费用中的没有变现的部分,在调节存货时已经从中扣除,但不涉及现金收支,所以,在此处将净利润调节为经营活动现金流量时,需要予以加回。这个项目可根据"累计摊销""长期待摊费用"科目的贷方发生额分析填列。

4. 处置固定资产、无形资产和其他长期资产的净损失(减:收益)

企业处置固定资产、无形资产和其他长期资产发生的损益,属于投资活动产生的损益,不属于经营活动产生的损益,所以,在将净利润调节为经营活动现金流量时,需要予以剔除。如为损失,在将净利润调节为经营活动现金流量时,应当加回;如为收益,在将净利润调节为经营活动现金流量时,应当扣除。本项目可根据"营业外收入""营业外支出"等科目所属有关明细科目的记录分析填列,如为净收益,以"-"号填列。

5. 固定资产报废损失

企业发生的固定资产报废损益,属于投资活动产生的损益,不属于经营活动产生的损益,所以,在将净利润调节为经营活动现金流量时,需要予以剔除。同样,投资性房地产发生报废、毁损而产生的损失,也需要予以剔除。如为净损失,在将净利润调节为经营活动现金流量时,应当加回;如为净收益,在将净利润调节为经营活动现金流量时,应当扣除。本项目可根据"营

业外支出""营业外收入"等科目所属有关明细科目的记录分析填列。

6. 公允价值变动损失

公允价值变动损失反映企业在初始确认时划分为以公允价值计量且其变动计入当期损益的交易性金融资产或金融负债、衍生工具、套期等业务中公允价值变动形成的计入当期损益的利得或损失。企业发生的公允价值变动损益,通常与企业的投资活动或筹资活动有关,而且并不影响企业当期的现金流量。为此,应当将其从净利润中剔除。本项目可以根据"公允价值变动损益"科目的发生额分析填列。如为持有损失,在将净利润调节为经营活动现金流量时,应当加回;如为持有利得,在将净利润调节为经营活动现金流量时,应当扣除。

7. 财务费用

企业发生的财务费用中不属于经营活动的部分,应当将其从净利润中剔除。本项目可根据"财务费用"科目的本期借方发生额分析填列;如为收益,以"一"号填列。

8. 投资损失(减:收益)

企业发生的投资损益,属于投资活动产生的损益,不属于经营活动产生的损益,所以,在将净利润调节为经营活动现金流量时,需要予以剔除。如为净损失,在将净利润调节为经营活动现金流量时,应当加回;如为净收益,在将净利润调节为经营活动现金流量时,应当扣除。本项目可根据利润表中"投资收益"项目的数字填列;如为投资收益,以"一"号填列。

9. 递延所得税资产减少(减:增加)

如果递延所得税资产减少使计入所得税费用的金额大于当期应交的所得税金额,其差额没有发生现金流出,但在计算净利润时已经扣除,在将净利润调节为经营活动现金流量时,应当加回。如果递延所得税资产增加使计入所得税费用的金额小于当期应交的所得税金额,二者之间的差额并没有发生现金流入,但在计算净利润时已经包括在内,在将净利润调节为经营活动现金流量时,应当扣除。本项目可以根据资产负债表"递延所得税资产"项目期初、期末余额分析填列。

10. 递延所得税负债增加(减:减少)

如果递延所得税负债增加使计入所得税费用的金额大于当期应交的所得税金额,其差额没有发生现金流出,但在计算净利润时已经扣除,在将净利润调节为经营活动现金流量时,应当加回。如果递延所得税负债减少使计入当期所得税费用的金额小于当期应交的所得税金额,其差额并没有发生现金流入,但在计算净利润时已经包括在内,在将净利润调节为经营活动现金流量时,应当扣除。本项目可以根据资产负债表"递延所得税负债"项目期初、期末余额分析填列。

11. 存货的减少(减:增加)

期末存货比期初存货减少,说明本期生产经营过程耗用的存货有一部分是期初的存货,耗用这部分存货并没有发生现金流出,但在计算净利润时已经扣除,所以,在将净利润调节为经营活动现金流量时,应当加回。期末存货比期初存货增加,说明当期购入的存货除耗用外,还剩余一部分,这部分存货也发生了现金流出,但在计算净利润时没有包括在内,所以,在将净利润调节为经营活动现金流量时,需要扣除。当然,存货的增减变化过程还涉及应付项目,这一因素在"经营性应付项目的增加(减:减少)"中考虑。本项目可根据资产负债表中"存货"项目的期初数、期末数之间的差额填列;期末数大于期初数的差额,以"一"号填列。如果存货的增减变化过程属于投资活动,如在建工程领用存货,应当将这一因素剔除。

12. 经营性应收项目的减少(减:增加)

经营性应收项目包括应收票据、应收账款、预付账款、长期应收款和其他应收款中,与经营活动有关的部分,以及应收的增值税销项税额等。经营性应收项目期末余额小于经营性应收项目期初余额,说明本期收回的现金大于利润表中所确认的销售收入,所以,在将净利润调节为经营活动现金流量时,需要加回。经营性应收项目期末余额大于经营性应收项目期初余额,说明本期销售收入中有一部分没有收回现金,但是,在计算净利润时这部分销售收入已包括在内,所以,在将净利润调节为经营活动现金流量时,需要扣除。本项目应当根据有关科目的期初、期末余额分析填列;如为增加,以"一"号填列。

13. 经营性应付项目的增加(减;减少)

经营性应付项目包括应付票据、应付账款、预收账款、应付职工薪酬、应交税费、应付利息、长期应付款、其他应付款中与经营活动有关的部分,以及应付的增值税进项税额等。经营性应付项目期末余额大于经营性应付项目期初余额,说明本期购入的存货中有一部分没有支付现金,但是,在计算净利润时却通过销售成本包括在内,在将净利润调节为经营活动现金流量时,需要加回;经营性应付项目期末余额小于经营性应付项目期初余额,说明本期支付的现金大于利润表中所确认的销售成本,在将净利润调节为经营活动产生的现金流量时,需要扣除。本项目应当根据有关科目的期初、期末余额分析填列;如为减少,以"一"号填列。

(二)不涉及现金收支的投资和筹资活动

不涉及现金收支的重大投资和筹资活动,反映企业一定期间内影响资产或负债但不形成该期现金收支的所有投资和筹资活动的信息。这些投资和筹资活动虽然不涉及当期现金收支,但对以后各期的现金流量有重大影响。例如,企业融资租入设备,将形成的负债计入"长期应付款"账户,当期并不支付设备款及租金,但以后各期必须为此支付现金,从而在一定期间内形成了一项固定的现金支出。

目前,在我国现金流量表附注中披露不涉及当期现金收支、但影响企业财务状况或在未来可能影响企业现金流量的重大投资和筹资活动,主要包括:(1)债务转为资本,反映企业本期转为资本的债务金额;(2)一年内到期的可转换公司债券,反映企业一年内到期的可转换公司债券的本息;(3)融资租入固定资产,反映企业本期融资租入的固定资产。

(三)现金及现金等价物净变动情况

本项目反映企业一定会计期间现金及现金等价物的期末余额与期初余额后的净增加额(或净减少额),是对现金流量表中"现金及现金等价物增加额"项目的补充说明。该项目的金额应与现金流量表"现金及现金等价物净增加额"项目的金额核对相符。

七、现金流量表的具体编制方法

在具体编制现金流量表时,可以采用工作底稿法或 T 型账户法,也可以根据有关科目记录分析填列。

1. 工作底稿法

采用工作底稿法编制现金流量表,是以工作底稿为手段,以资产负债表和利润表数据为基础,对每一项目进行分析并编制调整分录,从而编制现金流量表。工作底稿法的程序是:

第一步,将资产负债表的期初数和期末数过入工作底稿的期初数栏和期末数栏。

第二步,对当期业务进行分析并编制调整分录。编制调整分录时,要以利润表项目为基础,从"营业收入"开始,结合资产负债表项目逐一进行分析。在调整分录中,有关现金和现金等价物的事项,并不直接借记或贷记现金,而是分别计入"经营活动产生的现金流量""投资活动产生的现金流量"和"筹资活动产生的现金流量"有关项目,借记表示现金流入,贷记表示现金流出。

第三步,将调整分录过入工作底稿中的相应部分。

第四步,核对调整分录,借方、贷方合计数均已经相等,资产负债表项目期初数加减调整分录中的借贷金额以后,也等于期末数。

第五步,根据工作底稿中的现金流量表项目部分编制正式的现金流量表。

2. T型账户法

采用T型账户法编制现金流量表,是以T型账户为手段,以资产负债表和利润表数据为基础,对每一项目进行分析并编制调整分录,从而编制现金流量表。T型账户法的程序是:

第一步,为所有的非现金项目(包括资产负债表项目和利润表项目)分别开设T形账户,并将各自的期末期初变动数过入各项该账户。如果项目的期末数大于期初数,则将差额过入和项目余额相同的方向;反之,过入相反的方向。

第二步,开设一个大的"现金及现金等价物"T形账户,每边分为经营活动、投资活动和筹资活动三个部分,左边记现金流入,右边记现金流出。与其他账户一样,过入期末期初变动数。

第三步,以利润表项目为基础,结合资产负债表分析每一个非现金项目的增减变动,并据此编制调整分录。

第四步,将调整分录过入各T形账户,并进行核对,该账户借贷相抵后的余额与原先过入的期末期初变动数应当一致。

第五步,根据大的"现金及现金等价物"T形账户编制正式的现金流量表。

3. 分析填列法

分析填列法是直接根据资产负债表、利润表和有关会计科目明细账的记录,分析计算出现金流量表各项目的金额,并据以编制现金流量表的一种方法。

八、现金流量表编制实例

例14—11 沿用例14—1和例14—2的资料,钟泰有限公司其他相关资料如下。

1. 2022年度利润表有关项目的明细资料

(1)管理费用的组成:职工薪酬17 100元,无形资产摊销60 000元,折旧费20 000元,支付其他费用60 000元。

(2)财务费用的组成:计提借款利息11 500元,支付应收票据(银行承兑汇票)贴现利息30 000元。

(3)资产减值损失的组成:计提坏账准备900元,计提固定资产减值准备30 000元。上年年末坏账准备余额为900元。

(4)投资收益的组成:收到股息收入30 000元,与本金一起收回的交易性股票投资收益500元,自公允价值变动损益结转投资收益1 000元。

(5)营业外收入的组成:处置固定资产净收益50 000元(其所处置固定资产原价为400 000元,累计折旧为150 000元。收到处置收入300 000元)。假定不考虑与固定资产处置有关的税费。

(6)营业外支出的组成:报废固定资产净损失19 700元(其所报废固定资产原价为200 000元。累计折旧为180 000元,支付清理费用500元,收到残值收入800元)。

(7)所得税费用的组成:当期所得税费用92 800元,递延所得税资产7 500元。

除上述项目外,利润表中的销售费用20 000元至期末已经支付。

2. 资产负债表有关项目的明细资料

(1)本期收回交易性金融资产成本15 000元、公允价值变动1 000元,同时实现投资收益500元。

(2)存货中生产成本、制造费用的组成:职工薪酬324 900元。折旧费80 000元。

(3)应交税费的组成:本期增值税进项税额42 466元,增值税销项税额212 500元,已交增值税100 000元;应交所得税期末余额为20 097元,应交所得税期初余额为0;应交税费期末数中应由在建工程负担的部分为100 000元。

(4)应付职工薪酬的期初数无应付在建工程人员的部分,本期支付在建工程人员职工薪酬200 000元。应付职工薪酬的期末数中应付在建工程人员的部分为28 000元。

(5)应付利息均为短期借款利息,其中本期计提利息11 500元,支付利息12 500元。

(6)本期用现金购买固定资产101 000元,购买工程物资300 000元。

(7)本期用现金偿还短期借款250 000元,偿还一年内到期的长期借款1 000 000元;借入长期借款560 000元。

根据以上资料,采用分析填列的方法,编制钟泰股份有限公司2009年度的现金流量表。

(一)现金流量表的正表编制

1. 经营活动现金流量各项目金额,分析确定如下。

(1)销售商品、提供劳务收到的现金。

销售商品、提供劳务收到的现金=主营业务收入+应交税费(应交增值税——销项税额)

+(应收账款年初余额-应收账款期末余额)

+(应收票据年初余额-应收票据期末余额)

-当期计提的坏账准备-票据贴现的利息

=1 250 000+212 500+(299 100-598 200)+(246 000-66 000)-900-30 000=1 312 500(元)

(2)购买商品、接受劳务支付的现金。

购买商品、接受劳务支付的现金=主营业务成本+应交税费(应交增值税——进项税额)

-(存货年初余额-存货期末余额)

+(应付账款年初余额-应付账款期末余额)

+(应付票据年初余额-应付票据期末余额)

+(预付账款期末余额-预付账款年初余额)

-当期列入生产成本、制造费用的职工薪酬

-当期列入生产成本、制造费用的折旧费和固定资产修理费

=750 000+42 466-(2 580 000-2 484 700)+(953 800-953 800)

+(200 000-100 000)+(100 000-100 000)-324 900-80 000=392 266(元)

(3)支付给职工以及为职工支付的现金。

支付给职工以及为职工支付的现金=生产成本、制造费用、管理费用中职工薪酬

+(应付职工薪酬年初余额-应付职工薪酬期末余额)

-[应付职工薪酬(在建工程)年初余额-应付职工薪酬(在建工程)期末余额]

=324 900+17 100+(110 000-180 000)-(0-28 000)=300 000(元)

(4)支付的各项税费。

支付的各项税费＝当期所得税费用＋税金及附加＋应交税费(应交增值税——已交税金)
－(应交所得税期末余额－应交所得税期初余额)
＝92 800＋2 000＋100 000－(20 097－0)＝174 703(元)

(5)支付其他与经营活动有关的现金＝其他管理费用＋销售费用。

支付其他与经营活动有关的现金＝其他管理费用＋销售费用＝60 000＋20 000＝80 000(元)

2. 投资活动现金流量各项目金额,分析确定如下。

(1)收回投资收到的现金。

收回投资收到的现金＝交易性金融资产贷方发生额＋与交易性金融资产一起收回的投资收益
＝16 000＋500＝16 500(元)

(2)取得投资收益所收到的现金。

取得投资收益所收到的现金＝收到的股息收入＝30 000(元)

(3)处置固定资产收回的现金净额。

处置固定资产收回的现金净额＝300 000＋(800－500)＝300 300(元)

(4)购建固定资产支付的现金。

购建固定资产支付的现金＝用现金购买的固定资产、工程物资＋支付给在建工程人员的薪酬
＝101 000＋300 000＋200 000＝601 000(元)

3. 筹资活动现金流量各项目金额,分析确定如下。

取得借款所收到的现金＝560 000(元)

偿还债务支付的现金＝250 000＋1 000 000＝1 250 000(元)

偿还利息支付的现金＝12 500(元)

(二)现金流量表补充资料

1. 将净利润调节为经营活动现金流量,各项目计算分析如下。

资产减值准备＝900＋30 000＝30 900(元)

固定资产折旧＝20 000＋80 000＝100 000(元)

无形资产摊销＝60 000(元)

处置固定资产、无形资产和其他长期资产的损失(减:收益)＝－50 000(元)

固定资产报废损失＝19 700(元)

财务费用＝11 500(元)

投资损失(减:收益)＝－31 500(元)

递延所得税资产减少＝0－7 500＝－7 500(元)

存货的减少＝2 580 000－2 484 700＝95 300(元)

经营性应收项目的减少
＝(246 000－66 000)＋(299 100＋900－598 200－1 800)＝－120 000(元)

经营性应付项目的增加
＝(100 000－200 000)＋(100 000－100 000)＋[(180 000－28 000)
－110 000]＋[(226 731－100 000)－36 600]＝32 131(元)

2. 本例中关于不涉及现金收支的重大投资和筹资活动

(三)根据上述数据,编制现金流量表(见表14－6)及其补充资料(见表14－7)

表 14-6　　现金流量表　　会企 03 表

编制单位：钟泰有限公司　　2022 年度　　单位：元

项　目	本期金额	上期金额
一、经营活动产生的现金流量		略
销售商品、提供劳务收到的现金	1 312 500	
收到的税费返还	0	
收到其他与经营活动有关的现金	0	
经营活动现金流入小计	1 312 500	
购买商品、接受劳务支付的现金	392 266	
支付给职工以及为职工支付的现金	300 000	
支付的各项税费	174 703	
支付其他与经营活动有关的现金	80 000	
经营活动现金流出小计	946 969	
经营活动产生的现金流量净额	365 531	
二、投资活动产生的现金流量		
收回投资收到的现金	16 500	
取得投资收益收到的现金	30 000	
处置固定资产、无形资产和其他长期资产收回的现金净额	300 300	
处置子公司及其他营业单位收到的现金净额	0	
收到其他与投资活动有关的现金	0	
投资活动现金流入小计	346 800	
购建固定资产、无形资产和其他长期资产支付的现金	601 000	
投资支付的现金	0	
取得子公司及其他营业单位支付的现金净额	0	
支付其他与投资活动有关的现金	0	
投资活动现金流出小计	601 000	
投资活动产生的现金流量净额	-254 200	
三、筹资活动产生的现金流量		
吸收投资收到的现金	0	
取得借款收到的现金	560 000	
收到其他与筹资活动有关的现金	0	
筹资活动现金流入小计	560 000	
偿还债务支付的现金	1 250 000	
分配股利、利润或偿付利息支付的现金	12 500	
支付其他与筹资活动有关的现金	0	

续表

项目	本期金额	上期金额
筹资活动现金流出小计	1 262 500	
筹资活动产生的现金流量净额	−702 500	
四、汇率变动对现金及现金等价物的影响	0	
五、现金及现金等价物净增加额	−591 169	
加:期初现金及现金等价物余额	1 406 300	
六、期末现金及现金等价物余额	815 131	

企业法人:(签章)　　　　　　　　财务总监:(签章)　　　　　　　　制表:(签章)

表14−7　　　　　　　　　　　　　现金流量补充资料　　　　　　　　　　　　　单位:元

补充资料	本期金额	上期金额
1.将净利润调节为经营活动现金流量		略
净利润	225 000	
加:资产减值准备	30 900	
固定资产折旧、油气资产折耗、生产性生物资产折旧	100 000	
无形资产摊销	60 000	
长期待摊费用摊销	0	
处置固定资产、无形资产和其他长期资产的损失(收益以"−"号填列)	−50 000	
固定资产报废损失(收益以"−"号填列)	19 700	
公允价值变动损失(收益以"−"号填列)	0	
财务费用(收益以"−"号填列)	11 500	
投资损失(收益以"−"号填列)	−31 500	
递延所得税资产减少(增加以"−"号填列)	−7 500	
递延所得税负债增加(减少以"−"号填列)	0	
存货的减少(增加以"−"号填列)	95 300	
经营性应收项目的减少(增加以"−"号填列)	−120 000	
经营性应付项目的增加(减少以"−"号填列)	32 131	
其他	0	
经营活动产生的现金流量净额	365 531	
2.不涉及现金收支的重大投资和筹资活动		
债务转为资本	0	
一年内到期的可转换公司债券	0	
融资租入固定资产	0	
3.现金及现金等价物净变动情况		

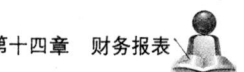

续表

补充资料	本期金额	上期金额
现金的期末余额	815 131	
减:现金的期初余额	1 406 300	
加:现金等价物的期末余额	0	
减:现金等价物的期初余额	0	
现金及现金等价物净增加额	－591 169	

企业法人:(签章)　　　　　　财务总监:(签章)　　　　　　制表:(签章)

在具体编制现金流量表时企业可以根据业务量的大小及复杂程度,采用工作底稿法、T形账户法,或直接根据有关科目的记录分析填列。

第五节　所有者权益变动表

一、所有者权益变动表概述

1. 所有者权益变动表的定义

所有者权益变动表是指反映构成所有者权益各组成部分当期增减变动情况的报表。所有者权益变动表应当全面反映一定时期所有者权益变动的情况,不仅包括所有者权益总量的增减变动,还包括所有者权益增减变动的重要结构性信息,特别是要反映直接计入所有者权益的利得和损失,让报表使用者准确理解所有者权益增减变动的根源。

2. 所有者权益变动表在一定程度上体现了企业综合收益

综合收益是指企业在某一期间与所有者之外的其他方面进行交易或发生其他事项所引起的净资产变动。综合收益的构成包括两部分:净利润和直接计入所有者权益的利得和损失。其中,前者是企业已实现并已确认的收益,后者是未实现但根据会计准则的规定已确认的收益。用公式表示如下:

$$综合收益＝净利润＋直接计入所有者权益的利得和损失$$

其中,净利润＝收入－费用＋直接计入当期损益的利得和损失

在所有者权益变动表中,净利润和直接计入所有者权益的利得和损失均单列项目反映,体现了企业综合收益的构成。

3. 所有者权益变动表的结构

为了清楚地表明构成所有者权益的各组成部分当期的增减变动情况,所有者权益变动表应当以矩阵的形式列示:一方面,列示导致所有者权益变动的交易或事项,改变了以往仅仅按照所有者权益的各组成部分反映所有者权益变动情况,而是从所有者权益变动的来源对一定时期所有者权益变动情况进行全面反映;另一方面,按照所有者权益各组成部分(包括实收资本、资本公积、盈余公积、未分配利润和库存股)及其总额列示交易或事项对所有者权益的影响。

此外,企业还需要提供比较所有者权益变动表,所有者权益变动表还就各项目再分为"本年金额"和"上年金额"两栏分别填列。

二、所有者权益变动表的填列方法

（一）所有者权益变动表各项目的列报说明

1."上年年末余额"项目，反映企业上年资产负债表中实收资本（或股本）、资本公积、库存股、盈余公积和未分配利润的年末余额。

2."会计政策变更""前期差错更正"项目，分别反映企业采用追溯调整法处理的会计政策变更的累积影响金额和采用追溯重述法处理的会计差错更正的累积影响金额。

3."本年增减变动金额"项目

（1）"净利润"项目，反映企业当年实现的净利润（或净亏损）金额，对应列在"未分配利润"栏。

（2）"直接计入所有者权益的利得和损失"项目，反映企业当年直接计入所有者权益的利得和损失金额。其中

①"其他权益工具投资公允价值变动净额"项目，反映企业持有的其他权益工具投资当年公允价值变动的金额，对应列在"其他综合收益"栏。

②"权益法下的被投资单位其他所有者权益变动的影响"项目，反映企业对按照权益法核算的长期股权投资，在被投资单位除当年实现的净损益以外其他所有者权益当年变动中应享有的份额，对应列在"资本公积"栏。

③"与计入所有者权益项目相关的所得税影响"项目，反映企业根据所得税会计准则规定应计入所有者权益项目的当年所得税影响金额，对应列在"资本公积"栏。

（3）"所有者投入资本"项目，反映企业接受投资者投入的资本和减少的资本。其中

①"所有者投入资本"项目，反映企业接受投资者投入形成的实收资本（或股本）和资本溢价或股本溢价，对应列在"实收资本"和"资本公积"栏。

②"股份支付计入所有者权益的金额"项目，反映企业处于等待期中的权益结算的股份支付当年计入资本公积的金额，对应列在"资本公积"栏。

（4）"利润分配"项目，反映企业当年的利润分配方案金额。其中

①"提取盈余公积"项目，反映企业按照规定提取的盈余公积。

②"对所有者（或股东）的分配"项目，反映企业对所有者分配的利润（或股东）金额。

（5）"所有者权益内部结转"项目，反映企业构成所有者权益的组成部分之间的增减变动金额。其中

①"资本公积转增资本（或股本）"项目，反映企业以资本公积转增资本或股本的金额。

②"盈余公积转增资本（或股本）"项目，反映企业以盈余公积转增资本或股本的金额。

③"盈余公积弥补亏损"项目，反映企业以盈余公积弥补亏损的金额。

（二）上年金额栏的填列方法

所有者权益变动表"上年金额"栏内各项数字，应根据上年度所有者权益变动表"本年金额"栏内所列数字填列。如果上年度所有者权益变动表规定的各个项目的名称和内容同本年度不相一致，应对上年度所有者权益变动表各项目的名称和数字按本年度的规定进行调整，填入所有者权益变动表"上年金额"栏内。

（三）本年金额栏的填列方法

所有者权益变动表"本年金额"栏内各项数字一般应根据"实收资本（或股本）""资本公积""盈余公积""利润分配""库存股"及"以前年度损益调整"科目的发生额分析填列。

企业的净利润及其利润分配情况作为所有者权益变动的组成部分,不需要单独设置利润分配表列示。

三、所有者权益变动表编制实例

例14－12 沿用例14－1和例14－2的资料,钟泰有限公司其他相关资料为:提取盈余公积24 770.4元,向投资者分配现金股利32 215.85元。根据上述资料,钟泰有限公司编制2022年度的所有者权益变动表。如表14－8所示。

表14－8　　　　　　　　　　　所有者权益变动表　　　　　　　　　　会企04表
编制单位:钟泰有限公司　　　　　　　　　2022年度　　　　　　　　　　　单位:元

项目	本年金额						上年金额					
	实收资本(或股本)	资本公积	减:库存股	盈余公积	未分配利润	所有者权益合计	实收资本(或股本)	资本公积	减:库存股	盈余公积	未分配利润	所有者权益合计
一、上年年末余额	5 000 000	0	0	100 000	50 000	5 150 000						
加:会计政策变更												
前期差错更正												
二、本年年初余额	5 000 000	0	0	100 000	50 000	5 150 000						
三、本年增减变动金额(减少以"－"号填列)												
(一)净利润					225 000	225 000						
(二)直接计入所有者权益的利得和损失												
1.其他权益工具投资公允价值变动净额												
2.权益法下被投资单位其他所有者权益变动的影响												
3.与计入所有者权益项目相关的所得税影响												
4.其他												
上述(一)和(二)小计												
(三)所有者投入和减少资本												
1.所有者投入资本												
2.股份支付计入所有者权益的金额												
3.其他												
(四)利润分配												
1.提取盈余公积				24 770.4	－24 770.4	0						
2.对所有者(或股东)的分配					－32 215.85	－32 215.85						
3.其他												
(五)所有者权益内部结转												

续表

项目	本年金额						上年金额					
	实收资本（或股本）	资本公积	减：库存股	盈余公积	未分配利润	所有者权益合计	实收资本（或股本）	资本公积	减：库存股	盈余公积	未分配利润	所有者权益合计
1.资本公积转增资本（或股本）												
2.盈余公积转增资本（或股本）												
3.盈余公积弥补亏损												
4.其他												
四、本年年末余额	5 000 000	0	0	124 770.4	190 717.75	5 315 488.15						

企业法人：(签章)　　　　　　财务总监：(签章)　　　　　　制表：(签章)

第六节　附　注

一、附注概述

（一）附注的概念

附注是财务报表不可或缺的组成部分，是对在资产负债表、利润表、现金流量表和所有者权益变动表等报表中列示项目的文字描述或明细资料，以及对未能在这些报表中列示项目的说明等。

财务报表中的数字是经过分类与汇总后的结果，是对企业发生的经济业务的高度简化和浓缩的数字，如果没有形成这些数字所使用的会计政策、理解这些数字所必需的披露，财务报表就不可能充分发挥效用。因此，附注与资产负债表、利润表、现金流量表和所有者权益变动表等报表具有同等的重要性，是财务报表的重要组成部分。报表使用者了解企业的财务状况、经营成果和现金流量时，应当全面阅读附注。

（二）附注披露的基本要求

1. 附注披露的信息应是定量、定性信息的结合，从而能从量和质两个角度对企业经济事项完整地进行反映，也才能满足信息使用者的决策需求。

2. 附注应当按照一定的结构进行系统合理的排列和分类，有顺序地披露信息。由于附注的内容繁多，因此更应按逻辑顺序排列，分类披露，条理清晰，具有一定的组织结构，以便于使用者理解和掌握，也更好地实现财务报表的可比性。

3. 附注相关信息应当与资产负债表、利润表、现金流量表和所有者权益变动表等报表中列示的项目相互参照，以有助于使用者联系相关联的信息，并由此从整体上更好地理解财务报表。

二、附注披露的内容

附注应当按照如下顺序披露有关内容。

（一）企业的基本情况

1. 企业注册地、组织形式和总部地址。

2. 企业的业务性质和主要经营活动，如企业所处的行业、所提供的主要产品或服务、客户的性质、销售策略及监管环境的性质等。

3. 母公司以及集团最终母公司的名称。

4. 财务报告的批准报出者和财务报告被批准报出日。

(二)财务报表的编制基础

说明财务报表编制基础是以持续经营和权责发生制为编制基础,还是采用其他编制基础。

(三)遵循企业会计准则的声明

企业应当声明编制的财务报表符合企业会计准则的要求,真实、完整地反映了企业的财务状况、经营成果和现金流量等有关信息。以此明确企业编制财务报表所依据的制度基础。如果企业编制的财务报表只是部分地遵循了企业会计准则,附注中不得做出这种表述。

(四)重要会计政策和会计估计的说明

根据财务报表列报准则的规定,企业应当披露采用的重要会计政策和会计估计,不重要的会计政策和会计估计可以不披露。

(五)会计政策和会计估计变更以及前期差错更正的说明

(六)报表重要项目的说明

企业应当以文字和数字描述相结合,尽可能以列表形式披露报表重要项目的构成或当期增减变动情况,并且报表重要项目的明细金额合计,应当与报表项目金额相衔接。在披露顺序上,一般应当按照资产负债表、利润表、现金流量表和所有者权益变动表的顺序及其项目列示的顺序。

(七)其他需要说明的重要事项

主要包括或有的承诺事项、资产负债表日后非调整事项、关联方关系及其交易等。

本章小结

1. 财务报告的基本列报要求:企业应当以持续经营为基础,考虑报表项目的重要性和不同会计期间的一致性,编制财务报表。资产和负债项目、收入和费用项目,除满足抵销条件外,不得相互抵销。财务报表至少应当提供上一个可比会计期间的比较数据。

2. 资产负债表的基本结构和编制方法:在我国,资产负债表采用账户式结构,报表分为左右两方。编报资产负债表最根本的目标就是应如实反映企业在资产负债表日所拥有的资源、所承担的负债以及所有者所拥有的权益。资产负债表应当按照资产、负债和所有者权益三大类别分类列报。其中,资产应当按流动资产和非流动资产项目列示,负债按流动负债和非流动负债项目列示,所有者权益按实收资本(或股本)、资本公积、盈余公积和未分配利润等项目列示。

3. 利润表的基本结构和编制方法:在我国,利润表采用多步式结构,按利润形成的主要环节列示一些中间性利润指标,分步计算当期损益。企业应当在利润表中分别列示营业收入、营业利润、利润总额、净利润和每股收益等内容。

4. 现金流量表的基本结构和编制方法:现金流量表由正表和补充资料两部分组成。其中,正表部分按照现金流量的性质分为经营活动的现金流量、投资活动的现金流量和筹资活动的现金流量。各部分又分别按收入项目和支出项目列示,以反映各类活动所产生的现金流入量和现金流出量,来展示各类现金流入和流出的原因。现金流量表应当采用直接法列示经营活动产生的现金流量,并在报表补充资料中采用间接法列示经营活动产生的现金流量。补充资料包括三部分内容，一是将净利润调节为经营活动的现金流量，二是不涉及现金收支的重大投资和筹资活动，三是现金及现金等价物净变动等信息。现金流量表的编制方法主要有工作底稿法、T形账户法和分析填列法。

5. 所有者权益变动表的基本结构和编制方法：所有者权益变动表应当以矩阵的形式列示，即分别列示当期损益、直接计入所有者权益的利得和损失，以及与所有者的资本交易导致的所有者权益变动等内容。

课后练习

一、单项选择题

1. 资产负债表所依据的基本等式是（　　）。
   A. 资产＝所有者权益　　　　　　B. 资产＝负债
   C. 负债＝资产－所有者权益　　　D. 资产＝负债＋所有者权益
2. 期末，若"预付账款"科目有贷方余额，应将其计入资产负债表中的项目是（　　）。
   A. 预收账款　　　　　　　　　　B. 应收账款
   C. 应付账款　　　　　　　　　　D. 其他应付款
3. 资产负债表的"未分配利润"项目，应根据（　　）填列。
   A."本年利润"科目余额
   B."资本公积"科目余额
   C."利润分配"科目余额
   D."本年利润"和"利润分配"科目的余额计算
4. 某企业"应付账款"科目月末贷方余额50 000元，其中，"应付甲公司账款"明细科目贷方余额30 000元，"应付乙公司账款"明细科目贷方余额20 000元，"预付账款"科目贷方余额35 000元，其中，"预付A工厂账款"明细科目贷方余额55 000元，"预付B工厂账款"明细科目借方余额20 000元。则该企业月末资产负债表"应付账款"项目的金额为（　　）。
   A. 105 000元　　　　　　　　　　B. 85 000元
   C. 50 000元　　　　　　　　　　 D. 35 000元
5. 下列各项利润表项目中，不影响营业利润的是（　　）。
   A. 投资收益　　　　　　　　　　B. 公允价值变动损益
   C. 资产减值损失　　　　　　　　D. 营业外收入
6. 下列现金流量表项目中，能引起现金流量净额变动的是（　　）。
   A. 将现金存入银行　　　　　　　B. 提取固定资产的折旧
   C. 用银行存款10万元清偿债务　　D. 用银行存款购买2个月到期的债券
7. 下列关于所有者权益变动表的等式，正确的是（　　）。
   A. 所有者投入和减少的资本＝所有者投入的资本＋股份支付计入所有者权益的金额＋与计入所有者权益项目相关的所得税影响等
   B. 直接计入所有者权益的利得和损失＝可供出售金融资产公允价值变动净额＋权益法下被投资单位其他所有者权益变动的影响
   C. 利润分配＝提取盈余公积＋对所有者（或股东）的分配等
   D. 所有者权益内部结转＝盈余公积转增资本（或股本）＋盈余公积弥补亏损

8. 处置固定资产的净损益属于（　　）产生的现金流量。
A. 经营活动　　　　　　　　　　B. 筹资活动
C. 投资活动　　　　　　　　　　D. 经营活动或投资活动
9. 采用间接法将净利润调节为经营活动现金流量，下列项目中属于调减项目的是（　　）。
A. 存货的减少　　　　　　　　　B. 递延所得税资产减少
C. 应收账款坏账准备　　　　　　D. 经营性应付项目减少
10. 企业披露分部信息时，不包括在分部资产项目中的是（　　）。
A. 经营活动的固定资产　　　　　B. 经营活动的无形资产
C. 经营活动的流动资产　　　　　D. 递延所得税借项

二、多项选择题

1. 下列各项中，属于经营活动产生现金流量的有（　　）。
A. 销售材料取得的收入　　　　　B. 支付的委托加工物资款
C. 处置固定资产取得净收入　　　D. 出租固定资产取得的租金收入
E. 支付给离退休人员的各项费用
2. 下列项目，直接计入所有者权益变动表中所有者权益的利得和损失项目的是（　　）。
A. 其他权益工具投资公允价值变动净额
B. 权益法下被投资单位其他所有者权益变动的影响
C. 与计入所有者权益项目相关的所得税影响
D. 现金流量套期工具公允价值变动净额
E. 股份支付计入所有者权益的金额
3. 财务报表附注的内容包括（　　）。
A. 企业的基本情况　　　　　　　B. 财务报表的编制基础
C. 遵循企业会计准则的声明　　　D. 分部报表
E. 重要会计政策和会计估计
4. 下列各项中，属于所有者权益变动表中"所有者权益内部结转"项目的是（　　）。
A. 所有者本年购回库存股　　　　B. 资本公积转增资本
C. 盈余公积转增资本　　　　　　D. 盈余公积补亏
E. 本年提取盈余公积
5. 采用间接法编制现金流量表，将净利润调整为经营活动现金流量时，需要调整的项目包括（　　）。
A. 不属于经营活动的收益　　　　B. 没有实际收到现金的收益
C. 没有实际支付现金的费用　　　D. 实际支付的现金
E. 经营性应收项目的增减变动
6. 下列各项，属于编制财务报表的基本原则的是（　　）。
A. 实质重于形式　　　　　　　　B. 权责发生制
C. 持续经营　　　　　　　　　　D. 抵消原则
E. 重要性和项目列报

三、判断题

1. 企业应当披露重要的会计政策和会计估计，不具有重要性的会计政策和会计估计可以不披露。（   ）
2. 企业出售固定资产收到的现金，属于经营活动产生的现金流量。（   ）
3. 资产负债表反映的是企业某一时点的财务状况及偿债能力，是时点报表。利润表反映的是企业某一时期的经营成果的时期报表。（   ）
4. 销售商品、提供劳务收到的现金＝当期销售商品、提供劳务收到的现金＋当期收回前期的应收账款和应收票据＋当期预收的账款－当期销售退回支付的现金＋当期收回前期核销的坏账损失。（   ）
5. 稀释性潜在普通股应当按照其稀释程度从大到小的顺序计入稀释每股收益，直至稀释每股收益达到最小值。（   ）
6. 分部利润（亏损），是指分部收入减去分部费用后的余额。在合并利润表中，分部利润（亏损）应当在调整少数股东损益后确定。（   ）
7. 支付在建工程人员的工资属于筹资活动产生的现金流量。（   ）
8. 所有者权益变动表中，"会计政策变更""前期差错更正"项目，分别反映企业采用未来适用法处理的会计政策变更的影响金额。（   ）
9. 风险和报酬主要受企业的产品和劳务差异影响的，披露分部信息的主要形式应当是地区分部，次要形式是业务分部。（   ）
10. 现金流量表中，罚款支出、支付的差旅费、业务招待费支出和支付的保险费等应在"经营活动产生的现金流量"项下"支付的各项税费"中反映。（   ）

四、账务处理题

1. 诺雷股份有限公司为增值税一般纳税人，适应的增值税税率为13%，所得税税率为25%。该公司2022年1月1日有关科目的余额如下。

单位：元

科目名称	借方余额	科目名称	贷方余额
库存现金	3 600	短期借款	550 000
银行存款	2 500 000	应付票据	300 000
其他货币资金	238 000	应付账款	1 205 600
交易性金融资产	25 000	其他应付款	100 000
应收票据	490 000	应付职工薪酬	200 000
应收账款	500 000	应交税费	66 200
坏账准备（全为应收账款计提）	－2 200	应付利息	1 200
预付账款	400 000	长期借款	3 200 000
其他应收款	10 000	其中：一年内到期的非流动负债	2 000 000
材料采购	450 000	原材料	1 000 000

续表

科目名称	借方余额	科目名称	贷方余额
包装物	76 000	股本(10 000 000股,每股面值1元)	10 000 000
低值易耗品	100 000	盈余公积	200 000
库存商品	3 359 000	利润分配(未分配利润)	100 000
材料成本差异	73 600		
长期股权投资	500 000		
固定资产	3 000 000		
累计折旧	−800 000		
在建工程	3 000 000		
无形资产	600 000		
长期待摊费用	400 000		
合　计	15 923 000	合　计	15 923 000

该公司2022年发生如下经济业务。

(1)收到银行通知,以银行存款支付到期商业承兑汇票100 000元,增值税已于前期支付。

(2)购入原材料一批,以银行存款支付货款200 000元,增值税26 000元,材料未到。

(3)验收入库前期采购材料一批,货款已付,实际成本150 000元,计划成本为160 000元。

(4)以银行汇票支付材料采购价款194 800元,增值税25 324元,材料已运到并验收入库。收到银行汇票多余款收账通知,转回汇票多余款9 876元。该批原材料计划成本200 000元。

(5)赊销产品一批,价款500 000元,增值税65 000元;该批产品实际成本为260 000元,产品已发出。

(6)购入不需安装的机床一台,以银行存款支付价款175 000元,增值税22 750元,运费2 000元。机床已交付使用。

(7)购入工程物资一批,以银行存款支付货款及增值税339 000元。

(8)一项更新改造工程发生应付职工薪酬550 000元。计算应负担的长期借款利息220 000元,尚未支付。

(9)一项更新改造工程完工,已办理竣工手续并交付使用,固定资产价值1 500 000元。

(10)基本生产车间报废车床一台,原价220 000元,已提折旧196 000元,发生清理费用1 000元,残值收入1 500元,均以银行存款收支。年末该项固定资产已清理完毕。

(11)将要到期的一张面值为200 000元的无息银行承兑汇票交银行办理转账,收到银行盖章返回的进账单一联。款项已收妥。

(12)出售不需用设备一台,售价250 000元,该设备原价600 000元,已提折旧450 000元。设备已由购买单位运走。

(13)偿还短期借款本金350 000元,利息10 000元

(14)提取现金1 000 000元,准备支付职工工资。

(15)支付职工薪酬,分配应支付的职工工资500 000元(不包括更新改造工程应负担的工

资),其中,生产人员工资 450 000 元,车间管理人员工资 20 000 元,行政管理部门人员工资 30 000 元。按工资总额的 14% 提取福利费(不包括更新改造工程应负担的工资)。

(16)提取本期的借款利息 41 000 元,应计入本期损益,其中,短期借款利息 18 000 元,长期借款利息 23 000 元。

(17)基本生产领用原材料,计划成本 1 200 000 元。结转当期领用原材料材料成本差异,材料成本差异率为 4%。

(18)摊销无形资产 60 000 元。

(19)提取固定资产折旧 300 000 元,其中,应计入制造费用 180 000 元,管理费用 120 000 元。

(20)计算并结转本期完工产品成本 1 963 800 元。无期初在产品,本期生产的产品全部完工入库。

(21)以银行存款支付广告费 20 000 元。

(22)采用商业承兑汇票结算方式销售产品一批,价款 1 000 000 元,增值税额为 130 000 元,收到商业承兑汇票。产品实际成本 550 000 元。

(23)将上述承兑汇票到银行办理贴现,贴现息 70 000 元。

(24)提取现金 50 000 元,支付退休费,退休费未统筹。

(25)本期产品销售应缴纳的教育费附加为 5 000 元。

(26)以银行存款缴纳增值税 160 000 元,教育费附加 5 000 元。

(27)采用应收账款账龄分析法计提坏账准备 1800 元。

(28)结转各收支科目。

(29)计算并结转应交所得税

(30)按税后净利润的 15% 提取法定盈余公积和任意盈余公积。

(31)将利润分配各明细科目余额转入"未分配利润"明细科目,结转本年利润。

要求:(1)编制上述业务的相关会计分录。

(2)编制诺雷公司 2022 年 12 月 31 日的资产负债表。

2.A 公司为增值税一般纳税企业,主营业务包括销售商品和提供劳务,适用增值税率 13%,所得税率 25%。2022 年 8 月发生如下经济业务:

(1)向 B 公司销售一批商品,价款 80 000 元,商品已发出,增值税专用发票已开具,全部款项已收到并存入银行。该批商品实际成本为 62 000 元。

(2)委托 C 公司销售商品,根据代销协议,该批商品的协议价 10 万元,C 公司直接从代销商品协议价中扣取 10% 作为手续费。该批商品实际成本 58 000 元。月末,收到 C 公司开来的代销清单,已售出代销商品的 30%,同时收到扣除手续费的代销款并存入银行。

(3)与 D 公司签订一项设备维修服务协议,此项服务的劳务款为 585 000 元。月末,A 公司完成该服务,D 公司验收合格,收到劳务款 585 000 元存入银行。此项服务,A 公司支付维修人员工资 153 000 元。

(4)由于质量问题,收到 E 公司退回的上月购买的商品一批,该批商品售出时已确认收入,款项尚未收取。月末,商品已存入仓库,已办妥退货手续并开具红字增值税专用发票。该批商品的销售价格为 50 000 元,实际成本 35 000 元。

(5)与 F 公司签订一项设备安装合同,合同规定设备的安装期为两个月,总安装价款为 50 000 元,分两次收取,本月收取 20 000 元,剩余款项于工程完工时收取。月末收到第一笔价款并存入银行。支付安装人员工资15 000元。

要求：(1)根据上述资料，编制A公司相关会计分录。

(2)编制A公司2022年8月份利润表。

A公司8月发生的其他经济业务的账户余额如下。

单位：万元

账户名称	借方余额	贷方余额
其他业务收入		1
其他业务成本	1.5	
投资收益		2.3
营业外收入		27
营业外支出	33	
营业税金及附加	12	
管理费用	6	
财务费用	2	

3. 万达公司2022年有关资料如下。

(1)利润表中"营业收入"项目为200 000元；资产负债表中"应收账款"项目年初余额60 000元，年末余额20 000元。本年度发生坏账2 000元已予以核销。本年度债务人企业用存货抵偿应收账款12 000元；本年度收到以前年度核销的坏账准备16 000元。

(2)利润表中"营业成本"项目为120 000元；资产负债表中"应付账款"项目年初余额6 000元、年末余额4 000元，"预付账款"项目年初余额0、年末余额1 000元，"存货"项目年初余额140 000元、年末余额180 000元；当年接受投资人投入存货16 000元。

要求：根据上述资料，计算现金流量表中的"销售商品、提供劳务收到的现金"及"购买商品、接受劳务支付的现金"项目的金额。

五、案例分析题

中实股份有限公司为工业企业，该公司2022年有关资料如下。

(1)资产、负债类部分账户年初、年末余额和本年发生额如下：

(单位：万元)

资产	年初余额 借方	年初余额 贷方	本年发生额 借方	本年发生额 贷方	年末余额 借方	年末余额 贷方
交易性金融资产	100		300	400	200	
应收票据	300			300		
应收账款(总)	500		3 000	2 800	700	
——甲公司	600		2 500	2 200	900	
——乙公司		100	500	600		200

续表

资　产	年初余额 借方	年初余额 贷方	本年发生额 借方	本年发生额 贷方	年末余额 借方	年末余额 贷方
坏账准备		6		3		9
应收股利			10	10		
原材料	300		2 000	2 200	100	
制造费用			800	800		
生产成本	100		4 000	3 800	300	
库存商品	200		3 800	3 500	500	
固定资产	5 000		400	1 000	4 400	
累计折旧		2 000	800	200		1 400
在建工程	1 000		300		1 300	
短期借款			200	250		50
长期借款		1 000				1 000
应付账款(总)		300	1 300	1 200		200
——丙公司		500	1 200	1 000		300
——丁公司	200		100	200	100	
应付职工薪酬		30	1 160	1 200		70
应交税费(总)		55	1 319.3	1 325.3		60
——应交增值税			850	850		
——未交增值税		30	180	200		50
——应交其他税金		25	289.3	275.3		11

(2)损益类部分账户本年发生额如下。

(单位:万元)

账户名称	借方发生额	贷方发生额
营业收入		5 000
营业成本	3 500	
税金及附加	51	
销售费用	300	
管理费用	500	
财务费用	25	
投资收益		30
营业外支出	20	
所得税	198	

(3)其他有关资料如下。

①交易性金融资产的取得及出售均以现金结算,且交易性金融资产不属于现金等价物。

②"制造费用"及"生产成本"科目借方发生额含工资及福利费1 000万元、折旧费180万元,不含其它摊入的费用。

③"固定资产"科目借方发生额为现金购入的固定资产400万元;"在建工程"科目借方发生额含用现金支付的资本化利息费用30万元,以及用现金支付的出包工程款270万元。

④应付职工薪酬为生产经营人员的工资及福利费。

⑤"应交税费—应交增值税"科目借方发生额含增值税进项税额340万元、已交税金310万元、转出未交增值税200万元,贷方发生额为销售商品发生的销项税额850万元;"应交税费—未交增值税"科目借方发生额为缴纳的增值税180万元。

⑥"销售费用"及"管理费用"科目借方发生额含工资及福利费200万元、离退休人员费80万元、计提坏账准备3万元、折旧费20万元、房产税和印花税30万元以及用现金支付的其他费用467万元。

⑦"财务费用"科目借方发生额含票据贴现利息5万元以及用现金支付的其他利息。

⑧"投资收益"科目贷方发生额含出售股票获得的投资收益20万元以及收到的现金股利。

⑨"营业外支出"科目借方发生额为出售固定资产发生的净损失20万元(出售固定资产原价1 000万元、累计折旧800万元,支付的清理费用30万元,收到的价款210万元)。

⑩假定该公司本期未发生其他交易或事项。

要求:(1)分析填列该公司资产负债表所列示项目的年初数和年末数。

资产负债表(部分项目)

编制单位:中实股份有限公司　　　　2022年12月31日　　　　　　　　　单位:万元

资产	年初数	年末数	负债和所有者权益	年初数	年末数
应收账款			应付账款		
预付款项			预收账款		
存货					

(2)分析填列该公司现金流量表所列示项目的金额

现金流量表(部分项目)

编制单位:中实股份有限公司　　　　2022年12月31日　　　　　　　　　单位:万元

项目	计算过程	金额
销售商品、提供劳务收到的现金		
购买商品、接受劳务支付的现金		
支付给职工以及为职工支付的现金		
支付的各项税费		
支付其他与经营活动有关的现金		
收回投资收到的现金		
取得投资收益收到的现金		

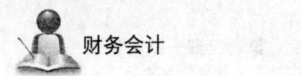

续表

项　目	计算过程	金　额
处置固定资产收到的现金净额		
购建固定资产支付的现金		
投资支付的现金		
取得借款收到的现金		
偿还债务支付的现金		
偿还利息支付的现金		

第十五章 会计调整

学习目标

知识目标
1. 掌握会计政策变更的基本类型;
2. 掌握会计估计变更的判断方法;
3. 掌握前期差错的判断方法;
4. 掌握调整事项与非调整事项的判断标准。

能力目标
1. 掌握会计政策变更的基本类型及会计处理;
2. 掌握会计估计变更的判断及会计处理;
3. 掌握前期差错的判断及会计处理;
4. 掌握调整事项与非调整事项的判断标准及相关会计处理。

素质目标
客观进行会计调整,提供有助于信息使用者决策所需要的信息。

思政案例导入

新金融工具会计准则变更

中国平安披露 2023 年一季报:实现归母营运利润(OPAT)413.85 亿元,同比下滑 3.4%;实现归母净利润 383.52 亿元,同比大幅增长 48.9%(已追溯同期口径),净利润与 OPAT 差异系短期投资波动(—32.08 亿元),1Q23 寿险、财险、银行、资管、科技分部归母营运利润同比增速为—2.1%、45.9%、13.6%、—49.4%和—74.8%,占比为 68.0%、10.9%、20.4%、3.2%和 1.7%。净利润增速超出市场预期,新准则影响整体偏正面超出预期。

新准则下追溯调整同期业绩。对 1Q22 归母净利润,由 206.58 亿元追溯调增至 257.58 亿元;对归母营运利润,由 430.47 亿元小幅调降至 428.52 亿元。2022 年末归母净资产由 8 586.75 亿元小幅追溯上调至 8 691.91 亿元,新准则有利于利润和净资产释放,得益于公司已于 2018 年初实施新金融工具会计准则,新准则实施追溯调高同期基数主要系新旧准则对折现率使用变化以及新增具有直接参与分红特征的保险合同计量方法降低对净利润的波动。

会计调整，是指企业因按照国家法律、行政法规和会计准则的要求，或者因特定情况下按照会计准则规定对企业原采用的会计政策、会计估计，以及发现的会计差错、发生的资产负债表日后事项等所做的调整。

第一节　会计政策及其变更

一、会计政策概述

(一)会计政策的概念

会计政策是指企业在会计确认、计量和报告中所采用的原则、基础和会计处理方法。会计政策包括的会计原则、基础和处理方法，是指导企业进行会计确认和计量的具体要求。

其中，原则是指按照企业会计准则规定的、适合于企业会计核算所采用的具体会计原则。例如，《企业会计准则第14号——收入》规定的以交易已经完成、经济利益能够流入企业、收入和成本能够可靠计量作为收入确认的标准，就属于收入确认的具体会计原则；基础是指为了将会计原则应用于交易或者事项而采用的基础，主要是计量基础（即计量属性），包括历史成本、重置成本、可变现净值、现值和公允价值等；会计处理方法是指企业在会计核算中按照法律、行政法规或者国家统一的会计制度等规定采用或者选择的、适合于本企业的具体会计处理方法。例如，企业按照《企业会计准则第15号——建造合同》规定采用的完工百分比法等。

(二)会计政策的特点

在我国，会计准则属于法规，会计政策所包括的具体会计原则、基础和具体会计处理方法由会计准则规定。企业基本上是在法规所允许的范围内选择适合本企业实际情况的会计政策。所以，会计政策具有强制性和多层次的特点。

1. 会计政策的强制性

由于企业经济业务的复杂性和多样化，某些经济业务在符合会计原则和基础的要求下，可以有多种会计处理方法。例如，存货的计价，可以有先进先出法、加权平均法和个别计价法等。但是，企业在发生某项经济业务时，必须从允许的会计原则、基础和会计处理方法中选择出适合本企业特点的会计政策。

2. 会计政策的层次性

会计政策包括会计原则、基础和会计处理方法三个层次。其中，会计原则是指导企业会计核算的具体原则；会计基础是为将会计原则体现在会计核算而采用的基础；处理方法是按照会计原则和基础的要求，由企业在会计核算中采用或者选择的、适合于本企业的具体会计处理方法。会计原则、基础和会计处理方法三者之间是一个具有逻辑性、密不可分的整体，通过这个整体，会计政策才能得以应用和落实。

(三)重要的会计政策类型

企业应当披露重要的会计政策，不具有重要性的会计政策可以不予披露。判断会计政策是否重要，应当考虑与会计政策相关项目的性质和金额。企业应当披露的重要会计政策包括以下几个方面。

(1)发出存货成本的计量。它是指企业确定发出存货成本所采用的会计处理

例如，企业发出存货成本的计量是采用先进先出法，还是采用其他计量方法。

(2)长期股权投资的后续计量。它是指企业取得长期股权投资后的会计处理

例如,企业对被投资单位的长期股权投资是采用成本法,还是采用权益法核算。

(3)投资性房地产的后续计量。它是指企业对投资性房地产进行后续计量所采用的会计处理。例如,企业对投资性房地产的后续计量是采用成本模式,还是公允价值模式。

4. 固定资产的初始计量。它是指对取得的固定资产初始成本的计量。例如,企业取得的固定资产初始成本是以购买价款,还是以购买价款的现值为基础进行计量。

5. 生物资产的初始计量。它是指对取得的生物资产初始成本的计量。例如,企业为取得生物资产而产生的借款费用,应当予以资本化,还是计入当期损益。

6. 无形资产的确认。它是指对无形项目的支出是否确认为无形资产。例如,企业内部研究开发项目开发阶段的支出是确认为无形资产,还是在发生时计入当期损益。

7. 非货币性资产交换的计量。它是指非货币性资产交换事项中对换入资产成本的计量。例如,非货币性资产交换是以换出资产的公允价值作为确定换入资产成本的基础,还是以换出资产的账面价值作为确定换入资产成本的基础。

8. 收入的确认。它是指收入确认所采用的会计方法。例如,企业确认收入时是按照从购货方已收或应收的合同或协议价款确定销售商品收入金额,还是按照应收的合同或协议价款的公允价值确定销售商品收入金额。

9. 合同收入与费用的确认。它是指确认建造合同的收入和费用所采用的会计处理方法。例如,企业确认建造合同的合同收入和合同费用是采用完工百分比法。

10. 借款费用的处理。它是指借款费用的会计处理方法,即是采用资本化,还是采用费用化。

11. 合并政策。它是指编制合并财务报表所采纳的原则。例如,母公司与子公司的会计年度不一致的处理原则;合并范围的确定原则等。

12. 其他重要会计政策。

二、会计政策变更的条件

会计政策变更是指企业对相同的交易或者事项由原来采用的会计政策改用另一会计政策的行为。为保证会计信息的可比性,使财务报表的使用者在比较企业一个以上期间的财务报表时,能够正确判断企业的财务状况、经营成果和现金流量的趋势。一般情况下,企业采用的会计政策,在每一会计期间和前后各期应当保持一致,不得随意变更,否则,势必削弱会计信息的可比性。但是,满足下列(一)、(二)条件之一的,可以变更会计政策。

(一)法律、行政法规或者国家统一的会计制度等要求变更

这种情况是指按照法律、行政法规以及国家统一的会计制度的规定,要求企业采用新的会计政策,则企业应当按照法律、行政法规以及国家统一的会计制度的规定改变原会计政策,按照新的会计政策执行。

例 15—1 《企业会计准则第 1 号——存货》规定,不允许企业采用后进先出法核算发出存货成本,这就要求执行企业会计准则体系的企业按照新规定,将原来以后进先出法核算发出存货成本改为准则规定可以采用的会计政策。

例 15—2 《企业会计准则第 8 号——资产减值》规定,已计提固定资产减值准备不允许转回,这就要求执行企业会计准则体系的企业按照新规定改变原允许固定资产减值准备转回的做法,变更原有会计政策。

(二)会计政策变更能够提供更可靠、更相关的会计信息

由于经济环境、客观情况的改变,使企业原采用的会计政策所提供的会计信息,已不能恰当地反映企业的财务状况、经营成果和现金流量等情况。在这种情况下,应改变原有会计政策,按变更后新的会计政策进行会计处理,以便对外提供更可靠、更相关的会计信息。

例 15—3 某企业一直采用成本模式对投资性房地产进行后续计量,如果该企业能够从房地产交易市场上持续地取得同类或类似房地产的市场价格及其他相关信息,从而能够对投资性房地产的公允价值做出合理的估计,此时采用公允价值模式对投资性房地产进行后续计量可以更好地反映其价值。这种情况下,该企业可以将投资性房地产的后续计量方法由成本模式变更为公允价值模式。

需要注意的是,除法律、行政法规以及国家统一的会计制度要求变更会计政策的,应当按照国家的相关规定执行外,企业因满足上述第 2 个条件变更会计政策时,必须有充分、合理的证据表明其变更的合理性,并说明变更会计政策后,能够提供关于企业财务状况、经营成果和现金流量等更可靠、更相关的会计信息的理由。对会计政策的变更,企业仍应经股东大会或董事会、经理(厂长)会议或类似机构批准,并按照法律、行政法规等的规定报送有关各方备案。如无充分、合理的证据表明会计政策变更的合理性,或者未重新经股东大会或董事会、经理(厂长)会议或类似机构批准擅自变更会计政策的,或者连续、反复地自行变更会计政策的,视为滥用会计政策,按照前期差错更正的方法进行处理。

上市公司的会计政策目录及变更会计政策后重新制定的会计政策目录,除应当按照信息披露的要求对外公布外,还应当报公司上市地的交易所备案。未报公司上市地交易所备案的,视为滥用会计政策,按照前期差错更正的方法进行处理。

(三)不属于会计政策变更的情况

1. 本期发生的交易或者事项与以前相比具有本质差别而采用新的会计政策

例 15—4 某企业以往租入的设备均为临时需要而租入的,因此按经营租赁会计处理方法核算,但自本年度起租入的设备均采用融资租赁方式,则该企业自本年度起对新租赁的设备采用融资租赁会计处理方法核算。由于该企业原租入的设备均为经营性租赁,本年度起租赁的设备均改为融资租赁,经营租赁和融资租赁有着本质差别,因而改变会计政策不属于会计政策变更。

2. 对初次发生的或不重要的交易或者事项采用新的会计政策

例 15—5 某企业初次签订一项建造合同,为另一企业建造三栋厂房,该企业对该项建造合同采用完工百分比法确认收入。由于该企业初次发生该项交易,采用完工百分比法确认该项交易的收入,不属于会计政策变更。

三、会计政策变更的会计处理

会计政策变更后,新的会计政策是从变更日起开始实施,还是需要对以前相关的交易或事项进行追溯调整。也就是说,对于会计政策变更,会计处理上首要解决的问题是实施新会计政策的起始时间。会计政策变更的处理方法有追溯调整法和未来适用法两种。

1. 追溯调整法

追溯调整法是指对某项交易或事项变更会计政策,视同该项交易或事项初次发生时,即采用变更后的会计政策,并以此对财务报表相关项目进行调整的方法。追溯调整法的运用通常由以下几步构成。

第一步,计算会计政策变更的累积影响数

会计政策变更累积影响数,是指按照变更后的会计政策对以前各期追溯计算的列报前期最早期初留存收益应有金额与现有金额之间的差额。根据上述定义的表述,会计政策变更的累积影响数可以分解为以下两个金额之间的差额:(1)在变更会计政策当期,按变更后的会计政策对以前各期追溯计算,所得到列报前期最早期初留存收益金额;(2)在变更会计政策当期,列报前期最早期初留存收益金额。

上述留存收益金额,包括法定盈余公积、任意盈余公积以及未分配利润各项目,不考虑由于损益的变化而应当补分的利润或股利。例如,某企业由于会计政策变化,增加了以前期间可供分配的利润,该企业通常按净利润的20%分派股利。但在计算调整会计政策变更当期期初的留存收益时,不应当考虑由于以前期间净利润的变化而需要分派的股利。

累积影响数通常可以通过以下各步计算获得:(1)根据新会计政策重新计算受影响的前期交易或事项;(2)计算两种会计政策下的差异;(3)计算差异的所得税影响金额;(4)确定前期中的每一期的税后差异;(5)计算会计政策变更的累积影响数。

第二步,编制相关项目的调整分录;

第三步,调整列报前期最早期初财务报表相关项目及其金额;

第四步,附注说明。

采用追溯调整法时,对于比较财务报表期间的会计政策变更,应调整各期间净损益各项目和财务报表其他相关项目,视同该政策在比较财务报表期间上一直采用。对于比较财务报表可比期间以前的会计政策变更的累积影响数,应调整比较财务报表最早期间的期初留存收益,财务报表其他相关项目的数字也应一并调整。因此,追溯调整法,是将会计政策变更的累积影响数调整为列报前期最早期初留存收益,而不计入当期损益。同时,应当重新计算各列报期间的每股收益。

2. 未来适用法

未来适用法是指将变更后的会计政策应用于变更日及以后发生的交易或者事项,或者在会计估计变更当期和未来期间确认会计估计变更影响数的方法。

在未来适用法下,不需要计算会计政策变更产生的累积影响数,也无须重编以前年度的财务报表。企业会计账簿记录及财务报表上反映的金额,变更之日仍保留原有的金额,不因会计政策变更而改变以前年度的既定结果,并在现有金额的基础上再按新的会计政策进行核算。

四、会计政策变更实例

例 15—6 钟泰有限公司为增值税一般纳税人,适用的增值税税率为13%。所得税采用债务法核算,适用的所得税税率为25%。按净利润的10%提取法定盈余公积。2022年1月1日,钟泰公司将对外出租的一幢办公楼由成本计量模式改为公允价值计量模式。

该办公楼于2014年12月31日对外出租,出租时办公楼的原价为8 000万元,预计尚可使用年限为20年,采用年限平均法计提折旧,假定钟泰公司计提折旧的方法及预计使用年限符合税法规定。

从2019年1月1日起,钟泰公司所在地有活跃的房地产交易市场,公允价值能够持续可靠取得,钟泰公司对外出租的办公楼2019年12月31日、2020年12月31日、2021年12月31日、2022年12月31日和2023年12月31日的公允价值分别为8 000万元、9 000万元、9 600万元、10 100万元和10 200万元。假定按年确认公允价值变动损益。

根据上述资料,钟泰公司的会计处理如下。

(1)计量模式转换前每年计提折旧＝8 000÷20＝400万元。

(2)计算计量模式转换后累积影响数如表15—1所示。

表 15—1　　　　　　　　会计政策变更累积影响数计算表　　　　　　金额单位:万元

年度	原政策影响当期损益	新政策影响当期损益	税前差异	所得税影响	税后差异
2020年	－400	1 000	1 400	350	1 050
2021年	－400	600	1 000	250	750
小计	－800	1 600	2 400	600	1 800(累积)
2022年	－400	500	900	225	675
合计	－1 200	2 100	3 300	825	2 475

(3)编制有关项目的调整分录。

①编制2022年初调整分录

借:投资性房地产——成本　　　　　　　　　　　　　　　　8 000
　　　　　　　　——公允价值变动　　　　　　　　　　　　1 600
　　投资性房地产累计折旧(摊销)　　　　　　　　　　　　　2 800
　贷:投资性房地产　　　　　　　　　　　　　　　　　　　10 000
　　　递延所得税负债　　　　　　　　　　　　　　　　　　　 600
　　　利润分配——未分配利润　　　　　　　　　　　　　　 1 800
借:利润分配——未分配利润　　　　　　　　　　　　　　　　 180
　贷:盈余公积　　　　　　　　　　　　　　　　　　　　　　 180

②编制2022年调整分录

借:投资性房地产——公允价值变动　　　　　　　　　　　　　 500
　　投资性房地产累计折旧(摊销)　　　　　　　　　　　　　　 400
　贷:递延所得税负债　　　　　　　　　　　　　　　　　　　 225
　　　利润分配——未分配利润　　　　　　　　　　　　　　　 675
借:利润分配——未分配利润　　　　　　　　　　　　　　　　 67.5
　贷:盈余公积　　　　　　　　　　　　　　　　　　　　　　 67.5

五、会计政策变更的披露

企业应当在附注中披露与会计政策变更有关的下列信息。

(1)会计政策变更的性质、内容和原因。包括:对会计政策变更的简要阐述、变更的日期、变更前采用的会计政策和变更后所采用的新会计政策及会计政策变更的原因。

(2)当期和各个列报前期财务报表中受影响的项目名称和调整金额。包括:采用追溯调整法时,计算出的会计政策变更的累积影响数;当期和各个列报前期财务报表中需要调整的净损益及其影响金额,以及其他需要调整的项目名称和调整金额。

(3)无法进行追溯调整的,说明该事实和原因以及开始应用变更后的会计政策的时点、具体应用情况。包括:无法进行追溯调整的事实;确定会计政策变更对列报前期影响数不切实可行的原因;在当期期初确定会计政策变更对以前各期累积影响数不切实可行的原因;开始应用新会计政策的时点和具体应用情况。

需要注意的是,在以后期间的财务报表中,不需要重复披露在以前期间的附注中已披露的会计政策变更的信息。

第二节　会计估计及其变更

一、会计估计概述

(一)会计估计的概念

会计估计是指企业对其结果不确定的交易或事项以最近可利用的信息为基础所做的判断。企业为了定期、及时提供有用的会计信息,将企业延续不断的营业活动人为地划分为各个阶段,如年度、季度、月度,并在权责发生制的基础上对企业的财务状况和经营成果进行定期确认和计量。由于商业活动中内在的不确定因素的影响,在确认、计量过程中,许多财务报表中的项目不能精确地计量,而只能加以估计。

常见的会计估计包括:(1)存货可变现净值的确定。(2)金融资产公允价值的确定。(3)采用公允价值模式计量的投资性房地产公允价值的确定。(4)固定资产预计使用寿命、预计净残值以及折旧方法的确定。(5)生物资产预计使用寿命、预计净残值以及各类生产性生物资产折旧方法的确定。(6)合同完工进度的确定。(7)权益工具公允价值的确定。(8)债务重组中非现金资产以及其他偿债条件公允价值的确定。(9)预计负债初始计量的最佳估计数的确定。

(二)会计估计的特点

1. 会计估计的存在是由于经济活动中内在的不确定性因素的影响

在会计核算中,企业总是力求保持会计核算的准确性,但有些经济业务本身具有不确定性(例如,坏账、固定资产折旧年限、固定资产残余价值、无形资产摊销年限、收入确认,等等),因而需要根据经验做出估计。可以说,在进行会计核算和相关信息披露的过程中,会计估计是不可避免的,并不削弱其可靠性。

2. 进行会计估计时,往往以最近可利用的信息或资料为基础

企业在会计核算中,由于经营活动中内在的不确定性,不得不经常进行估计。一些估计的主要目的是为了确定资产或负债的账面价值,例如,坏账准备、担保责任引起的负债;另一些估计的主要目的是确定将在某一期间记录的收益或费用的金额,例如,某一期间的折旧、摊销的金额。企业在进行会计估计时,通常应根据当时的情况和经验,以一定的信息或资料为基础。但是,随着时间的推移、环境的变化,进行会计估计的基础可能会发生变化,因此,进行会计估计所依据的信息或者资料不得不经常发生变化。由于最新的信息是最接近目标的信息,以其为基础所做的估计最接近实际,所以进行会计估计时,应以最近可利用的信息或资料为基础。

3. 进行会计估计并不会削弱会计确认和计量的可靠性

进行会计估计是企业经济活动中不可避免的,进行合理的会计估计是会计核算中必不可少的部分,它不仅不会削弱会计核算的可靠性,还能提高会计信息的可靠性。例如,在对固定资产、长期股权投资、无形资产等非货币性资产的可收回金额进行估计的基础上计提减值准备,能够真实地反映资产的价值和盈利能力,提供可靠的会计信息。

二、会计估计变更及其会计处理

会计估计变更是指由于资产和负债的当前状况及预期经济利益和义务发生了变化,从而对资产或负债的账面价值或者资产的定期消耗金额进行调整。

由于企业经营活动中内在的不确定因素,许多财务报表项目不能准确地计量,只能加以估计,估计过程涉及以最近可以得到的信息为基础所做的判断。但是,估计毕竟是就现有资料对未来所做的判断,随着时间的推移,如果赖以进行估计的基础发生变化,或者由于取得了新的信息、积累了更多的经验或后来的发展可能不得不对估计进行修订,但会计估计变更的依据应当真实、可靠。企业对会计估计变更应当采用未来适用法处理。

(1)会计估计变更仅影响变更当期,其影响数应当在变更当期予以确认。会计估计变更仅影响变更当期的,其影响数应当在变更当期予以确认。例如,某企业原按应收账款余额的5%提取坏账准备,由于企业不能收回应收账款的比例已达10%,则企业改按应收账款余额的10%提取坏账准备。这类会计估计的变更,只影响变更当期,因此,应于变更当期确认。

(2)会计估计变更既影响变更当期又影响未来期间,其影响数应当在变更当期和未来期间予以确认。会计估计变更既影响变更当期又影响未来期间的,其影响数应当在变更当期和未来期间予以确认。例如,某企业的一项可计提折旧的固定资产,其有效使用年限或预计净残值的估计发生变更,影响了变更当期及资产以后使用年限内各个期间的折旧费用,这项会计估计的变更,应于变更当期及以后各期确认。

会计估计变更的影响数应计入变更当期与前期相同的项目中。为了保证不同期间的财务报表具有可比性,会计估计变更的影响如果以前包括在企业日常经营活动的损益中,则以后也应包括在相应的损益类项目中;如果会计估计变更的影响数以前包括在特殊项目中,则以后也相应作为特殊项目反映。

三、会计估计变更的披露

企业应当在附注中披露与会计估计变更有关的下列信息。
(1)会计估计变更的内容和原因。包括变更的内容、变更日期以及会计估计变更的原因。
(2)会计估计变更对当期和未来期间的影响数。包括会计估计变更对当期和未来期间损益的影响金额,以及对其他各项目的影响金额。
(3)会计估计变更的影响数不能确定的,披露这一事实和原因。

四、会计估计变更实例

例15—6 钟泰有限公司有一台管理用设备,原始价值为84 000元,预计使用寿命为8年,净残值为4 000元,自2018年1月1日起按直线法计提折旧。2022年1月,由于新技术的发展等原因,需要对原预计使用寿命和净残值做出修正,修改后的预计使用寿命为6年,净残值为2 000元。公司的所得税率为25%,假定税法允许按变更后的折旧额在税前扣除。

钟泰有限公司对上述会计估计变更的会计处理如下。
1. 不调整以前各期折旧,也不计算累积影响数。
2. 变更日以后发生的经济业务改按新估计使用寿命提取折旧。

按原估计,每年折旧额为10 000元,已提折旧4年,共计40 000元,固定资产净值为44 000元,则第5年相关科目的期初余额如下。

固定资产	84 000
减:累计折旧	40 000
固定资产净值	44 000

改变估计使用寿命后,2022年1月1日起每年计提的折旧费用为21 000元[(44 000－2 000)÷(6－4)]。2022年不必对以前年度已提折旧进行调整,只需按重新预计的尚可使用寿命和净残值计算确定的年折旧费用,编制会计分录如下。

　　借:管理费用　　　　　　　　　　　　　　　　　　　　　21 000
　　　　贷:累计折旧　　　　　　　　　　　　　　　　　　　　　　　　21 000

3. 附注说明。

本公司一台管理用设备,原始价值为84 000元,原预计使用寿命为8年,预计净残值为4 000元,按直线法计提折旧。由于新技术的发展,该设备已不能按原预计使用寿命计提折旧,本公司于2009年初变更该设备的使用寿命为6年,预计净残值为2 000元,以反映该设备的真实耐用寿命和净残值。此估计变更影响本年度净利润减少数为8 250元[(21 000－10 000)×(1－25%)]。

第三节　前期差错及其更正

一、前期差错概述

(一)前期差错的概念

前期差错,是指由于没有运用或错误运用下列两种信息,而对前期财务报表造成省略或错报。

(1)编报前期财务报表时预期能够取得并加以考虑的可靠信息;

(2)前期财务报告被批准报出时能够取得的可靠信息。前期差错通常包括计算错误、应用会计政策错误、疏忽或曲解事实以及舞弊产生的影响以及存货、固定资产盘盈等。

(二)前期差错的类型

没有运用或错误运用上述两种信息而形成前期差错的情形主要有以下几种。

(1)计算以及账户分类错误。例如,企业购入的五年期国债,意图长期持有,但在记账时记入了交易性金融资产,导致账户分类上的错误,并导致在资产负债表上流动资产和非流动资产的分类也有误。

(2)采用法律、行政法规或者国家统一的会计制度等不允许的会计政策。例如,按照《企业会计准则第17号——借款费用》的规定,为购建固定资产的专门借款而发生的借款费用,满足一定条件的,在固定资产达到预定可使用状态前发生的,应予资本化,计入所购建固定资产的成本;在固定资产达到预定可使用状态后发生的,计入当期损益。如果企业固定资产已达到预定可使用状态后发生的借款费用,也计入该项固定资产的价值,予以资本化,则属于采用法律或会计准则等行政法规、规章所不允许的会计政策。

(3)对事实的疏忽或曲解,以及舞弊。例如,企业对某项建造合同应按建造合同规定的方法确认营业收入,但该企业却按确认商品销售收入的原则确认收入。

(4)在期末对应计项目与递延项目未予调整。例如,企业应在本期摊销的费用在期末未予摊销。

(5)漏记已完成的交易。例如,企业销售一批商品,商品已经发出,开出增值税专用发票,商品销售收入确认条件均已满足,但企业在期末未将已实现的销售收入入账。

(6)提前确认尚未实现的收入或不确认已实现的收入。例如,在采用委托代销商品的销售方式下,应以收到代销单位的代销清单时确认商品销售收入的实现,如企业在发出委托代销商品时即确认为收入,则为提前确认尚未实现的收入。

(7)资本性支出与收益性支出划分差错,等等。例如,企业发生的管理人员的工资一般作为收益性支出,而发生的在建工程人员工资一般作为资本性支出。如果企业将发生的在建工程人员工资计入了当期损益,则属于资本性支出与收益性支出的划分差错。

会计政策、会计估计变更和差错更正准则着重解决了会计政策、会计估计变更和差错更正的会计处理问题。

二、前期差错重要性的判断

如果财务报表项目的遗漏或错误表述可能影响财务报表使用者根据财务报表所做出的经济决策,则该项目的遗漏或错误是重要的。

重要的前期差错,是指足以影响财务报表使用者对企业的财务状况、经营成果和现金流量做出正确判断的前期差错。不重要的前期差错,是指不足以影响财务报表的使用者对企业的财务状况、经营成果和现金流量做出正确判断的前期差错。

前期差错的重要性取决于在相关环境下对遗漏或错误表述的规模和性质的判断。前期差错所影响的财务报表项目的金额或性质,是判断该前期差错是否具有重要性的决定性因素。一般来说,前期差错所影响的财务报表项目的金额越大、性质越严重,其重要性水平越高。

企业应当严格区分会计估计变更和前期差错更正,对于前期根据当时的信息、假设等做了合理估计,在当期按照新的信息、假设等需要对前期估计金额做出变更的,应当作为会计估计变更处理,不应作为前期差错更正处理。

三、前期差错更正的会计处理

会计差错产生于财务报表项目的确认、计量、列报或披露的会计处理过程中,如果财务报表中包含重要差错,或者差错不重要但是故意造成的(以便形成对企业的财务状况、经营成果和现金流量等会计信息某种特定形式的列报),即应认为该财务报表未遵循企业会计准则的规定进行编报。在当期发现的当期差错应当在财务报表发布之前予以更正。当重要差错直到下一期间才被发现,就形成了前期差错。

企业应当采用追溯重述法更正重要的前期差错,但确定前期差错累积影响数不切实可行的除外。追溯重述法,是指在发现前期差错时,视同该项前期差错从未发生过,从而对财务报表相关项目进行更正的方法。

(一)不重要的前期差错的处理

对于不重要的前期差错,企业不需调整财务报表相关项目的期初数,但应调整发现当期与前期相同的相关项目。属于影响损益的,应直接计入本期与上期相同的净损益项目;属于不影响损益的,应调整本期与前期相同的相关项目。

例15—7 钟泰有限公司在2022年12月31日发现,2021年8月份投入使用的一台管理用设备价值为9 900元,当时误作为低值易耗品入账,并采用分期摊销法,到发现时已摊销4 125元。该公司固定资产折旧采用直线法,该设备估计使用年限为4年,预计净残值为300

元。则在 2022 年 12 月 31 日更正此差错的会计分录为

```
借：固定资产                          9 900
    贷：管理费用                           925
        累计折旧                        3 200
        周转材料                        5 775
```

假设该项差错直至 2025 年 8 月后才发现，则不需要做任何分录，因为该项差错已经抵销了。

（二）重要的前期差错的处理

对于重要的前期差错，企业应当在其发现当期的财务报表中，调整前期比较数据。具体地说，企业应当在重要的前期差错发现当期的财务报表中，通过下述处理对其进行追溯更正。

(1) 追溯重述差错发生期间列报的前期比较金额。

(2) 如果前期差错发生在列报的最早前期之前，则追溯重述列报的最早前期的资产、负债和所有者权益相关项目的期初余额。

对于发生的重要前期差错，如影响损益，应将其对损益的影响数调整为发现当期的期初留存收益，财务报表其他相关项目的期初数也应一并调整；如不影响损益，应调整财务报表相关项目的期初数。

在编制比较财务报表时，对于比较财务报表期间的重要的前期差错，应调整各项目在该期间的净损益和其他相关项目，视同该差错在产生的当期已经更正；对于比较财务报表期间以前的重要的前期差错，应调整比较财务报表最早期间的期初留存收益，财务报表其他相关项目的数字也应一并调整。

四、前期差错更正的披露

企业应当在附注中披露与前期差错更正有关的下列信息。

(1) 前期差错的性质。

(2) 各个列报前期财务报表中受影响的项目名称和更正金额。

(3) 无法进行追溯重述的，说明该事实和原因以及对前期差错开始进行更正的时点、具体更正情况。

在以后期间的财务报表中，不需要重复披露在以前期间的附注中已披露的前期差错更正的信息。

五、重要的前期差错实例

例 15—8　钟泰有限公司在 2022 年发现，2021 年公司漏记一项固定资产的折旧费用 150 000 元，所得税申报表中未扣除该项折旧费用。假设 2021 年适用的所得税税率为 25%，无其他纳税调整事项。该公司按净利润的 10% 提取法定盈余公积，按净利润的 5% 提取任意盈余公积。该公司发行股票份额为 1 800 000 股。假定税法允许调整应交所得税。

(1) 分析前期差错的影响数。

2021 年少计折旧费用	150 000
少计累计折旧	150 000
多计所得税费用(150 000×25%)	37 500
多计净利润	112 500

多计应交所得税(150 000×25%)	37 500
多提法定盈余公积	11 250
多提任意盈余公积	5 625

(2)编制有关项目的调整分录。

①补提折旧

借:以前年度损益调整　　　　　　　　　　　　　　　　150 000
　　贷:累计折旧　　　　　　　　　　　　　　　　　　　　　150 000

②调整应交所得税

借:应交税费——应交所得税　　　　　　　　　　　　　　37 500
　　贷:以前年度损益调整　　　　　　　　　　　　　　　　　37 500

③将"以前年度损益调整"科目的余额转入利润分配

借:利润分配——未分配利润　　　　　　　　　　　　　　112 500
　　贷:以前年度损益调整　　　　　　　　　　　　　　　　　112 500

④调整利润分配有关数字

借:盈余公积　　　　　　　　　　　　　　　　　　　　　16 875
　　贷:利润分配——未分配利润　　　　　　　　　　　　　　　16 875

(3)财务报表调整和重述(财务报表略)

钟泰有限公司2021年度资产负债表的年初数和利润表及股东权益变动表的上年数栏分别按调整前和调整后的金额列示如下,2021年度资产负债表的期末数栏和利润表及股东权益变动表的本年累计数栏的年初未分配利润,应该以调整后的年初数为基础编制。

①资产负债表项目的调整:

调增累计折旧150 000元;调减应交所得税37 500;调减盈余公积16 875元;调减未分配利润95 625元。

②利润表项目的调整:

调增营业成本上年金额150 000元;调减所得税费用上年金额37 500元;调增净利润上年金额112 500元;调减基本每股收益0.0625元。

③所有者权益变动表项目的调整:

调减前期差错更正项目中盈余公积上年金额16 875元,未分配利润上年金额95 625元,所有者权益合计上年金额112 500元。

(4)附注说明

本年度发现2021年漏记固定资产折旧150 000元,在编制2021年与2022年比较财务报表时,已对该项差错进行了更正。更正后,调减2021年净利润及留存收益112 500元,调增累计折旧150 000元。

第四节　资产负债表日后事项

一、资产负债表日后事项的定义

资产负债表日后事项是指资产负债表日至财务报告被批准报出日之间发生的需要调整或说明的有利或不利事项。资产负债表日后事项包括调整事项和非调整事项两类。

资产负债表日后事项涵盖的期间是自资产负债表日次日起至财务报告被批准报出日止的一段时间,具体是指:报告年度次年的1月1日或报告期下一期间的第一天至董事会或类似机构批准财务报告对外公布的日期。财务报告被批准报出以后、实际报出之前又发生与资产负债表日后事项有关的事项,并由此影响财务报告对外公布日期的,应以董事会或类似机构再次批准财务报告对外公布的日期为截止日期。

二、调整事项

调整事项是指资产负债表日后至财务报告被批准报出日之间发生的、能对资产负债表日已存在情况提供进一步证据的事项。这类事项的特点是:在资产负债表日或以前就已显示了某种征兆,但最终结果需要在资产负债表日后予以证实。资产负债表日后获得新的或进一步的证据有助于对资产负债表日存在状况的有关金额做出重新估计,应当作为调整事项,据此对资产负债表日所反映的收入、费用、资产、负债及所有者权益进行调整。

(一)调整事项的类型

调整事项通常包括自资产负债表日至财务报告被批准报出日之间发生的如下事项。

(1)已被证实的某项资产在资产负债表日已发生了减值或损失,或者该项资产已确认的减值损失需要调整。

(2)表明应将资产负债表日存在的某项现时义务予以确认,或已对某项义务确认的负债需要调整,如税法变动改变了对资产负债表日以及之前的收益适用的税率。

(3)资产负债表所属期间或以前期间销货退回。

(4)发现的资产负债表日或之前发生的错误或舞弊,如会计政策运用错误或会计估计错误。

(5)能够为资产负债表日已存在的情况提供证据的其他事项。

(二)调整事项的会计处理

企业发生资产负债表日后调整事项,应当调整资产负债表日已编制的财务报表。对于年度财务报告而言,由于资产负债表日后事项发生在报告年度的次年,报告年度的有关账目已经结转,特别是损益类科目在结账后已无余额。因此,年度资产负债表日后发生的调整事项,应分别按以下情况进行处理。

(1)涉及损益的事项,通过"以前年度损益调整"科目核算。调整增加以前年度利润或调整减少以前年度亏损的事项,记入"以前年度损益调整"科目的贷方;反之,记入"以前年度损益调整"科目的借方。

需要注意的是,涉及损益的调整事项如果发生在资产负债表日所属年度(即报告年度)所得税汇算清缴前的,应按准则要求调整报告年度应纳税所得额、应纳所得税税额;发生在报告年度所得税汇算清缴后的,应按准则要求调整本年度(即报告年度的次年)应纳所得税税额。

(2)涉及利润分配调整的事项,直接在"利润分配——未分配利润"科目中核算。

(3)不涉及损益以及利润分配的事项,调整相关科目。

通过上述账务处理后,还应同时调整财务报表相关项目的数字,包括:①资产负债表日编制的财务报表相关项目的期末数或本年发生数。②当期编制的财务报表相关项目的期初数或上年数。③如果涉及报表附注内容的,还应当调整报表附注相关项目的数字。

三、非调整事项

非调整事项是指资产负债表日至财务报告被批准报出日之间发生的、不影响资产负债表日存在状况,但不加以说明将会影响财务报告使用者做出正确估计和决策的事项。非调整事项通常包括自资产负债表日至财务会计报告被批准报出日之间发生的如下事项:重大诉讼、仲裁、承诺;资产价格、税收政策、外汇汇率发生重大变化;因自然灾害导致资产发生重大损失;发行股票和债券以及其他巨额举债;资本公积转增资本;发生巨额亏损;发生企业合并或处置子公司。

资产负债表日后,企业制定利润分配方案,拟分配或经审议批准宣告发放股利或利润的行为,并不会致使企业在资产负债表日形成现时义务,因此虽然发生该事项可导致企业负有支付股利或利润的义务,但支付义务在资产负债表日尚不存在,不应该调整资产负债表日的财务报告,因此,该事项为非调整事项。

由于该事项对企业资产负债表日后的财务状况有较大影响,可能导致现金较大规模流出、企业股权结构变动等,为便于财务报告的使用者更充分了解相关信息,企业需要在财务报告中适当披露该信息。

对于非调整事项,需要在会计报表附注中披露其性质、内容,及其对财务状况及经营成果的影响;如果无法做出估计,应说明其原因。

四、资产负债表日后事项调整实例

例 15—9 钟泰有限公司为上市公司(以下简称钟泰公司),系增值税一般纳税人,适用的增值税税率为 13%。钟泰公司 2022 年度财务报告于 2023 年 4 月 10 日经董事会批准对外报出。报出前有关情况和业务资料如下。

钟泰公司 2022 年 12 月 20 日销售一批商品给丙企业,取得收入 100 000 元(不含税,增值税率 13%)。钟泰公司发出商品后,按照正常情况已确认收入,并结转成本 80 000 元。此笔货款到年末尚未收到,钟泰公司未对应收账款计提坏账准备。2023 年 1 月 18 日,由于产品质量问题,本批货物被退回。假定企业于 2023 年 2 月 28 日完成 2022 年所得税汇算清缴。公司使用的所得税税率为 25%。

本例中,销售退回业务发生在资产负债表日后事项涵盖期间内,应属于资产负债表日后调整事项。

钟泰公司的账务处理如下。

(1) 2022 年 1 月 18 日,调整销售收入

借:以前年度损益调整	100 000
应交税费——应交增值税(销项税额)	13 000
贷:应收账款	113 000

(2) 调整销售成本

借:库存商品	80 000
贷:以前年度损益调整	80 000

(3) 调整应缴纳的所得税

借:应交税费——应交所得税	5 000
贷:以前年度损益调整	5 000

＊注:5 000=(100 000−80 000)×25%

(4) 将"以前年度损益调整"科目余额转入未分配利润

借:利润分配——未分配利润	15 000

                贷:以前年度损益调整   15 000
   ＊注 15 000＝100 000－80000－5 000
  (5)调整盈余公积
     借:盈余公积   1 500
        贷:利润分配——未分配利润   1 500
  (6)调整相关财务报表
  ①资产负债表项目的年末数调整
  调减应收账款113 000元;调增库存商品80 000元;调减盈余公积1 500元;调减未分配利润13 500元。
  ②利润表项目的调整
  调减营业收入100 000元;调减营业成本80 000元。
  ③所有者权益变动表项目的调整
  调减净利润20 000元,提取盈余公积项目中的盈余公积一栏调减1 500元,未分配利润一栏调增1 500元。

本章小结

   1. 会计政策变更的基本类型及会计处理。会计政策变更是指企业对相同的交易或者事项由原来采用的会计政策改用另一会计政策的行为。对于会计政策变更,会计处理上首要解决的问题是实施新会计政策的起始时间。会计政策变更的处理方法有追溯调整法和未来适用法两种。

   2. 会计估计变更的判断及会计处理。会计估计变更是指由于资产和负债的当前状况及预期经济利益和义务发生了变化,从而对资产或负债的账面价值或者资产的定期消耗金额进行调整。企业对会计估计变更应当采用未来适用法处理。会计估计变更仅影响变更当期的,其影响数应当在变更当期予以确认;既影响变更当期又影响未来期间的,其影响数应当在变更当期和未来期间予以确认。

   3. 掌握前期差错的判断及会计处理。前期差错是指由于没有运用或错误运用下列两种信息,而对前期财务报表造成省略漏记或错报。前期差错通常包括计算错误、应用会计政策错误、疏忽或曲解事实以及舞弊产生的影响以及存货、固定资产盘盈等。企业应当采用追溯重述法更正重要的前期差错,但确定前期差错累积影响数不切实可行的除外。

   4. 掌握调整事项与非调整事项的判断标准及相关会计处理。调整事项在资产负债表日或以前就已显示了某种征兆,但最终结果需要在资产负债表日后予以证实。资产负债表日后获得新的或进一步的证据有助于对资产负债表日存在状况的有关金额做出重新估计,应当作为调整事项,据此对资产负债表日所反映的收入、费用、资产、负债及所有者权益进行调整。其中,涉及损益的事项,通过"以前年度损益调整"科目核算。涉及利润分配调整的事项,直接在"利润分配——未分配利润"科目中核算。不涉及损益以及利润分配的事项,调整相关科目;非调整事项是指资产负债表日至财务报告被批准报出日之间发生的、不影响资产负债表日的存在状况,但不加以说明将会影响财务报告的使用者做出正确估计和决策的事项。对于非调整事项,需要在会计报表附注中披露其性质、内容,及其对财务状况及经营成果的影响;如果无法做出估计,应说明其原因。

课后练习

一、单项选择题

1. 在下列事项中,属于会计政策变更的是( )。
   A. 某类已使用机器设备的使用年限由5年改为8年
   B. 坏账准备的计提比例由应收账款余额的5%改为8%
   C. 某项固定资产改扩建后将其使用年限由5年延长至8年
   D. 企业首次执行新会计准则,按权益法核算长期股权投资

2. 对于会计政策变更,如果累积影响数不能合理确定,企业应采用的会计处理方法是( )。
   A. 成本法　　　　　　　　　B. 权益法
   C. 未来适用法　　　　　　　D. 追溯调整法

3. 符合以下条件之一的,应改变原采用的会计政策( )。
   A. 管理当局的意图　　　　　B. 总经理的决定
   C. 股东大会的意见　　　　　D. 会计准则的要求

4. 2022年5月31日,某企业发现某种设备淘汰的速度加快,决定从6月开始将该设备的折旧年限从10年改为6年,该事项属于( )。
   A. 会计政策变更　　　　　　B. 会计估计变更
   C. 前期差错更正　　　　　　D. 以前年度损益调整

5. 下列事项中,属于会计政策变更的是( )。
   A. 固定资产折旧方法由直线法改为双倍余额递减法
   B. 计提固定资产折旧年限的改变
   C. 计提坏账准备比例的改变
   D. 固定资产预计净残值率的改变

6. 下列项目中,对于会计估计变更处理方法不正确的是( )。
   A. 会计估计变更的累积影响应在变更当期确认
   B. 会计估计变更采用未来适用法
   C. 会计估计变更只影响变更当期,有关估计的变更应在当期确认
   D. 会计估计变更影响当期和以后各期,有关估计的变更应在当期和以后各期确认

7. 下列项目中,不属于会计估计变更的是( )。
   A. 年末按存货类别估计可变现净值
   B. 将发出存货的计价由先进先出法改为加权平均法
   C. 某项长期待摊费用的分摊期限由2年改为1年半
   D. 年末对于未决诉讼确定预计负债金额

8. 按规定,本年度发现的前期重大会计差错,应当( )。
   A. 作为本年度事项处理　　　B. 修改以前年度的财务报表和账簿
   C. 不做会计处理　　　　　　D. 调整发现当期的期初留存收益

9. 下列项目中,应采用未来适用法进行会计处理的是( )。
   A. 因出现相关新技术,将某专利权的摊销年限由10年改为5年

B. 发现以前会计期间滥用会计估计,将该滥用会计估计形成的秘密准备予以冲销
C. 发现上一年度有严重的会计舞弊行为
D. 将长期股权投资的核算由成本法改为权益法

10. 下列交易或事项中,应采用追溯调整法进行会计处理的是(　　)。
A. 因出现相关新技术,将某专利权的摊销年限由10年改为5年
B. 发现以前会计期间计提巨额秘密准备,现予以更正
C. 因某固定资产的用途发生变化导致使用寿命下降,将其折旧年限由10年改为5年
D. 对某种设备以前采用经营租赁方式租入,自本年度起采用融资租赁方式租入

11. 在会计实务中,当无法区分会计估计变更和会计政策变更时,按下列会计处理方法进行处理。(　　)
A. 会计政策变更　　　　　　　B. 会计估计变更
C. 前期差错调整　　　　　　　D. 资产负债表日后事项调整

二、多项选择题

1. 下列各项中,属于会计政策的有(　　)。
A. 固定资产折旧计算方法　　　B. 实际成本法下发出存货的计价方法
C. 长期股权投资核算的权益法　D. 资产按历史成本或公允价值计量
E. 固定资产折旧年限确定

2. 会计政策的选择和运用具有以下特点(　　)。
A. 在国家统一的会计准则规定的会计政策范围内选择
B. 涉及会计原则、会计基础和具体的会计处理方法
C. 所采用的会计政策是企业进行会计核算的基础
D. 应保持前后各期的一致性
E. 实务中某项交易或事项的会计处理,如具体准则、准则应用指南未做规范,应根据基本准则规定的原则、基础和方法进行处理

3. 下列属于会计政策变更的事项有(　　)。
A. 发现上年应摊销低值易耗品2 000元没有摊销
B. 按新准则规定长期股权投资由成本法核算改为权益法核算
C. 按新准则规定将存货发出的核算由后进先出法改为先进先出法
D. 将期末存货价值由成本法改为成本与可变现净值孰低法
E. 某类已使用机器设备的使用年限由5年改为8年

4. 追溯调整法的运用通常由以下几步构成(　　)。
A. 计算会计政策变更的累积影响数　　B. 修改上期账务和报表相关项目
C. 进行相关账务处理　　　　　　　　D. 调整报表相关项目
E. 报表附注说明

5. 下列各项目中,属于会计估计变更的有(　　)。
A. 将固定资产预计净残值率由3%改为5%
B. 将坏账准备的计提比例由5%改为10%
C. 将无形资产的摊销年限由10年改为5年
D. 会计要素计量一般采用历史成本,也可采用可变现净值、重置成本等

E. 发现上年应摊销低值易耗品 2 000 元没有摊销

6. 对于会计估计变更,应披露的内容有( )。
   A. 会计估计变更的日期
   B. 会计估计变更的原因
   C. 会计估计变更对当期损益的影响金额
   D. 企业管理当局的不同意见
   E. 以上均包括

7. 下列项目中,属于前期差错的有( )。
   A. 计算错误
   B. 应用会计政策错误
   C. 舞弊
   D. 固定资产盘盈
   E. 存货盘盈

三、判断题

1. 会计政策变更的处理方法可以采用追溯调整法或追溯重述法。( )
2. 采用未来适用法处理会计政策变更时,应计算会计政策变更的累积影响数,并调整变更当年年初的留存收益。( )
3. 在会计实务中,当无法区分会计估计变更和会计政策变更时,按会计估计变更的会计处理方法进行处理。( )
4. 由于会计估计的存在,会计核算不再具有可靠性。( )
5. 企业发现前期差错,应当采用追溯重述法进行更正,即发现前期差错时,视同该项前期差错从未发生过,从而对财务报表相关项目进行重新列示和披露。( )
6. 会计估计是指企业在会计确认、计量和报告中所采用的原则、基础和会计处理方法的判断。( )
7. 会计估计变更是指由于资产和负债的当前状况及预期未来经济利益和义务发生了变化,从而对资产或负债的账面价值或者资产的定期消耗金额进行调整。( )
8. 本期发生的交易或者事项与以前相比具有本质差别而采用新的会计政策,不属于会计政策变更。( )
9. 会计估计变更应采用未来适用法处理。( )

四、账务处理题

1. 某企业原对存货计价采用后进先出法,由于新会计准则取消该种方法,该企业从 2022 年 1 月 1 日改为先进先出法,2022 年 1 月 1 日,存货账面余额为 2 000 000 元,年末存货价值为 3 600 000 元。当年销售额为 20 000 000 元。购入的存货实际成本为 14 400 000 元。假设如果没有会计政策变更,2022 年 12 月 31 日,存货价值为 1 760 000 元。所得税税率为 25%(假设在计算所得税时,不考虑应纳税暂时性差异)。

   要求:计算会计政策变更对当期净利润的影响。

2. 某企业 2018 年 12 月购入一台设备,入账价格为 2 000 000 元,购入后立即投入管理部门使用。该设备预计用 10 年,预计净残值为零,采用直线法计提折旧,该设备自 2022 年 1 月 1 日起,改用双倍余额递减法计提折旧。该企业适用的所得税税率为 25%,按净利润的 15% 提取盈余公积。假定税法规定按直线法计提折旧,该设备的账面价值与其计税基础不一致,形成了可抵扣暂时性差异。该公司所得税采用资产负债表债务法核算。

   要求:(1)填列 2022 年 1 月 1 日该项会计政策变更累积影响数计算表。

年度	按直线法计提的折旧额（元）	按双倍余额递减法计提的折旧额（元）	所得税前差异（元）	所得税影响额（元）	累积影响额（元）
2019					
2020					
2021					
合　计					

(2)编制该项会计政策变更的会计分录。

(3)在下表填列2022年度财务报表相关项目调整数。

单位:元

项　目	上年数 调增	上年数 调减	年初数 调增	年初数 调减
累计折旧				
递延所得税资产				
盈余公积				
未分配利润				
管理费用				
所得税费用				
年初未分配利润				

3. 某企业原按应收款项期末余额的5%计提坏账准备,近期经公司董事会研究决定,将应收款项计提坏账准备的方法自2022年1月1日起由余额百分比法改为账龄分析法,相应制定了每一账龄范围内应计提的坏账准备比例。2021年12月31日,"坏账准备"账户的余额为800 000元。2022年12月31日,根据改变后的账龄分析法确定期末应收款项的坏账准备余额应为1 800 000元,假定该企业在2022年没有发生应予核销坏账的情况,不考虑所得税影响,如果仍按应收款项余额百分比法计提坏账,当年度应计提的坏账准备金额为400 000元。

要求:说明上述会计估计变更的会计处理。

4. 某企业于2022年6月份发现,2021年应计入工程成本的利息费用450 000元误计入财务费用,该企业适用的所得税税率为25%,企业按净利润的15%提取盈余公积(假定在计算所得税时,不考虑应纳税暂时性差异)。

要求:(1)对该项前期差错进行分析。

(2)编制前期差错更正的会计分录。

(3)调整会计报表有关项目。

附录一 复利现值系数表

期数	1%	2%	3%	4%	5%	6%	7%	8%	9%	10%
1	0.9901	0.9804	0.9709	0.9615	0.9524	0.9434	0.9346	0.9259	0.9174	0.9091
2	0.9803	0.9612	0.9426	0.9246	0.9070	0.8900	0.8734	0.8573	0.8417	0.8264
3	0.9706	0.9423	0.9151	0.8890	0.8638	0.8396	0.8163	0.7938	0.7722	0.7513
4	0.9610	0.9238	0.8885	0.8548	0.8227	0.7921	0.7629	0.7350	0.7084	0.6830
5	0.9515	0.9057	0.8626	0.8219	0.7835	0.7473	0.7130	0.6806	0.6499	0.6209
6	0.9420	0.8880	0.8375	0.7903	0.7462	0.7050	0.6663	0.6302	0.5963	0.5645
7	0.9327	0.8706	0.8131	0.7599	0.7107	0.6651	0.6227	0.5835	0.5470	0.5132
8	0.9235	0.8535	0.7894	0.7307	0.6768	0.6274	0.5820	0.5403	0.5019	0.4665
9	0.9143	0.8368	0.7664	0.7026	0.6446	0.5919	0.5439	0.5002	0.4604	0.4241
10	0.9053	0.8203	0.7441	0.6756	0.6139	0.5584	0.5083	0.4632	0.4224	0.3855
11	0.8963	0.8043	0.7224	0.6496	0.5847	0.5268	0.4751	0.4289	0.3875	0.3505
12	0.8874	0.7885	0.7014	0.6246	0.5568	0.4970	0.4440	0.3971	0.3555	0.3186
13	0.8787	0.7730	0.6810	0.6006	0.5303	0.4688	0.4150	0.3677	0.3262	0.2897
14	0.8700	0.7579	0.6611	0.5775	0.5051	0.4423	0.3878	0.3405	0.2992	0.2633
15	0.8613	0.7430	0.6419	0.5553	0.4810	0.4173	0.3624	0.3152	0.2745	0.2394
16	0.8528	0.7284	0.6232	0.5339	0.4581	0.3936	0.3387	0.2919	0.2519	0.2176
17	0.8444	0.7142	0.6050	0.5134	0.4363	0.3714	0.3166	0.2703	0.2311	0.1978
18	0.8360	0.7002	0.5874	0.4936	0.4155	0.3503	0.2959	0.2502	0.2120	0.1799
19	0.8277	0.6864	0.5703	0.4746	0.3957	0.3305	0.2765	0.2317	0.1945	0.1635
20	0.8195	0.6730	0.5537	0.4564	0.3769	0.3118	0.2584	0.2145	0.1784	0.1486
21	0.8114	0.6598	0.5375	0.4388	0.3589	0.2942	0.2415	0.1987	0.1637	0.1351
22	0.8034	0.6468	0.5219	0.4220	0.3418	0.2775	0.2257	0.1839	0.1502	0.1228
23	0.7954	0.6342	0.5067	0.4057	0.3256	0.2618	0.2109	0.1703	0.1378	0.1117
24	0.7876	0.6217	0.4919	0.3901	0.3101	0.2470	0.1971	0.1577	0.1264	0.1015
25	0.7798	0.6095	0.4776	0.3751	0.2953	0.2330	0.1842	0.1460	0.1160	0.0923
26	0.7720	0.5976	0.4637	0.3607	0.2812	0.2198	0.1722	0.1352	0.1064	0.0839
27	0.7644	0.5859	0.4502	0.3468	0.2678	0.2074	0.1609	0.1252	0.0976	0.0763
28	0.7568	0.5744	0.4371	0.3335	0.2551	0.1956	0.1504	0.1159	0.0895	0.0693
29	0.7493	0.5631	0.4243	0.3207	0.2429	0.1846	0.1406	0.1073	0.0822	0.0630
30	0.7419	0.5521	0.4120	0.3083	0.2314	0.1741	0.1314	0.0994	0.0754	0.0573

续表

期数	11%	12%	13%	14%	15%	16%	17%	18%	19%	20%	30%
1	0.9009	0.8929	0.8850	0.8772	0.8696	0.8621	0.8547	0.8475	0.8403	0.8333	0.7692
2	0.8116	0.7972	0.7831	0.7695	0.7561	0.7432	0.7305	0.7182	0.7062	0.6944	0.5917
3	0.7312	0.7118	0.6931	0.6750	0.6575	0.6407	0.6244	0.6086	0.5934	0.5787	0.4552
4	0.6587	0.6355	0.6133	0.5921	0.5718	0.5523	0.5337	0.5158	0.4987	0.4823	0.3501
5	0.5935	0.5674	0.5428	0.5194	0.4972	0.4761	0.4561	0.4371	0.4190	0.4019	0.2693
6	0.5346	0.5066	0.4803	0.4556	0.4323	0.4104	0.3898	0.3704	0.3521	0.3349	0.2072
7	0.4817	0.4523	0.4251	0.3996	0.3759	0.3538	0.3332	0.3139	0.2959	0.2791	0.1594
8	0.4339	0.4039	0.3762	0.3506	0.3269	0.3050	0.2848	0.2660	0.2487	0.2326	0.1226
9	0.3909	0.3606	0.3329	0.3075	0.2843	0.2630	0.2434	0.2255	0.2090	0.1938	0.0943
10	0.3522	0.3220	0.2946	0.2697	0.2472	0.2267	0.2080	0.1911	0.1756	0.1615	0.0725
11	0.3173	0.2875	0.2607	0.2366	0.2149	0.1954	0.1778	0.1619	0.1476	0.1346	0.0558
12	0.2858	0.2567	0.2307	0.2076	0.1869	0.1685	0.1520	0.1372	0.1240	0.1122	0.0429
13	0.2575	0.2292	0.2042	0.1821	0.1625	0.1452	0.1299	0.1163	0.1042	0.0935	0.0330
14	0.2320	0.2046	0.1807	0.1597	0.1413	0.1252	0.1110	0.0985	0.0876	0.0779	0.0254
15	0.2090	0.1827	0.1599	0.1401	0.1229	0.1079	0.0949	0.0835	0.0736	0.0649	0.0195
16	0.1883	0.1631	0.1415	0.1229	0.1069	0.0930	0.0811	0.0708	0.0618	0.0541	0.0150
17	0.1696	0.1456	0.1252	0.1078	0.0929	0.0802	0.0693	0.0600	0.0520	0.0451	0.0116
18	0.1528	0.1300	0.1108	0.0946	0.0808	0.0691	0.0592	0.0508	0.0437	0.0376	0.0089
19	0.1377	0.1161	0.0981	0.0829	0.0703	0.0596	0.0506	0.0431	0.0367	0.0313	0.0068
20	0.1240	0.1037	0.0868	0.0728	0.0611	0.0514	0.0433	0.0365	0.0308	0.0261	0.0053
21	0.1117	0.0926	0.0768	0.0638	0.0531	0.0443	0.0370	0.0309	0.0259	0.0217	0.0040
22	0.1007	0.0826	0.0680	0.0560	0.0462	0.0382	0.0316	0.0262	0.0218	0.0181	0.0031
23	0.0907	0.0738	0.0601	0.0491	0.0402	0.0329	0.0270	0.0222	0.0183	0.0151	0.0024
24	0.0817	0.0659	0.0532	0.0431	0.0349	0.0284	0.0231	0.0188	0.0154	0.0126	0.0018
25	0.0736	0.0588	0.0471	0.0378	0.0304	0.0245	0.0197	0.0160	0.0129	0.0105	0.0014
26	0.0663	0.0525	0.0417	0.0331	0.0264	0.0211	0.0169	0.0135	0.0109	0.0087	0.0011
27	0.0597	0.0469	0.0369	0.0291	0.0230	0.0182	0.0144	0.0115	0.0091	0.0073	0.0008
28	0.0538	0.0419	0.0326	0.0255	0.0200	0.0157	0.0123	0.0097	0.0077	0.0061	0.0006
29	0.0485	0.0374	0.0289	0.0224	0.0174	0.0135	0.0105	0.0082	0.0064	0.0051	0.0005
30	0.0437	0.0334	0.0256	0.0196	0.0151	0.0116	0.0090	0.0070	0.0054	0.0042	0.0004

附录二　年金现值系数表

期数	1%	2%	3%	4%	5%	6%	7%	8%	9%	10%
1	0.9901	0.9804	0.9709	0.9615	0.9524	0.9434	0.9346	0.9259	0.9174	0.9091
2	1.9704	1.9416	1.9135	1.8861	1.8594	1.8334	1.8080	1.7833	1.7591	1.7355
3	2.9410	2.8839	2.8286	2.7751	2.7232	2.6730	2.6243	2.5771	2.5313	2.4869
4	3.9020	3.8077	3.7171	3.6299	3.5460	3.4651	3.3872	3.3121	3.2397	3.1699
5	4.8534	4.7135	4.5797	4.4518	4.3295	4.2124	4.1002	3.9927	3.8897	3.7908
6	5.7955	5.6014	5.4172	5.2421	5.0757	4.9173	4.7665	4.6229	4.4859	4.3553
7	6.7282	6.4720	6.2303	6.0021	5.7864	5.5824	5.3893	5.2064	5.0330	4.8684
8	7.6517	7.3255	7.0197	6.7327	6.4632	6.2098	5.9713	5.7466	5.5348	5.3349
9	8.5660	8.1622	7.7861	7.4353	7.1078	6.8017	6.5152	6.2469	5.9952	5.7590
10	9.4713	8.9826	8.5302	8.1109	7.7217	7.3601	7.0236	6.7101	6.4177	6.1446
11	10.3676	9.7868	9.2526	8.7605	8.3064	7.8869	7.4987	7.1390	6.8052	6.4951
12	11.2551	10.5753	9.9540	9.3851	8.8633	8.3838	7.9427	7.5361	7.1607	6.8137
13	12.1337	11.3484	10.6350	9.9856	9.3936	8.8527	8.3577	7.9038	7.4869	7.1034
14	13.0037	12.1062	11.2961	10.5631	9.8986	9.2950	8.7455	8.2442	7.7862	7.3667
15	13.8651	12.8493	11.9379	11.1184	10.3797	9.7122	9.1079	8.5595	8.0607	7.6061
16	14.7179	13.5777	12.5611	11.6523	10.8378	10.1059	9.4466	8.8514	8.3126	7.8237
17	15.5623	14.2919	13.1661	12.1657	11.2741	10.4773	9.7632	9.1216	8.5436	8.0216
18	16.3983	14.9920	13.7535	12.6593	11.6896	10.8276	10.0591	9.3719	8.7556	8.2014
19	17.2260	15.6785	14.3238	13.1339	12.0853	11.1581	10.3356	9.6036	8.9501	8.3649
20	18.0456	16.3514	14.8775	13.5903	12.4622	11.4699	10.5940	9.8181	9.1285	8.5136
21	18.8570	17.0112	15.4150	14.0292	12.8212	11.7641	10.8355	10.0168	9.2922	8.6487
22	19.6604	17.6580	15.9369	14.4511	13.1630	12.0416	11.0612	10.2007	9.4424	8.7715
23	20.4558	18.2922	16.4436	14.8568	13.4886	12.3034	11.2722	10.3711	9.5802	8.8832
24	21.2434	18.9139	16.9355	15.2470	13.7986	12.5504	11.4693	10.5288	9.7066	8.9847
25	22.0232	19.5235	17.4131	15.6221	14.0939	12.7834	11.6536	10.6748	9.8226	9.0770
26	22.7952	20.1210	17.8768	15.9828	14.3752	13.0032	11.8258	10.8100	9.9290	9.1609
27	23.5596	20.7069	18.3270	16.3296	14.6430	13.2105	11.9867	10.9352	10.0266	9.2372
28	24.3164	21.2813	18.7641	16.6631	14.8981	13.4062	12.1371	11.0511	10.1161	9.3066
29	25.0658	21.8444	19.1885	16.9837	15.1411	13.5907	12.2777	11.1584	10.1983	9.3696
30	25.8077	22.3965	19.6004	17.2920	15.3725	13.7648	12.4090	11.2578	10.2737	9.4269

续表

期数	11%	12%	13%	14%	15%	16%	17%	18%	19%	20%	30%
1	0.9009	0.8929	0.8850	0.8772	0.8696	0.8621	0.8547	0.8475	0.8403	0.8333	0.7692
2	1.7125	1.6901	1.6681	1.6467	1.6257	1.6052	1.5852	1.5656	1.5465	1.5278	1.3609
3	2.4437	2.4018	2.3612	2.3216	2.2832	2.2459	2.2096	2.1743	2.1399	2.1065	1.8161
4	3.1024	3.0373	2.9745	2.9137	2.8550	2.7982	2.7432	2.6901	2.6386	2.5887	2.1662
5	3.6959	3.6048	3.5172	3.4331	3.3522	3.2743	3.1993	3.1272	3.0576	2.9906	2.4356
6	4.2305	4.1114	3.9975	3.8887	3.7845	3.6847	3.5892	3.4976	3.4098	3.3255	2.6427
7	4.7122	4.5638	4.4226	4.2883	4.1604	4.0386	3.9224	3.8115	3.7057	3.6046	2.8021
8	5.1461	4.9676	4.7988	4.6389	4.4873	4.3436	4.2072	4.0776	3.9544	3.8372	2.9247
9	5.5370	5.3282	5.1317	4.9464	4.7716	4.6065	4.4506	4.3030	4.1633	4.0310	3.0190
10	5.8892	5.6502	5.4262	5.2161	5.0188	4.8332	4.6586	4.4941	4.3389	4.1925	3.0915
11	6.2065	5.9377	5.6869	5.4527	5.2337	5.0286	4.8364	4.6560	4.4865	4.3271	3.1473
12	6.4924	6.1944	5.9176	5.6603	5.4206	5.1971	4.9884	4.7932	4.6105	4.4392	3.1903
13	6.7499	6.4235	6.1218	5.8424	5.5831	5.3423	5.1183	4.9095	4.7147	4.5327	3.2233
14	6.9819	6.6282	6.3025	6.0021	5.7245	5.4675	5.2293	5.0081	4.8023	4.6106	3.2487
15	7.1909	6.8109	6.4624	6.1422	5.8474	5.5755	5.3242	5.0916	4.8759	4.6755	3.2682
16	7.3792	6.9740	6.6039	6.2651	5.9542	5.6685	5.4053	5.1624	4.9377	4.7296	3.2832
17	7.5488	7.1196	6.7291	6.3729	6.0472	5.7487	5.4746	5.2223	4.9897	4.7746	3.2948
18	7.7016	7.2497	6.8399	6.4674	6.1280	5.8178	5.5339	5.2732	5.0333	4.8122	3.3037
19	7.8393	7.3658	6.9380	6.5504	6.1982	5.8775	5.5845	5.3162	5.0700	4.8435	3.3105
20	7.9633	7.4694	7.0248	6.6231	6.2593	5.9288	5.6278	5.3527	5.1009	4.8696	3.3158
21	8.0751	7.5620	7.1016	6.6870	6.3125	5.9731	5.6648	5.3837	5.1268	4.8913	3.3198
22	8.1757	7.6446	7.1695	6.7429	6.3587	6.0113	5.6964	5.4099	5.1486	4.9094	3.3230
23	8.2664	7.7184	7.2297	6.7921	6.3988	6.0442	5.7234	5.4321	5.1668	4.9245	3.3254
24	8.3481	7.7843	7.2829	6.8351	6.4338	6.0726	5.7465	5.4509	5.1822	4.9371	3.3272
25	8.4217	7.8431	7.3300	6.8729	6.4641	6.0971	5.7662	5.4669	5.1951	4.9476	3.3286
26	8.4881	7.8957	7.3717	6.9061	6.4906	6.1182	5.7831	5.4804	5.2060	4.9563	3.3297
27	8.5478	7.9426	7.4086	6.9352	6.5135	6.1364	5.7975	5.4919	5.2151	4.9636	3.3305
28	8.6016	7.9844	7.4412	6.9607	6.5335	6.1520	5.8099	5.5016	5.2228	4.9697	3.3312
29	8.6501	8.0218	7.4701	6.9830	6.5509	6.1656	5.8204	5.5098	5.2292	4.9747	3.3317
30	8.6938	8.0552	7.4957	7.0027	6.5660	6.1772	5.8294	5.5168	5.2347	4.9789	3.3321

参考文献

[1] 财政部.企业会计准则[M].上海:立信会计出版社,2018.
[2] 财政部.企业会计准则应用指南[M].上海:立信会计出版社,2018.
[3] 企业会计准则编审委员会.企业会计准则案例讲解[M].上海:立信会计出版社,2018.
[4] 戴德明,林钢,赵西卜.财务会计学[M].北京:中国人民大学出版社,2021.
[5] 刘永泽,陈丽军.中级财务会计学[M].大连:东北财经大学出版社,2020.
[6] 全国税务师职业资格考试教材编写组.财务与会计[M].北京:中国税务出版社,2019.
[7] 财政部会计资格评价中心.初级会计实务[M].北京:经济科学出版社,2022.
[8] 中国注册会计师协会.会计[M].北京:中国财政经济出版社,2021.
[9] 中国注册会计师协会.税法[M].北京:中国财政经济出版社,2021.
[10] 小企业会计准则编审委员会.小企业会计准则讲解[M].上海:立信会计出版社,2018.